Sonja Grabowsky
»Meine Identität ist die Zerrissenheit«

Forschung Psychosozial

Sonja Grabowsky

»Meine Identität ist die Zerrissenheit«

»Halbjüdinnen« und »Halbjuden«
im Nationalsozialismus

Psychosozial-Verlag

Inauguraldissertation zur Erlangung des Doktorgrades der Erziehungswissenschaft
(Dr. phil.) im Fachbereich G – Bildungs- und Sozialwissenschaften der Bergischen
Universität Wuppertal

Gedruckt mit Unterstützung der Hans-Böckler-Stiftung
und der Ernst-Ludwig-Chambré-Stiftung.

Umschlagabbildung: Familie Julius und Lina Hatschek – Privatbesitz Gabi Ohlig.
Der als Isidor geborene Julius Karl Hatschek, aus der Bukowina (Czernowitz) stam-
mender Staatsrechtslehrer in Göttingen (1872–1926), vom mosaischen, also jüdischen,
zum evangelischen Glauben konvertiert; seine Frau Lina Hatschek, geb. Lehrer (1880
in Pforzheim), evangelisch; rechts Sohn Leopold (geb. 1907), Jurist, als sogenannter
»Halbjude« in der deutschen Wehrmacht, dann in englischer Kriegsgefangenschaft;
links sein Bruder Gustav (geb. 1909), Augenarzt, Flucht in die Türkei, den Irak und
den Iran, Aberkennung der Approbation, 1942 auf Drängen der Mutter zurück nach
Deutschland, Sanitäter in der deutschen Wehrmacht, Hirnverletzung, Verfolgung durch
die Gestapo; zweite von links Ninetta, genannt Medi (geb. 1913), Sekretärin, 1938
emigriert nach Argentinien.

Bibliografische Information der Deutschen Nationalbibliothek
Die Deutsche Nationalbibliothek verzeichnet diese Publikation
in der Deutschen Nationalbibliografie; detaillierte bibliografische Daten
sind im Internet über http://dnb.d-nb.de abrufbar.

Originalausgabe
© 2012 Psychosozial-Verlag
Walltorstr. 10, D-35390 Gießen
Fon: 0641-969978-18; Fax: 0641-969978-19
E-Mail: info@psychosozial-verlag.de
www.psychosozial-verlag.de
Umschlaggestaltung: Hanspeter Ludwig, Wetzlar
www.imaginary-world.de
Printed in Germany
ISBN 978-3-8379-2203-5

Inhalt

Vorwort

Die vorliegende Studie ist eine Dissertation, die im Mai 2011 am Fachbereich Bildungswissenschaften der Bergischen Universität Wuppertal von mir eingereicht wurde. Für die Publikation ist sie geringfügig überarbeitet worden. Zu verdanken habe ich sie zahlreichen Personen und Institutionen.

Mein herzlicher Dank gilt vor allen anderen meinen Interviewten, die ich hier leider nicht mit ihren wahren Namen nennen darf. Sie haben mir ihr Vertrauen geschenkt und mir ihre Lebensgeschichten erzählt.

Ich danke meinem ›Doktorvater‹ Prof. Heinz Sünker, gleichwohl wissend, dass diese Bezeichnung nicht mehr geläufig ist, für seine jahrelange kompetente und sehr persönliche Begleitung und Förderung. Prof. Ingrid Miethe, der Zweitgutachterin meiner Dissertation, danke ich sehr herzlich für die unkomplizierte Zusammenarbeit, die maßgeblich von ihrem Humor getragen wurde, vor allem aber für die vielen wertvollen Anregungen bezogen auf die Biografieforschung und in puncto zielorientiertem Vorgehen.

Die Hans-Böckler-Stiftung reduzierte mit ihrem Stipendium meine ökonomischen Zwänge während der Anfertigung meiner Dissertation auf ein Mindestmaß und förderte darüber hinaus die Publikation der vorliegenden Arbeit durch einen Druckkostenzuschuss. Auch die Ernst-Ludwig-Chambré-Stiftung ermöglichte die Drucklegung durch ihre großzügige finanzielle Beihilfe.

Zudem gilt es, meinen ›Mentoren‹ zu danken, die mir in den letzten Jahren immer wieder die Möglichkeit eines wissenschaftlichen Austauschs gaben. Dabei denke ich an meine ehemaligen Kollegen des DFG-Projekts ›Die Kinder des Widerstands. Lebensbedingungen und Sozialisation der Kinder von politisch und religiös Verfolgten des NS-Regimes‹ Dr. Dieter Nelles und Armin Nolzen. Der eine schärfte meinen soziologischen Blick auf die Welt, den anderen bezeichne ich als meinen Spiritus Rector bezüglich der Geschichtswissenschaft.

Außerdem unterstützten mich meine wissenschaftlichen Weggefährtinnen Maja Ferber – Danke vor allem für wunderbare ›Sofa-Dokutainment-Abende‹ –, Dr. Dani Kranz, die mich mit Artikeln zum Thema ›Jüdische Identität‹ beglückte, Doreen Röseler, die eine geistreiche Mischung aus Trauma- und Psychoanalyse-Expertin verkörpert, und Antonia Schmid, deren Kreativität mir dazu verhalf, neue Gedanken zu entwickeln.

Auch für das Korrekturlesen bin ich verschiedenen Personen zu Dank verpflichtet: Hartmut Pleines, den ich als Lektor unbedingt empfehle, da es niemanden gibt, der akribischer liest, und Dr. Ute Pascher, die besser Motivations-Coach geworden wäre.

Dann danke ich sehr der weltbesten Kollegin Dr. Heike Dierckx, von der ich gelernt habe, nicht ›zu tief zu stapeln‹.

Herzlich bedanken möchte ich mich auch bei meinen Mitstreiterinnen und Mitstreitern der Interpretationsgruppe der Hans-Böckler-Stiftung und der Sozialforschungsgruppe der Bergischen Universität Wuppertal, mit denen ich über einige Jahre hinweg meine Analysen kritisch und konstruktiv diskutieren konnte.

Unterstützung fand ich auch bei zahlreichen nicht genannten Kolleginnen und Kollegen bzw. Freundinnen und Freunden, die mich immer wieder aufmunterten und bestärkten und die mir, wenn es nötig war, bewiesen, dass es auch ein durchaus lebenswertes Dasein jenseits der Forschung gibt.

Mein besonderer Dank gilt Renate und Jürgen Grabowsky, die geduldig über viele Jahre einen ›langen Atem‹ bewiesen und mich stets in mannigfaltiger Weise unterstützt haben.

Am Ende der Aufzählung und doch so entscheidend: Danke für alles, Micha. Ihm, meinem Partner und Lieblingsmenschen, Michael van Straelen, widme ich diese Arbeit.

Einleitung und Forschungsstand

Eine Erfahrung ist etwas, aus dem man verändert hervorgeht.
Michel Foucault

»Als die Zäune wegbrachen, da war ich der glücklichste Mensch.« So beantwortete der 1921 in Berlin geborene Franz Kirschbaum in einem Interview die Frage danach, welche Bedeutung das Kriegsende für ihn gehabt habe. In den Jahren 1933 bis 1945 war er durch die nationalsozialistische rassistische Gesetzgebung als sogenannter ›Mischling ersten Grades‹ bzw. ›Halbjude‹[1] stigmatisiert[2] worden. Begründet wurde sein Status mit der väterlichen bzw. großväterlichen Zugehörigkeit zur ›jüdischen Rasse‹. In der NS-Terminologie führten Herrn Kischbaums ›deutschblütige‹ Mutter und sein jüdischer Vater eine ›Mischehe‹, was seinem Vater einen gewissen Schutz, mindestens vor der physischen Vernichtung, bot.

Im Kontext von Herrn Kirschbaums Lebensgeschichte verdeutlicht das Zitat seine Freude und Erleichterung am Ende einer zwölf Jahre währenden Zeit der Isolation und des Ausgeschlossenseins. Unerreichbar, durch eine Sperre getrennt, so stellte sich die deutsche ›Volksgemeinschaft‹[3] in der NS-Zeit für ihn dar. Solch eine Absonderung der ›Halbjüdinnen‹ und ›Halbjuden‹ von der Mehrheitsbevölkerung war von den nationalsozialistischen Machthaberinnen und Machthabern beabsichtigt und wurde von ihnen in den Jahren bis 1945 stetig vorangetrieben. Zu den gesetzlichen Bestimmungen, die speziell für ›Mischlinge‹[4] und ›Mischfamilien‹ erlassen wurden,

---

1 Einfache Anführungszeichen werden in dieser Publikation außerhalb von Zitaten benutzt, um Distanzierungen von rassistischen NS-Termini, umgangssprachliche Begriffe oder die Bündelung von einem oder mehreren Begriffen zu einer Einheit zu kennzeichnen. Genuine NS-Konstrukte wie Gesetze und Institutionen bzw. institutionalisierte Einrichtungen (z.B. *Pflichtjahr*) sind kursiv gesetzt. Ebenso kennzeichnen Kursivschreibungen textliche Hervorhebungen. Vertiefend zu den Begriffen, mit denen die nationalsozialistische Führung eine spezifisch-rassistische Intention verband sei auf Schmitz-Berning 2007 verwiesen. Zur Sprache des NS siehe Klemperer 1980.

2 Zur Identitätsbildung unter einem Stigma und dem Prozess der Stigmatisierung sei als soziologische Grundlage auf Goffman 1967/1977 verwiesen.

3 Zum Konzept der ›Volksgemeinschaft‹ siehe Süß/Süß 2008; Kershaw 2011; Schmiechen-Ackermann 2012.

4 Zur sprachlichen Angleichung sind mit ›Mischlingen‹ in der vorliegenden Studie die Personen gemeint, die als ›Mischlinge ersten Grades‹ bezeichnet wurden. Synonym

kam der Terror durch Demütigungen und Ausgrenzungen im täglichen Leben, verursacht von ›ganz gewöhnlichen‹ deutschen Bürgerinnen und Bürgern. All dies führte zu einem schleichenden Ausschluss der Betroffenen aus der deutschen Gesellschaft. Den Eindruck des Trennenden bzw. des Getrenntseins von anderen Menschen, den Herr Kirschbaum im Verlauf eines mit ihm geführten Interviews auf vielfältige Weise beschreibt, verspürt er heute, fast 70 Jahre nach dem Geschehenen, noch immer. Dabei bezieht und bezog sich sein Gefühl, ausgeschlossen und nicht akzeptiert zu sein, nicht nur auf seine fehlenden zwischenmenschlichen Kontakte zu Gleichaltrigen, sondern besonders auf einen *Erfahrungshorizont*, den er mit den meisten Angehörigen seiner Generation nicht teilt. Seine Erfahrungen aus der NS-Zeit wirken sich bis heute aus und stehen einem Gefühl von gesellschaftlicher Zugehörigkeit im Weg.

Mit der Befreiung Deutschlands vom Nazismus verbanden die ehemals als ›Mischlinge‹ stigmatisierten Personen die Hoffnung, dass das an ihnen begangene Unrecht ›wiedergutgemacht‹ würde. Dabei war ihnen allzu bewusst, dass ihr eigenes Leid nicht gleichrangig mit dem der ›Volljüdinnen‹ und ›Volljuden‹ bewertet werden würde. Zwar gehörten die ›Halbjüdinnen‹ und ›Halbjuden‹ nicht zu den Gruppen, die im Zuge der ›Endlösung‹ für Deportation und Vernichtung vorgesehen wurden[5], jedoch bedeutet dies gewiss nicht, dass sie keine schwerwiegenden körperlichen und seelischen Verletzungen erlitten hätten. Beispielsweise waren auch ›Halbjüdinnen‹ und ›Halbjuden‹ von Zwangssterilisation betroffen und unter dem Vorwand, sie hätten kriminelle Delikte begangen, sind etliche zu Zuchthausstrafen und KZ-Haft verurteilt worden. Anders als die ›volljüdischen‹ Shoa-Überlebenden waren die meisten von ihnen hingegen in der glücklicheren Lage, nach dem Krieg wieder in ihre Familien zurückkehren zu können, während die wenigen überlebenden Jüdinnen und Juden gezwungen waren, mit der Auslöschung all ihrer Familienangehörigen weiterleben zu müssen.

---

zum geschlechtsneutralen Terminus ›Mischling‹ werden die Begriffe ›Halbjüdin‹ bzw. ›Halbjude‹ verwendet. Der sprachlichen Distanzierung von der rassistischen Zuschreibungslogik durch Anführungszeichen folgend, müssten ebenso die Termini ›Jüdinnen‹ und ›Juden‹ in den Fällen grafisch abgesetzt werden, wenn Personen gemeint sind, die durch die Rassegesetze der Nationalsozialisten (wieder) als jüdisch erklärt wurden, ohne dass damit ihr eigenes Selbstverständnis ausgedrückt worden wäre. Da die Herleitung der Zugehörigkeit zu ›Jüdischsein‹ unterschiedlich begründet wird (siehe Kap. 3), wird auf eine Hervorhebung verzichtet.

5   Die ›Scheu‹ hinsichtlich der *systematischen* Vernichtungs-Maßnahmen gegen die ›Mischlinge‹ wird in der Forschung mit der Angst vor dem gesellschaftlichen Einfluss und der Macht der nicht-jüdischen Verwandtschaft begründet.

In dieser Hinsicht stellt sich die generelle Frage, wie sich im Kontext von staatlicher ›Wiedergutmachung‹[6] Leid abwägen, bewerten und ein Maß für psychische Belastungen finden lässt. Wurden die Wiedergutmachungsansprüche der ›Halbjüdinnen‹ und ›Halbjuden‹ überhaupt anerkannt, versprachen die Anträge auf eine Ausbildungsentschädigung der während der Verfolgungszeit jugendlichen ›Mischlinge‹ im Rahmen des Bundesentschädigungsgesetzes (BEG) ab den 1950er Jahren den größten Erfolg. Im Fall eines positiven Bescheids erhielten sie einmalig 5000,– DM. Auch für die Zeit im Zwangsarbeitslager stand den Betroffenen laut BEG eine Entschädigung aufgrund von ›Freiheitsberaubung‹ zu. Sie betrug für jeden kompletten Monat im Lager 150,– DM. Für die Zeit der ›Dienstverpflichtung‹, also der Zwangsarbeit in einem Betrieb am Wohnort, wurde keine Entschädigung gewährt. So argumentierte ein Düsseldorfer Gericht im Oktober 1957:

> »Die Dienstverpflichtung des damals 18-Jährigen zur Arbeit in einem Wuppertaler Betrieb stellt in Kriegszeiten auch für einen so genannten Mischling 1. Grades keine NS-Gewaltmaßnahme im Sinne des § 1 BEG dar. Darüber hinaus konnte nicht als glaubhaft gemacht angesehen werden, daß er in der fraglichen

---

6   In den Jahren nach 1945 wurden in den drei westlichen Besatzungszonen die Rückerstattungsansprüche zunächst unterschiedlich gehandhabt, bis die Vertreter der Alliierten 1947 nahezu gleichlautende Gesetze beschlossen. Diese Gesetze betrafen das Eigentum von politischen Parteien, Gewerkschaften und Jüdinnen/Juden. Die BRD verpflichtete sich dann 1952 vertraglich mit den Besatzungsmächten zu einer bundeseinheitlichen Regelung der Entschädigung. Ein sogenanntes Bundesergänzungsgesetz trat am 1. Oktober 1953 in Kraft. Nach den notwendigen Durchführungsverordnungen in den folgenden Jahren wurde am 29. Juni 1956 das Bundesentschädigungsgesetz (BEG) verabschiedet. Auf dessen Grundlage konnten Personen, die aus ›rassischen‹, politischen, religiösen oder weltanschaulichen Gründen in der NS-Zeit verfolgt waren, eine individuelle Entschädigung erhalten. Durch diverse Einschränkungen und das Territorialprinzip besaßen allerdings nur Deutsche Ansprüche auf ›Wiedergutmachung‹. Im Zuge des ›Kalten Krieges‹ trat die Forderung hinzu, dass die Antragstellenden in einem westlichen Land leben mussten, sodass Verfolgte aus den ehemaligen ›Ostblock-Ländern‹ vom BEG ausgeschlossen waren. Das BEG wird von Historikerinnen und Historikern in vielen Punkten kritisiert, unter anderem deshalb, weil Verfolgtengruppen wie Kriminelle, ›Asoziale‹, Opfer von Zwangssterilisation, aber auch Zwangsarbeiter generell nicht entschädigungsberechtigt waren. Problematisch ist auch die Tatsache, dass aus der Vielfalt der Schädigungen wie persönliche Demütigung, gesellschaftliche Ausgrenzung, Entzug von Lebenschancen etc. vor allem die Teilbereiche herausgegriffen wurden, die auf finanziellem Wege ›wiedergutgemacht‹ werden sollten. Das Schlussgesetz zum BEG wurde am 18. September 1965 verkündet. Demzufolge konnten nach dem 31. Dezember 1969 keine Ansprüche mehr angemeldet werden. Vgl. Fischer-Hübner 1990; Goschler 2005; Kuller 2003.

Zeit unter menschenunwürdigen Bedingungen gelebt hat« (Stadtarchiv Wuppertal, AfW 10948).[7]

Noch in den ersten zwei bis drei Jahren nach Kriegsende hatte sich die Anerkennung der Zwangsarbeit als Gewaltmaßnahme für die Antragstellenden als unproblematisch erwiesen und die finanzielle Unterstützung der ›rassisch Verfolgten‹ durch die sogenannten Kreissonderhilfsausschüsse gestaltete sich als recht großzügig. Diese finanziellen Zuwendungen wurden jedoch zum Nachteil der Verfolgten bereits lange vor dem Inkrafttreten des BEG beschränkt. Ein Schreiben der ›Betreuungsstelle für ehemalige politische Häftlinge‹ des Sozialministers des neu gegründeten Bundeslandes Nordrhein-Westfalen aus dem Sommer 1948 an eine Betroffene gibt Einblick in die immer restriktiver gewordene Entschädigungspolitik:

> »›Anzuerkennen sind Halbjuden, die aus rassischen Gründen zu Freiheitsstrafen verurteilt oder ohne Urteil in Haft gehalten oder in ein Strafbataillon eingereiht oder in ein Arbeitslager unter haftähnlichen Bedingungen eingewiesen worden sind oder durch anderweitige Verfolgung besondere Schädigungen an Körper und Gesundheit erlitten haben.‹
> Alle bisher ausgesprochenen Anerkennungen müssen nach dem jetzt geltenden Recht überprüft werden. Da Sie nicht inhaftiert waren, ist Ihre Anerkennung nur dann noch möglich, wenn Sie durch anderweitere erhebliche Verfolgungen besondere Schädigungen an Körper und Gesundheit erlitten haben. Um beurteilen zu können, ob diese Bestimmung auf Sie Anwendung finden kann, erbitte ich Ihre Stellungnahme bis zum 20.8.48, die Sie, soweit möglich, durch ärztliche Unterlagen belegen wollen« (ebd. W 10982. Hervorh. i.O.).

Grundsätzlich bestand also auch die Möglichkeit, aufgrund von psychischen oder psychosomatischen Schäden Anerkennung zu finden, was später auch in das BEG übernommen wurde. Dies war jedoch, wie sich bereits im obigen Schreiben andeutet, für die Betroffenen besonders schwierig, denn die Voraussetzung dafür war ein langwieriges und psychisch belastendes Begutachtungsverfahren, innerhalb dessen Ärzte und Gutachtungspersonal ihnen zahlreiche Schwierigkeiten bereiteten (vgl. Meyer 1999, S. 365ff.).

Weiterhin hätte auf die ›Mischlinge‹ bezogen nach 1945 gefragt werden müssen, welche Institutionen an ihrer Ausgrenzung beteiligt waren, und was das Ausgestoßensein in Schule und Freundeskreis, die tägliche Pöbelei durch Nachbarn, die Angst um die jüdischen Verwandten, Zwangsarbeit und auch die Schikanen der nicht-jüdischen Verwandtschaft für ihr weiteres Leben bedeutete. Dies geschah jedoch weder in den offiziellen ›Wiedergutmachungsverfahren‹ der BRD, noch in der ›Aufarbeitung‹ der NS-Vergangenheit in der DDR.

---

7   Termini alter Rechtschreibung und Fehler im Original sind innerhalb von Zitaten nicht angeglichen worden.

Auch in ihrer privaten Umgebung fanden die Verfolgten nur selten Gehör. Vielmehr erwartete ihr gesellschaftliches Umfeld kurz nach dem Sieg der Alliierten oftmals nicht weniger als das Ausstellen von ›Persilscheinen‹ und ›geringstenfalls‹ das Ver- und Beschweigen des begangenen Unrechts. Wo und wie in der deutschen Nachkriegsgesellschaft hätten die ehemaligen ›Halbjüdinnen‹ und ›Halbjuden‹ also ihren Opfer-Status einklagen können?

Als Sprachrohr für sie fungierten ab Mai 1945 verschiedene Selbsthilfeorganisationen, die versuchten, ihren Einfluss geltend zu machen (vgl. ebd., S. 359–363). Dass eine Einflussnahme auch von dieser ›offiziellen‹ Seite jedoch nur äußerst eingeschränkt möglich war, verdeutlicht ein Schreiben vom September 1946, indem die Hauptverwaltung der ›Vereinigung der durch die Nürnberger Gesetze Betroffenen e.V.‹ die Zurücksetzung der Personen teiljüdischer Herkunft gegenüber den KZ-Überlebenden bzw. ›volljüdischen‹ Personen und die mangelnde Anerkennung durch jüdische Institutionen beklagt:

>»Wir haben mit lebhaftem Bedauern feststellen müssen, daß die von der Militärregierung und von deutschen Stellen aufgestellten Betreuungsrichtlinien für politisch Verfolgte ausschliesslich den früheren Insassen der Konzentrationslager und den Glaubensjuden zugute kommen.
>
> Die Interessen der von uns vertretenen Gruppe werden weder von den Verbänden der jüdischen Religionsgemeinschaft noch von den Vereinigungen der politisch Verfolgten als gleichberechtigt anerkannt. Man hat anscheinend schon vergessen, daß der Nationalsozialismus die jüdische Rasse in ihrer Gesamtheit vernichten wollte und so auch vor den Menschen, die jüdischer Abstammung – Mischlinge – oder jüdisch versippt sind, keinen Halt gemacht und sie zur jüdischen Rasse gehörig betrachtet hat.
>
> Wir haben für die Differenzierung der Opfer des Dritten Reiches umso weniger Verständnis, als die Insassen der Konzentrationslager in vielen Fällen unsere nächsten Angehörigen, Eltern und Geschwister waren. Sind nicht auch diejenigen, die 12 Jahre lang als Ehegatten an der Seite eines Juden ausgehalten und Leid und Sorge mit ihm geteilt haben, die alle Beschimpfungen und Entehrungen und deren Konsequenzen 12 Jahre lang mit aushalten mussten, denjenigen gleichzustellen, die unmittelbar von der Verfolgung des Dritten Reiches betroffen wurden? Haben nicht auch Mischlinge und mit solchen die Versippten Geschäft und Stellung verloren? Haben nicht all diese viele Jahren lang von einem Tag zum anderen vor neuen Verschärfungen der Judengesetzgebung eines Staates, in dem es kein anerkanntes Recht mehr gab, zittern müssen? [...]
>
> Wir sitzen zwischen 2 Stühlen, wie uns eine Regierungsstelle bekanntgab. Das Dritte Reich hat alle, die zu uns gehören und soweit sie nicht Religionsjuden waren, zum Judentum gehörig gestempelt und entsprechend der nationalsozialistischen Einstellung zu dieser Rasse behandelt. Jetzt, wo wir glauben, das verruchte Nazisystem überwunden zu haben, stellen wir fest, daß wir von allen Seiten verstoßen werden« (Hauptstaatsarchiv Düsseldorf, NW 114 Nr. 258. Hervorh. i.O.).

Erschwerend zu der mangelnden gesellschaftlichen und politischen Anerkennung des Leids und der Belastung durch die Verfolgung kam die Tatsache, dass in den meisten betroffenen Familien die Vergangenheit über viele Jahrzehnte gar nicht oder nur bruchstückhaft thematisiert wurde. Dies führte dazu, dass sich auf privater Ebene eine Kultur des (Ver-)Schweigens herausbildete, die wiederum gesellschaftlich ihre Entsprechung fand. Es war tatsächlich mehrheitlich so, wie Beate Meyer konstatiert, dass der rasche Wiederaufbau nach dem Krieg den Verfolgten *und* der Mehrheitsbevölkerung gleichermaßen entgegen kam, denn sie »trafen sich in ihrem Bedürfnis nach geordneten Verhältnissen, Wohlstand und in einem Staat, der in erster Linie Privatheit garantierte« (Meyer 1999, S. 382).

All dies bedeutete, dass die von Franz Kirschbaum beschriebenen und vermeintlich weggebrochenen Zäune nach der Befreiung vom Faschismus rasch und gründlich abermals hochgezogen wurden. Den einst als ›Mischlinge‹ Verfolgten blieb nichts anders übrig, als sich möglichst unauffällig in die deutsche Nachkriegsgesellschaft einzugliedern. Bis heute sind die Zäune überaus wirkmächtig und verhindern bzw. erschweren sowohl die *gesellschaftliche* Anerkennung der ›Mischlinge‹ als Opfergruppe als auch ihre *Selbst*wahrnehmung als Opfer.

Obwohl die Forschungs- und Erinnerungsliteratur mit dem Schwerpunkt ›Verfolgung im NS-Staat‹ mittlerweile unüberschaubar ist, so sind die Erfahrungen der ›Mischlinge‹ bzw. ›Halbjüdinnen‹ und ›Halbjuden‹ und ihrer dereinst in ›Mischehe‹ lebenden Eltern über viele Jahrzehnte kaum beachtet worden. Ihr Schicksal lag im Schatten der Konzentrations- und Vernichtungslager, von denen sie, bis auf eine kleine Minderheit, verschont blieben (vgl. ebd., S. 9). Erst in der letzten Dekade fand ihre Geschichte durch zahlreiche Publikationen zunehmend den Weg in die Öffentlichkeit. Hierzu haben sowohl zahlreiche Autobiografien[8] und autobiografische Romane[9], als auch eine Vielzahl wissenschaftlicher Publikationen beigetragen.

In der überwiegenden Zahl dieser Publikationen wird von *den* ›Mischlingen‹ oder *den* ›Halbjüdinnen‹ bzw. ›Halbjuden‹ gesprochen, womit die Autorinnen und Autoren davon ausgehen, es handele sich bei den Betroffenen um eine (homogene) Gruppe. Dies wird allerdings weder heute, noch wurde es damals der sozialen Realität der Betroffenen gerecht. Zweifellos wurde die Kategorie ›jüdischer Mischling‹ im Sinne Émile DURKHEIMS im Laufe der NS-Zeit zu einem sozialen Tatbestand, der zunehmend eine eigene Dynamik entwickelte, jedoch war

---

8 Hier seien u.a. die Veröffentlichungen von Irène Alenfeld, Ralph Giordano, Detlev Landgrebe und Herbert A. Strauss genannt. Nicht zuletzt durch die Tagebücher von Victor Klemperer ist die Problematik der ›Mischehen‹ bekannt geworden.
9 Zum Beispiel von Irene Dische, Cordelia Edvardson, Anja Lundholm, Eva Menasse und Angelika Schrobsdorff.

die Bezeichnung ›halbjüdisch‹ nicht das Ergebnis einer kollektiven Selbstdefinition, sondern es waren die *Täterinnen* und *Täter*, die sich das Recht der Klassifizierung und die Erschaffung eines bislang nicht existenten sozialen Konstrukts anmaßten. Entsprechend Jean Paul SARTRES Diktum »Der Jude ist ein Mensch, den die anderen Menschen für einen Juden halten« (Sartre 1954/1994, S. 44) wurden 1935 mit den rassistischen Gesetzen, die die *NSDAP* auf ihrem Nürnberger Parteitag erlassen hatte, Personen mit einem jüdischen und einem nichtjüdischen Elternteil zu etwas erklärt, das vorher nicht existiert hatte.[10] Zwischen 1933 und 1935 hatte man sie noch zur Gruppe der Jüdinnen und Juden gezählt. Die *Nürnberger Gesetze* regelten dann die ›privilegierte‹ Situation der ›Mischlinge‹ gegenüber den als jüdisch klassifizierten Personen. Die darauf folgende gegen die ›Halbjüdinnen‹ und ›Halbjuden‹ gerichtete Politik war nicht intentionalistisch auf ein bestimmtes Ziel ausgerichtet, radikalisierte sich jedoch zusehends und erreichte im Herbst 1944 mit der Verpflichtung zum geschlossenen Zwangsarbeitseinsatz in Lagern weitab der Wohnorte der Betroffenen ihren Höhepunkt.

Dass die wenigsten ›Mischlinge‹ 1935 noch über ein ›jüdisches Bewusstsein‹ oder gar über ein *individuelles* ›halbjüdisches‹ Bewusstsein, und daraus resultierend über ein *Gruppenbewusstsein* verfügten, lässt sich darauf zurückführen, dass bereits die meisten Angehörigen der jüdischen Eltern- bzw. Großelterngeneration nicht nur die *religiösen Inhalte* ihres Judentums um den Preis der erhofften sozialen Gleichstellung innerhalb der deutsche Gesellschaft aufgegeben hatten, sondern der Preis der Integration auch mit der *Aufgabe jeglicher Kollektivität* und eines dazugehörigen Gruppenbewusstseins verbunden war (vgl. Hambrock 2003, S. 24). So stand der Mehrheit der Betroffenen eine alternative jüdische Identität in den 1930er Jahren längst nicht mehr zur Verfügung. Theodor W. Adorno bildete in dieser Hinsicht mit seiner Feststellung, dass sein ›Halb-Jüdischsein‹ ihm einen anderen Blick eröffne, der in Richtung *Jüdischsein* weise, sicherlich eine Ausnahme: »Aber es scheint, diese Christlichkeit zu genießen muß man schon 100 oder, wie ich, 50 % Jud sein. Sonst langweilt's einen« (Brief an den Komponisten Alban Berg vom 28. Juni 1926 in: Lonitz 1997). Über dieses *Selbst-Bewusstsein* verfügten die meisten ›halbjüdischen‹ Personen nicht. So traf die Herabsetzung, die darauf angelegt war, die gesamte ›soziale Gruppe Mischlinge‹ zu diskreditieren, jede Person *individuell*, denn die Abwertung [wurde] »mangels Gruppenmerkmalen und -bewußtsein auf die eigene Person bezogen« (Meyer 1999, S. 358).

---

10 Anders als im Rest des Deutschen Reichs nahmen die Nationalsozialisten die Unterscheidung in ›halbjüdisch‹ bzw. ›jüdisch‹ in den besetzten und eroberten Gebieten nicht vor. Dort wurden alle Personen teiljüdischer Herkunft als ›volljüdisch‹ eingestuft und entsprechend ›behandelt‹, d.h. ermordet.

Bemerkenswert ist, dass die Projektion von Minderwertigkeit auf die Betroffenen, vorgenommen durch die Akteurinnen und Akteure der Verfolgung, dennoch eine Form des Gruppenbildungsprozesses – wenn auch erst in den 1940er Jahren aufgrund des Zwangsarbeitseinsatzes in geschlossenen Lagern – hervorrief (vgl. ebd., S. 17, 359). Und auch nach Kriegsende schufen viele, vor allem männliche ehemalige ›Mischlinge‹ mit der Gründung der Hilfestellen für ›rassisch Verfolgte‹ einen Gruppenzusammenhang. Dieser war jedoch nur in Ansätzen vorhanden, sodass der Mangel an »Identitätskonkretheit« (Assmann 1988, S. 13), also an Gruppenbezogenheit, die Ausbildung eines gemeinsamen kollektiven Gedächtnisses und eine kommunikative Tradierung der Verfolgung innerhalb der ›Gruppe der Mischlinge‹ behinderte bzw. unmöglich machte. Daher, so auch MEYER, hätten die ›Mischlinge‹ »keine kollektive Geschichte entwickelt und fortgeschrieben« (Meyer 1999, S. 373), sodass der Wissensvorrat dieser speziellen Personengruppe nicht bewahrt werden konnte. In zahlreichen Interviews und Gesprächen wird allerdings trotz allem deutlich, dass die Betroffenen die über 70 Jahre alte Zuschreibung und das Pseudo-Kollektiv in gewisser Weise akzeptieren. In dieser Hinsicht ist es nicht selten so, dass die ehemaligen ›Mischlinge‹, oftmals ohne sprachliche Distanzierung von der rassistischen Diktion, sich auch heute noch als ›Halbjüdin‹ bzw. ›Halbjude‹ oder ›Mischling‹ bezeichnen, häufig mit dem vorangestellten Personalpronomen ›Wir‹. Ob man demzufolge allerdings auf ein Gruppen*bewusstsein* schließen kann, ist fragwürdig. In dieser Hinsicht kann empirisch danach gefragt werden, inwiefern sich die als ›halbjüdisch‹ Bezeichneten als Mitglieder einer Kategorie wahrnahmen bzw. wahrnehmen und ein Bewusstsein über die Zugehörigkeit zu dieser Gruppe entwickelten, die sich ja gerade *aufgrund der Verfolgung* herausbildete (vgl. vertiefend ebd., S. 12). Obwohl die Erfahrungsgeschichte der ›Mischlinge‹ keine *kollektive* Geschichte ist (vgl. ebd., S. 373), lassen sich Gemeinsamkeiten der Betroffenen herausarbeiten. Jedenfalls wird durch die Selbstzuschreibungen offensichtlich, dass die Verfolgenden mit ihrer rassistischen Logik eines erreicht haben: die negative Zuschreibung, das Stigma (Goffman 1967/1977), im Bewusstsein der Betroffenen zu verankern.

Die Vielzahl der erschienenen Literatur über die ›Halbjüdinnen‹ und ›Halbjuden‹ befasste sich im Laufe der letzten Jahrzehnte allerdings weniger aus einem erfahrungsgeschichtlichen Ansatz heraus mit solchen Fragen, sondern näherte sich den ›Mischlingen‹ und ›Mischehen‹ aus ›klassischer‹ geschichtswissenschaftlicher Perspektive.[11] Hier stand bis in die 1980er Jahre die Ereignisge-

---

11 In der folgenden Darlegung des Forschungsstands wird vor allem auf die über die ›Mischlinge‹ erschienene Literatur eingegangen und die Veröffentlichungen über die ›Mischehen‹ werden nur im Kontext der ›Mischlinge‹ erwähnt.

schichte des ›Dritten Reichs‹ im Vordergrund. Der Erste, der sich in dieser Hinsicht mit ›Mischlingen‹ und ihren in ›Mischehe‹ lebenden Eltern dezidiert auseinandersetzte, war Bruno Blau. In der Zeitschrift ›Judaica‹ veröffentlichte er bereits 1948 seinen Aufsatz ›Die Mischehe im Nazireich‹ und beschrieb dort vor allem die rechtlichen Verordnungen, die für diese Gruppe während der NS-Zeit erlassen wurden (Blau 1948).[12] Ein Jahr später erschien sein Artikel über die Christinnen und Christen jüdischer Herkunft. Blaus Daten basierten auf der Volkszählung vom 17. Mai 1939, die er im Hinblick auf die verschiedenen von den Nationalsozialisten geschaffenen Gruppen der ›jüdischen Deutschen nichtjüdischen Glaubens‹ und der ›christlich-jüdischen Mischlinge‹ auswertete (Blau 1949). Auch sein Beitrag über Jüdinnen und Juden in Deutschland und deren Situation zwischen 1939 und 1944, der im Jahr 1951 veröffentlicht wurde, beinhaltete Statistiken über ›Mischehen‹ und ›Mischlinge‹ (Blau 1951). Blau ist darüber hinaus die erste Sammlung antijüdischer Gesetze und Verordnungen, die erstmals 1954 erschien, zu verdanken (Blau 1954/1965).

Zum Teil basiert darauf auch Joseph Walks umfangreiche Gesetzessammlung, die 1981 erstmals und 1996 als zweite Auflage erschien (Walk 1981/1996). Überaus akribisch hat der Autor rund 2.000 Gesetze, Verordnungen und Richtlinien des Unrechts gegen die jüdische und ›halbjüdische‹ Bevölkerung im Deutschen Reich zusammengestellt.

In den 1960er Jahren fanden die ›Mischlinge‹ dann Eingang in die weitere wissenschaftliche Literatur. In seinem Standardwerk ›Die Vernichtung der europäischen Juden‹ von 1961 behandelte Raul Hilberg auch die Thematik der ›Mischlinge‹ und ›Mischehen‹, allerdings noch randständig als »Sonderproblem I«. Hierbei beurteilte er die »Diskriminierung der Mischlinge [... als] vergleichsweise gering« (Hilberg 1961/1982, S. 294). Er ging davon aus, dass die NS-Bürokratie die physische Vernichtung dieser Verfolgtengruppe durchaus angestrebt, sie aber aus unterschiedlichen Gründen nicht in Angriff genommen habe. Die ›Halbjüdinnen‹ und ›Halbjuden‹ seien »der lebendige Beweis einer unvollendeten Aufgabe« (ebd., S. 300). Die Rettung der jüdischen ›Mischehepartner‹ führte Hilberg auf Adolf Hitler höchstpersönlich zurück, der sich einer gesetzlichen Regelung zur Zwangsscheidung für ›Mischehen‹ stets verweigert habe. Eine Deportation der ›Mischehepartner‹ hätte laut Hilberg »den gesamten Vernichtungsprozess [der europäischen Jüdinnen und Juden, S.G.] gefährden« können (ebd., S. 302). In seinem rund dreißig Jahre später veröffentlichten Werk ›Täter, Opfer, Zuschauer‹ widmete sich Hilberg in einem separaten Kapitel dann auch den ›Mischehen‹ (Hilberg 1992) Darin beschrieb er die Benach-

---

12 Er ist auch der erste Wissenschaftler, der in seinen frühen Publikationen die Ereignisse in der Berliner Rosenstraße vom März 1943 erwähnt.

teiligungen, denen die jüdischen ›Mischehepartner‹ ausgesetzt waren, und betonte die für den jüdischen Teil vorherrschende ständige Gefahr einer möglichen Deportation. Ferner rückte er einige bewegende Einzelschicksale in den Mittelpunkt seiner Ausführungen.

1966 befasste sich Albrecht Götz von Olenhusen in einem Zeitschriftenbeitrag ausführlich mit einem bestimmten öffentlichen Bereich, den Hochschulen und der Hochschulpolitik, im Kontext der NS-Rassenpolitik (Olenhusen 1966). Ausführlich schilderte er auch die die ›Mischlinge‹ betreffende systematische Erschwerung mit ihren Einschränkungen und Bedingungen, an einer Hochschule verbleiben zu können. Dabei verdeutlichte er die im Laufe der Jahre immer restriktivere Auslesepolitik der Nationalsozialisten, bis im Sommer 1942 die Aufnahme eines Studiums den ›Halbjuden‹ – und erst recht den ›Halbjüdinnen‹ – praktisch unmöglich gemacht wurde.

Rund zehn Jahre später, 1974, hob Hans Günter Adler das Schicksal der ›Mischlinge‹ und ›Mischehen‹ hervor (Adler 1974). In seiner Publikation näherte er sich den Begriffen wie ›Juden‹, ›Arier‹, ›deutschblütig‹ und ›semitisch‹ zunächst auf einer semantischen Ebene und stellte die Willkür des NS-Regimes bei der Erschaffung neuer Begriffe bzw. ›Eigenarten‹ heraus. Anschließend setzte er sich ausführlich mit den Gesetzen und Verordnungen für ›Mischlinge‹ und ›Mischehen‹ und den daraus folgenden Konsequenzen auseinander. Einen breiten Raum nahmen die *Wannsee-Konferenz* im Januar 1942 und die anschließenden Folgebesprechungen ein.[13]

Ebenso wie Adler thematisierte Uwe Dietrich Adam die gesetzliche und administrative Unklarheit bei der Behandlung der ›Mischlinge‹ durch das NS-Regime (Adam 1972/2003). Er beschrieb die bereits vor der *Wannsee-Konferenz* bestehenden Konflikte, die ›Halbjüdinnen‹ und ›Halbjuden‹ den ›volljüdischen Personen‹ gleichzustellen. Diese Konflikte spielten sich zwischen dem *Reichssicherheitshauptamt (RSHA)*, dem *Rassepolitischen Amt der NSDAP* und der *Reichskanzlei* ab. Besonders für die Zeit nach der *Wannsee-Konferenz* räumte Adam Hitler eine zentrale Rolle im Entscheidungsprozess ein und bescheinigte ihm eine dezidierte Taktik im Umgang mit der ›Mischlingsfrage‹. Er ging davon aus, dass Hitler diesbezüglich keine gesetzliche Festlegung angestrebt, aber durchaus die ›Endlösung‹ des Problems anvisiert habe. Durch Hitlers Entscheidungsscheu sei allerdings das Gegenteil eingetroffen. Die Ministerialbürokratie, die auf eine rechtliche Grundlage insistierte und den »traditionellen Schemata des Verwaltungshandelns« (ebd., S. 332) verhaftet gewesen sei, habe die Einbeziehung der jüdischen ›Mischlinge‹ in die ›Endlösung‹ daher nicht weiter verfolgt.

---

13 Zur aktuelleren Darstellung der *Wannsee-Konferenz* siehe Roseman 2002.

Auch Jeremy Noakes vertrat in seinem Aufsatz von 1989 die angebliche Unschlüssigkeit Hitlers und begründete sie mit dessen Furcht vor einer ›Unruhe‹ unter den zahlreichen nicht-jüdischen Verwandten der ›Mischlinge‹ (vgl. Noakes 1989, S. 354). Darüber hinaus stellte er, in dieser Tiefe bis dato einmalig, die umfangreiche anti-jüdische Politik und die Maßnahmen gegen die ›jüdischen Mischlinge‹ dar. Bereits drei Jahre zuvor hatte er in einem anderen Beitrag vor allem die Entwicklung der Ausführungsbestimmungen des *Reichsbürgergesetzes* und des *Gesetzes zum Schutz des Blutes und der deutschen Ehre* (*Blutschutzgesetz*) dargelegt (Noakes 1986). Dezidiert beschrieb er das Geflecht von Aushandlungsprozessen zwischen der Partei und dem *Reichsministerium des Innern* (*RMI*). Daneben verdeutlichte er auch die Rolle des ›Rassereferenten‹ im *RMI*, Bernhard Lösener, der gemeinsam mit anderen Verwaltungsfachleuten an der Entstehung der *Nürnberger Gesetze*, den Formulierungen ihrer Durchführungsverordnungen und einem ausführlichen juristischen Kommentar beteiligt war. Dabei berief er sich auch auf die von Lösener 1950 selbst verfasste und 1961 veröffentlichte Version der Geschichte (Lösener 1961).[14]

John Grenville befasste sich 1986 in seiner Abhandlung über die ›Halbjüdinnen‹ und ›Halbjuden‹ vor allem mit der Person Hitlers und räumte ihm die zentrale Rolle bei der Judenvernichtung ein (Grenville 1986). Hitlers Intention, die Jüdinnen und Juden zu vernichten, sei bereits in ›Mein Kampf‹ angelegt worden. Seinen Plan habe Hitler über die Jahre hinweg konsequent verfolgt. Nur beiläufig thematisierte der Autor die widerstrebenden Interessen und Machtkämpfe der einzelnen Institutionen des NS-Staates und stellte Hitler als alleinige Entscheidungsinstanz dar. In dieser Funktion sei er bereit gewesen, auf den richtigen Zeitpunkt zu warten, um eine weitere Gruppe zu ermorden (vgl. ebd., S. 114f.). Die Ermordung der ›Mischlinge ersten Grades‹ sei also von Hitler durchaus vorgesehen, jedoch aufgrund des Kriegsendes nicht mehr durchsetzbar gewesen (vgl. ebd., S. 94).

In dieser Hinsicht erhellend beschrieb Wolf Gruner rund zehn Jahre später mit einem sozialgeschichtlichen Fokus in mehreren Publikationen die Diskussion, die in der NS-Führung um die Einbeziehung der ›Mischlinge‹ in die Verfolgungsmaßnahmen tobte (Gruner 1997, 2000). Ein Element der Separations-

---

14 Löseners Beschreibungen wurden von der Geschichtswissenschaft lange Zeit übernommen, inzwischen sind sie allerdings längst überholt. Bezeichnend ist Löseners Bericht nicht unbedingt in geschichtswissenschaftlicher Hinsicht. Er, Teilnehmer an der ersten Nachfolgekonferenz der *Wannsee-Konferenz*, unternahm darin den Versuch, sich als Widerstandskämpfer auszuweisen, und seine Beteiligung an der Shoa nicht nur zu verschleiern, sondern seine damaligen Handlungen als Rettungsversuche für die Verfolgten darzustellen.

maßnahmen teiljüdischer Personen von der Mehrheitsgesellschaft bildete der Zwangseinsatz in Arbeitsbataillonen. Nach Auseinandersetzungen zwischen *RSHA, Parteikanzlei* und dem *Oberkommando der Wehrmacht (OKW)* wies Hitler im Oktober 1943 über Joseph Goebbels die Arbeitsämter an, die nicht-wehrpflichtigen ›Halbjuden‹ und die mit Jüdinnen verheirateten Männer zum geschlossenen Arbeitseinsatz in die *Organisation Todt (OT)*[15] zu überführen. Ein Teil von ihnen wurde für Einsätze der *OT* in Frankreich zwangsrekrutiert. Ab Sommer 1944 wurden weitere Personen für Regionaldeportationen in *OT*-Lager innerhalb des ›Altreiches‹ erfasst.

Bereits 1994 hatte Dieter Maier erste Details zum Zwangsarbeitseinsatz der ›Mischlinge‹ und Jüdinnen/Juden in ›Mischehen‹ skizziert (Maier 1994). Der Autor untersuchte vor allem die Rolle der Arbeitsämter in der NS-Zeit und ihren Beitrag zur Repression gegen diese beiden ›Gruppen‹.

Auch Eric A. Johnson widmete sich den ›Mischlingen‹ und den Jüdinnen und Juden in ›Mischehen‹ aus sozialgeschichtlicher Perspektive. In seinem 2001 auf Deutsch erschienenen Buch ›Der nationalsozialistische Terror. Gestapo, Juden und gewöhnliche Deutsche‹ (Johnson 2001) versuchte er, neue Erkenntnisse über diese Personengruppen im Kontext der neueren Polizeiforschung und speziell – wie der Titel verheißt – im Kontext der *Gestapo* zu liefern.[16] Seine Ergebnisse jedoch sind enttäuschend und seine Einschätzung der *Gestapo* in Hinsicht auf die ›Mischlinge‹ und ›Mischehen‹ bleibt unpräzise:»In den meisten Städten unterschied die Gestapo jedoch überwiegend von Fall zu Fall« (ebd., S. 449). Hatte Johnson mit der Charakterisierung dieser Institution zunächst den Anschein erweckt, die *Gestapo* habe zu einer gewissen ›Abmilderung‹ in der ›Mischlingspolitik‹ beigetragen, stehen seine weiteren Ergebnisse dieser Aussage entgegen. So konstatiert er für die »meisten Städte« die Gemeinsamkeit, die *Gestapo* habe sich bemüht, ›Mischlinge‹ zu ›Geltungsjuden‹ zu erklären und ›privilegierte Mischehen‹ in nicht-privilegierte‹ umzuwandeln (vgl. ebd.). Im weiteren Verlauf sprach Johnson ohne stichhaltige Beweise von einer durch die *Gestapo* 1943 angezettelten reichsweiten »Kriminalisierungskampagne« (ebd.) gegen ›Mischlinge‹ und ›Juden in Mischehe‹, die eine Reaktion auf den die politisch Verantwortlichen beunruhigenden ›Rosenstraßen-Protest‹[17] gewesen sein soll.

---

15 Weitergehende Informationen zur *OT* siehe Historischer Exkurs 2.

16 Eine Erkenntnis über die Akteurinnen/Akteure der ›Mischlingspolitik‹ wäre im Kontext der Täterforschung überaus interessant, da für die ›halbjüdischen‹ Personen keine spezielle Institution zuständig war.

17 Die Ereignisse in der Berliner Rosenstraße bzw. die ›Fabrik-Aktion‹ sind in der Geschichtswissenschaft mittlerweile ein eigenständiger Forschungsbereich. Im Februar

Inzwischen existieren auch zwei Spezialstudien, die sich mit einer spezifischen Gruppe von ›Mischlingen‹ befassen: den sogenannten nicht-arischen Christinnen und Christen. Im Mittelpunkt von Aleksandar-Saša Vuletićs Untersuchung (Vuletić 1999) steht die Verbandsgeschichte des ›Reichsverbandes christlich-deutscher Staatsbürger nichtarischer oder nicht rein arischer Abstammung‹, der im Juli 1933 als Interessenvertretung der zum Christentum konvertierten Jüdinnen und Juden und ›Mischlinge‹ gegründet wurde und bis zu seinem Verbot durch die *Gestapo* 1939 auf Druck des NS-Regimes mehrfach umbenannt wurde. Der Verband war national-konservativ und lehnte das Judentum ab. Während der NS-Zeit war er die einzige organisierte Interessensvertretung für alle ab 1935 von den *Nürnberger Gesetzen* Betroffenen.[18] Bereits 1937 waren ›Volljüdinnen‹ und ›Volljuden‹ ausgeschlossen gewesen. Allerdings wurde der Selbsthilfeorganisation von ihrer Zielgruppe offenbar wenig Beachtung geschenkt, denn die Mitgliederzahl lag zum Zeitpunkt ihrer höchsten Ausdehnung lediglich bei 5.400 Personen. Vuletić stellte auf einer rein organisationsgeschichtlichen Ebene die Kontinuitäten und den Wandel der Zielsetzung des Vereins und die Gründe für seine mehrfachen Umbenennungen bis zur Auflösung 1939 dar.

Weitere Arbeiten behandeln das Thema ›nichtarische Christinnen und Christen‹ im Rahmen einer kirchengeschichtlichen Perspektive.[19]

Ebenso wie Vuletić befasste sich Franklin A. Oberlaender in seiner generationsübergreifenden sozialpsychologischen Studie mit den Christinnen und

---

1943 wurden im gesamten ›Altreich‹ die noch verbliebenen ungeschützten Juden und Juden in ›Mischehen‹ auf ihren Zwangsarbeitsplätzen in Behörden, Straßen und Wohnungen festgenommen. Die Gestapo verfolgte dabei ein Doppelziel: Die ungeschützten Juden sollten in die Vernichtungslager deportiert und die Juden in ›Mischehe‹ sollten aus den Betrieben entfernt werden. In Berlin fand diese Aktion am 27. Februar 1943 statt. Um die ungefähr 2000 Festgenommenen unterzubringen, nutzte die Gestapo unter anderem das Verwaltungsgebäude der Jüdischen Gemeinde in der Rosenstraße. Da sie die Deportation ihrer Angehörigen befürchteten, hatten sich vor dem Gebäude viele Menschen, überwiegend nicht-jüdische Angehörige der Inhaftierten, versammelt. Ungesichert sind die Anzahl der Protestierenden, die Dauer und die Form des Protestes.

18 Einen guten Überblick über den ›Reichsverband‹ gibt Lekebusch 1995, S. 61–67.
19 Exemplarisch für die Evangelische Kirche: Büttner/Greschat 1998 u. Röhm/Thierfelder 1990, 1992, 1995, 2006. Zur Haltung der Katholischen Kirche: Gaertner 2003 u. Leichsenring 2007. Besonders die Evangelische Kirche war alles andere als ein Hort der Geborgenheit und Sicherheit für die bedrohten ›Christinnen und Christen jüdischer Herkunft‹. Die Kirchenvertreter und Gemeindemitglieder beteiligten sich bis auf wenige Ausnahmen akribisch und überaus rege an Ausgrenzung und Ausschluss ihrer schwächsten Glieder. Vgl. hierzu Kap. 3.2. Vor allem im kirchenhistorischen Kontext sind hierzu mittlerweile zahlreiche Regionalstudien erschienen.

Christen, die 1935 mit einem Mal dem Judentum zugerechnet wurden (Oberlaender 1996). Allerdings wählte er einen erfahrungsgeschichtlichen Ansatz und näherte sich dem Thema der ›Mischlinge‹ erstmals systematisch aus der Opferperspektive. Oberlaender definierte die christlichen ›Nichtarier‹ als eine soziale Gruppe mit objektiv gemeinsamen Merkmalen, auch wenn sie sich subjektiv nicht als eine eigenständige Gruppe verstanden. Ziel seiner Untersuchung zum ›Identitätsmanagement christlicher Deutscher jüdischer Herkunft und ihrer nach 1945 geborenen Kinder‹ war die Beantwortung der Frage, inwieweit sich die ausgewählten Interviewpersonen dem eigenen Selbstverständnis nach als Teil der Gruppe christlicher ›Nichtarier‹ verstanden, und wie die innerfamiliäre Dynamik von der nationalsozialistischen Definition beeinflusst wurde. Dies verdeutlichte er an zwei Vater-Kind-Fallstudien und einer Einzelfallanalyse eines ehemals Verfolgten. Zu Oberlaenders Vorgehen gibt es zahlreiche kritische Anmerkungen.[20] Doch sprach Oberlaender auch den Zwiespalt an, in dem sich die als ›halbjüdisch‹ Bezeichneten während der NS-Zeit befanden und veranschaulicht einen wichtigen Aspekt, nämlich wie allein durch eine von außen herangetragene negative Zuschreibung eine problematische Sicht auf die eigene Identität gefördert wird. Die in der NS-Zeit von der Etikettierung Betroffenen hätten, so Oberlaender, aufgrund ihrer ungefestigten Identität der rassistischen Klassifizierung kaum etwas entgegenzusetzen gehabt und sich daraus resultierend »viel stärker auf verschiedene, inhaltlich konkurrierende Identitätsmodelle« eingelassen (ebd., S. 332).[21] Ferner beschrieb Oberlaender einen weiteren Ambivalenz-Aspekt als Ergebnis seiner Forschung: Die Interviewten, »die ihre jüdische Herkunft zu verbergen suchten, [hatten] ein ambivalentes Verhältnis zur jüdischen Seite der Familie, zum jüdischen Elternteil oder Judentum […]« (ebd., S. 314).

Bei Andrea Zielinskis sozialpsychologischem Ansatz (Zielinski 2002) ist ›Ambivalenz‹, anders als bei Oberlaender, generell ein inhärenter Teil von Identität. Die *Problematik* der Ambivalenz findet daher bei ihr keine gesonderte Beachtung. Im Rahmen ihrer Studie beschäftigte sich die Autorin mit der individuellen Identitätsbildung ehemaliger ›Mischlinge‹ und fragte danach, ob »ein Identitätsprozess auf Grund massiver Repressalien ausgelöst werden [kann], auch wenn die Betroffenen keine tradierten Kenntnisse ihrer Herkunft besitzen«

---

20 So bediente der Autor sich bei der Darstellung und Interpretation der Interviews nicht nur einer unsorgfältigen Methodik, sondern seine Interpretationen sind über weite Strecken überaus fragwürdig.

21 Dabei spricht er von einer von Anfang an gebrochenen Identität. In dieser Hinsicht stellt sich die Frage, ob man bei ›Identität‹ überhaupt jemals von einer ›*ungebrochenen* Identität‹ sprechen kann.

(ebd., S. 7)? Und wenn ja, ob eine mögliche Identifikation nach 1945 fortbestand. Nach Ausflügen in Ideen- und Theoriegeschichte, einer Anreihung gesetzlicher Bestimmungen und Exkursen zu den jüdischen Gemeinden und Organisationen nach 1945, stellte die Autorin Interviews ehemals Betroffener vor, anhand derer die Fragen nach ›Identität‹ beantwortet werden sollten. Im äußerst knappen Ergebnisteil, der sich mehr oder weniger auf Aufzählungen beschränkt, bejahte ZIELINSKI die Herausbildung von Identität als Folge von Ausgrenzung und Bedrohung und stellte ebenso die Beibehaltung der Identifikation mit der Zuschreibung nach 1945 fest (vgl. ebd., S. 276f.). Unterscheidungsmerkmale fand sie zwischen Personen patrilinearer und matrilinearer jüdischer Herkunft. Erstere, denen der Zugang zur Jüdischen Gemeinde verwehrt ist, seien in größerer Identifikationsnot. Die Identitätsbildung dieser recht homogenen Gruppe sei davon geprägt, dass sie sich durch ihre Nicht-Zugehörigkeit zum Judentum erst recht bewusst darüber seien, einen ›jüdischen Anteil‹ zu besitzen. Die Gruppe der Personen matrilinearer Herkunft sei dagegen heterogener. Viele seien nicht Mitglied der jüdischen Gemeinden und ihre Selbstzuschreibung beruhe nicht unbedingt auf dem halachischen Verständnis von Jüdischsein. In ihrer Schlussbemerkung merkte Zielinski an, dass zukünftig weitere Forschungen ehemalige ›Mischlinge‹ betreffend, insbesondere im Kontext transgenerationaler Übertragung, vonnöten seien (ebd., S. 281).

Mittlerweile existieren einige wenige Aufsätze aus sozialwissenschaftlicher Sicht, die sich mit der Thematik der Transgenerationalität in ›gemischten Familien‹ befassen.[22] Diesbezüglich hob Gabriele Rosenthal in ihrer Darstellung über die von ihr interviewte israelische Familie Stein Besonderheiten hervor (Rosenthal 2001). Der Großvater der Familie wuchs mit einer deutschen, äußerst pro-nazistischen Mutter und einem jüdischer Vater, der in der Pogromnacht 1938 umgebracht wurde, auf. Später heiratete er eine Shoa-Überlebende. Interessanterweise wurde, so Rosenthal, der pro-nazistische Familienzweig von sämtlichen Familienmitgliedern, gleich welcher Generation, abgewehrt und verleugnet (vgl. ebd., S. 190). Zugleich distanzierten die Interviewten sich von ihrer familiären Vergangenheit als Holocaust-Opfer. Dies ist nach Rosenthal ein Unterschied zu ›Überlebenden-Familien‹ *ausschließlich jüdischer* Herkunft: Während Letztere sich in ein Verhältnis zu ihrer Vergangenheit als Verfolgte bzw. als Kinder und Enkel von Verfolgten setzten und über ihre Leiden, ihre Trauer und ihre Schuldgefühle berichteten, sähen die Mitglieder der Familie

---

22 In dieser Hinsicht sei als Ergänzung zu den wenigen wissenschaftlichen Studien in diesem Bereich auf die autobiografischen Beiträge des Tagungsbands von Gensch/Grabowsky 2010 verwiesen. Sie geben Aufschluss über die generationsübergreifenden Auswirkungen der NS-Zeit.

Stein keinen Zusammenhang zwischen ihrem jetzigen Leben und einer familiären und persönlichen Prägung durch die Shoa.

Auch Gerd Sebald griff in einer Fallbeschreibung über die Folgen nationalsozialistischer Identitätszuschreibungen das Thema ›Transgenerationalität‹ auf (Sebald 2010). Neben der Frage nach den Folgen der Zuschreibung ›halbjüdisch‹ für eine ehemals betroffene Frau matrilinearer Herkunft, ging er den *Tradierungsmustern* und *-mechanismen* innerhalb der von ihm interviewten Familie nach. In dieser Familie wurde die Ablehnung alles ›Jüdischen‹ einer einst als ›Mischling‹ bezeichneten Frau zum bestimmenden Aspekt der Weitergabe an ihre Tochter und Enkelin. Zwar schwäche sich die Vehemenz Sebalds Analyse zufolge von Generation zu Generation ab – die Tochter lehnt eine Identitätszuschreibung ›jüdisch‹ weniger rigoros als ihre Mutter ab –, jedoch sei die töchterliche Beziehung zur jüdischen Kultur und Religion von großer Ambivalenz gekennzeichnet. Dementsprechend negiere sie ihr durch die Halacha[23] festgeschriebenes Jüdischsein einerseits explizit, andererseits pflegt sie einen engen Kontakt zu einer orthodoxen jüdischen Familie. Ebenso sei das Verhältnis der interviewten 16-jährigen Enkelin zum Judentum von Hin- und Hergerissenheit geprägt. So übernähme sie von Großmutter und Mutter sehr wohl *sprachlich* eine Distanzierung von Jüdischsein, habe aber dennoch jüdische Schulfreundinnen und -freunde. Letztere trügen, so Sebald, dazu bei, dass die Enkelin sich trotz der Prägung durch Großmutter und Mutter zur »Identitätsoption ›Jüdischsein‹« […] wohl offen und unverkrampft« verhielte (ebd., S. 203).

Inzwischen liegt auch eine Fallstudie, die sich mit einer Enkelin aus einer teiljüdischen Familie befasst, vor. Dani Kranz hat herausgearbeitet, wie Nora, eine junge Frau mit einer väterlicherseits jüdischen Großmutter, also halachisch als nicht-jüdisch geltend, im Laufe der Jahre trotz ihres äußerst rudimentären Wissens über ihren jüdischen Familienzweig den Versuch unternommen hat, eine eigene jüdische Identität zu kreieren (Kranz 2010). Die Autorin stellte dar, wie die von ihr interviewte Nora diese jüdische Identität durch ein bestimmtes Narrativ, also über die Art und Weise, wie sie Erzählungen über sich gestaltet, herstellt: In ihrer Erzählung verwebe Nora ihre eigene Erlebniswelt und die darin enthaltene jüdische Identität mit der Vergangenheit ihres jüdischen Familienzweigs. Zwischen der Fremdzuschreibung ›nicht-jüdisch‹, die sie von ihrer jüdischen Umwelt erhielte, und der Eigenverortung als ›jüdisch‹, stelle sie narrativ auf spezifische Weise einen Zusammenhang zwischen sich und den Shoa-Nachkommen her. Dies erwies und erweist sich für die Interviewte insofern als schwierig, als dass sich ihre jüdische Herkunftsfamilie nie selbst als jüdisch an-

---

23 Grundlageninformation über diesen Begriff gibt das Kap. 3.1.

sah und Nora daher auch nicht als Teil der narrativen (kollektiven) Gemeinschaft der Holocaust-Überlebenden aufwuchs.

Ein weiterer geschichtswissenschaftlicher Ansatz, sich mit ›jüdischen Mischlingen‹ zu befassen, stellt die Alltagsgeschichte dar. Die Frage, wie Betroffene ihre Geschichte und ihr Leben erlebten, nahm Ursula Büttner in ihrer Studie über christlich-jüdische Familien für den gesamten Verfolgungszeitraum von 1933 bis 1945 in den Blick (Büttner 1988). Sie beschrieb nicht nur die legislativen Benachteiligungen, denen ›Mischlinge‹ und ›Mischehen‹ ausgesetzt waren, und verdeutlichte die Zielsetzungen und Verhaltensweisen der NS-Verfolgungsinstanzen, sondern zeigte die Konsequenzen der Maßnahmen und Verordnungen an dem konkreten Beispiel des Schriftstellers Robert Brendel und seiner Frau auf. In ihrem Aufsatz über die Rettung der jüdischen Ehepartnerinnen und Ehepartner in ›Mischehen‹ einige Jahre später stellte Büttner die Situation der ›Mischehen‹ noch einmal vertiefend dar (Büttner 1993). Hier betonte sie besonders die Rolle der nicht-jüdischen Ehepartnerinnen und -partner als ›Lebensversicherung‹ für den jüdischen Teil der Ehen. Im Zentrum ihrer Darstellung stand die Standfestigkeit der nicht-jüdischen Ehefrauen und -männer, die dem Druck von außen trotzten und von denen sich nur wenige scheiden ließen. Obwohl die meisten ›Mischehen‹ die Zeit des NS-Regimes mehr oder weniger unbeschadet überstanden, scheint es doch allzu pathetisch, von einem »Bollwerk Familie« (ebd., S. 59), so wie Büttner es tut, zu sprechen. Dies belegen nicht allein gegenteilige Fälle[24], sondern nicht zu unterschätzen ist die Tatsache, dass die politische Situation als solche zu enormen innerehelichen Spannungen beitrug. Darüber, wie viele Ehen aus Solidarität für die jüdischen Ehepartnerinnen und -partner weitergeführt wurden, obwohl unter anderen politischen Umständen Trennungsgründe vorgelegen hätten, lässt sich nur spekulieren. Zudem maß Büttner den nicht-jüdischen ›Mischehepartnern‹ grundsätzlich ein zu hohes Maß an Einfluss auf die Politik des NS-Regimes zu, wenn deren Standhaftigkeit »die Nationalsozialisten generell zu größerer Vorsicht und langsamerem Vorgehen bei der Verfolgung der in ›Mischehe‹ lebenden Juden zu zwingen« (ebd., S. 59f.) beigetragen haben soll. Zumindest müsste einmal geklärt werden, inwieweit das NS-Regime denn überhaupt von der angeblichen Standfestigkeit wusste, eine Voraussetzung dafür, dass man die eigene Politik darauf einstellte.

Ebenfalls aus alltagsgeschichtlicher Perspektive näherte sich Marion Kaplan dem Leben jüdischer und ›gemischter‹ Familien (Kaplan 2001). Entlang der zahlreichen Gesetze und Verordnungen, die für die ›Mischehen‹ und ›Mischlinge‹ erlassen wurden, beschrieb sie die *subjektiven* Erfahrungen der Betroffe-

---

24 Zutreffende Beispiele siehe Grabowsky 2005, S. 71ff.

nen. Dabei thematisierte sie auch die zwiespältige Situation der ›Halbjüdinnen‹ und ›Halbjuden‹ und verdeutlichte am Beispiel eines jugendlichen ›Halbjuden‹ seine Wut auf die jüdische Mutter und seinen Wunsch, weiterhin Mitglied der *Hitlerjugend (HJ)* sein zu wollen.

Mittlerweile sind in den letzten ungefähr zehn Jahren einige Studien erschienen, die sich im Rahmen von Oral-History-Projekten dezidiert den lebensgeschichtlichen Erfahrungen der ›Halbjüdinnen‹ und ›Halbjuden‹ widmeten. So veröffentlichte Cathy Gelbin 1998 die Ergebnisse ihres Interviewprojekts, in dessen Rahmen sie auch Gespräche mit ›jüdischen Mischlingen‹ führte (Gelbin 1998). Dabei verdeutlichte sie, dass die einzelnen Verfolgungsgeschichten zum Teil stark voneinander abweichen, und bekräftigte damit, dass die ›Mischlinge‹ durchaus keine einheitliche Gruppe bildeten. Erstmals lieferte sie einen profunden Erkenntnisgewinn der Ambivalenz-Problematik und betonte »dass sich ihre Biographien [die der ›Mischlinge‹, S.G.] nicht einfach in die gängige Dichotomie von Opfern versus Tätern einpassen lassen« (ebd., S. 273). Vielmehr umfasse das Handlungsspektrum der gesamten Gruppe diese gegensätzlichen Positionen, die in den individuellen Lebensläufen sichtbar würden. Damit verwies Gelbin auf die Existenz der ›Halbjüdinnen‹ und ›Halbjuden‹ im gesellschaftlichen ›Dazwischen‹ innerhalb der beiden Extreme ›Täter‹ auf der einen und ›Opfer‹ auf der anderen Seite und damit auf die Grauzone zwischen ›Privileg und Verfolgung‹. In dieser Hinsicht konnten die ›Mischlinge‹ zum einen auf kulante Auslegung von Gesetzen und Bestimmungen hoffen. Zum anderen lebten sie aufgrund des »bedrohliche[n] Potential[s] der Grauzone« (ebd., S. 270) ständig in der Ungewissheit, in die Verfolgung der ›Volljüdinnen‹ und ›Volljuden‹ miteinbezogen zu werden. Generell vermutete die Autorin einen geschlechtsspezifischen Unterschied in Bezug auf ein ›Dazwischen‹ und bezieht sich in dieser Hinsicht auf die ›Halbjuden‹, die zur Wehrmacht einberufen wurden. Durch ihre Zugehörigkeit und der potenziellen Beteiligung an Wehrmachtsverbrechen sei denkbar, dass sich das Verhalten der ehemaligen Soldaten »tendenziell weitaus ambivalenter gestaltet als das der verfolgten Frauen« (ebd., S. 272). Gelbin betonte, dass eine weitere wissenschaftliche Forschung über die ›Mischlinge‹ »daher gerade die Ambivalenzen und Gegensätzlichkeiten in den einzelnen Biographien sowie in den Identitätszuordnungen der Betreffenden erfassen [muss], um der speziellen Verfolgungsproblematik dieser Gruppe überhaupt gerecht werden zu können« (ebd., S. 274). Jene Auseinandersetzung ist für die Autorin auch von politischer Relevanz, denn das Bedürfnis nach Entlastung der Täterinnen und Täter führe noch immer dazu, dass die ambivalente Position der Opfer »mit dem Verweis, die Opfer seien ja selbst nicht besser gewesen als ihre Verfolger« (ebd.) argumentativ ausgenutzt würde.

Auch Nathan Stoltzfus wählte für seine Forschungen über den ›Rosenstraßen-Protest‹ einen Oral-History-Ansatz (Stoltzfus 1999).[25] Anhand von Interviews mit Zeitzeuginnen und Zeitzeugen versuchte er, die Geschehnisse von Februar und März 1943 zu rekonstruieren und zu deuten. Er ging davon aus, dass Anfang 1943 die Deportationskriterien für die in ›Mischehe‹ Lebenden vom *RSHA* erweitert wurden und die Deportationen für diese Personengruppe in Berlin ihren Anfang nehmen sollten (ebd., S. 276). In der wissenschaftlichen Beurteilung des Protestes entwickelte sich in den letzten Jahren eine Kontroverse, die sich vor allem zwischen Stoltzfus und Gruner abspielte.[26] Gruner interpretiert die Verhaftungen der ›Mischehepartner‹ nicht als Beweis für ein Deportationsvorhaben, sondern er vertritt den Standpunkt, dass die verhafteten Juden die zu deportierenden Angestellten der jüdischen Institutionen ersetzen sollten (vgl. Gruner 2002, S. 146). Während Stoltzfus in seinen Publikationen argumentierte, dass der Protest die NS-Führung zum Einlenken gebracht habe (vgl. Stoltzfus 1996, S. 327), führte Gruner stichhaltige Belege dafür an, dass die Freilassung der Verhafteten ohnehin vorgesehen gewesen sei (vgl. Gruner 2002, S. 158).[27]

Im Jahr 2002 sorgte der amerikanische Historiker Bryan Mark Rigg mit seinem Buch »Hitler's Jewish Soldiers« (2003 auf Deutsch erschienen) für enormes Aufsehen (Rigg 2003). Über das Alltagsleben der ›Mischlinge‹ in der Wehrmacht war bis dato nur sehr wenig bekannt. In den Jahren 1994 bis 1998 sammelte der Autor lebensgeschichtliche Interviews mit über 400 teiljüdischen ehemaligen Wehrmachtsangehörigen, d.h. er sprach mit Männern mit zwei jü-

---

25 Die englische Fassung präsentierte er bereits 1996. Vorab hatte er schon zahlreiche Artikel zu dieser Thematik veröffentlicht. Im Sommer 2003 sind Stoltzfus' Forschungen der breiten Öffentlichkeit durch den Film ›Rosenstraße‹ bekannt geworden. Die filmische Darstellung dieses Ereignisses durch die Regisseurin Margarethe von Trotta löste nach der Filmpremiere eine Diskussion aus, die vor allem von dem Historiker Wolfgang Benz ausging. Dazu: Benz 2003. Eine aufschlussreiche Filmanalyse bietet Meyer 2004.

26 Bereits 1996 hatte sich Christoph Dipper, wenngleich auch weniger öffentlichkeitswirksam, mit Stoltzfus' Thesen kritisch auseinandergesetzt und diese verworfen. Zur Forschungsgeschichte des Protests und zur Rezeptionsgeschichte des Films: Gruner 2004. Zudem sei auf Prause 2006 verwiesen. Er fasst die Unstimmigkeiten der Ereignisgeschichte prägnant zusammen.

27 2005 veröffentlichte Gruner dann eine umfangreiche und detaillierte Darstellung der ›Fabrik-Aktion‹ und des ›Rosenstraßen-Protests‹. Darüber hinaus werden in den Beiträgen des 2006 von Antonia Leugers herausgegebenen Bands jüngere Forschungsergebnisse berücksichtigt. So wird durch die dort erstmals bzw. erstmals vollständig herausgegebenen relevanten historischen Dokumente ein neuer Beitrag zur ›Rosenstraßen-Debatte‹ geliefert.

dischen Großelternteilen (also ›Mischlingen ersten Grades‹) und mit Männern mit einem jüdischen Großelternteil (›Mischlinge zweiten Grades‹). Davon abgesehen, dass er nicht – wie der Titel suggeriert – *jüdische* Soldaten, sondern Männer, die durch die rassistische Gesetzgebung als ›*teil*jüdisch‹ erklärt wurden, interviewte, schätzte er die Zahl der zur Wehrmacht eingezogenen ›Mischlinge ersten und zweiten Grades‹ mit 150.000 als utopisch hoch ein (vgl. Meyer 2003).[28] Die Gründe für ihre Einberufung seien gefälschte Papiere oder Sondererlaubnisse gewesen.[29] In seiner Studie beschrieb der Autor nicht nur die antisemitische Rassengesetzgebung und deren Auswirkungen auf die Personalpolitik des Militärs, sondern verband die administrative Diskriminierung der ›Mischlinge‹ in der Wehrmacht mit dem persönlichen Erleben der Betroffenen. Dabei war für ihn insbesondere die Frage nach ihren Motiven, in der Wehrmacht zu verbleiben, von Interesse. Riggs Ergebnisse gewähren in dieser Hinsicht Einblick in ein breit gefächertes Spektrum von Beweggründen. Zum einen erhofften sich die ›Mischlinge‹ durch Selbsttäuschung und Realitätsverdrängung den Schutz für ihre jüdischen Verwandten in Deutschland. Für andere stellte der Einsatz an der Front eine Überlebensstrategie für die eigene Person dar (vgl. Rigg, S. 310–327). Abschließend konfrontierte RIGG seine Befunde mit der Frage, was die jüdisch-stämmigen Soldaten von der systematischen Vernichtung der Jüdinnen und Juden durch das NS-Regime wussten. Dabei arbeitete er heraus, dass auch die ›Mischlinge‹ in der Wehrmacht Zeugen von Konzentrationslagern, Ghettos und Zwangsarbeit wurden (vgl. ebd., S. 316f.). Allerdings lässt Rigg die Lesenden darüber im Unklaren, wie weit dieses Wissen unter ihnen verbreitet war. Es hätte jedenfalls nur einige wenige Soldaten jüdischer Abstammung innerhalb der Wehrmacht gegeben, die Kenntnis über die *systematische* Vernichtungspraxis und die Vernichtungslager gehabt hätten, die jedoch aus Angst um ihr eigenes Leben ihr Wissen verheimlichten (vgl. ebd., S. 317–325). Nahezu unbeachtet ließ Rigg die Fragen nach der Beteilung der ›teiljüdischen‹ Soldaten am Raub- und Vernichtungskrieg gegen die Zivilbevölkerung der von der deutschen Wehrmacht überfallenen Länder und am

---

28 Meyer stellt Riggs Annahme die weitaus realistischere Anzahl von 33.000 Personen gegenüber. Weiterhin hat sich Günter Schubert 1998 kritisch mit Riggs ersten Forschungsergebnissen, die er lange vor dem Erscheinen seiner Monographie veröffentlichte, befasst. In seinem Artikel widerlegt er zentrale Behauptungen des amerikanischen Historikers.

29 Dass diese plakative Behauptung, wie von Rigg formuliert, nicht richtig ist, zeigt die NS-Wehrgesetzgebung (vgl. hierzu Historischer Exkurs 4). Mit den Befreiungen von den Bestimmungen der *Nürnberger Gesetze*, also mit Sondererlaubnissen für jüdische und ›halbjüdische‹ Personen, und den Gnadenanträgen auf eine ›bessere rassische Einordnung‹ befassen sich ausführlich Steiner/Cornberg 1998.

Völkermord der jüdischen Bevölkerung im Osten. Insgesamt sind seine Aussagen durchaus kritisch zu beurteilen, da er sich lediglich auf die Selbstaussagen der Interviewten stützt, seine Ergebnisse indes nicht mit anderen Untersuchungen, z.B. der Kriegsbeteiligung militärischer Einheiten, in Beziehung setzt. In puncto ›Ambivalenz‹ wäre die Thematik der ›Mischlinge‹ in der Wehrmacht, wie bereits von Gelbin angesprochen, überaus ergiebig, denn weit mehr als in jeglicher anderen NS-Institution bzw. Maßnahme, in die die ›Halbjüdinnen‹ und ›Halbjuden‹ zwangsweise eingebunden wurden, war der dortige Alltag von unüberwindbaren Gegensätzen zwischen ›Opfer-‹ und ›Täterdasein‹ geprägt. Diesen Aspekt sprach Rigg jedoch nur unsystematisiert an. Dabei wird besonders im Kapitel »Was wußten ›Mischlinge‹ vom Holocaust?« die zwiegespaltene Situation der ehemaligen Soldaten deutlich. Dieses Dilemma analysierte der Autor leider nicht, sodass die Hin- und Hergerissenheit der Soldaten lediglich in einer rein deskriptiven Aneinanderreihung von Beispielen deutlich wird. An anderer Stelle nahm Rigg die zwiegespaltene Situation seiner Interviewten immerhin in den Blick: »Das Dilemma von Menschen, die einem Regime dienten, das ihre fundamentalen Menschenrechte missachtete, ist nicht neu« (ebd., S. 328).[30] Und in seiner Schlussbemerkung stellte er fest, »dass man mit Schwarz-Weißmalerei dem Dritten Reich nicht gerecht werden kann« (ebd., S. 329). Doch die Hin- und Hergerissenheit der betroffenen Soldaten, den inneren Konflikt in seiner Tiefe auszuloten, blieb bei RIGG eine Leerstelle.

Im März 2003 präsentierte James F. Tent, zunächst auf Englisch (2007 auch auf Deutsch) sein Buch ›Im Schatten des Holocaust‹ (Tent 2007). Seine Ergebnisse fußten auf 20 von ihm geführten Interviews. Als Rahmung der Inneneinsichten der ehemaligen ›Mischlinge ersten und zweiten Grades‹ dienten die nationalsozialistischen Bestimmungen und Gesetze. Weiterhin ergänzte Tent seine Darstellung mit Quellenmaterial aus diversen Archiven. Kritisch zu beurteilen ist vor allem die Tatsache, dass Tents Schilderungen nicht auf verschriftlichten Interviews der Befragten beruhen, sondern lediglich im Nachhinein angefertigte Gespräch*sprotokolle* die Basis seiner Interpretationen bilden. Dies wirkt sich unmittelbar auf seine Darstellung aus: Im Sinne einer Prosaerzählung reiht er, ohne eine notwendige Distanz zu seinen Beforschten bzw. zum Gegenstand seiner ›Erzählung‹ einzunehmen, Geschichten aneinander. Damit wird deutlich, dass der Autor sich nicht zwischen seinen erklärten Anliegen »lesbare *Geschichte* zu schreiben« (ebd., S. 22. Hervorh. S.G.) und gleichzeitig »*Geschichten* von Männern und Frauen« (ebd., S. 44. Hervorh. S.G.) zu schildern, entscheiden konnte. Abgesehen von einigen sich widersprechenden Auslegungen historischer Fakten ist vor allem Tents allgegenwärtige These des NS-

---

30 Hier zog Rigg u.a. Parallelen zu schwarzen Soldaten in der US-Armee.

Staates als ›Willkürstaat‹[31], mit der er auch die ›Mischlingspolitik‹ erklärte, zu hinterfragen. Die denkbare Konsequenz aus jener Willkür, das ›Dazwischen‹ der Betroffenen, fand bei ihm jedoch keine Beachtung.

Die bis dato über die ›Halbjüdinnen‹ und ›Halbjuden‹ erschienene Literatur hat sich, wie dargestellt, den Erfahrungen der Betroffenen durchaus gewidmet, allerdings blieb die *wissenschaftliche Analyse* ihrer Erfahrungen und ihres Erlebens auf einzelne Aspekte beschränkt. Erstmalig in der historiografischen Forschung befasste sich Beate Meyer in ihrer umfangreichen Studie über die ›Mischehen‹ und ›Mischlinge‹, vornehmlich der Stadt Hamburg, dezidiert mit der Opfergruppe der ›Mischlinge‹ und *systematisierte* deren *gesamte* Geschichte als Erfahrungsgeschichte (Meyer 1999).[32] Hierbei setzte sie die Einwirkung der gesetzlichen Bestimmungen auf das Selbstverständnis und die Verarbeitungsstrategien der Betroffenen miteinander in Beziehung. Als Historikerin nahmen bei ihr die politischen Maßnahmen auf Regional- und Reichsebene einen breiten Raum ein. Zudem befasste sie sich mit der Verfolgendenseite und porträtierte punktuell ausführlich ausgewählte Akteure der Verfolgung. Wie Gelbin bereits einige Jahre zuvor, betonte auch sie die Forschungslücke, die hinsichtlich der »Zwitterposition zwischen rassistischer Ausgrenzung mit potentieller Lebensgefährdung und Verbleib in der Mehrheitsgesellschaft für die Individuen [...], die nur mittels Anpassung und Verleugnung aggressiver Gefühle bewältigt werden konnte [, besteht]« (ebd., S. 357). An diese Zwitterposition, eine Existenz ›Zwischen den Stühlen‹ knüpft die vorliegende Arbeit an. Während Meyer vor allem »die Wechselwirkungen zwischen Verfolgungsprozeß, dessen Rezeption in der Bevölkerung und den Umgangsstrategien der Betroffenen« (ebd., S. 13) untersuchte, nimmt die vorliegende Studie nicht deren komplette Erfahrungsgeschichte in den Blick, sondern fokussiert mit der Frage nach den *Folgen und dem Umgang der Zuschreibung* ›halbjüdisch‹ einen bestimmten Aspekt. Dabei wird die *Selbstwahrnehmung* der Betroffenen in den Mittelpunkt gestellt.

Durch die Subsumierung unter die bis dato nicht existente Kategorie ›jüdischer Mischling‹ schufen die Nationalsozialisten mit den *Nürnberger Gesetzen* eine Personengruppe, die sie weder zu den Jüdinnen/Juden noch zu den ›Deutschblütigen‹ zählten. Mit ihrem rassentheoretischen Konstrukt übten sie einen erheblichen Einfluss auf die Selbstsicht und Selbstdefinition der Klassifizierten aus. Die *Wirkmächtigkeit* eines ›Dazwischen‹ war bereits in den Zu-

---

31 Zur spannungsreichen Ergänzung von Normen- und Willkürstaat siehe Ernst Fraenkel 1974.
32 Inzwischen publizierte sie eine Vielzahl weiterer Beiträge über die ›jüdischen Mischlinge‹, zuletzt 2010.

schreibungen ›halbjüdisch‹ bzw. ›Mischling‹ angelegt. Beide Begriffe sollten eine negative Daseinsform etablieren, denn per definitionem drückten sie einen Zustand der Unvollkommenheit aus. Dass dies für die Betroffenen weit mehr als eine *religiöse* Zwitterposition bedeutete, sondern als *sozialer* Status und den damit verbundenen Benachteiligungen Einfluss auf nahezu sämtliche Lebensbereiche hatte, wurde im Laufe der Verfolgungszeit für sie zusehends fühlbar. Und auch nach 1945 war das Zwangsdasein ›zwischen den Stühlen‹, wie das bereits zitierte Schreiben der ›Vereinigung der durch die Nürnberger Gesetze Betroffenen e.V.‹ ausdrückt, keineswegs beendet. Dieses verordnete ›Dazwischen‹, das Primo Levi als »Grauzone« (Levi 1990/1995, S. 52) bezeichnet, sorgte in der NS-Zeit zudem dafür, dass viele der ›Mischlinge‹ von Schuld- und Schamgefühlen geplagt wurden, die oftmals bis heute wirksam sind. Denn schließlich waren sie gegenüber den ›jüdischen‹ Familien bzw. dem jüdischen Teil ihrer eigenen Familie ungleich besser gestellt und wenigstens in einigen gesellschaftlichen und privaten Bereichen Teil der deutschen ›Volksgemeinschaft‹.

Mit ihrer Einteilung in verschiedenwertige ›rassische Grade‹ und der damit zusammenhängenden Privilegierung der Unprivilegierten erschwerten bzw. unterbunden die Machthabenden eine mögliche Solidarisierung unter den Verfolgtengruppen. Dies hatte, so konstatiert Levi, zur Folge, dass den Betroffenen das »Bewußtsein ihrer Unschuld« (ebd.)[33] genommen, und das Gewissen der Täterinnen und Täter erleichtert wurde. Auch dies mag ein Grund dafür sein, weswegen die ehemaligen ›Halbjüdinnen‹ und ›Halbjuden‹ ihre Stimmen jahrelang nicht erhoben haben.

Wie dargelegt, ist die Forschung über die als ›jüdische Mischlinge‹ verfolgten Personen noch in vielerlei Hinsicht lückenhaft. Besonders fehlte es bislang an sozialwissenschaftlichen Zugängen zu dieser Thematik. Mit der vorliegenden Untersuchung soll ein Beitrag dazu geleistet werden, dieses Desiderat zu beheben. Daher lautet die forschungsleitende Fragestellung:

Wie hat sich die nationalsozialistische Zuschreibung ›Halbjüdin‹/›Halbjude‹ für die betroffenen Personen ausgewirkt?

Mit dieser Fragestellung und der Herangehensweise an die Thematik wird das Ziel verfolgt, den Zusammenhang zwischen einer stigmatisierenden Klassifizierung und deren Ausprägung auf die Identität[34] bzw. die Biografie von Per-

---

33 Levis Analyse bezieht sich zwar auf das ›Sonderkommando‹ von Auschwitz, jedoch ist die hier beschriebene sozialpolitische Strategie im Fall der ›Mischlingspolitik‹ strukturell homolog.

34 Für den Begriff ›Identität‹ existiert keine allgemein verbindliche Definition. In der vorliegenden Arbeit wird ›Identität‹ gesellschaftstheoretisch im Sinne einer ›kultu-

sonen[35] zu untersuchen. Den Bezugspunkt hierfür bilden die Zeit des National-sozialismus und die Folgezeit. Dabei stehen die *Erfahrungen*[36] *der Opfer* im Vordergrund der Studie. Da Erfahrungen stets innerhalb bestimmter Kontexte gemacht werden, also »sozial-zeitlich und sozial-räumlich ›eingebettet‹ sind« (Dietrich et al. 2009, S. 46. Hervorh. i.O.), wird die Ebene der Akteurin-nen/Akteure der Verfolgung mit der Opferperspektive verbunden. Daher wer-den die Erlebnisse und Erfahrungen der Betroffenen punktuell an geschichtliche Ereignisse angebunden und Hintergrundinformationen in Form ›historischer Einschübe‹ eingefügt. Auf diese Weise verknüpfen sich mikro- und makroso-ziale Bedeutung historischer Ereignisse, wobei die Seite der Täterinnen und Tä-ter hierbei lediglich den Bezugsrahmen dafür bildet, die subjektive Seite der

---

rellen Identität‹ verstanden. ›Kulturelle Identität‹ beruht auf der Zugehörigkeit zu bestimmten sozialen und kulturellen Kontexten in Bezug auf die nationale Kultur. ›Identität‹ ist nach Hall das Ergebnis sozialer Aushandlungsprozesse von Zugehö-rigkeiten innerhalb einer Gemeinschaft, wird also im Austausch mit anderen ge-schaffen. Sie ist keine individuelle Eigenschaft. Vgl. Hall 2008, S. 180–223.

35 ›Biografie‹ wird in dieser Arbeit als lebensgeschichtliche Darstellung, in der »Zu-sammenhänge zwischen Geschehen und Erleben als Erfahrung verdichtet« wer-den, verstanden (vgl. Breckner 2005, S. 123; das Folgende vgl. ebd., S. 122–127). Biografie ist ein Konstrukt, das subjektiv hervorgebracht wird. Mit ihren Biografi-en stellen die Erzählenden aus der Perspektive der Gegenwart in einem Erinne-rungs- und Kommunikationsprozess ein Bild über sich her, das zeitlich strukturiert ist, Biografien sind »sinngebende Ordnungen von kontingenten Erlebnissen und Erfahrungen in der zeitlichen Dimension der Lebensgeschichte«. Die Personen strukturieren ihre Erzählung sowohl entlang gesellschaftlicher Erwartungen und Erfordernisse, als auch im Sinne einer Verarbeitung ihrer Erlebnisse und Erfah-rungen. Der Prozess des Hervorbringens und der möglichen Veränderbarkeit einer Lebensgeschichte ist kein statischer, sondern ein fließender, individuell gestaltba-rer. Denn unter ›sozialer Identität‹ wird in der Biografieforschung nicht ein ›Zu-stand‹, der durch bestimmte äußere Bezugspunkte wie Status, Rolle etc. struktu-riert ist, verstanden. Das Konzept ›Biografie‹ widerspricht daher in gewisser Wei-se dem der ›Identität‹. Die Biografieforschung schlägt deswegen vor, den Begriff der ›Identität‹ durch den der ›Biografie‹ zu ersetzen. Roswitha Breckner merkt hierzu kritisch an, dass allerdings die »Neukonzeption als Biographie [...] die in den alten Identitätskonzepten enthaltenen Fragen und Problemstellungen nicht auf[löst]« (ebd., S. 127).

36 In dieser Studie wird ›Erfahrung‹ in einem alltagssprachlichen Sinn benutzt. In An-lehnung an den Soziologen Kurt Lüscher beschreibt der Begriff »die Wahrnehmung, [das Erfassen, S.G.] das Erleben von Sachverhalten und Ereignissen oder die diesen zugeschriebene [emotionale, S.G.] Bedeutung« (Dietrich/Lüscher/Müller 2009, S. 45). Erfahrung kann sich auf das Erlebnis *eines* Ereignisses oder auf die *Gesamt-heit* aller »Wahrnehmungen, Sinneseindrücke [...] und kognitive Prozesse [...]« be-ziehen (ebd., Fußnote 41).

Opfer als »Geschichte von unten« (Gellately 1992, S. 374) in den Blickpunkt zu rücken.[37]

Im Hinblick auf die Fragestellung der vorliegenden Studie sind daher folgende Leitfragen relevant[38]:

➢ Wie erlebten die Befragten ihr gesellschaftliches Umfeld in der NS-Zeit? Wie beurteilen sie ihre damaligen sozialen Beziehungen? Wie schätzen sie die Exklusions- oder auch Inklusionserfahrungen, die sie gemacht haben, ein?

➢ Wie erlebten die Betroffenen ihre familiäre Sozialisation in der NS-Zeit? Welche Rolle spielten ihre Familien bezüglich Schutz und/oder Ausgrenzung?

➢ Wie gestaltet sich die Prozesshaftigkeit der verschiedenen Erfahrungen von der NS-Zeit bis in die heutige Zeit in Bezug auf die Lebensgeschichte der Betroffenen?

➢ Wie erleben die Betroffenen ihr gesellschaftliches Umfeld? Wie thematisieren sie in diesem Umfeld ihre Vergangenheitserfahrungen? Wie beurteilen sie ihre sozialen Beziehungen seit dem Ende der Verfolgungszeit?

➢ Wie identifizieren sich die befragten Personen mit der Zuschreibung ›halbjüdisch‹?

➢ Welche Rolle spielen Christentum und Judentum im Leben der Befragten? Wie beschreiben sie ihr Verhältnis zu den Religionen? Wie verorten sie sich in religiöser Hinsicht?

➢ Wie beschreiben die Interviewten ihr Schicksal in Bezug auf andere Opfer des Nationalsozialismus, insbesondere bezüglich der Gruppe der ›Volljüdinnen‹ und ›Volljuden‹? Welchen Stellenwert in der ›Opferhierarchie‹ geben sich die Befragten? Wie erleben sie den gesellschaftlichen Opferdiskurs?

➢ Welchen persönlichen Umgang mit der Verfolgungsvergangenheit haben die einzelnen Befragten für sich gefunden?

➢ Welchen Stellenwert hat die NS-Zeit für das Leben der Befragten im Kontext ihres gesamten Lebens?

---

37 Damit wird seiner Forderung Rechnung getragen, die »eine systematische Analyse des Terrorsystems, seiner Verknüpfungen und Wechselbeziehungen« als entscheidenden Beitrag ansieht, um die Strukturen »des alltäglichen Lebens zu erhellen« (Gellateley 1992, S. 283).

38 Diese Leitfragen sind im Anschluss an die vorherige wissenschaftliche Beschäftigung der Forscherin mit ähnlichem Schwerpunkt im Rahmen ihrer Diplomarbeit formuliert worden.

Wie anhand der forschungsleitenden Fragen zum Ausdruck kommt, wird davon ausgegangen, dass die Klassifizierung ›halbjüdisch‹ bzw. ›Mischling‹ nicht nur in der NS-Zeit für die Betroffenen in vielerlei Hinsicht bedeutsam war, sondern ihr Leben auch nach 1945 weiterhin geprägt hat. Es geht also in nicht (nur) darum, die Erfahrungen und Erlebnisse der beforschten Personen zwischen 1933 und 1945 darzustellen, sondern es soll der *(individuellen) Bedeutung der Zuschreibung ›des Halben‹* bis in die Gegenwart nachgespürt und die systematischen Bezüge zur NS-Zeit sowie ihre Wirkung herausgearbeitet werden.[39]

Vor diesem Hintergrund ergibt sich folgender Aufbau der Studie:

Um die ›Gruppe‹ der ›Halbjüdinnen‹ und ›Halbjuden‹ in ihrer damaligen Zusammensetzung näher zu beleuchten, beginnt die Arbeit im *ersten* Kapitel mit der Darstellung der demografischen Struktur der ›Mischlinge‹. Als Basis dienen die Statistiken der Volkszählung vom Mai 1939, die Aufschluss über Anzahl der in dieser Arbeit beforschten Personen, ihre religiöse Zugehörigkeit, ihren Familienstand und ihr Heiratsverhalten geben.

Da die ›rassische‹ Zuordnung der ›Mischlinge‹ im NS von der religiösen Herkunft der Eltern (bzw. Großeltern) abhing, und die gegen die Kinder gerichteten Maßnahmen eng mit der Verfolgung ihrer Eltern einherging, widmet sich das *zweite* Kapitel der christlich-jüdischen Mischehe. Hier wird zunächst die quantitative Entwicklung der Mischehen seit 1875 skizziert (Kap. 2.1). Daran anknüpfend wird die Perspektive der Mehrheitsgesellschaft auf diese Ehen und das seit der modernen Ausdifferenzierung des Biologismus und Antisemitismus zunehmend als problematisch eingestufte ›Mischehen-Phänomen‹ kurz beleuchtet (Kap. 2.2). Anschließend werden die Sichtweisen auf die gemischten Ehen innerhalb der verschiedenen jüdischen Strömungen bis zum Beginn der NS-Zeit erläutert (Kap. 2.3). Die beiden nächsten Kapitel betreffen die nunmehr von den Nationalsozialisten als ›Rassenmischehen‹ eingestuften Verbindungen. Hier wird der staatlichen und institutionellen Verfolgung der Ehepaare und dem NS-Eherecht ein breiter Raum eingeräumt (Kap. 2.4), um danach auf den Rückgang der ›Mischehen‹ ab dem Beginn des Nazismus einzugehen (Kap. 2.5).

In der vorliegenden Studie werden die Begriffe ›jüdisch‹ bzw. ›halbjüdisch‹ und ›christlich‹ in verschiedenen Zusammenhängen benutzt. Dass diese Zuordnungen nicht auf allgemeingültigen Definitionen beruhen wird deutlich, wenn man sich ihren verschiedenen Auslegungen widmet. Das *dritte* Kapitel beinhaltet daher einen Überblick über die unterschiedliche Bestimmung der Begriffe

---

39 Es sei betont, dass es hierbei um das WIE der *Auswirkung* geht; das WIE des *Umgangs* mit der Zuschreibung im psychologischen Sinne, also die Frage nach ›Ver-‹ oder ›Bearbeitung‹, steht in dieser Studie nicht im Fokus einer Analyse.

im Judentum (Kap. 3.1), Christentum (Kap. 3.2) und Nationalsozialismus (Kap. 3.3).

Das *vierte* Kapitel erläutert und begründet das methodische Vorgehen der vorliegenden Untersuchung. Darin werden zunächst das thematische und methodische Vorverständnis offengelegt (Kap. 4.1). Hier geht es um die Frage, welche Folgen die Vulnerabilität der Gesprächspartner für die Interviewführung hat. Zudem wird der forscherische Umgang mit Traumata bzw. Traumatisierung erläutert und schließlich der Besonderheit ››Halbjüdische‹ *Kinder* als NS-Verfolgte‹ Augenmerk geschenkt. Danach folgt eine ausführliche Erörterung des Forschungsdesigns, also der Datenerhebung (4.2), Datenaufbereitung (4.3) und Datenauswertung (4.4).

Im *fünften* Kapitel wird eine wissenschaftstheoretische Standortbestimmung, die die erkenntnistheoretische Grundlage der Studie bildet, vorgenommen (Kap. 5.1). Hier wird der zentrale Begriff ›Ambivalenz‹ hergeleitet, eine gültige Definition erstellt (5.2) und die Fruchtbarkeit des Ambivalenz-Phänomens für eine empirische Analyse hervorgehoben (5.3).

Die individuelle Ausprägung von ›Ambivalenz‹ wird im *sechsten* Kapitel entlang von sechs Falldarstellungen verdeutlicht. Anhand von Interviewausschnitten wird das subjektive Ambivalenz-Verständnis der Befragten herausgearbeitet. Die einzelnen Darstellungen beinhalten zudem Kurzbiografien der Interviewten und zur besseren Einordnung in den gesellschaftlichen Kontext der NS-Zeit Hintergrundinformation über relevante historische Ereignisse bzw. Besonderheiten.

Im folgenden *siebten* Kapitel werden die vorgestellten Fälle zusammengeführt und miteinander kontrastiert.

Eine abschließende Betrachtung wird im *achten* Kapitel vorgenommen.

1 ›Mischlinge‹ im Deutschen Reich –
Die demografische Struktur

Nachdem in den ersten sechs Jahren ihrer Herrschaft den Nationalsozialisten nicht klar war, um wie viele Personen es sich sowohl bei den ›Mischlingen ersten Grades‹, als auch bei den ›Mischlingen zweiten Grades‹ handelte, brachte die Volkszählung am 17. Mai 1939 genaue Hinweise über ihre Anzahl im Deutschen Reich. Bei der Volkszählung von 1933 war die nationalsozialistische Kategorie ›Mischling‹ noch nicht eingeführt, denn erst mit den *Nürnberger Gesetzen* vom Herbst 1935 wurde sie erfunden. Die später als ›Mischlinge ersten Grades‹ oder ›Mischlinge zweiten Grades‹ bezeichneten Personen wurden 1933 noch als zugehörig zur jüdischen Population, sofern sie Mitglied der Jüdischen Gemeinde waren, gezählt.[40] Die zum Zeitpunkt der Zählung bereits emigrierten Personen wurden am 17. Mai 1939 nicht mehr erfasst. Insgesamt zählte man an diesem Tag 72.738 bzw. 71.126 ›Mischlinge ersten Grades‹ (vgl. Meyer 1999, S. 162).[41] Damit lag die Zahl weit unter derjenigen, mit der *Reichsärzteführer* Leonardo CONTI in der Zeit nach der ›Machtübergabe‹ ein Schreckensszenario aufgebaut und die ›Judenmischlinge‹ insgesamt auf 750.000 beziffert hatte (vgl. Blau 1949, S. 272).

Die Volkszählung von 1939 enthielt nicht nur eine Aufstellung der Personen, die als ›halbjüdisch‹ bezeichnet wurden, sondern im Genaueren auch Statistiken über die sogenannten ›Geltungsjüdinnen‹ und ›Geltungsjuden‹ (Tabelle 1). Sie stammten aus einer ›Mischehe‹[42] und lebten religiös jüdisch. Durch ihre Mitgliedschaft in der Jüdischen Gemeinde oder ihre Heirat mit einer Jü-

---

40 Zu der Frage, welche Mechanismen in Gang gesetzt wurden, um die Bevölkerung dann 1939 ihrem ›rassischen‹ Status nach erfassen zu können, und welche Instanzen Zuarbeitende für die Volkszählung waren, sei auf das Grundlagenwerk von Aly/Roth 2000 verwiesen. Die Maßnahmen die ›halbjüdischen‹ Personen betreffend werden insbes. auf den S. 82–90 erläutert.

41 Die Zahlen differieren, weil die 1941 und 1944 herausgegebenen Statistiken nicht einheitlich sind. In dieser Zahl sind auch die sogenannten Geltungsjüdinnen und Geltungsjuden mit eingeschlossen. Wenn also im Folgenden von ›Mischlingen ersten Grades‹ gesprochen wird, dann sind darin stets die ›geltungsjüdischen‹ Personen enthalten. Um die verschiedenen ›Gruppen‹ voneinander abzugrenzen, werden die ›nicht-geltungsjüdischen Mischlinge ersten Grades‹ als ›Halbjüdinnen‹ und ›Halbjuden‹ bezeichnet.

42 Der Begriff der ›Mischehe‹ wird an dieser Stelle in Anführungszeichen gesetzt, da er im rassistischen Sinne gemeint ist. Wird der Terminus im Sinne einer interkonfessionellen Ehe benutzt, werden in der vorliegenden Studie keine Anführungszeichen verwendet.

din/einem Juden wurden sie wie Jüdinnen bzw. Juden behandelt (vgl. Walk 1996, S. 139). Für sie galten die antijüdischen Bestimmungen genauso wie für die ›Volljüdinnen‹ und ›Volljuden‹, sie waren der Ausgrenzung und Verfolgung nahezu ungeschützt ausgeliefert. Insgesamt umfasste diese Gruppe 6.660 Personen, also 9,9 Prozent der gesamten ›Mischehekinder‹ (vgl. Statistik des Deutschen Reiches 1944, S. 4/6; Blau 1949, S. 278). Zusammen mit den ›Halbjüdinnen‹ und ›Halbjuden‹ umfassten die ›Geltungsjüdinnen‹ und ›Geltungsjuden‹ einen Bevölkerungsanteil von ca. 0,09 Prozent (vgl. Wirtschaft und Statistik 1940, S. 84).

Gegenüber der geringen Anzahl von Personen, die sich als religiös jüdisch verstanden, gehörten 78 Prozent der Kinder aus ›Mischehen‹ einer christlichen Konfession an. Davon waren 60,8 Prozent evangelisch und 17,2 Prozent katholisch getauft. 6,2 Prozent bezeichneten sich als ›gottgläubig‹ und weitere 4,3 Prozent waren laut Statistik ›glaubenslos‹ (vgl. Meyer 1999, S. 418, Fußn. 10). Die erfolgte Abkehr vom Jüdischsein, die in diesen Zahlen zum Ausdruck kommt, mag als Beleg dafür angesehen werden, dass die jüdisch-christlichen Mischehen zur Integration in die nicht-jüdische deutsche Mehrheitsgesellschaft beigetragen hatten und die Assimilation der Jüdinnen und Juden auch darin ihren Ausdruck fand (vgl. ebd., S. 162).

›Mischlinge‹ ersten Grades: 72.738 bzw. 71.126	
›halbjüdisch‹: 66.138 bzw. 64.536	›geltungsjüdisch‹: 6.600

Tabelle 1: Bevölkerungszahlen der ›halbjüdischen‹ und ›geltungsjüdischen‹ Personen 1939

Die bei der Volkszählung erfassten ›teiljüdischen‹ Personen umfassten die Geburtsjahrgänge 1845 bis zum 16. Mai 1939. Bedingt durch die Zunahme der jüdisch-christlichen Mischehen (vgl. Kap. 2.1) zu Beginn des 20. Jahrhunderts, waren die Geburtenzahlen ›gemischter‹ Nachkommen nach 1900 auf über 1.000 im Monat angestiegen (vgl. Meyer 1999, S. 163). Die Alterspyramide der Kinder aus Mischehen gestaltete sich daher 1939 wie in Tabelle 2 dargestellt.

Aus der Tabelle wird ersichtlich, dass der größte Teil der Mischehekinder im Jahr der Volkszählung zur Schule ging, sich in der Ausbildungsphase befand oder im Erwerbsleben stand (vgl. ebd.). Von Letzteren zählten 77,9 Prozent zu den Angestellten und Arbeitenden und 15,3 Prozent waren selbstständig (vgl. Blau 1949, S. 286).

Altersgruppe in Jahren	›halbjüdisch‹	›geltungs-jüdisch‹	gesamt
unter 6	4.142	698	4.840
6–10	4.155	722	4.877
10–14	5.109	970	6.079
14–16	2.910	486	3.396
16–18	3.064	388	3.452
18–20	2.950	322	3.272
20–25	4.337	378	4.715
25–30	6.627	368	6.995
30–35	6.546	335	6.881
35–40	5.633	309	5.942
40–45	4.797	301	5.098
45–50	3.754	305	4.059
50–55	3.304	248	3.552
55–60	2.595	269	2.864
60–65	2.008	237	2.245
65 und älter	2.535	324	2.859
gesamt	64.466	6.660	71.126

Tabelle 2: Alterspyramide der ›halbjüdischen‹
und ›geltungsjüdischen‹ Personen 1939
(vgl. Statistik des Deutschen Reiches 1944, S. 4/56)

Familienstand	absolute Zahl männlich	Prozent männlich	absolute Zahl weiblich	Prozent weiblich
ledig	18.188	61,4	20.203	58,0
verheiratet	10.124	34,2	10.714	30,8
verwitwet	478	1,5	2.421	6,9
geschieden	867	2,9	1.471	4,3
gesamt	29.657	100	34.809	100

Tabelle 3: ›Halbjüdinnen‹ und ›Halbjuden‹ nach Familienstand 1939
(vgl. Blau 1949, S. 278)

Viele von den erwachsenen ›Halbjüdinnen‹ und ›Halbjuden‹ waren ledig. Das liegt vor allem daran, dass sie seit dem 1935 erlassenen *Blutschutzgesetz* nur noch untereinander heiraten durften (siehe Historischer Exkurs 5) und in allen anderen Fällen ›Ehegenehmigungsanträge‹ eingereicht werden mussten. Der Familienstand der ›Halbjüdinnen‹ und ›Halbjuden‹ teilte sich wie in Tabelle 3 gezeigt auf.

Von den 20.838 im Jahr 1939 als verheiratet registrierten ›Halbjüdinnen‹ und ›Halbjuden‹, also gut einem Drittel ihrer Grundgesamtheit, hatte rund die Hälfte eine ›deutschblütige‹ Partnerin/einen ›deutschblütigen‹ Partner geehelicht. Nur äußerst wenige Heiratende hatten sich für die Ehe mit einem Juden/einer Jüdin entschieden (Tabelle 4).

	›Halb-jüdin‹	›Halb-jude‹	Jüdin	Jude	›Deutsch-blütige‹	›Deutsch-blütiger‹
›Halb-jüdin‹	–	1.420	–	610	–	4.700
›Halb-jude‹	1.420	–	488	–	5.308	–
gesamt	2.840		1.098		10.008	

Tabelle 4: ›Halbjüdinnen‹ und ›Halbjuden‹ nach Eheschließung 1939 (vgl. Blau 1949., S. 282). Tabelle 3 und 4 stimmen hinsichtlich der Gesamtzahl der verheirateten ›halbjüdischen‹ Personen nicht überein, da in Tabelle 4 Ehen mit ›Vierteljuden‹ und mit den Gruppen, die in der Volkszählung von 1939 als ›Gottlose‹ und ›Sonstige‹ bezeichnet wurden, nicht aufgeführt werden.

Rund ein Drittel aller verheirateten ›halbjüdischen‹ Personen hatte keine Kinder (34,2 Prozent), 30 Prozent hatten einen Nachkommen, 19,6 Prozent zwei Kinder und 16,2 Prozent mehr als zwei Kinder (vgl. Meyer 1999, S. 163).

Angesichts der Tatsache, welch quantitativ marginalen Stellenwert die ›jüdischen Mischlinge‹ und ihre Nachkommen in der NS-Zeit hatten, scheint es umso verwunderlicher, welche Mühe sich die nationalsozialistische Führung gab, sie aus der ›Volksgemeinschaft‹ zu entfernen. Das zeigt sich daran, dass die staatlichen Exklusionsbestimmungen besonders ab 1942 immer schärfer wurden (u. a. im Sommer 1942 Verbot des Schulbesuchs an Höheren Schulen, November 1942 Anweisung über die Überführung inhaftierter ›Mischlinge‹ aus Konzentrations- in die Vernichtungslager, Zwangsarbeit ab Oktober 1943, geschlossener Zwangsarbeitseinsatz ab Herbst 1944). Anders als bei den ›geltungsjüdischen Personen‹ entschied man sich nie dafür, die ›Halbjüdinnen‹ und ›Halbjuden‹ industriell zu vernichten. Und auch ihre in ›Mischehe‹ lebenden

Eltern, die zwar massiv eingeschränkt und benachteiligt wurden, verschonte man hiervon. Die Entwicklung dieser Ehen, welche bis 1933 nicht das Stigma der ›Rassenverschiedenheit‹, sondern lediglich der Religionsverschiedenheit trugen, wird nun im folgenden Kapitel beleuchtet. Bezogen auf die NS-Zeit wird nachfolgend deutlich, dass die ›Halbjüdinnen‹ und ›Halbjuden‹ nicht nur von eigener Ausgrenzung betroffen waren, sondern durch die Verfolgung ihrer in ›Mischehe‹ lebenden Eltern zusätzlich von den gegen sie verhängten Maßnahmen und dem damit zusammenhängenden enormen psychischen Druck erheblich belastet wurden.

2 Die christlich-jüdische Mischehe

Von der zivilrechtlichen Anerkennung bis zur Zwangsscheidung

2.1 Die quantitative Entwicklung der Mischehen

Die Geschichte der christlich-jüdischen Mischehe im Deutschen Reich begann mit dem ›Gesetz über die Beurkundung des Personenstandes und die Eheschließung‹ vom 25. Januar 1875, mit dem das Verbot religionsverschiedener Ehen aufgehoben und die bürgerliche Zivilehe eingeführt wurde (vgl. Lange 1991, S. 47). Bis zu diesem Zeitpunkt war die Eheschließung eine Angelegenheit der einzelnen Religionsgemeinschaften gewesen, ohne dass der Staat ein Mitspracherecht gehabt hatte (vgl. Meiring 1998, S. 41). Seitdem also galten Ehen zwischen protestantischen und katholischen Personen und christlichen und jüdischen Personen als legal. Vorher hatte für ein jüdisch-christliches Paar nur die Möglichkeit einer ›wilden Ehe‹ bestanden, so der jüdische Teil nicht zum Christentum bzw. der christliche Teil nicht zum Judentum konvertieren mochte (vgl. Lange 1991, S. 49).[43]

Zwischen 1875 und 1932 wurden insgesamt 50.417 christlich-jüdische Mischehen im Deutschen Reich geschlossen (vgl. ebd., S. 91). Im Durchschnitt dieser Jahre heirateten 14 Prozent aller jüdischen Eheschließenden außerhalb des Judentums, wobei 58,9 Prozent der jüdischen Ehepartner männlich und 41,1 Prozent weiblich waren, am Ende der Weimarer Republik machten Letztere sogar nur noch ein Drittel der gemischt Heiratenden aus (vgl. ebd., S. 92). Die Eheschließung mit einer nicht-jüdischen Frau war für einen jüdischen Mann in der damalig patriarchalisch geprägten deutschen Gesellschaft insofern besonders attraktiv, als dass ihm die Heirat die Möglichkeit der Integration in die Mehrheitsgesellschaft und damit die Chance auf einen sozialen Aufstieg gab. Für jüdische Frauen gab es solche Beweggründe wohl nicht, für sie zählten hinsichtlich ihrer Heirat eher emotionale Gründe (vgl. Meyer 1999, S. 28f.).

Reichsweit hatte sich der Anteil der gemischt Heiratenden zwischen 1901, dem Jahr, in dem erstmals eine genaue Statistik über christlich-jüdische Ehen erstellt wurde, und 1932 nahezu verdreifacht (von 7,8 Prozent auf 23 Prozent, von 652 Mischehen im Jahr 1901 auf 1378 im Jahr 1932). Im Jahr der Macht-

---

43 Im Zeitraum zwischen 1847 und 1875 hatte es 4.750 Übertritte zum Christentum gegeben. Im gleichen Zeitraum waren 78 Christinnen und Christen zum Judentum konvertiert (vgl. Meiring 1998, S. 86).

übertragung an die Nationalsozialisten wählten im Deutschen Reich dann mehr als ein Viertel aller jüdischen Eheschließenden nicht-jüdische Partnerinnen und Partner (28 Prozent, d.h. 1.693 Mischehen insgesamt) (vgl. Meiring 1998, S. 96f.). Diese hohe Steigerungsrate mag mit der fortgeschrittenen Assimilation des deutschen Judentums und mit dem »radikalen Wandel der jüdischen Gesellschaft im Zuge ihrer Verbürgerlichung« (ebd., S. 98) erklärt werden können.

Betrachtet man die Religionszugehörigkeit der Heiratenden, so fällt auf, dass protestantisch-jüdische Ehen (zwischen 1901 und 1932 reichsweit 1,5 Prozent, also 28.105) häufiger vorkamen als katholisch-jüdische (im selben Zeitraum 0,5 Prozent bzw. 8.550 Ehen) (vgl. ebd., S. 101). Für die Jahre zuvor, den Zeitraum zwischen 1901 und 1910, waren reichsweit zwischen 77 und 79 Prozent der christlichen Teile der Mischehen protestantisch (vgl. ebd.). Offenbar waren Angehörige der Evangelischen Kirche weitaus eher dazu bereit, Jüdinnen und Juden zu heiraten, als katholische Personen oder Konfessionslose. Daraus sollte man jedoch nicht vorschnell auf eine besonders liberale Heiratspraxis im protestantischen Milieu, geschweige denn auf einen geringeren Antisemitismus schließen.

2.2 Mischehen und Mischehefrage aus der Perspektive der Mehrheitsgesellschaft

Noch Ende des 19. und zu Beginn des 20. Jahrhunderts war das Interesse des Staates an den christlich-jüdischen Mischehen gering (das Folgende nach Meiring 1998, S. 33–37). Dies drückt sich unter anderem in dem staatlichen Versäumnis aus, eine Regelung für die Religionszugehörigkeit der aus den gemischten Ehen hervorgehenden Kinder festzulegen. Auch bei den christlichen Kirchen war der Ehe zwischen jüdischen und christlichen Personen keine Priorität eingeräumt worden, denn ihr Augenmerk galt vor allem den protestantisch-katholischen Mischehen. Anders wurde die Diskussion allerdings in nationalistischen Kreisen, in denen eine ›rassische‹ Perspektive zunehmend an Einfluss gewann, geführt. Liberalere Vertreter dieser Sichtweise argumentierten assimilationsideologisch und sahen in der christlich-jüdischen Mischehe eine Möglichkeit, ›die jüdischen Eigenschaften abzuschleifen‹ und die ›Rassetüchtigkeit‹ zu steigern. Die Antisemiten wiederum warnten vor einer ›Blutsmischung‹ und lehnten die Mischehe grundsätzlich ab. »[M]an sah in ihr eine nicht zu unterschätzende Gefahr, da die Juden ›das *Gesetz des Blutes* zur Ausbreitung ihrer Herrschaft‹ benutzten« (ebd., S. 35. Hervorh. i.O.). Für das Deutsche Kaiserreich nach 1871 lässt sich generell das Fazit ziehen, dass Ehen mit Jüdinnen und Juden nicht gern gesehen waren, jedoch im öffentlichen Bewusstsein keine herausragende Rolle spielten.

Mit der Entwicklung des modernen Antisemitismus seit 1890 wurden die christlich-jüdischen Mischehen zusehends als Problem angesehen, und die fortschreitende Stigmatisierung des Judentums als ›Rasse‹ führte dazu, nun auch die Mischehe weniger religiös, als vielmehr ›rassisch‹ aufzufassen. Der Großteil der deutschen Bevölkerung schenkte den Diskussionen um die christlich-jüdische Mischehe jedoch in der Zeit des Wilhelminismus wenig Beachtung.

In der Weimarer Zeit setzte sich dies fort, und die Thematik wurde sowohl in den Kirchen, als auch im öffentlichen Diskurs noch immer als wenig bedeutsam betrachtet. Bis sich gegen Ende der Weimarer Republik der Rassenantisemitismus radikalisierte, waren nur einige wenige grundsätzliche Stellungnahmen zur christlich-jüdischen Mischehe veröffentlicht worden. In dieser Hinsicht war der Tenor allerdings deutlich antisemitischer geworden und offenbarte eine »deutliche Verschiebung bis hin zur ausschließlichen Stigmatisierung der Juden als einer fremden und oft als minderwertig klassifizierten ›Rasse‹ [...]« (ebd., S. 37). Dies führte dazu, dass nicht zuletzt im öffentlichen Bewusstsein »Ehen zwischen der germanischen und der jüdischen ›Rasse‹ immer inakzeptabler« wurden (ebd.).

2.3 Mischehen und Mischehefrage aus jüdischer Perspektive

Bereits im Laufe des 19. Jahrhunderts hatten sich innerhalb des deutschen Judentums mehrere geistige und politische Strömungen entwickelt (das Folgende nach Meiring 1998, S. 50–73). Daran anknüpfend lassen sich im jüdischen Diskurs drei idealtypische Argumentationslinien rekonstruieren, mit denen eine jeweils spezifische Betrachtungsweise der jüdisch-christlichen Mischehe einherging: eine bürgerlich-liberale, eine ›rassische‹ und eine orthodox-religiöse.

Im liberalen Judentum orientierte man sich unter dem Einfluss der Emanzipation und der Aufklärung an den Maximen einer aufgeklärt-bürgerlichen Gesellschaft. Man suchte die Überwindung der gesellschaftlichen Schranken und proklamierte eine möglichst weitgehende Assimilation in die Mehrheitsgesellschaft. Dementsprechend zurückhaltend blieben zunächst auch die Äußerungen zum Thema Mischehe. Erst um die Jahrhundertwende wurde die Auseinandersetzung mit dieser Thematik offensiver und mit dem Aufkommen moderner wissenschaftlicher Methoden wie der Statistik, die die steigenden Mischehezahlen ›Schwarz auf Weiß‹ veranschaulichte, wurde deutlich, dass die Heiratsentwicklung auch für das Judentum weit reichende gesellschaftspolitische Folgen haben würde. Als Gründe für die steigenden Mischehezahlen wurden vor allem die veränderte Rolle der jüdischen Frau und der Bedeutungsverlust der jüdischen Familie als solche verantwortlich gemacht. Auf den unterstellten Zerfall der jüdischen Familie und diese als bedrohlich empfundene Entwicklung gab es in jüdischen Kreisen unterschiedliche Reaktionen. Einerseits begrüßte man die Erwerbstätigkeit von Frauen als mögliches Mittel gegen die Mischehe, andererseits führte man gerade diese als Grund für die Zunahme von Mischehen an.

Die rassenhygienische Bewegung und die Rassenanthropologie, die sich Ende des 19. Jahrhunderts entwickelten, beeinflussten auch einen Teil des deutschen Judentums in ihrer Einschätzung der Mischehen. So argumentierten ebenfalls jüdische Kreise biologistisch. Befürworter der Mischehe sahen diese Ehen als Möglichkeit zur Bekämpfung der ›schleichenden Degenerationsgefahr‹ oder erhofften sich »›die endgültige Lösung der Judenfrage in Deutschland‹ durch restloses Ineinandergreifen beider Rassen‹« (ebd., S. 59). Im Gegensatz zu dieser Auffassung sprach sich unter anderem der Mediziner Max Marcuse gegen die grundsätzliche Annahme einer ›Rassenverschiedenheit‹ der Jüdinnen und Juden aus und begründete die Unterschiede der Konfessionen sozial-kulturell. Auch für ihn waren die Mischehen ein eindeutig positives Phänomen, um den Assimilationsprozess der jüdischen Bevölkerung zu fördern, bedeuteten sie doch den »alleinigen ›Schutz gegen den restlosen Untergang alles Jüdischen überhaupt [...]‹« (ebd., S. 60). Dabei war auch er dem rassenhygienischen Paradigma verhaftet und forderte »›die Assimilation durch sexuelle Verbindung von Christen und Juden [...] auch nach eugenischen Rücksichten [...]‹« (ebd., s. 61). ›Degenerierte‹ oder ›minderwertige‹ Jüdinnen und Juden sollten nicht dazu bestimmt sein, zur Assimilation beizutragen.

Und auch bei den jüdischen *Gegnern* der Mischehe stieß das ›Rassenkonzept‹ auf Resonanz. Als Feinde der Assimilation sahen sie die Mischehen als einen »Beweis für die Nichtassimilierbarkeit der deutschen Juden« (ebd., S. 62). Für diese biologistisch argumentierenden ›Nationaljuden‹ war die Erhaltung der jüdischen ›Rasse‹ ein Anliegen. Im Gegensatz zur liberalen Position beschäftigten sie sich mit der ›biologischen Funktionstüchtigkeit‹ der Frau, denn ihr kam »im Kampf gegen den Niedergang des Judentums« (ebd.) eine Schlüsselrolle zu. Wichtig war in dieser Hinsicht die Frage, wie die Erwerbstätigkeit der Frauen und die (vermeintlich) daraus resultierende Ehelosigkeit verhindert werden könnte.

Trotz aller ideologischen Unterschiede innerhalb des jüdischen ›Rassenhygiene‹-Diskurses einte die Streiter und Wortführer dennoch eine gemeinsame Auffassung und ein einheitliches Ziel, nämlich die »Konstruktion der Juden als ›Rasse‹ und deren Erhaltung« (ebd., S. 65).

Die Einführung der Zivilehe 1875 rief auch in jüdisch-orthodoxen Kreisen Reaktionen hervor. Die Stellungnahmen von dieser Seite bewegten sich zwischen der Verurteilung der Mischehe als Verstoß gegen das göttliche Gesetz, die Halacha, und der Wichtigkeit eines Kompromisses mit ›der neuen Zeit‹. Als in den Jahren bis zum Ersten Weltkrieg die Mischehezahlen stetig zunahmen, und zugleich die innerjüdischen Eheschließungen stagnierten, wurde eingehend über die Frage diskutiert, ob und unter welchen Voraussetzungen nicht-jüdische Ehepartnerinnen und Ehepartner in das Judentum aufgenommen werden könnten. Ebenso wie in anderen jüdischen Kreisen richtete sich der Blick nun besonders auf die steigenden Erwerbstätigkeitszahlen bei Frauen und die damit verbundenen Konsequenzen für die eigene Religionsgemeinschaft. Die orthodoxen Denker warnten in diesem Zusammenhang vor allem vor der »Anonymität der Großstadt [...], [der] zunehmende[n] Stellenlosigkeit vieler jüdischer Männer als Folge der Frauenerwerbsarbeit; [dem] daraus resultierende[n] Rückgang der Heiratsmöglichkeiten und schließlich [der] wachsende[n] Neigung zur Mischehe auf Seiten der berufstätigen Frau« (ebd., S. 68).

Es ist deutlich geworden, dass in den Jahren um den Ersten Weltkrieg und während der Weimarer Republik das deutsche Judentum stark fraktioniert war. Die Frage der Mischehe galt »in weiten Kreisen der jüdischen Bevölkerung [...] jedoch noch immer als Tabu« (ebd., S. 71). Gleichzeitig jedoch wuchs in dieser Zeit der Sinn für das Gemeinsame und Verbindende. Gegen Ende der 1920er Jahre setzte schließlich eine zunehmende Institutionalisierung der Mischehendebatte ein. In verschiedenen Ausschüssen, jüdischen Verbänden und auf Konferenzen jüdischer Organisationen begann man, das Thema eingehend zu diskutieren. Eine Auseinandersetzung darüber war wichtig geworden, weil die Zahlen der innerjüdisch geschlossenen Ehen stets weiter zurückgegangen waren, und der relative Anteil der christlich-jüdischen Mischehen zugenommen hatte. So versuchte man, sich trotz der bestehenden Gegensätze innerhalb der verschiedenen jüdischen Strömungen mit den Ursachen für diese Entwicklung auseinanderzusetzen und gemeinsam nach Auswegen aus dem ›Dilemma‹ zu suchen.

2.4   Die Verfolgung der ›Mischehen‹ durch den NS-Staat

Die Nationalsozialisten bezeichneten Lebensgemeinschaften als ›Mischehen‹, wenn einer der beiden Verheirateten nach der NS-Definition als jüdisch galt. Allerdings war 1933 noch nicht gesetzlich geregelt, wer genau als Jüdin oder Jude einzustufen sei. Eine verbindliche Definition wurde erst gut zwei Jahre später auf dem Nürnberger Parteitag der *NSDAP* versucht und in den *Nürnber-*

ger Gesetzen (siehe dazu ausführlich Kap. 3.3) fixiert. Wegweiser für die nationalsozialistische Bestimmung des Judentums als ›Rasse‹ und nicht als religiöse Gemeinschaft, war die seit Ende des 19. Jahrhunderts erstarkte sozialdarwinistische bzw. rassenhygienische Bewegung, der sich auch Hitler früh verbunden fühlte. So schrieb er 1925 in ›Mein Kampf‹:

> »Das Judentum war immer ein Volk mit bestimmten rassischen Eigenarten und niemals eine Religion, nur sein Fortkommen ließ es schon frühzeitig nach einem Mittel suchen, daß die unangenehme Aufmerksamkeit in Bezug auf seine Angehörigen zu zerstreuen vermochte. Welches Mittel aber wäre zweckmäßiger und zugleich harmloser gewesen als die Einschiebung des geborgten Begriffs der Religionsgemeinschaft? [...] Die jüdische Religionslehre ist in erster Linie eine Anweisung zur Reinhaltung des Blutes des Judentums. [...] Auf dieser ersten und größten Lüge, das Judentum sei nicht eine Rasse, sondern eine Religion, bauen sich dann in zwangsläufiger Folge immer weitere Lügen auf« (Hitler 1925/1942, S. 336f.).

Diese Konstruktion einer ›jüdischen Rasse‹ fand ihren Niederschlag auch in der Klassifizierung von ›Mischehen‹. So legte ein Erlass des Reichsministers des Innern Wilhelm Frick vom 26. April 1935 fest, dass im behördlichen Verkehr das Wort ›Mischehe‹ nur im Sinne einer ›Rassenmischehe‹ verwendet werden dürfe, nicht aber bei einer Religionsmischehe, womit interkonfessionelle Ehen gemeint waren (vgl. Blau 1965, S. 28). Neue ›Rassenmischehen‹ durften offiziell zu diesem Zeitpunkt noch eingegangen werden. Da nach NS-Anschauung die Ehe vor allem funktional auf die Bewahrung der ›Rasse‹ innerhalb der ›Volksgemeinschaft‹ ausgerichtet war, verankerte man einige Monate später im *Gesetz zum Schutze des deutschen Blutes und der deutschen Ehre* vom 15. September 1935 das Verbot der Eheschließungen zwischen jüdischen und nicht-jüdischen Personen (vgl. RGBl I, S. 1146f.). Man schuf allerdings keine rechtliche Grundlage, auf deren Basis bereits bestehende ›Mischehen‹ zwangsweise hätten getrennt werden können. Dies war auch nicht zwingend von Nöten, denn mit einer extensiven Auslegung des bereits bestehenden Eherechts nach Paragraf 1333 BGB bestand eine ausreichende Grundlage, die bestehenden ›Mischehen‹ zu lösen und das Scheidungsverfahren erheblich zu vereinfachen (vgl. Przyrembel 2003, S. 92). Nach Paragraf 1333 BGB konnte eine Ehepartnerin/ein Ehepartner die Ehe anfechten, wenn sie/er angab, sich bei der Heirat über die persönlichen Eigenschaften der/des anderen geirrt zu haben, die sie/ihn am Eingehen der Ehe hätten hindern können (vgl. Paragraf 1333 BGB von 1933).[44] Obwohl die Gerichte 1933 uneinheitlich entschieden, und längst nicht

---

[44] Der genaue Wortlaut ist folgender: »Eine Ehe kann von einem Ehegatten angefochten werden, der sich bei der Eheschließung in der Person oder über solche persönlichen Eigenschaften des anderen Ehegatten geirrt hat, die ihn bei Kenntnis und Sach-

alle Richter die Anfechtung wegen ›Verschiedenrassigkeit‹ zuließen, so stellte es dennoch für viele kein Problem dar, die ›Rassezugehörigkeit‹ der Partnerin oder des Partners als persönliche Eigenschaft zu qualifizieren, und die Ehe auf dieser Grundlage zu annullieren (vgl. Wrobel 1983, S. 358; Saar 1995, S. 87). Auf der Basis des BGB musste ein ›Irrtum‹ nach Paragraf 1339 allerdings bis zu sechs Monate nach Entdecken desselben geltend gemacht werden (vgl. Paragraf 1339 BGB). Nun konnte wohl kaum eine ›deutschblütige‹ scheidungswillige Person jahrelang um die konfessionelle Zugehörigkeit ihrer Ehefrau/ihres Ehemanns in Unkenntnis geblieben sein. Doch auch dieses Hindernis wurde überwunden, indem das Reichsgericht im Juli 1934 den ›Irrtum über die Person‹ durch den ›Bedeutungsirrtum‹ ersetzte. Erst durch die ›Aufklärung‹ des NS-Staates über die ›jüdische Rasse‹ hätte einer Partnerin/einem Partner die Bedeutung des Irrtums, ›falsch‹ geheiratet zu haben, gewahr werden können, wodurch sich wiederum die Anfechtungsfrist auf die Zeit nach dem 30. Januar 1933 verschob (vgl. Meyer 1999, S. 68; Saar 1995, S. 87).[45] Einige Jahre später wurde die Auslegung der Anfechtungsfrist noch einmal erweitert. Nun wurde »die Eheanfechtung ohne Beachtung der Frist zugelassen, wenn der Fristbeginn nicht mehr feststellbar war« (Saar 1995, S. 88).

Das im Juli 1938 eingeführte Ehegesetz (EheG) ersetzte die Eheanfechtungsvorschriften durch das neue Recht der *Eheaufhebung* (vgl. RGBl I, S. 1732–1747). Nach dem ›Anschluss‹ Österreichs an das Deutsche Reich am 13. März 1938 sollte die Rechtsordnung beider Länder vereinheitlicht werden. Das österreichische Ehegesetz sah bis dato für die einzelnen Religionsgemeinschaften ein eigenes Eherecht vor und die Zivilehe war nicht obligatorisch. Auch bei Ehescheidung war das Recht unterschiedlich, je nachdem, ob eine Ehe staatlich oder kirchlich geschlossen worden war. Im Gegensatz zu einer rückwirkenden Nichtigkeitserklärung galt im ›Großdeutschen Reich‹ von nun an das Aufhebungs- bzw. Scheidungsrecht (vgl. Hetzel 1997, S. 178ff.). Zur Trennung von ›Rassenmischehen‹ wurde der Umstandsirrtum gemäß Paragraf 37 EheG geschaffen, der den Eigenschaftsirrtum nach Paragraf 1333 BGB ablöste (vgl. Paragraf 37 EheG von 1938).[46] Diese Fassung wurde gewählt, um einer

---

lage und bei verständiger Würdigung des Wesens der Ehe von der Eingehung der Ehe abgehalten haben würden.«

45 Nicht immer wurden ›Mischehen‹ nach Paragraf 1333 BGB geschieden. Siehe diesbezüglich Grabowsky 2005, S. 37f.

46 So lautet der Text im Original: »(1) Ein Ehegatte kann Aufhebung der Ehe begehren, wenn er sich bei der Eheschließung über solche die Person des anderen Ehegatten betreffende Umstände geirrt hat, die ihn bei Kenntnis der Sachlage und bei richtiger Würdigung des Wesens der Ehe von der Eingehung der Ehe abgehalten hätten.«

»[...] in der Rechtsprechung hervorgetretenen zu engen Auslegung des Begriffs der persönlichen Eigenschaften vorzubeugen« (Saar 1995, S. 88). In diesem Zusammenhang betont Marius Hetzel, dass die Rechtsprechung den Spielraum des Paragraf 1333 in Bezug auf die Anfechtung von ›Mischehen‹ in den Jahren bis 1938 nicht ausreichend genutzt habe. Aus diesem Grund habe der Gesetzgeber die Aufhebung der Ehe erleichtern wollen. Bernd Rüthers weist nach, dass die Instanzgerichte dazu neigten, dem nicht-jüdischen Ehepartner »über § 37 EheG die Aufhebung der Ehe wegen eines Irrtums über die *Bedeutung* des Rassenunterschieds großzügig zu ermöglichen« (Rüthers 1968, S. 405. Hervorh. i.O.). Der Begriff der ›Rassenmischehe‹ wurde im EheG jedoch an keiner Stelle ausdrücklich erwähnt (vgl. Hetzel 1997, S. 182). Der Wille der Nationalsozialisten zur Erleichterung der ›Mischehetrennung‹ zeigte sich zudem in der Änderung der Klagefrist, die nach Paragraf 40 des neuen EheG auf ein Jahr seit Entdeckung des ›Irrtums‹ verlängert wurde (vgl. ebd., S. 183).

Das 1938 beschlossene Eherecht behielt seine Gültigkeit bis Kriegsende. Eine gesetzlich geregelte Zwangsscheidung wurde auch auf Drängen einiger Politiker nicht durchgesetzt. Auf der Nachfolgebesprechung der *Wannsee-Konferenz* im März 1942 wurde die Frage nach der Zwangsscheidung der ›Mischehen‹ zwar erörtert, aber die Teilnehmer konnten sich nicht auf eine gesetzliche Vorgabe einigen (vgl. Meyer 1999, S. 70).[47] Auch Fricks Entwurf vom März 1943, der die ›Mischehescheidung‹ auf Antrag der Staatsanwaltschaft vorsah, wurde im Oktober desselben Jahres zu den Akten gelegt (vgl. ebd., S. 231).

Das Hinarbeiten auf eine Zwangsscheidung, das einzelne Politiker betrieben, verdeutlicht, dass trotz der im Ehegesetz festgelegten Trennungserleichterung die Scheidungsrate im Deutschen Reich aus der Perspektive des NS-Regimes noch immer nicht hoch genug lag und zu viele ›Mischehen‹ weiter Bestand hatten.[48] Offenbar führte auch der Druck der *Gestapo* auf die ›Mischehen‹ nicht zum erwünschten Ergebnis. Dieser Druck wurde sowohl auf die jüdischen als auch die nicht-jüdischen Teile der ›Mischehen‹ ausgeübt. Darunter hatten vor allem die als ›nichtprivilegiert‹ geltenden Ehen zu leiden. Hitler hatte im Dezember 1938 zwei Arten von ›Mischehen‹ geschaffen und unterteilte sie

---

47   Vertiefend hierzu auch: Pätzold/Schwarz 1992, insbes. S. 109–119 und Adam 2003, S. 225–234.

48   Meyer setzt für den Zeitraum zwischen 1933 und 1945 für das Deutsche Reich eine Scheidungsrate von 20 Prozent an, in Hamburg war sie noch höher (vgl. Meyer 1999, S. 73). Demgegenüber lag die Scheidungsrate in Wuppertal bei 4 Prozent (vgl. Grabowsky 2005, S. 35f.).

in die Kategorien ›privilegiert‹ und ›nichtprivilegiert‹ (Tabelle 5).[49] Maßgeblich für die Bildung dieser Zwei-Klassen-Gesellschaft innerhalb der ›Mischehen‹ war wohl die Tatsache, dass die zum Christentum konvertierten Partnerinnen und Partner bzw. deren Kinder stärker in das nicht-jüdische Umfeld eingebunden waren (vgl. Przyrembel 2003, S. 86). Denkbar ist, dass mit dieser ›Führer‹-Maßnahme potenzielle solidarische Strukturen unterbunden werden sollten (vgl. ebd.). In welche Kategorie eine ›Mischehe‹ fiel, hing vom Geschlecht des jüdischen Teils und der Existenz sowie der Konfession der Kinder ab. In einem Schnellbrief des Preußischen Ministerpräsidenten Hermann Göring an die Reichsminister am 28. Dezember 1938 referierte Göring die Position Hitlers wie folgt: Als ›privilegiert‹ galten nun Ehepaare, bei denen die Frau jüdisch, der Mann nicht-jüdisch war, wenn sie keine oder nicht-jüdisch erzogene Kinder hatten. Ebenso waren Ehen, in denen der Mann jüdisch war, besser gestellt, wenn nicht-jüdische Kinder existierten. Demgegenüber wurden Ehen als ›nichtprivilegiert‹ eingestuft, sobald eine Ehe zwischen einem jüdischen Mann und einer nicht-jüdischen Frau kinderlos blieb. Ebenso benachteiligt waren Ehen, in denen ein Partner jüdisch war und die Kinder jüdisch erzogen wurden oder der nicht-jüdische Partner bei der Heirat zum Judentum konvertiert war (vgl. Sauer 1966, Bd. 2, S. 83). In diesen Familien, so Göring im Schnellbrief, durfte weder das Vermögen auf Ehepartnerin/Ehepartner oder Kinder übertragen werden, noch bestand ein Anspruch auf Verbleib der angestammten Wohnung (vgl. ebd.). Im Fall der kinderlosen ›nichtprivilegierten‹ Ehen wurde eine noch ungünstigere Situation geschaffen. Beide Eheleute sollten im Falle einer Auswanderung als ›volljüdisch‹ behandelt werden (vgl. ebd., S. 84).[50] Für die ›arische‹ Frau eines Juden wurde in Görings Schreiben die Möglichkeit bedacht, dass sie bei Scheidung von ihrem Ehepartner »wieder in den deutschen Blutsverband zurück[...]kehren« könne, sämtliche Nachteile fielen dann für sie fort (ebd.).

Generell betrafen sowohl die vor 1938 erlassen antijüdischen Gesetze als auch die nach dem Erlass Görings verordneten Maßnahmen sämtliche Jüdinnen und Juden im Deutschen Reich, auch dann, wenn sie mit ›Deutschblütigen‹ verheiratet waren. Der jüdische Teil der ›Mischehe‹ war also genauso von den Verfolgungsmaßnahmen betroffen wie die übrige jüdische Bevölkerung (vgl. Büttner 1988, S. 44). In der Zeit nach 1939 wurden allerdings einige Erleichterungen für die ›privilegierten Mischehen‹ geschaffen. Eine Sonderstellung nah-

---

49 Interessanterweise wurde diese Regelung nie rechtlich fixiert (vgl. Meyer 1999, S. 30).
50 Zwischen 1936 und 1939 bestand der Schwerpunkt der NS-Judenpolitik in der Auswanderung, sodass der von Göring benutzte Terminus hier nicht als Euphemismus für die Vernichtung der jüdischen Bevölkerung gemeint ist.

men diese Ehen aber nur ein, wenn Ausnahmeregelungen ausdrücklich für sie getroffen wurden. Die Entlastungen gegenüber den ›nichtprivilegierten‹ Ehen bestanden unter anderem in finanziellen Vorteilen.[51] Mit der 10. Verordnung (VO) zum *Reichsbürgergesetz* vom 4. Juli 1939 wurde dann bestimmt, dass die in ›privilegierter Mischehe‹ lebenden Jüdinnen und Juden nicht der *Reichsvereinigung der Juden* beitreten mussten (vgl. Blau 1965, S. 76).[52]

privilegiert			nicht privilegiert		
Frau	**Mann**	**Kind**	**Frau**	**Mann**	**Kind**
✡	🐟	ohne	🐟	✡	ohne
✡	🐟	🐟	✡	🐟	✡
🐟	✡	🐟	🐟	✡	✡
			🐟 → ✡	✡	ohne
			🐟 → ✡	✡	✡
			✡	🐟 → ✡	ohne
			✡	🐟 → ✡	✡

Tabelle 5: Privilegierte und nicht-privilegierte ›Mischehen‹

---

51 So wurde zum Beispiel im Februar 1939 im Einkommensteuergesetz bestimmt, für die Kinder in ›privilegierten Mischehen‹ eine Kinderermäßigung zu gewähren (vgl. Blau 1965, S. 66). Zudem wurden die ›privilegierten Mischehen‹ im selben Monat von der Pflicht zur Ablieferung ihres Schmucks und der Gold- und Silbersachen befreit (vgl. RGBl I, S. 282).

52 Spätestens im Jahr 1943 wurden jedoch auch sie verpflichtet, Mitglied dieser Zwangsorganisation zu werden (vgl. Büttner 1988, S. 45). Die Gründung der *Reichsvereinigung der Juden* in Deutschland wurde in der 10. VO des *Reichsbürgergesetzes* festgelegt und wurde als Zwangsverband aller im Altreich lebenden Jüdinnen und Juden und ihrer Organisationen eingesetzt. Sie bezog ab diesem Zeitpunkt ihre Befugnis aus den Verordnungen des NS-Regimes und war maßgeblich zusammengesetzt aus denselben Führungspersonen der im September 1933 gegründeten ›Reichsvertretung der deutschen Juden‹. Letztere war von leitenden Persönlichkeiten des deutschen Judentums als Vertretung der jüdischen Bürgerinnen und Bürger gegenüber der NS-Führung etabliert worden, ihr Beitritt fußte noch auf Freiwilligkeit. In der Literatur wird die Arbeit der *Reichsvereinigung* durchaus kritisch gesehen, da sie Handlangerdienste für das NS-Regime geleistet habe (vgl. hierzu: Hildesheimer 1994; Plum 1988, S. 49–74; Barkai 2000a, 2000b).

Andererseits wurden in bestimmten Bereichen mit Kriegsbeginn auch für sie keine Ausnahmeregelungen geschaffen (vgl. Büttner 1988, S. 46). So ordneten die Ortspolizeibehörden bereits Ende September 1939 für nahezu alle Jüdinnen und Juden die Ablieferung ihrer Rundfunkgeräte an. Lediglich ›jüdisch versippte deutschblütige‹ Männer durften ihr Radio behalten. Dennoch räumte man den ›privilegierten Mischehen‹ in vielerlei Hinsicht immer noch Vorteile ein. Auch hinsichtlich des Erwerbs von Kleidungsstücken besaßen sie Vergünstigungen. Als im Dezember 1939 den anderen Jüdinnen und Juden die durch das Reichswirtschaftsministerium bereits ausgeteilten Kleiderkarten wieder entzogen wurden, durften die Jüdinnen und Juden in ›privilegierter Mischehe‹ diese behalten (vgl. Walk 1996, S. 312). Und auch bezüglich der Versorgung mit Nahrungsmitteln wurden sie bevorzugt. Im Januar 1940 nahm der *Reichsminister für Ernährung und Landwirtschaft* Walther Darré die jüdischen Teile in ›privilegierten Mischehen‹ von den drastischen Lebensmittel-Einschränkungen aus und sprach ihnen die regulären und nicht als ›jüdisch‹ gekennzeichneten Lebensmittelkarten zu (vgl. Büttner 1988, S. 48). Nachdem zu Weihnachten 1940 die ›Sozialausgleichsabgabe‹, die neben der Einkommensteuer weitere 15 Prozent des Einkommens ausmachte, allen jüdischen Personen im Deutschen Reich auferlegt wurde, befreite man die ›privilegierten Ehen‹ auch hiervon, wenngleich bis zur Befreiung am 15. September 1941 viele Monate verstrichen (vgl. Walk 1996, S. 332, 348). Als am selben Tag die Kennzeichnungspflicht für jüdische Bürgerinnen und Bürger eingeführt und das Tragen des ›Judensterns‹ vorgeschrieben wurde[53], blieben die ›privilegierten Mischehepartnerinnen‹ und ›-partner‹ von dieser diskriminierenden Bestimmung befreit (vgl. RGBl I, S. 547). Die Einführung des ›Judensterns‹ markiert in der ›Mischehen‹-Politik einen entscheidenden Punkt. Ab diesem Zeitpunkt führte man die Absonderung der ›nichtprivilegierten‹ von den ›privilegierten‹ Juden systematischer durch. So sollte, folgt man der Argumentation Ursula Büttners, erleichtert werden, die Gruppen, die für die spätere Vernichtung vorgesehen waren, eindeutig abzugrenzen (vgl. Büttner 1988, S. 54). Eine solche Interpretation ist allerdings zu teleologisch. Sie verkennt sowohl die schrittweise Radikalisierung der NS-Judenpolitik als auch den Umstand, dass von einer systematischen Judenvernichtung zu diesem Zeitpunkt noch nicht die Rede sein konnte. Dies zeigt sich auch daran, dass die Maßnahmen gegen gekennzeichnete Jüdinnen und Juden weiter verschärft wurden. Gleichzeitig traten für die jüdischen ›privilegierten

---

53   Mit der *Polizeiverordnung über die Kennzeichnung der Juden* vom 1. September 1941 wurde es Jüdinnen und Juden, die das sechste Lebensjahr vollendet hatten, mit Wirkung vom 15. September verboten, sich ohne ›Judenstern‹ in der Öffentlichkeit zu zeigen (vgl. Walk 1996, S. 347).

Mischeheteile‹ Ende Oktober 1941 einige arbeitsrechtliche Garantien, die für sie viele Monate lang nicht gegolten hatten, wieder in Kraft (vgl. Blau 1965, S. 94–97). Unter anderem wurden sie von der Zwangsarbeit ausgenommen, die im Rahmen eines geschlossenen Arbeitseinsatzes abzuleisten war. Letzterer war am 4. März 1941 durch das *Reichsarbeitsministerium* verfügt worden. Man verpflichtete alle arbeitsfähigen Jüdinnen und Juden zum Arbeitseinsatz, separiert von den übrigen Arbeitenden, und forderte eine Unterbringung in speziellen Lagern (vgl. Walk 1996, S. 336).[54] Im Sommer 1942 änderte sich für viele ›Mischehen‹ auch die Wohnsituation (vgl. Büttner 1988, S. 56). Nachdem die noch im Deutschen Reich verbliebenen jüdischen Personen bereits ab Ende 1941 gezwungen wurden, in sogenannte Judenhäuser umzuziehen, wurde dies nun auch auf die ›nichtprivilegierten Mischehen‹ und in einigen Städten auch auf die ›privilegierten Mischehen‹ ausgedehnt (vgl. Grabowsky 2005, S. 33f.).

Sämtliche beschriebenen Vergünstigungen für ›privilegierte Mischehen‹ fielen in dem Augenblick fort, in dem die Ehe durch Tod der ›deutschblütigen‹ Ehepartnerin/des ›deutschblütigen‹ Ehepartners oder durch Scheidung aufgelöst wurde (vgl. Büttner 1988, S. 49). Hatte eine ›Mischehe‹, gleich ob privilegiert oder nichtprivilegiert, den jüdischen Partner ab Oktober 1941 vor der Deportation bewahrt, entfiel dieser Schutz bei Auflösung der Ehe. In diesem Fall musste der jüdische Teil der ›Mischehe‹ mit einem Deportationsbefehl rechnen (ebd., S. 57). Am 18. Dezember 1943 erreichte die Ausgrenzungs-Politik gegen die verwitweten oder geschiedenen jüdischen Männer oder Frauen aus ›Mischehen‹ schließlich ihren Höhepunkt. An diesem Tag ordnete das *RSHA* die Deportation sämtlicher nunmehr allein stehender Ehepartner in das ›Ghetto Theresienstadt‹ an (vgl. Walk 1996, S. 401).

2.5 Der Rückgang der ›Mischehen‹ nach 1933

Eine Statistik über die Anzahl der Mischehen im Deutschen Reich für 1933 liegt nicht vor. Der Historiker Herbert A. Strauss geht von 35.000 aus (vgl. Strauss 1980, S. 317).[55] Nach den Ergebnissen der Volkszählung von 1939, in

---

54 Ausführlicher dazu auch Gruner 1997, S. 322–330.
55 Die Zahl ist eine Schätzung. Sie bezieht sich auf Ehen, bei denen ein Teil der Jüdischen Gemeinde angehörte. Hatte der jüdische Teil sich taufen lassen oder war aus der Synagogengemeinde ausgetreten, so zählte diese Ehe 1933 nicht als ›Mischehe‹. Die nationalsozialistische Definition einer ›Mischehe‹ galt wie beschrieben erst für die Volkszählung 1939. Die Zahl 35.000 erscheint insofern glaubhaft, als dass die Summe aller geschlossenen Mischehen von 1901 bis 1933 nach Meiring ca. 42.300

der erstmals die NS-Kategorien für ›Jüdischsein‹ und ›Mischehen‹ zugrunde gelegt wurden, gab es 19.114 ›Mischehen‹, also rund 15.900 weniger als sechs Jahre zuvor (vgl. Statistik des Deutschen Reiches, Bd. 552, 4, S. 4/62f.). Über die Gründe für diesen erheblichen Rückgang lässt sich nur spekulieren. So mögen Emigration und Scheidungen für diese Entwicklung verantwortlich sein (vgl. Przyrembel 2003, S. 86). Auch trugen Einweisungen der jüdischen ›Mischehepartnerinnen‹ und ›-partner‹ in Konzentrationslager zu einer Dezimierung der ›Mischehen‹ bei, denn trotz ihres ›Status‹ wurde auch ein Teil von ihnen in Konzentrationslager eingewiesen, wo sie gefoltert und ermordet wurden. So wurden oftmals minimale gesetzliche Vergehen, die die Verfolgten kriminalisieren sollten, konstruiert, um sie anschließend deportierten zu können (vgl. Meyer 1999, S. 25). Im Dezember 1942 sank die Zahl der gemischten Ehen noch einmal um 2.354 auf 16.760 (vgl. Strauss 1980, S. 317). Knapp zwei Jahre später, im September 1944, war ihre Zahl auf 12.487 heruntergegangen (vgl. ebd.).

beträgt. Subtrahiert man von diesem Ergebnis die durch Scheidung oder Tod nicht mehr bestehenden Ehen, ist Strauss' Schätzung als durchaus realistisch anzusehen.

3 Wer gilt als ›jüdisch‹, wer als ›christlich‹?

Die religiöse Zugehörigkeit einer Person kann aus mehreren Perspektiven definiert werden und wird je nach Blickwinkel unterschiedlich hergeleitet. Im besonderen Fall der Jüdinnen und Juden im NS-Staat wurde ihr ›Jüdischsein‹ zwar durch eine ›Rassentheorie‹ ›legitimiert‹, jedoch ließ sich die ›Rassezugehörigkeit‹ nur religiös herleiten, also über die Zugehörigkeit zur jüdischen Religionsgemeinschaft (bzw. die der Vorfahren) feststellen. Das Selbstverständnis der Betroffenen spielte keinerlei Rolle.

Im Folgenden soll kurz erläutert werden, wer nach welchem Verständnis als jüdisch bzw. nicht-jüdisch gilt bzw. galt. Zunächst wird die halachisch-jüdische Auffassung von Jüdischsein erläutert. Im Anschluss daran steht die christliche Perspektive im Mittelpunkt der Ausführungen. Den Abschluss bildet die nationalsozialistisch-rassistische Definition, die über Leben und Tod der Klassifizierten entschied.

3.1 Die jüdisch-halachische Definition

Im Judentum ist die Zugehörigkeit zur eigenen Religionsgemeinschaft in der Halacha festgelegt.[56] Die Halacha umfasst das gesamte Rechtssystem und die Verhaltensregeln des Judentums in Form schriftlicher Auslegungen unterschiedlicher Rabbiner und Gelehrter. Sie ist Teil des Talmuds.[57] Laut Halacha ist die religiöse Zugehörigkeit eines Kindes von der Mutter abhängig. In den ›Fünf Büchern Mose‹, dem Pentateuch, wird diese religiöse Zugehörigkeit über die Mutter genau an den Stellen entwickelt, die geschlechtliche Verbindungen mit fremdländischen, also nicht-jüdischen Sklavinnen oder generell mit Frauen aus anderen Völkern thematisieren. Dies hat damit zu tun, dass sich nur in solchen Fällen die Frage der Zugehörigkeit der Nachkommen *kritisch* stellt. Sonst, bei einer gültigen Verbindung zwischen einem jüdischen Mann und einer jüdi-

---

56 Hinsichtlich der folgenden Ausführungen danke ich sehr herzlich der Kölner Theologin Brigitte Gensch vom Verein ›Der halbe Stern e.V.‹.

57 Der Talmud (eigentl. Talmud Tora) ist die rabbinische Auslegung der Tora, also der ›Fünf Bücher Mose‹. Er ist unterteilt in ›Mischna‹ (mündlich überlieferte Religionsgesetze) und ›Gemara‹ (hier werden die Gesetze diskutiert) und ist das Hauptwerk der rabbinischen Literatur. Die ›Halacha‹ wiederum ist ein Teil der ›Mischna‹.

scher Frau, ist die Herkunft des Kindes unproblematisch, da es von beiden Seiten jüdisch ist, dann »folgt das Kind dem Manne« (Der babylonische Talmud,
Traktat Kidduschin 66b, S. 737). Der entsprechende Abschnitt des Talmuds
schließt daher mit dem entscheidenden Satz:

> »In jedem Falle, wo ihre Antrauung [die einer Frau, S.G.] mit diesem [einem
> konkreten Mann, S.G.] nichtig ist und auch mit einem Anderen [jedem anderen
> Mann, S.G.] nichtig sein würde, gleicht das Kind ihr; dies ist der Fall beim Kin-
> de einer Sklavin[58] oder einer Nichtjüdin[59]« (Der babylonische Talmud, Traktat
> Kidduschin 66b, S. 737).

Liegt also diese beschriebene, nach jüdischem Gesetz ›ungültige Verbindung‹,
sprich eine bloße ›physische Eheschließung‹, vor, dann gilt die Mutter als ent-
scheidende Person zur Bestimmung der kindlichen Religionszugehörigkeit, die
mit Geburt auf das Kind übergeht.[60]

Die Halacha wird also *gerade* an einer *nicht-jüdischen* Mutter entwickelt:
Ist die Mutter Jüdin und der Vater Nicht-Jude, so folgt das Kind dem »physika-
lischen Kausalitätsprinzipe« und trägt »den Charakter der Mutter« (Hirsch
1986, S. 96). Man könnte daher davon sprechen, dass die Halacha direkt aus der
Mischehe gewonnen wird.

---

58 Die Auslegung bezieht sich auf Ex 21,4: »Hat ihm aber sein Herr eine Frau gegeben
und hat sie ihm Söhne und Töchter geboren, so sollen Frau und Kinder seinem Herrn
gehören, er aber soll ohne Frau gehen.« Anders als in dieser deutschen Übersetzung
Martin Luthers, in der von »seinem Herrn« die Rede ist, steht im Hebräischen eindeutig »ihrem Herrn« (»Adoneija««). Der zweite Teil des Verses bezieht sich auf die
Frau des Sklaven, nicht auf den Sklaven. Letzterer geht ggf. frei aus und sie verbleibt mit den Kindern, die sie ihrem Mann (dem Sklaven) geboren hat, dem Herrn
des Hauses.

59 Vgl. Dtn 7, 4: »Denn sie werden eure Söhne mir abtrünnig machen, dass sie andern
Göttern dienen; so wird dann des Herrn Zorn entbrennen über euch und euch bald
vertilgen.« Auch hier ist die Luther-Übersetzung nicht korrekt. Im Hebräischen heißt
es im entsprechenden Vers »er wird abtrünnig machen, entfernen«, nicht »sie werden abtrünnig machen«. Der Kontext ist klar: es ist der Schwiegervater aus den
Fremdvölkern, der hier mit »er« gemeint ist. Vor Verheiratung mir Fremdvölkern
wird gewarnt, weil der jüdische Teil dem Judentum verloren zu gehen droht.

60 Als zu Beginn des 20. Jahrhunderts die Eheschließungen zwischen Jüdinnen und Ju-
den stagnierten, kam sowohl in jüdisch-liberalen, also auch jüdisch-orthodoxen
Kreisen die Überlegung auf, ob nicht auch die nicht-jüdische Ehefrau mit allen
Rechten und Pflichten in das Judentum aufgenommen werden könne, um so den
Fortbestand des Judentums zu sichern (vgl. Meiring 1998, S. 63, 67).

3.2   Die christliche Definition und die Haltung der Kirchen im Nationalsozialismus

Nach christlich-religiösem Verständnis werden Menschen zu Christinnen und Christen, wenn sie sich dem Akt der Taufe unterziehen. Die Taufe gilt als erster »*Akt der Eingliederung* ›in Christus‹ und in die Gemeinschaft der Kirche« (Vgl. Evangelisches Kirchenlexikon, Bd. 4, S. 662. Hervorh. i.O.).[61] Als zu Beginn des 19. Jahrhunderts im Deutschen Reich immer mehr Jüdinnen und Juden, um endlich bürgerlich gleichgestellt zu sein, zum Christentum konvertierten, integrierte man sie (mehr oder weniger, S.G.) in die christlichen Gemeinden und akzeptierte sie ebenso als Geistliche (vgl. Religion in Geschichte und Gegenwart, S. 608). Dies änderte sich jedoch mit dem Jahr 1933. Besonders die *evangelischen* Kirchen begannen damit, sich ihrer ›Christinnen und Christen jüdischer Herkunft‹ zu entledigen. Dazu trug vor allem der unter Protestanten weit verbreitete Antisemitismus bei, der zwar nicht *eliminatorischer*, so doch genügend gefährlicher *theologischer* Natur war. Er reichte auf evangelischer Seite bis in weite Teile der Bekennenden Kirche (BK), also des kirchlichen Widerstands, hinein, und war mitnichten nur innerhalb des Lagers der nationalsozialistisch gesinnten Deutschen Christen (DC) elementarer Bestandteil des religiösen Selbstverständnisses. Als der sogenannte ›Arierparagraph‹ im *Gesetz zur Wiederherstellung des Berufsbeamtentums* vom 7. April 1933 Personen jüdischer Abstammung (mit wenigen Ausnahmeregelungen) den Beamtenstatus verbot, reagierten auch die Kirchen schnell mit dessen Umsetzung in ihren Reihen (das Folgende nach Gensch 2007). Bereits im August 1934 hatten viele evangelische Landeskirchen auf der Grundlage des ›Arierpargraphen‹ ihre ›judenchristlichen‹ Beamten und Geistlichen aus ihren Ämtern verdrängt und 1939 gab es keinen evangelischen Pfarrer ›nichtarischer‹ Abstammung mehr. Zudem zeigten sich kirchliche Stellen freiwillig bereit, den staatlichen Instanzen in deren Reihen bei der Durchsetzung des ›Arierparagraphen‹ behilflich zu sein. Willfährig stellten sie ihre Kirchenbücher zur Verfügung, damit die Christinnen und Christen jüdischer Herkunft identifiziert werden konnten. Damit machten sie sich schuldig an der Vernichtung einer Vielzahl deutscher Jüdinnen und Juden.

Die meisten ›arischen‹ Pfarrer und Priester ließen ihre nunmehr als ›jüdisch‹ oder ›halbjüdisch‹ deklarierten Gemeindemitglieder im Stich. Der Ausgren-

---

61   Die Begründung der neutestamentlichen Taufe geht auf die Taufe Jesu durch Johannes (den Täufer) zurück (vgl. Mk 1, 9), der mit der Taufe zur Umkehr und Vergebung der Sünden aufrief (vgl. Mk 1, 4). Jesus selbst taufte nicht, jedoch wird ihm in Mt 28, 18–20 nach seiner Auferstehung der sogenannte Taufbefehl zugesprochen.

zungsprozess in der Evangelischen Kirche fand am 17. Dezember 1941 einen Höhepunkt. An diesem Tag beschlossen sieben evangelische Landeskirchen, die ›Christinnen und Christen jüdischer Herkunft‹ aus ihren Kirchen auszuschließen und brachen so endgültig mit dem Sakrament der Taufe und dem christlichen Taufverständnis.

>»Durch die christliche Taufe wird an der rassischen Eigenart eines Juden, seiner Volkszugehörigkeit und seinem biologischen Sein, nichts geändert. Eine deutsche evangelische Kirche hat das religiöse Leben deutscher Volksgenossen zu pflegen und zu fördern. Rassejüdische Christen haben in ihr keinen Raum und kein Recht‹«< (zit. nach Buss 2003, S. 180).

Lediglich einige wenige Christinnen und Christen setzten sich für ihre verfolgten Schwestern und Brüder ein. Organisationen wie der ›Reichsverband christlich-deutscher Staatsbürger nichtarischer oder rein arischer Abstammung e.V.‹ und dessen Nachfolgeorganisationen, das ›Büro Pfarrer Grüber‹[62], das ›Hilfswerk beim bischöflichen Ordinariat Berlin‹ und der Katholische ›St. Raphaelsverein‹ standen den Verfolgten in Rechts- und Auswanderungsangelegenheiten bei.

Nach 1945 sahen die Kirchengemeinden keinen Anlass, ihre Schuld den ›Christinnen und Christen jüdischer Herkunft‹ einzugestehen.[63] Die ›Stuttgarter Schulderklärung‹ der evangelischen Kirchen Deutschlands vom 18./19. Oktober 1945 thematisiert immerhin die Fragen von Mitschuld und unterlassener Verantwortung. Allerdings belässt sie vieles im Dunkeln, ohne ihre Unterlassungen, Verfehlungen und ihre antijüdischen Aktivitäten oder gar ihre Mitschuld an der Vernichtung der europäischen Jüdinnen und Juden konkret zu benennen. Sie bleibt nichts anderes als bloße Selbstentschuldung. Auf katholischer Seite gab es den ›Hirtenbrief‹ der Fuldaer Bischofskonferenz vom 23. August 1945 als erstes Eingeständnis, schuldig geworden zu sein. Darin wird einerseits die

---

62 Das *Büro Pfarrer Grüber* war eine Institution, die im September 1938 von dem Berliner Pfarrer Heinrich Grüber in Berlin gegründet wurde. Er war Mitglied der BK und organisierte gemeinsam mit weiteren Mitarbeitenden, die bis auf wenige Ausnahmen selbst aufgrund ihrer jüdischen Herkunft verfolgt wurden, die Emigration ›rassisch‹ Verfolgter Protestantinnen/Protestanten und deren Familien. In der Zeit bis zu ihrer Schließung im Jahr 1940 konnten mit Hilfe der Berliner Organisation und ihrer rund 20 Außenstellen ca. 1.100 Personen mit ihren Familien aus dem Deutschen Reich auswandern. Heinrich Grüber wurde im Dezember 1940 verhaftet und in das *KZ Sachsenhausen* gebracht. Von dort wurde er in das *KZ Dachau* überführt und im Juni 1943 entlassen. Viele seiner Mitarbeitenden wurden verhaftet und, soweit sie als ›Volljuden‹ galten, deportiert und ermordet. Weiterführend exemplarisch hierzu siehe Ludwig 2009.
63 Exemplarisch für die Zeit nach 1945 siehe ausführlich Hermle 1990.

Legalität Hitlers und seiner Regierung stark betont, aber andererseits die Schuld der Deutschen nicht verschwiegen. Die Schuldzuweisungen sind ausführlicher und weiter ausdifferenziert als im Stuttgarter Schuldbekenntnis. Allerdings fehlt dem Hirtenbrief das identifizierende ›Wir‹ und er verbleibt so in der distanzierten Haltung, nicht in das NS-Regime involviert gewesen zu sein (vgl. Repgen 1988).

3.3 ›Jüdischsein‹ als Stigma – die nationalsozialistische Macht der Definition

»Staatsbürger kann nur sein, wer Volksgenosse ist. Volksgenosse kann nur sein, wer deutschen Blutes ist, ohne Rücksichtnahme auf Konfession. Kein Jude kann daher Volksgenosse sein« (Feder 1933, S. 19). Mit dieser Äußerung wurde das nationalsozialistische gesellschaftliche Ideal einer ›Volksgemeinschaft‹ bereits 1920 im Parteiprogramm der *NSDAP* propagiert. So stellten der Ausschluss der deutschen Jüdinnen und Juden aus der ›Volksgemeinschaft‹ und die Verfolgung dieser ›Volksfeindinnen‹ und ›-feinde‹ für die nationalsozialistische Politik in den Jahren 1933 bis 1945 zugleich zentrales Ziel wie wesentliches Instrument dar. Damit war die NS-Führung jedoch auch vor das Problem gestellt, den Begriff ›jüdisch‹ zu definieren, was sich an einigen Punkten als schwierig erwies. Auch musste man sich die Frage stellen, wie die Kinder aus Ehen zwischen jüdischen und christlichen Eltern eingeordnet werden sollten.

Seit der ersten Verordnung zur Durchführung des *Gesetzes zur Wiederherstellung des Berufsbeamtentums* vom 11. April 1933 gab es im nationalsozialistischen Deutschland eine Definition darüber, welche Personen als ›Jüdin‹ bzw. ›Jude‹ einzustufen seien. Nach Paragraf 2 (1) galt als jüdisch, »wer von nichtarischen, insbesondere jüdischen Eltern oder Großeltern abstammt. Es genügt, wenn ein Elternteil oder ein Großelternteil nicht arisch ist« (Walk 1996, S. 13). Der Begriff ›Mischling‹ wurde hier noch nicht erwähnt.

Erst mit dem *Reichsbürgergesetz* (Abbildung 1) vom 14. November 1935, einem Teil der *Nürnberger Gesetze*, wurde der Begriff ›jüdisch‹ in unterschiedliche Kategorien unterteilt. Als jüdisch galten demnach Personen mit drei jüdischen Großelternteilen, als ›jüdische Mischlinge‹ jene, die »von einem oder zwei der Rasse nach volljüdischen Großelternteilen« abstammten ›Mischlinge‹, die beim Erlass des Gesetzes der jüdischen Religionsgemeinschaft angehörten oder eine Jüdin/einen Juden geheiratet hatten, wurden als jüdisch klassifiziert.

Knapp zwei Wochen später, am 26. November 1935, legte der *Reichsminister des Innern* Frick in einem Runderlass die Begriffe ›Mischling ersten Grades‹ (Personen mit zwei jüdischen Großelternteilen, auch ›Halbjüdinnen‹/

›Halbjuden‹ genannt) und ›Mischling zweiten Grades‹ (Personen mit einem jüdischen Großelternteil, auch ›Vierteljüdinnen‹/›Vierteljuden‹ genannt) fest
(Walk 1996, S. 142).[64]

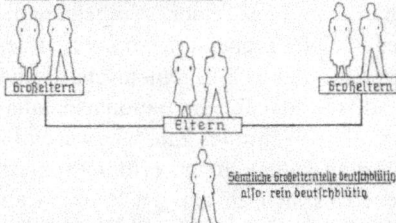
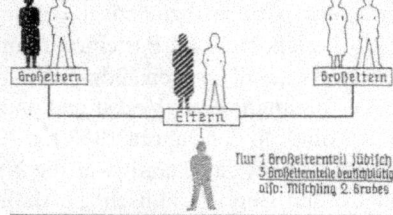
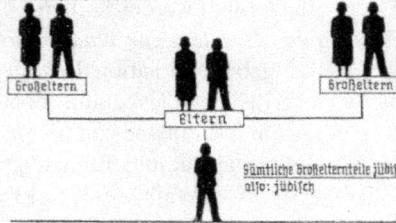
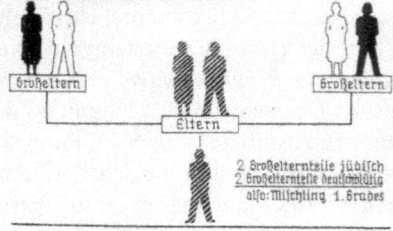

Abbildung 1: Das ›Reichsbürgergesetz‹

Diese Rassengesetzgebung des NS-Staates bildete den Ausgangspunkt für die
administrative Verfolgung der ›Mischlinge‹. Die in den darauffolgenden Jahren

---

64 Walk zitiert allerdings nicht den vollständigen Erlass. Bei ihm heißt es nur: »Die
    Begriffe ›Jude‹, ›Mischling ersten Grades‹, ›Mischling zweiten Grades‹ und
    ›Deutschblütiger‹ werden definiert.«

für die ›halbjüdischen‹ Personen erlassenen Gesetze und Verordnungen verschärften die Verfolgungssituation erheblich. Zu den zahlreichen nunmehr durch die Gesetze legitimierten Maßnahmen kamen noch weitere Drangsalierungen hinzu. Der Terror durch die Demütigungen und Ausgrenzungen im täglichen Leben, verursacht von ›ganz normalen Mitbürgern‹, Nachbarn, Arbeitskollegen etc. bewirkte einen schleichenden Ausschluss aus der deutschen Gesellschaft, sowohl im privaten Alltag, als auch auf gesellschaftlicher und wirtschaftlicher Ebene.[65]

---

[65] Über die Ausgrenzung der ›Mischlinge‹ im Wirtschaftsleben informiert der Artikel von Maria von der Heydt 2010.

4 Forschungsprozess und methodisches Vorgehen

4.1 Thematische und methodische Vorüberlegungen

Menschen, die Opfer von nationalsozialistischer Verfolgung geworden sind, leben seit langer Zeit mit psychisch belastenden Erinnerungen, denn ihr Selbst- und Weltverständnis ist einst tief erschüttert worden (vgl. Haubl 2003, S. 67). Ein von ihrer Umwelt auferlegtes Schweigegebot[66] erschwert ihnen bis heute, von ihrem Leid zu berichten. Generell ist Erzählen nicht nur individuell konstituiert, sondern an die jeweiligen gesellschaftlichen Bedingungen und an die »spezifischen Optionen, die sie [die Gesellschaft, S.G.] ihren Mitgliedern eröffnet oder verschließt«, geknüpft (Loch 2006, S. 78). Für die Verfolgten des NS-Regimes und speziell für die Jüdinnen und Juden bzw. als solche Klassifizierten, und auch für die als ›Mischlinge‹ bezeichneten Personen, galt und gilt dies in besonderer Weise.[67] Hinzu kommt, dass ihre Leiden jahrelang pathologisiert und ihre seelische Zerstörung mit den langfristigen psychischen Folgen der Verfolgung nicht anerkannt wurden (vgl. Niederland 1980).

Bezogen auf die vorliegende Studie stellt sich nun die Frage, was diese Grundannahmen für den Forschungsprozess bedeuten bzw. bedeutet haben. Anhand folgender Punkte werden sie in diesem Kapitel reflektiert: Was ist hinsichtlich einer Interviewführung mit ehemals Verfolgten im Kontext empirischer Sozialforschung zu beachten? Welche Haltung wird im Rahmen dieser Studie bezüglich eines möglicherweise bei den Interviewten vorhandenen Traumas/einer Traumatisierung eingenommen? Und welches sind die besonderen Aspekte hinsichtlich der Tatsache, dass Personen im Mittelpunkt stehen, die als *Kinder* und *Jugendliche* von Verfolgung betroffen waren?

---

66 Der Psychoanalytiker Kurt Grünberg weist darauf hin, dass das *innerfamiliäre* Schweigen nur im Sinne eines Schweigens im *verbalen Sinne* zu verstehen ist. Ihre persönliche Geschichte erzählen Shoa-Überlebende *nicht unbedingt in Worten*. Grünberg spricht von einer »Überschätzung des Verbalen« (Grünberg 2001, S. 212), denn statt zu *reden*, teilten und teilen die Überlebenden ihre Erfahrungen auf *nonverbale Art* durch Gestik, Mimik etc. mit, also geradezu *im Medium des Schweigens* (vgl. ebd., S. 211f.). So betont Grünberg denn auch: »Nicht Sprechen heißt also keineswegs Nicht-Mitteilen« (ebd., S. 203).

67 Vgl. hierzu exemplarisch: Frei/Steinbacher 2001 und Assmann/Frevert 1999.

4.1.1 Zur Gesprächsführung im Forschungskontext

In der persönlichen Begegnung mit Verfolgten steht fernab jeglichen methodisch und methodologisch relevanten wissenschaftlichen Vorgehens im Vordergrund, eine vertrauensvolle Gesprächsatmosphäre zu schaffen. Dies gilt vor allem, wenn es sich nicht um eine ›natürliche‹ Begegnung, sondern um ein Interviewgespräch im Kontext eines wissenschaftlichen Vorhabens handelt. Eine entsprechend vorsichtige Interviewführung ist angemessen und ein empathisches, die Entfaltung der Erzählung ermöglichendes »aktives Zuhören« (Rogers 2005) angebracht. Die Interviewerin ist in diesem Prozess dafür verantwortlich, ihre Bereitschaft zu signalisieren, sich auch auf schwierige Themen einzulassen. Dabei sollte sie sich bewusst sein, dass ein mitfühlendes Zuhören zwar wichtig ist, dies aber auch ein möglichst unerschrockenes sein sollte, damit für die Betroffenen nicht auf subtile Weise ein Erzählverbot etabliert und/oder verstärkt wird (vgl. Haubl 2003, S. 64).[68] Allerdings dürfen die Interviewten auch nicht gedrängt und gegen ihren Widerstand zum Erzählen aufgefordert werden, sondern die Interviewerin sollte sich an den »im Gesprächsverlauf deutlich gewordenen Schutz- und Reparaturstrategien der Betroffenen [...] orientieren« (Loch 2002, S. 235). Die Entscheidung darüber, was thematisiert wird, sollte den Betroffenen überlassen werden.[69] Solch eine Interviewführung ist bisweilen ein »Balanceakt« (Rosenthal 2002, S. 219) und erfordert von der Interviewerin neben dem Zuhören die stete Reflexion des eigenen Vorgehens.

4.1.2 Trauma und Traumatisierung

Der Begriff ›Trauma‹ wird gegenwärtig äußerst inflationär gebraucht.[70] Um ihm näher zu kommen, wird sich in der vorliegenden Arbeit nicht auf den zen-

---

68 Haubl warnt jedoch davor, sich als Interviewerin im Bemühen, den Beweis zu erbringen, ein besserer Mensch zu sein als die ehemaligen Täterinnen und Täter, zu überfordern. Für die interviewende Person sei es daher wichtig, sich der eigenen Grenzen und Möglichkeiten der Empathie bewusst zu sein und sie anzuerkennen (vgl. Haubl 2003, S. 68).

69 Im Zusammenhang mit der Versprachlichung von Erlebnissen und Erfahrungen weist Eva Lezzi darauf hin, dass als *Kinder* verfolgte Personen eine andere sprachliche Darstellung ihrer biografischen Erzählungen wählen als Personen, die als *Jugendliche* verfolgt wurden. Sie betont die generelle Schwierigkeit, »eine Sprache für frühe Kindheitserinnerungen zu finden, eine Sprache, in die hinein die primär sensitiven Erinnerungen übersetzt werden können« (Lezzi 1998, S. 195). Lezzi thematisierte die sprachliche Struktur von Kindheitsdarstellungen über die Shoa-Erlebnisse erstmalig.

70 Im Kontext ›Nationalsozialismus‹ sei hier im Besonderen auf den höchst unklaren Begriff ›Kriegskinder‹ oder ›Kriegsgeneration‹ und die beforschten ›Traumata‹ der

tralen Traumadiskurs bezogen, der sich vor allem an der psychiatrischen Klassifizierung ›Posttraumatische Belastungsstörung‹ (PTBS) orientiert.[71] Dem entgegen wird auf Ausführungen des Psychologen David Becker zurückgegriffen. Er beschäftigt sich in seinen Forschungen und in seiner praktischen Arbeit mit Extremtraumatisierten mit Traumata, die infolge von politischen und sozialen Geschehnissen zustande gekommen sind. Es geht bei ihm um sogenannte *man-made disasters* und nicht um Traumata, die als Folge von Unfällen, Naturkatastrophen etc. auftreten können. Für ihn ist solch ein sozialpolitisches Trauma ein Ereignis, das eine nicht reversible seelische Zerstörung anrichtet. Er plädiert daher dafür, den Traumabegriff »für die Art von Wunde zu verwenden, die dem ›Messer in den Bauch rammen‹ entspricht. Nicht für die kleinen oberflächlichen Verletzungen und Kränkungen« (Becker 2003, S. 67). Eine traumatische Situation, so Becker, verursacht »einen tiefen Riss, eine Wunde in der psychischen Struktur [...]« (ebd.). Sie ist unendlich in dem Sinne, als dass sie niemals verschwindet oder bewältigt werden kann: »Trauma bedeutet eine Lebenserfahrung des Leidens, welche geteilt, vielleicht auch in das Leben integriert, aber nicht geheilt werden kann« (Becker 2005, S. 152).

Im Kontext sozialpolitischer Traumatisierung unterscheidet Becker zwischen *traumatischen Situationen*, die kollektiv erlebt werden, und die gesellschaftliche Prozesse/soziale Phänome beschreiben (z.B. Krieg, Unterdrückung), dem *individuellen Trauma* (z.B. Vergewaltigung, Folter) und den *traumatischen Symptomen*, die sich individuell ausprägen können, aber nicht müssen (Becker 2003, S. 68). Ob, wann und in welcher Form die betroffenen Menschen Symptome ausprägen, wird dabei von den auf das initiale traumatische Ereignis folgenden Umständen und Erlebnissen beeinflusst.

> »Man kann in solchen Situationen den Anfang des Risses festlegen. Aber wie der Riss dann weitergeht, wann er aufhört, also wann die traumatische Erfahrung aufhört, das ist eine ganz schwierige Sache« (ebd., S. 67).

Hieran wird ein zentraler Aspekt von Beckers Auffassung deutlich, nämlich, dass ›Trauma‹ kein singuläres Ereignis, sondern ein traumatischer *Prozess* ist. Damit folgt er dem Konzept der ›Sequentiellen Traumatisierung‹, das von dem

---

Betroffenen hingewiesen. Die hiermit einhergehende Relativierung der Leiden der *Opfer der nationalsozialistischen Verfolgung* und die Massivität des in den Forschungen über die ›Kriegskinder‹ zusehends populärer werdenden Opfer- und Traumadiskurses marginalisiert die Shoa-Überlebenden immer mehr. Als Beispiele siehe exemplarisch: Radebold/Heuft 2006, Grundmann/Hoffmeister 2007 und die entsprechenden Beiträge in Radebold/Bohleber/Zinnecker 2008.

71   Zur Kritik an der PTBS siehe ausführlich Becker 1997 und Strassberg 2009.

niederländischen Arzt und Psychoanalytiker Hans Keilson entwickelt wurde (vgl. Keilson 1979).[72] Er prägte die Sichtweise, ein Trauma nicht länger als einzelnes Ereignis, sondern als Abfolge traumatischer Sequenzen unterschiedlichen Charakters und unterschiedlicher Bedeutung zu interpretieren. Von besonderer Bedeutung stellte sich in seiner Studie über holländische Kriegswaisen die Phase der *Nachkriegszeit* heraus, die in seinem Konzept an die Sequenz der direkten Verfolgung anschließt. Keilson zeigte, dass die Nachkriegszeit mit all ihren Möglichkeiten bzw. Unmöglichkeiten, die den Betroffenen eröffnet bzw. verschlossen wurden, für die Gesundheitsperspektiven der Betroffenen weitaus bedeutsamer war, als der Schweregrad der Traumatisierung in der vorangegangenen Sequenz der Verfolgung (vgl. ebd., S. 58). Das Trauma wird zum *Produkt* eines über Jahre hinweg andauernden politischen, sozialen und individuellen Prozesses.[73]

Als Schlussfolgerung der vorgenannten Überlegungen und bezogen auf die Untersuchtengruppe der ›jüdischen Mischlinge‹ sind folgende Aspekte im Kontext von Trauma und Traumatisierung bedeutsam:

➢ Die möglichen initialen Traumata der ›Halbjüdinnen‹ und ›Halbjuden‹ werden in den politischen Kontext des NS-Regimes gestellt, zu diesem Zeitpunkt waren die Betroffenen von Terror und Verfolgung bedroht, Familienmitglieder wurden ermordet.

➢ Nachdem der Krieg beendet wurde, gab es für die meisten von ihnen keine Möglichkeit – weder im privaten noch gar im öffentlichen Raum – ihre Erlebnisse und Erfahrungen zu bearbeiten.

➢ Eine ›Wiedergutmachung‹ des an ihnen begangenen Unrechts in der Nachkriegszeit fand in finanzieller Hinsicht vereinzelt statt, eine erste *öffentliche* Anerkennung ihres Leidens gibt es erst seit wenigen Jahren.

Die Interviewten der vorliegenden Studie haben in der Vergangenheit eine Vielzahl von *traumatischen Situationen* erlebt und erfahren womöglich gegenwärtig immer wieder neue. Im Anschluss an Becker heißt dies allerdings

---

72 Hans Keilson wurde 1909 als Sohn jüdischer Eltern in Deutschland geboren. 1936 emigrierte die Familie in die Niederlande, wo Keilson nach dem deutschen Überfall auf die Niederlande im Mai 1940 in den Untergrund ging und im holländischen Widerstand aktiv war. Seine Eltern wurden deportiert und ermordet. Er arbeitete als Arzt und Psychoanalytiker und ist auch als Schriftsteller bekannt geworden. Er verstarb am 31. Mai 2011.

73 Keilson weist in diesem Zusammenhang auch auf die Möglichkeit einer transgenerationellen Weitergabe von Traumatisierung hin, also darauf, dass Trauma ein Prozess ist, der auch die kommenden Generationen noch erfassen kann.

nicht zwangsläufig, dass das Erlebte auch individuell Folgen im Sinne eines *Traumas* hinterlassen hat bzw. hinterlässt. So kann und darf für die Interviewten eine Diagnose ›Trauma‹ ohne tiefergehende Überprüfung nicht abgeleitet werden, jedoch wird die *Wahrscheinlichkeit* einer Traumatisierung als relativ hoch angesehen.[74] Die Frage danach, ob und inwiefern eine solche Traumatisierung vorliegt, steht in dieser Studie nicht im Mittelpunkt. Es sollen also keine Trauma-Symptome empirisch nachgewiesen werden.[75] Generell wird ›Trauma‹ in dieser Untersuchung nicht als psychische *Störung* interpretiert, sondern psychische Symptome werden als Folgen extremen Leidens durchaus als normale Reaktionen auf abnorme Ereignisse verstanden (vgl. Bar-On 1966, S. 16). Anknüpfend an die erörterten Gesichtspunkte wird die Bezeichnung ›Schwere Belastung‹ der des ›Traumas‹ vorgezogen. Damit wird der Bogen zum Konzept der ›Ambivalenz‹, das für diese Studie relevant ist, gespannt. Nach Kurt Lüscher kann man dann von schweren Belastungen ausgehen, »wenn sich die [...] Ambivalenzspannungen nicht in einem überschaubaren Zeitraum auflösen lassen« (Lüscher 2007, S. 230). Mit Ambivalenz als *analytischem Konstrukt* (vgl. Kap. 5.3) wird es nun möglich, einen analytischen Bezug zum Traumabegriff herzustellen: traumatisierende Erfahrungen verdichten sich in der Biografie zu Ambivalenzen (vgl. Smelser 2004, S. 55). Der Ambivalenzbegriff bietet sowohl die Möglichkeit, intrapsychisches Leid in der Verknüpfung mit sozialen Dimensionen zu betrachten, als auch die Prozesshaftigkeit von Leid und Erfahrungen zu beschreiben. Durch den Ambivalenzbegriff mag man somit auch dem näherzukommen, was Becker als bislang noch ungelöste Problematik kennzeichnet, nämlich dem »historischen Kontext in der Gegenwart ebenso wie in der Vergangenheit, dem traumatischen Prozess auf der sozialen wie auch auf der individuellen Ebene nachzuspüren und in seinen wechselhaften Bezogenheiten aufzugreifen« (Becker 2009, S. 70).

---

74 Auch aus diesem Grund waren hinsichtlich der Interviewführung behutsames und vorsichtiges Vorgehen und achtsames Nachfragen vonnöten, um der Gefahr einer eventuell erneuten Traumatisierung vorzubeugen (vgl. Loch 2002, S. 239).
75 In gewisser Weise wird die Frage von traumatischen Symptomen bei der Auswertung der Interviews bedeutsam. Spuren von Traumata sind durchaus auf der Ebene des Textes, genauer gesagt in der Textstruktur, erkennbar. Diesem grundsätzlichen Zusammenhang ist insbesondere Ulrike Loch vertiefend nachgegangen. Sie weist darauf hin, dass »traumatische Erlebnisse und die infolgedessen entwickelten Bearbeitungsstrategien [sich als] Spuren in narrativen Interviews [manifestieren]« (Loch 2006, S. 86, 2008).

4.1.3 ›Halbjüdische‹ Kinder und Jugendliche als Verfolgte des NS-Regimes

Generell war das Leben von Kindern und Jugendlichen, die aufgrund der Zuschreibung ›rassischer‹ Eigenschaften verfolgt wurden, zum einen geprägt von zahlreichen administrativen Bestimmungen. Diese Gesetze und Verordnungen waren vor allem von dem Geburtsjahrgang der Verfolgten abhängig, denn je nach Altersstufe betrafen sie unterschiedliche Lebensbereiche. Dies führte bei den Betroffenen zu unterschiedlichen Erfahrungen. Zum anderen erlebten die Kinder und Jugendlichen in ihrem Alltag soziale Ausgrenzung und oftmals das diskriminierende und antisemitische Verhalten von vertrauten Bezugspersonen wie Lehrerinnen/Lehrern, Kolleginnen/Kollegen, Nachbarinnen/Nachbarn, Freundinnen/Freunden etc.

Anders als bei Menschen, die als Erwachsene verfolgt wurden, die also zu Beginn der Verfolgung bereits in fest gefügten Sozialstrukturen lebten, und deren Identität bereits gefestigt war, vollzog sich die Identitätsentwicklung der Kinder und Jugendlichen *während* der Verfolgungszeit. Ihre Identität wurde immer wieder bedroht, angegriffen und zunichte gemacht, sodass die Betroffenen wichtiger Entwicklungsmöglichkeiten beraubt wurden. Eine ›normale‹ Entwicklung war folglich unmöglich. Im besonderen Fall der ›Mischlinge‹ war das übergestülpte Konstrukt ›halbjüdisch‹ mit all seinen Folgen maßgeblich für die Ausbildung ihrer Persönlichkeit. Die Fremdzuschreibung traf die meisten von ihnen in einer Entwicklungsphase, in der die Zuschreibung nur schwer einzuordnen und zu verarbeiten war, denn entwicklungsbedingt fehlten ihnen die Fähigkeiten hierfür (vgl. Becker 1997, S. 44).

Zusätzlich zu ihrer eigenen Diskriminierung waren die ›halbjüdischen‹ Kinder und Jugendlichen auch mit betroffen von den Maßnahmen gegen ihre Eltern, deren zunehmender psychischer Anspannung (vgl. Lemp 1979, S. 14), ihrer Arbeitslosigkeit und der daraus resultierenden schleichenden Verarmung der Familie. Die Eltern, also die Menschen, die Kindern und Jugendlichen idealerweise Unterstützung in ihrem Heranwachsen bieten, wurden selbst in eine Opferposition gebracht und waren aufgrund der gesellschaftlichen und politischen Umstände nur eingeschränkt in der Lage, ihrer Elternfunktion nachzukommen (vgl. Becker 1997. S. 44). Überdies nahmen in vielen Fällen die ›Mischlinge‹ für ihre Eltern oder zumindest für den jüdischen Elternteil eine Schutzfunktion ein, und mussten damit auf ihre eigenen Schutzbedürfnisse verzichten: »Sie verwandelten sich in kleine Erwachsene, die lernten, scheinbar kohärent und logisch zu funktionieren und mit Angst, Chaos, Verwirrung und innerer Leere umzugehen« (ebd., S. 45).

Für die ›halbjüdischen‹ Kinder und Jugendlichen war es bedeutsam, an welchem Punkt ihrer Entwicklung bzw. in welchem Alter sie sich zum Zeitpunkt der jeweiligen gegen sie erlassenen Maßnahmen oder Diskriminierungen befanden.[76] Grundsätzlich sind das emotionale Erleben und die Möglichkeiten des Umgangs mit Erlebnissen und Erfahrungen im und für den Entwicklungsprozess eines Menschen relevant. Eine wesentliche Rolle spielt in dieser Hinsicht das Alter, in dem bestimmte Erfahrungen gemacht werden. Dies gilt auch für verfolgungsbedingte Erfahrungen. In diesem Zusammenhang weist Keilson auf die sogenannten ›basic needs‹ hin. Sie beziehen sich auf die entwicklungsmäßigen fundamentalen Bedürfnisse in einer bestimmten Entwicklungsphase und sind notwendig für eine ›normale‹ Entwicklung im Entwicklungsprozess eines Kindes (Keilson 1979, S. 60). Er versteht darunter sämtliche soziokulturelle Ausstattungsattribute wie zum Beispiel »die versorgende Mutter, aber auch Spielzeug, Bewegungsraum, Umgang mit anderen Kindern, die Schule, außerfamiliäre Leitfiguren, Bildungsstoff […]« (ebd.). Sie sind vom Alter des Kindes, also von seiner Entwicklungsphase abhängig, und ihr Fehlen oder eine diesbezügliche Störung kann traumatische Wirkung haben (vgl. ebd.).

Bezogen auf die vorliegende Studie wurde davon ausgegangen, dass die Verfolgung in der NS-Zeit unterschiedliche psychische Auswirkungen auf die Interviewten hatte, je nach Geburtsjahrgang und den davon abhängigen notwendigen ›basic needs‹: Ein Kind, das in den 1930er Jahren geboren wurde, erlebte die außerfamiliäre Umgebung von Anfang an primär als ausgrenzend und verfolgend. Unter normalen Bedingungen schließt es mit ungefähr sechs Jahren erste eigenständige Freundschaften in der Nachbarschaft und in der Schule, es gewinnt Vertrauen zu außerfamiliären Bezugspersonen und zeigt eine »spielerische Freude an der fortschreitenden Bewältigung von Aufgaben und Lernzielen« (ebd., S. 198f.). Dies allerdings ist den Betroffenen der 1930er Jahrgänge weitgehend verwehrt worden. Zudem waren die Betroffenen in der Zeit der zunehmenden Verfolgung noch so klein, dass sie kaum eine Unterscheidung zwischen einer Zeit *vor* und einer Zeit *nach* der Verfolgung machen konnten (vgl. Lezzi 1998, S. 185). Daher ist es für sie bis heute oft unmöglich, ihren negativen Kindheitserfahrungen erinnerbare positive Alternativen entgegenstellen.

Bei den Personen, die zu Beginn der Verfolgung bereits Jugendliche waren, also in den 1920er Jahren geboren wurden, hatte der Eingriff in ihren Entwicklungsprozess andere Auswirkungen. Entwicklungspsychologisch standen für sie in der NS-Zeit die psychosexuelle Reifung und Prozesse der Individuation und

---

76 An dieser Stelle sei darauf hingewiesen, dass antijüdische Maßnahmen, in welcher ›Ausprägung‹ auch immer, keine punktuellen Erfahrungen für die Betroffenen waren, sondern in einem *Prozess* von Ausgrenzung und Ausschluss stattfanden.

Separation vom Elternhaus im Vordergrund. Diese Prozesse mussten zwangsläufig in einer Zeit der Repression und sozialen Isolierung ablaufen, Diskriminierungen sorgten unter anderem dafür, dass die ›Mischlinge‹ aus ihren Be-
zugsgruppen, in denen sie bislang verankert waren, ausgegrenzt wurden. Dies
ist unter dem Aspekt der ›basic needs‹ insofern von Bedeutung, als dass in der
Zeit der Adoleszenz die »Solidarität mit den Idealen und der Identität der
Gruppe, der man zugehört« (Keilson 1979, S. 244f.) eine große Rolle spielt.
Aus vielen solcher Gruppen – und damit ist hier nicht nur die *unmittelbare* Be-
zugsgruppe, also die peer-group gemeint, sondern darunter werden auch größe-
re soziale Einheiten bis hin zur ›Volksgemeinschaft‹ subsumiert – wurden die
›Halbjüdinnen‹ und ›Halbjuden‹ ausgeschlossen. Dies geschah zuweilen plötz-
lich, manchmal als schleichender Prozess. Alternative ›Ersatzgruppen‹ zu fin-
den war so gut wie unmöglich, sodass sich viele ›Mischlinge‹ in ihre Familien
zurückzogen. Die Älteren unter ihnen versuchten, so sie noch einer regulären
Arbeit nachgehen durften, sich an ihrem Arbeitsplatz einzugliedern und dort
Anschluss zu finden.[77] Die jungen ›Mischlinge‹ hatten beruflich generell kaum
Chancen, und nur wenige unter ihnen konnten zwischen Zugehörigkeit und
Nicht-Zugehörigkeit zur ›Volksgemeinschaft‹ ihre Vorstellungen über einen
Wunschberuf verwirklichen. In Bezug auf die ›basic needs‹ und das ent-
wicklungsmäßige Bedürfnis nach Lernen und Ausbildung war die Tatsache,
dass den Halbjüdinnen und Halbjuden die Schul- und Berufsbildung erschwert
bzw. versagt wurde, entscheidend für ihre weitere (berufliche) Entwicklung
nach Kriegsende. So ließen sich die Lern- und Ausbildungsdefizite nach der
Verfolgungszeit oftmals nicht mehr kompensieren (vgl. Historischer Exkurs 8).
Die ›Mischlinge‹ sind und waren Zeit ihres Lebens benachteiligt.

Wie dargestellt, sind verfolgte Kinder und Jugendliche, also auch die ›Halbjüdinnen‹ und ›Halbjuden‹, in der NS-Zeit in mehrfacher Hinsicht einer extremen Belastung ausgesetzt gewesen: zum einen durch die gesellschaftspoliti-
schen Verhältnisse, also die administrativen und anderweitigen Verfolgungsmaßnahmen und zum anderen durch die mangelnde bzw. allzeit bedrohte
Schutzfunktion in ihren Elternhäusern. Diese beiden Aspekte setzten ihre psychische Zerstörungskraft noch lange nach dem Ende der NS-Zeit fort:
»[…] unter solchen Bedingungen aufzuwachsen bedeutet, daß der Schaden zum

---

77 Auch über die NS-Zeit hinaus kann man feststellen, dass viele ehemalige ›Mischlinge‹ sich nur schwer auf gesellschaftliche Gruppen, wie Vereine oder andere kulturelle oder politische Vereinigungen einlassen mögen. Dies hat sicherlich nicht nur mit
ihren Erfahrungen der NS-Zeit zu tun, sondern war und ist auch der Art und Weise
geschuldet, wie die deutsche Gesellschaft mit den NS-Verfolgten umging und heute
noch umgeht.

Kern der psychischen Struktur und der sozialen Einbindung wird« (Becker 1997, S. 45f.). Diese Beschädigungen, die den ehemaligen ›jüdischen Mischlingen‹ zugefügt wurden, unter dem bestimmten Aspekt der Ambivalenzerfahrungen zu thematisieren, ist Anliegen der vorliegenden Arbeit.

4.2 Datenerhebung

4.2.1 Auswahl der Interviewten und Sampling

Das Sample setzt sich aus Personen, die spätestens 1935 in Deutschland geboren wurden, und die gemäß der nationalsozialistischen Definition einen jüdischen und einen christlichen Elternteil hatten, zusammen. Sie alle verbrachten mindestens einige Jahre ihrer Kindheit während der NS-Zeit in Deutschland.[78]

Der Zugang zum Feld gestaltete sich als äußerst schwierig. Über das internationale jüdische Monatsmagazin ›Aufbau‹, die ›Zeitzeugenbörse Berlin‹[79], verschiedene Internetseiten und private Kontakte konnten schließlich 16 Interviewpersonen gefunden werden, die bereit waren, ein Gespräch zu führen. Besonders schwierig gestaltete sich die Suche in Israel. Die dortige Beschäftigung der Forscherin mit der Thematik hat ergeben, dass das Selbstverständnis der nunmehr seit Jahrzehnten in Israel ansässigen ehemaligen deutschen ›Halbjüdinnen‹ und ›Halbjuden‹ *eindeutig* jüdisch und israelisch ist. An ihre Vergangenheit in Nazi-Deutschland wollte die Mehrzahl der wenigen Personen, die sich vorab per Telefon aus eigener Motivation meldeten, nicht erinnert werden.[80] Darüber hinaus wurde deutlich, dass einige der An-

---

78 Angestrebt war zu Beginn dieser Studie, neben den Interviews mit den betroffenen Männern und Frauen auch Interviews mit Angehörigen der Kinder- und Enkelgeneration zu führen, um die transgenerationalen Aspekte beleuchten zu können. Diesbezüglich war es möglich, drei Kinder und drei Enkel von bereits interviewten Personen zu befragen. Mit drei Familien wurden darüber hinaus Familiengespräche geführt. Aus forschungspragmatischen und zeitlichen Gründen wurde die Perspektive ›Transgenerationalität‹ allerdings zugunsten einer rein intergenerationalen Betrachtungsweise aufgegeben.

79 Den beiden Institutionen danke ich sehr herzlich für ihre Unterstützung.

80 Allein in der telefonischen Kontaktaufnahme mit der Forscherin, die als Reaktion auf eine Suchanfrage in einer israelischen Tageszeitung erfolgte, zeigte sich die Ambivalenz der Anrufenden, die hin- und hergerissen waren zwischen Schweigen und Erzählen. Besonders bezeichnend waren in dieser Hinsicht die Gespräche mit einer älteren Dame, die mehrfach anrief, um immer wieder zu versichern, dass sie »die Vergangenheit nicht hervorholen wolle«. Ihre Aussage begleitete sie stets mit Redeflüssen über genau jene Erlebnisse, die sie *eigentlich* verschweigen wollte.

gesprochenen bzw. Personen, die sich auf ein Zeitungsinserat meldeten, ihren einstigen ›halbjüdischen Status‹ gegenüber ihrer Familie und ihrer jüdischen Umwelt geheim gehalten hatten. Dies galt besonders dann, wenn ›nur‹ der Vater jüdischer Herkunft war. Das Verschweigen war und ist also nicht nur Teil der deutschen ›Kultur‹, sondern ist in besonderer Weise auch in Israel wirksam.

Die Auswahl der Interviewten hing, wie dargestellt, nicht von der Forscherin, die die Fälle auswählte, ab, sondern die entsprechenden Personen meldeten sich aus Eigeninitiative. Durch diese Selbst-Aktivierung ist die methodische Herangehensweise in dieser Studie daher an gewisse Restriktionen gebunden (vgl. Merkens 2000, S. 289): Die Interessierten repräsentieren nur eine bestimmte Teilgruppe der Personen, über die Aussagen getroffen werden sollen, nämlich die, die ihre Erfahrungen im Rahmen einer wissenschaftlichen Studie weitergeben mochten. Dies wiederum beinhaltete den positiven Aspekt, dass die Interviewten ein besonderes Interesse am Erzählen ihrer Lebensgeschichte hatten.

Grundsätzlich stellt sich in jeder qualitativen Studie die Frage, wann die Zahl der Fälle ausreichend ist, und wann auf der Grundlage der Fälle Verallgemeinerungen vorgenommen werden können. Anders als innerhalb eines quantitativen Paradigmas können im Kontext einer qualitativen Herangehensweise Generalisierungen nicht an das Kriterium der Repräsentativität im Sinne von Verteilungsaussagen gebunden sein, sondern zielen auf die *Rekonstruktion typischer Muster bzw. auf eine Thesengenerierung*. Wie lässt sich also nun berechtigt annehmen, dass in der vorliegenden Untersuchung mit der Einbeziehung von 16 Interviews typische Muster der Untersuchtengruppe abgebildet sind? Daher muss vor allem »gesichert werden, dass der Fall facettereich erfasst wird« (Merkens 2000, S. 291). In dieser Hinsicht muss, »[...] eine Auswahl von Ereignissen, Aktivitäten oder Personen Kriterien genügen [...], wenn es gelingen soll, Erkenntnisse zu gewinnen, die nicht nur eingegrenzt für den untersuchten Fall zutreffen« (ebd., S. 289). Damit diese Vorgabe erfüllt und eine gewisse Repräsentativität sichergestellt werden konnte (vgl. Przyborski/Wohlrab-Sahr 2008, S. 180), wurde die Fallauswahl vor Untersuchungsbeginn strukturiert. Dafür wurden relevante Differenzkriterien formuliert, die sich in der sozialen Zusammensetzung des Samples wiederfinden sollten.[81] So konnte ein Netz von Merkmalen gespannt werden (vgl. Merkens 1997, S. 103),

---

Nach ihren Ausführungen bzw. Ausbrüchen, brach sie die Telefonate jäh ab. Ein persönliches Gespräch kam für sie nicht in Frage.

[81] Im Anschluss an die Datenerhebung stellte sich heraus, dass sich idealerweise sämtliche dieser Kriterien durch die Verschiedenheit der Interviewpersonen erfüllten.

um ein Maximum möglicher Repräsentationen im Feld abzusichern. Folgende Differenzierungen wurden berücksichtigt:

> Es sollten sowohl Männer als auch Frauen interviewt werden.
> Die Interviewpersonen sollten sich hinsichtlich ihrer Geburtsjahrgänge unterscheiden.
> Es sollten sowohl Personen mit jüdischem Vater als auch mit jüdischer Mutter in die Untersuchung einbezogen werden.
> In das Sample sollten Interviewte aufgenommen werden, von denen ein Elternteil oder Geschwister in der NS-Zeit verstarb bzw. ermordet wurde.
> Auch Personen, die in Arbeits- oder Konzentrationslager deportiert wurden, sollten zu Wort kommen.
> Als vergleichende Gruppe zu den Personen, die in der NS-Zeit und nach 1945 überwiegend in Deutschland gelebt haben, sollten diejenigen interviewt werden, die entweder noch in der Verfolgungszeit oder nach Kriegsende aus dem deutschen Sprach- und Kulturraum emigrierten.
> Es sollten Personen unterschiedlicher Konfession, d.h. Personen, die sich als jüdisch oder christlich verstehen, befragt werden.
> Wünschenswerterweise sollten Personen verschiedener Herkunftsmilieus Teilnehmende der Studie werden.

4.2.2 Übersicht der Interviewten

Tabelle 6 versammelt die Interviewpersonen, die schließlich für die Studie gewonnen wurden[82].

Die meisten der 16 Interviewten lebten zurzeit der Untersuchung in Deutschland. Ein Mann, Gerhard Lilienthal, wohnte bis zu seinem Tod in den USA und Moshe Barenfeld ist seit 1947 in Israel zuhause. Entsprechend der Fragestellung wurden alle Personen zwischen 1918 und 1935 in Deutschland geboren. Unter geschlechtspezifischen Gesichtspunkten sind die Interviewpersonen paritätisch verteilt. Hinsichtlich geographischer Schwerpunkte stammen alle aus der heutigen BRD, der überwiegende Teil aus dem Westteil Berlins oder aus Nordrhein-Westfalen. Es konnten keine Personen aus der ehemaligen DDR für diese Studie gefunden werden. Hinsichtlich der sozialen Schichtung der Interviewtengruppe überwog mit elf Personen die Gruppe derer, die aus einem mittelständischen Elternhaus (Angestellte, Unternehmer, Ärzte und An-

---

82 Eine vollständige Übersicht über die Interviewten siehe Anhang 2.

wälte)[83] stammten. Vier Interviewte hatten einen ›Arbeiterschaft-Hintergrund‹ und eine Frau entstammte einer großbürgerlichen Bankiersfamilie.

Name	Geburtsjahr	Jüdischer Elternteil
Barenfeld, Moshe	1932	Vater
Becker, Hanna	1926	Vater
Blau, Max	1926	Vater
Erhardt, Bruno	1929	Vater
Fink, Elise	1927	Mutter
Förster, Anna	1920	Vater
Goldschmidt, Ludwig	1928	Vater
Heinrich, Erika	1928	Vater
Kirschbaum, Franz	1921	Vater
Kolle, Charlotte	1925	Mutter
Levi-Cramer, Waltraud	1918	Vater
Lilienthal, Gerhard	1924	Vater
Müller, Ingeborg	1934	Vater
Oppermann, Bernhard	1935	Mutter
Schmidt-Rademacher, Alma	1920	Mutter
Stein, Frank	1935	Vater

Tabelle 6: Übersicht über die Interviewpersonen

Die zum Sample gehörigen Personen deckten beide christlichen und die jüdische Konfession, sowohl in der Verfolgungszeit, als auch nach 1945 ab. Die in der erweiterten Tabelle festgehaltene Religionszugehörigkeit bezieht sich aller-

---

83   Die Einteilung bezieht sich auf ökonomische Kriterien, nicht auf individuelle soziale Prägungen und Haltungen, welche im Anschluss an Theodor Geiger auch als ›Mentalitäten‹ bezeichnet werden. Zum Begriff ›Mentalität‹ vgl. Geiger 1932/1967, insbes. Kap. 3.

dings nur auf eine *formale* Mitgliedschaft zu der entsprechenden Glaubensge-
meinschaft.[84] Bis auf eine Person, den jüdisch lebenden Moshe Barenfeld, verstanden sich die Interviewten als religiös indifferent oder christlich. Ein Mann,
Ludwig Goldschmidt, war als einzige der hier vorgestellten Personen von den
Nationalsozialisten als ›Geltungsjude‹ eingestuft und fiel ab September 1941
unter die Kennzeichnungspflicht, wurde also gezwungen, den sogenannten Judenstern zu tragen. Er war bis zu seinem Austritt in den 1960er Jahren Mitglied
der Jüdischen Gemeinde, verstand sich bis dahin rückblickend allerdings als
nicht besonders religiös. Er und Gerhard Lilienthal waren die beiden Interviewten, die in Lagern der *OT* Zwangsarbeit verrichten mussten. Nicht alle der Befragten haben die NS-Zeit überlebt, ohne den Verlust eines Elternteils beklagen
zu müssen. Die Mutter von Elise Fink und der Vater von Max Blau wurden in
den Vernichtungslagern *Chełmno* (Kulmhof) bzw. *Auschwitz* ermordet. Die
Mutter von Alma Schmidt-Rademacher entzog sich ihrer Deportation durch
Suizid. Alle drei Elternteile waren durch den Tod ihres ›arischen‹ Ehepartners
ungeschützt der Verfolgung ausgesetzt gewesen. Bis auf Moshe Barenfeld heirateten alle interviewten Personen christliche Partnerinnen und Partner.

4.2.3 Interviewdurchführung

Für die Datenerhebung wurde die Methode des biografisch-narrativen Inter-
views in der Tradition von Fritz Schütze gewählt (vgl. Schütze 1983).[85] Von
Rosenthal et al. ist das biografisch-narrative Interview vor allem bezüglich der
Erweiterung der Nachfragetechniken und der Interviewführung mit traumatisierten Personen weiterentwickelt worden (vgl. Rosenthal 1995a, 2005;
Loch/Rosenthal 2002). Mittlerweile ist diese Erhebungsmethode »als eine
Möglichkeit der Datenerhebung innerhalb der sozial- und erziehungswissenschaftlichen Biographieforschung zum Standard geworden« (Marotzki 1999,
S. 113). Eine offene Erhebungsform war für die vorliegende Untersuchung insofern die beste aller Interviewformen, als dass sie den Interviewten einen maximalen Freiraum in der Erzählung und Ausgestaltung ihrer eigenen Lebensgeschichte ließ. Die Stärke des Ansatzes liegt in der Autonomie der Befragten, ihre Erzählungen nach ihren eigenen Möglichkeiten und Relevanzen auszuwäh-

---

84 Wie sich die religiöse *Selbst*verortung gestaltete, ist Teil der Interviewanalyse.
85 Das narrative Interview ist mittlerweile ein Standarderhebungsinstrument in der
Qualitativen Sozialforschung geworden, und es ist eine unüberschaubare Anzahl von
Literatur bezüglich Methode und Methodologie erschienen. Demgemäß wird hier die
Vorgehensweise des Verfahrens nicht weiter erläutert.

len, zu entfalten und zu strukturieren. Dies geschieht in einer Gesprächsbeziehung zwischen Interviewerin und interviewter Person und folgt somit dem ›Prinzip der Kommunikation‹, das eines der beiden zentralen Prinzipien der Qualitativen Sozialforschung darstellt (vgl. Hoffmann-Riem 1980, S. 348; Rosenthal 2005, S. 44f.) Im Prozess des Erzählens stellen die Erzählenden einen eigenen Erlebnis- und Deutungszusammenhang vergangener Erfahrungen her. Damit stellt diese Erhebungsmethode »kein operationalisierendes, sondern ein sensitives Verfahren« (Marotzki 1999, S. 113) dar.

Die vorliegende Erhebung folgte auch dem postulierten ›Prinzip der Offenheit‹ (vgl. Hoffmann-Riem 1980, S. 344).[86] und dem Verzicht auf ein hypothesengeleitetes Vorgehen. Die offene Art der Datenerhebung diente dazu, eine dichte Datengrundlage zu schaffen, um zentrale Themen, die die Interviewten als bedeutsam und wichtig erachteten, überhaupt erst ausfindig machen zu können. Zu Beginn der Untersuchung existierten lediglich eine sehr offene Forschungsfrage und weitere offene Leitfragen. Erst auf der Basis der Interviews wurde ein Kategoriensystem zur Erfassung bestimmter Interviewinhalte erstellt, für die anschließend ein Auswertungs- und Interpretationsverfahren entwickelt wurde.

Als Einstiegsfrage für das Interview wurde eine Frage gewählt, die den Forschungskontext aufgriff. Dieser war den Befragten bereits durch vorhergehende Telefonate und das persönliche Gespräch vor Interviewbeginn bekannt.[87] Daher lautete der Einstieg in das Interview in Anlehnung an Rosenthal (Rosenthal 2005, S. 144) wie folgt:

»Ich bin an Lebensgeschichten von Menschen interessiert, die Kinder von einem jüdischen und einem christlichen Elternteil sind. Ich möchte Sie bitten, mir Ihre ganz persönliche Lebens- und Familiengeschichte zu erzählen. Es geht mir dabei nicht um die großen geschichtlichen Ereignisse. Sie können all die Erlebnisse erzählen, die Ihnen dazu einfallen. Sie können sich dazu so viel Zeit

---

86 Dies ist das zweite grundlegende Prinzip der Qualitativen Sozialforschung. Weitere Ausführungen siehe auch Rosenthal 1995, S. 48ff., S. 126f.

87 Vor Interviewbeginn wurden auch Fragen der Forschungsethik und der Datenschutzbestimmungen angesprochen. Näheres hierzu sehr informativ bei Helfferich 2005, S. 169–171. Im Rahmen der Studie war ein Informationsblatt zum Forschungsprojekt ausgearbeitet worden, in dem die Interviewten über Inhalt und Modalitäten der Studie sowie die Vorgehensweise der Forscherin informiert wurden. Um die Vertraulichkeit zu garantieren, sicherte die Interviewerin schriftlich zu, die Datenschutzbestimmungen einzuhalten und die getroffenen Absprachen nicht zu umgehen. Außerdem war für jede Interviewperson nach dem ›Prinzip der informierten Einwilligung‹ eine Einwilligungserklärung zum Forschungsprojekt verfasst worden, die von allen Befragten unterschrieben wurde (vgl. Hopf 2005, S. 591).

nehmen, wie Sie möchten. Ich werde sie erst einmal nicht unterbrechen, mir nur einige Notizen machen und später noch einmal darauf zurückkommen.«
Mit der Thematisierung der konfessionellen Zuordnung der Elternteile wurde zwar bereits ein thematischer Rahmen gesetzt, und ebenso ein bestimmter historischer Zeitabschnitt/Zeithorizont, nämlich die NS-Zeit, als besonders wichtig impliziert, aber es sollte deutlich werden, dass nicht nur die Erfahrungen jener Jahre im Fokus der Aufmerksamkeit der Interviewerin standen, sondern ein darüber hinausgehendes Interesse an der gesamten Lebensgeschichte der Interviewten bestand. Das Interesse für das *gesamte* Leben zu betonen, war deshalb besonders wichtig, weil bei der Suche nach Interviewpersonen in den Suchanfragen und Annoncen das Kriterium ›Kindheit in der Verfolgungszeit‹ den Schwerpunkt bildete. Im persönlichen Gespräch sollten die Personen jedoch nicht auf ihren ›Status‹ als verfolgte ›Mischlinge‹ reduziert werden. Rosenthal betont in diesem Zusammenhang, dass »Holocaust-Überlebende ihre Lebensgeschichte auch in unterschiedlichen Kontexten in der Regel nur im Referenzrahmen der Shoah erzählen können« (Rosenthal 1995b, S. 444). Damit dies nicht verstärkt würde, sollten die Erzählenden die Möglichkeit erhalten, in Bezug auf ihre Biografie eigene Erzählschwerpunkte setzen zu können, was auch die Gefahr einer Re-Traumatisierung minimieren sollte.[88]

Nicht jedes Interview konnte mit der standardisierten Eingangsfrage begonnen werden, denn bereits vor Beginn der Interviews, die fast ausnahmslos in den Privatwohnungen der Interviewten stattfanden, gab es einen regen Austausch zwischen den Befragten und der Interviewerin. Die Gespräche gingen dann oftmals ›wie von selbst‹ in die Erzählung der Lebensgeschichten über. Im Anschluss an die Haupterzählung folgte ein *interner Nachfrageteil*, welcher sich anhand der Stichpunkte strukturierte, die während des Interviews notiert worden waren. Daran schloss sich ein *externer Nachfrageteil* an. Dieser orientierte sich an nachstehenden Fragen:

---

88 Diesbezüglich merkt Rosenthal an, dass »das Zurückgewinnen der Lebensgeschichte vor und nach der Verfolgung und die Einbettung dieser Phasen in thematische Felder, die nicht mit der Verfolgung zusammenhängen, für ein besseres Leben mit dieser Vergangenheit von entscheidender Bedeutung« ist (Rosenthal 1995b, S. 444f.). Darüber hinausgehend sieht Rosenthal gar die *heilsamen* Chancen und Wirkungen von Lebenserzählungen (vgl. Rosenthal 1995a, S. 174–191, Rosenthal 2002, S. 215–221). Dieser mögliche Effekt wurde zwar im Rahmen des Forschungsvorhabens nicht gänzlich verworfen, es bestand jedoch keineswegs der Anspruch auf ›Heilung durch Forschungsinterview‹. In dieser Hinsicht ist zu fragen, ob dem Akt des Erzählens kulturell nicht grundsätzlich eine zu positive Bedeutung im Sinne einer Heilsamkeit zugeschrieben wird. In diesem Sinne fragt Grünberg danach, »ob es für Überlebende nicht besser ist, *nicht* ›zu sprechen‹« (Grünberg 2001, S. 211. Hervorh. i.O.).

> Wie ist Ihr Verhältnis zu Deutschland?
> Was hat Sie hier in Deutschland gehalten?
> Wenn Sie Deutschland den Rücken gekehrt hätten, wohin wären Sie gegangen?
> Wie beschreiben Sie Ihr Verhältnis zu den Menschen Ihrer Generation?
> Wie beschreiben Sie Ihr Verhältnis zu Religion?
> Welche Motivation hatten Sie, an diesem Interview teilzunehmen?
> Wenn Sie auf Ihr bisheriges Leben blicken, was hat Sie in Bezug auf ihre Geschichte am meisten geprägt?
> Wenn Sie auf Ihr bisheriges Leben zurückblicken, was war Ihr schwierigstes Erlebnis oder Ihre schwierigste Lebensphase?

In manchen Fällen dauerten die Interviews ohnehin schon mehrere Stunden. Der Nachfrageteil wurde dann eher kurz gehalten, um die seelischen und körperlichen Grenzen der Interviewten nicht zu überschreiten.

Zum Abschluss des Gesprächs stellte die Interviewerin eine oder mehrere Abschlussfragen, um die Betroffenen aus möglichen belasteten und belastenden Situationen »temporal heraus erzählen« (Rosenthal 2002, S. 212) zu lassen. Folgende Fragen wurden dafür gewählt:

> Gibt es noch irgendetwas, das Sie mir gerne erzählen möchten?
> Wenn Sie auf Ihr bisheriges Leben zurückblicken, was war Ihr schönstes Erlebnis oder Ihre schönste Lebensphase?

Schließlich wurden noch einige für die Einordnung der Lebensgeschichte relevante biografische Daten, die im Interview nicht thematisiert worden waren, nachgefragt. Hierfür war ein standardisierter Kurzfragebogen vorbereitet worden.

Aufgrund der erheblichen räumlichen Distanzen zwischen dem Wohnort der Interviewerin und denen der Befragten, wurden keine Nachfolgeinterviews durchgeführt. In Absprache mit den Interviewten wurde in den Tagen nach den Interviews telefonischer oder brieflicher Kontakt aufgenommen. Zu einigen der Interviewten hat sich ein persönlicher Kontakt erhalten und in unregelmäßigen Abständen und zu bestimmten Gelegenheiten wird dieser schriftlich, telefonisch oder persönlich erneuert.

4.3 Datenaufbereitung

Unmittelbar im Anschluss an jedes Interview wurde ein Postskriptum erstellt. Darin wurden Stichworte zur Interviewatmosphäre und der personalen Beziehung zwischen Interviewerin und interviewter Person festgehalten. Außerdem wurden schwierige oder irritierende Interviewpassagen vermerkt, die im Prozess des Aufschreibens schon kurz reflektiert werden konnten. Dem Postskriptum kam in der späteren Interpretation besondere Aufmerksamkeit zu. Zusammen mit dem demografischen Kurzfragebogen ergab sich somit ein erstes Gesamtbild der Gesprächspartnerinnen und -partner und ihrer Lebensgeschichte. Außerdem bot das Postskriptum auch im späteren Verlauf der Analyse immer wieder wichtige Anhaltspunkte.

In einem nächsten Schritt wurden die Interviews transkribiert und anschließend anonymisiert, damit keine Rückschlüsse auf Namen, Orte, Berufe etc. gezogen werden können.[89] Anschließend wurden die Texte in das Computerprogramm MAXQDA[90] eingelesen, damit sie entsprechend bearbeitet und strukturiert werden konnten.

4.4 Datenauswertung und Ergebnisdarstellung

Die vorliegende Arbeit ist gekennzeichnet durch eine zeitliche Trennung der Erhebungs- und Auswertungsphase. Dies ist in der Qualitativen Forschung nicht unbedingt anzustreben (vgl. Glaser/Strauss 1979, S. 95f.)[91], die Separierung war aber bedingt durch das ohnehin schon eingegrenzte Feld auf ›halbjüdische‹ Personen und die mit den bereits in Kap. 4.2.1 beschriebenen erhebungspragmatischen Beschränkungen.

Die Auswertung und Interpretation menschlicher Selbstzeugnisse ist ethisch bedenkenswert und wirft Fragen auf, die ausreichend bedacht werden müssen (vgl. Bar-On 1996; Hildenbrand 1999; Hopf 2005).[92] Darüber hinaus ist zu re-

---

89 Lediglich der Geburts- bzw. Wohnort Berlin ist nicht verschlüsselt worden, da die Stadt groß genug ist, um die Personen unerkannt bleiben zu lassen.
90 Das Programm MAXQDA wurde speziell für die systematische Auswertung von Interviewtranskripten entwickelt. Bei dieser Software steht die in den Daten gründende Theoriebildung im Vordergrund. Die Hauptfunktion des Programms besteht in dem Vorteil der handhabbaren Kodierbarkeit des Materials, um eine vergleichende Systematisierung zu ermöglichen.
91 Allerdings weisen hier die Autoren darauf hin, dass selbst bei zeitlicher Trennung von Datensammlung und Datenauswertung diese klare Trennung der Phasen insofern aufgehoben wird, da Forschende ihr Material nicht erst in der Auswertungsphase mit Kodes versehen. Diese ›Vorab-Kodierung‹ wird nicht als bewusster methodischer Schritt geplant sondern ist ein ›stillschweigendes Kodieren‹.
92 Zur Diskussion forschungsethischer Probleme innerhalb der Qualitativen Sozialforschung sei auf Miethe/Gahleitner 2010 verwiesen.

flektieren, dass man es innerhalb einer sozialwissenschaftlichen Hermeneutik mit dem Anspruch der »Erkenntnis der Konstitutionsbedingungen für ›Wirklichkeit‹« (Soeffner 2000, S. 168. Das Folgende nach ebd., S. 167f.) zu tun hat. Diese Suche nach den Konstitutionsbedingungen ist eine Suche nach inneren Sinnzusammenhängen und sozialen Strukturen von der Welt, die von den Forschenden herausgearbeitet werden muss. Dies tun sie, indem sie die Aussagen der Beforschten interpretieren. Sie versuchen dabei, die (Sinn-)Konstruktionen der Beforschten durch Textinterpretationen zu (re-)konstruieren. Das heißt, Konstruktionen *erster Ordnung* – nämlich die der Interviewten – werden in Konstruktionen *zweiter Ordnung* – die der Interpretierenden – überführt. In diesem Prozess entwerfen die Forschenden Annahmen über die Selbstdeutungen und Handlungsabläufe der Beforschten, die methodisch überprüft und intersubjektiv überprüfbar sein müssen. Die sich ergebende logische Differenz zwischen *erster* und *zweiter Ordnung* ist niemals vollständig aufhebbar, sondern die Forschenden müssen, so Hans-Georg Soeffner, »›rekonstruktiv-hermeneutisch‹ Möglichkeitsmodelle der Handlungsabläufe *und* der Handelnden entwerfen« (ebd., S. 198. Hervorh. i.O.). Elementar dabei ist, dass die Relevanzen der Interviewten im Mittelpunkt der Analyse stehen, denn eine »Relevanz der Erfahrungen lässt sich [nur, S.G.] an der sozialen Bedeutung festmachen, welche sie für die Akteure hat« (Dietrich et. al 2009, S. 48).

Um der Forderung nach methodischer Kontrolle (vgl. Soeffner 2000, S. 169) nachzukommen, und Fehldeutungen möglichst gering zu halten, sind Strategien der Validierung in der Qualitativen Sozialforschung unerlässlich (vgl. Steinke 2005). Daher wurden in der vorliegenden Untersuchung im Sinne einer ›diskursiven Validierung‹ Außenstehende in die Forschung miteinbezogen.[93] Dies galt sowohl der eigenen methodischen und methodologischen Absicherung als auch der Herstellung von Intersubjektivität (vgl. Steinke 2005, S. 324ff.).[94] So war die Forschende Mitglied in zwei geschlechts- und religionsgemischten Auswertungsgruppen, in denen die einzelnen Schritte des Forschungsvorgehens und die Textinterpretation mit der Gruppe rückgekoppelt und vor- bzw. nachbesprochen wurden. Damit kam der Gruppe auch die Funktion einer regelmäßigen Intervision zu. Zudem wurde eine ›Validierung an der Praxis‹ (vgl. Köckeis-Stangl 1980, S. 363) durch regelmäßigen Austausch mit Personen, die sich in einem Verein engagieren, der Menschen teiljüdischer Herkunft betreut, so weit wie möglich umgesetzt.

---

93 Die ›diskursive Validierung‹ ist auch Teil der für die Auswertung ausgewählten Qualitativen Inhaltsanalyse. Näheres siehe Mayring 2008, S. 13.

94 Die intersubjektive Nachvollziehbarkeit ist das erste Kriterium der von Steinke formulierten Kernkriterien für Qualitative Forschung.

Dennoch: Trotz des eigenen Anspruchs, die Qualität der eigenen Forschung an möglichst allen Stellen zu sichern, und trotz aller Bemühungen, den Interviewten als Subjekten gerecht zu werden, »der *Schluss* vom Material auf soziale *Realität*« (Mayring 1985, S. 188. Hervorh. i.O.), bleibt letztlich offen, denn wir haben es innerhalb eines qualitativen Paradigmas immer mit »eine[r] Wirklichkeit, die als solche faktisch nicht erkannt werden kann, sondern immer interpretiert wird, zu tun« (Strauss/Corbin 1996, S. 7). Der in der vorliegenden Untersuchung beschrittene Weg spiegelt in diesem Sinne das Bemühen wider, einerseits eine rein deskriptive Beschreibung und bloße inhaltliche Zusammenfassung der vorliegenden Interviewtexte zu vermeiden und andererseits eine angemessene wissenschaftliche Abstraktion der herausgearbeiteten Phänomene zu leisten. Die Vorgehensweise ist daher eine Gratwanderung zwischen der gebührenden Würdigung der Interviewpartner, der damit zusammenhängenden angemessenen Analyse der subjektiven Bedeutungsinhalte und dem Problem eines adäquaten wissenschaftlichen Anspruchs. Mit dem folgenden entwickelten Auswertungsverfahren sollte dieser Balanceakt handhabbar werden.

4.4.1 Modifizierte Inhaltsanalyse nach Philipp Mayring

Philipp Mayring unterscheidet drei qualitative Techniken als Grundformen des Interpretierens von sprachlichem Material: ›Zusammenfassung‹, ›Explikation‹ und ›Strukturierung‹ (Mayring 2008, S. 58f.). Diese typischen Elemente seiner Qualitativen Inhaltsanalyse werden von ihm als verschiedene Wege gesehen, transkribierte Texte zu bearbeiten, wobei auch Mischformen der Grundformen möglich sind. Für die vorliegende Untersuchung wurde solch eine Mischform entwickelt.

Zunächst wurde nach der Logik der Qualitativen Inhaltsanalyse ein induktives Kategoriensystem aus dem Interviewmaterial heraus entwickelt (das Folgende vgl. Mayring 2008, S. 75f.)[95] Hierfür bildete die der Untersuchung zugrunde liegende Fragestellung *Wie hat sich die nationalsozialistische Zuschreibung ›Halbjüdin‹/›Halbjude‹ für die betroffenen Personen ausgewirkt?*

---

95 Diese Herangehensweise ist Teil von Mayrings erster qualitativer Technik des Interpretierens, der ›Zusammenfassung‹. Diesbezüglich wurde in der vorliegenden Untersuchung auf die von ihm vorgesehene Paraphrasierung und Kürzung des Materials verzichtet. Dies hat mehrere Gründe. Zum einen weisen einige der zu analysierenden Interviews eine hohe metaphorische Dichte auf, auf die nicht verzichtet werden soll. Zum anderen soll vermieden werden, dass durch eine Paraphrasierung eine weitere Sinnzuschreibung, die ja ohnehin bereits durch den Akt der Transkription stattgefunden hat, erfolgt.

den Ausgangspunkt. Es wurden drei Interviews ausgewählt, die hinsichtlich der Fragestellung besonders ergiebig zu sein versprachen. Anhand der vorab erstellten Leitfragen (siehe Einleitung) wurde ein analytischer Zugang ausgearbeitet: In einem *ersten* Analyseschritt dienten die Leitfragen als eine Art Hintergrundfolie, vor der die Interviewtranskripte Zeile für Zeile durchgesehen wurden. Dabei wurden so textnah als möglich Kodes formuliert, die ›Antworten‹ auf die Leitfragen gaben. Das Ergebnis war ein System von Kodes, an die jeweils bestimmte Textpassagen gebunden waren (Abbildung 2).

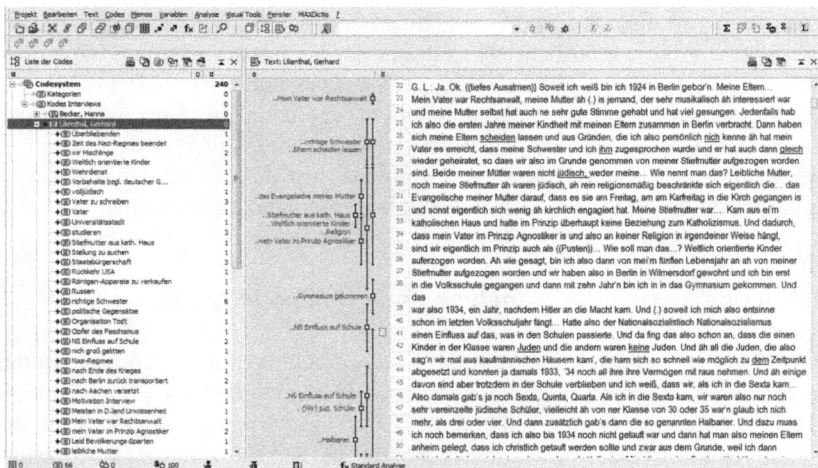

Abbildung 2: Erste offene Kodierung mit MAXQDA

In einem *zweiten* Schritt wurden die aus dem Material emergierten Kodes gebündelt und die Frage gestellt, welche Aspekte für die Befragten in besonderem Maße relevant sind. Es wurde deutlich, dass eine Vielzahl von Textpassagen Erfahrungs- und Gefühlswidersprüche beinhalteten und Empfindungen von Hin- und Hergerissensein in mehrerlei Hinsicht ausdrückten. Diese Ambivalenzgefühle erschlossen sich als grundlegende Gemeinsamkeit der ehemaligen ›Mischlinge‹. Das Phänomen ›Ambivalenz‹ bezog sich vor allem auf einen bestimmten Aspekt: auf das durch die nationalsozialistische Zuschreibung des *Halben* ausgelöste Gefühls eines *Dazwischen*. In diesem Forschungsstadium stand zunächst die umgangssprachliche Bedeutung des Begriffs ›Ambivalenz‹ im Mittelpunkt, worunter ein inneres Gefühl von Sowohl-als-auch, eine Hin- und Hergerissenheit, Doppeldeutigkeit, und ein unentschiedener/unentscheidbarer Zustand zwischen zwei Gegensätzen verstanden wurde. Aufgrund dieser

Gemeinsamkeit wurde das Ambivalenzphänomen als ›sensitizing concept‹ im Sinne Herbert Blumers benutzt (vgl. Blumer 1954). ›Ambivalenz‹ sollte in weiteren Interviews als offener, zunächst nicht definierter Begriff genutzt werden, auf den im Forschungsprozess das Augenmerk gelenkt werden sollte, und der eine Annäherung an empirische Sachverhalte leisten sollte.

Als *dritter Schritt* wurde ein weiteres Interview hinzugezogen und kodiert. Die Entscheidung für dieses Interview orientierte sich an der Tradition von Glaser/Strauss und Strauss/Corbin und der vergleichenden Analyse im Sinne des ›Theoretischen Samplings‹ (vgl. insbesondere Strauss/Corbin 1996, S. 148–158). Nach dem Vorgehen des ›Kontrastiven Vergleichs‹[96] wurde nun, in der Hoffnung, bislang noch unentdeckte Ambivalenz-Phänomene ausfindig zu machen, ein Text herangezogen, der auf den ersten Blick eine möglichst gegensätzliche Struktur zu den anderen aufwies.[97] Auch in diesem Interview be- und umschrieb die befragte Person verschiedene Dualitäten, die sie sowohl latent als auch auf der manifesten Textebene ausgedrückten. Der Befund dieses vierten Interviews bestärkte die Annahme, dass für die ehemaligen ›Mischlinge‹ während und nach der NS-Zeit *spezifische Ambivalenzerfahrungen*, die sich von Ambivalenzerfahrungen anderer gesellschaftlicher Gruppen unterscheiden, relevant geworden sind.

Diese Resultate dienten nun in einem *vierten* Schritt als Anknüpfungspunkt für die theoretische Explikation des Begriffs ›Ambivalenz‹ und seiner Bestimmung innerhalb verschiedener wissenschaftlicher Disziplinen (siehe Kap. 5.1). Anschließend wurde die für die vorliegende Studie gültige Ambivalenzdefinition erarbeitet (s. Kap. 5.2), um den Ambivalenzbegriff nun im Sinne eines Analysekonstrukts nutzen zu können (siehe Kap. 5.3). Damit einher ging die Entscheidung, sich abschließend auf das Ambivalenzphänomen als heuristisches Konzept für die vorliegende Untersuchung festzulegen.

Danach wurde in Anlehnung an Mayring in einem *fünften* Schritt eine erste Systematisierung der Interview-Kodes, die die unterschiedlichen Ausprägungen von Ambivalenz charakterisierten, vorgenommen. Sie wurden in übergeordnete

---

96 Die Strategie des ›Kontrastiven Vergleichs‹ geht auf Glaser/Strauss zurück. Sie unterscheiden zwischen einem minimal und einem maximal kontrastiven Vergleich. Beim ›minimal kontrastiven Vergleich‹ wird ein weiterer Fall hinzugezogen, der zum bereits ausgewerteten Fall bezüglich des untersuchten Phänomens eine hohe Ähnlichkeit aufzuweisen scheint. Demgegenüber werden beim ›maximal kontrastiven Vergleich‹ Fälle herangezogen, die auf der Oberfläche eine möglichst hohe Verschiedenheit zeigen (vgl. Schütze 1983, S. 287).

97 Rosenthal weist auf die Möglichkeit hin, dass zwei vor der Auswertung als unterschiedlich eingeschätzte Fälle *nach* der Auswertung große Ähnlichkeiten aufweisen (vgl. Rosenthal 2005, S. 97).

Kategorien zusammengefasst. So wurde nach und nach ein erstes Kategorien-system zusammengestellt (das folgende nach Mayring 2008, S. 83). Diese Kategorien wurden sodann trennscharf definiert, damit festgelegt werden konnte, welche Textstellen unter die jeweilige Kategorie subsumiert werden konnten. Anschließend wurden den Kategorien als ›Ankerbeispiele‹ eindeutige Textstellen zugeordnet. Zuletzt wurden die Kodierregeln festgelegt, die eine eindeutige Zuordnung zu einer bestimmten Kategorie ermöglichen. So ergab sich ein erster Kodierleitfaden für die Strukturierung weiterer Interviews.

Anschließend wurde in einem *sechsten* Schritt das erstellte Kategoriensystem an ein weiteres Interview (minimaler kontrastiver Vergleich) herangetragen. Sämtliche durch die Kategorien angesprochenen Textteile wurden nun zwecks Überprüfung des Kategoriensystems entsprechend kodiert und die Kategorien gegebenenfalls modifiziert oder neue gebildet. Dieses induktiv-deduktive Wechselspiel wurde anschließend ›wahllos‹ mit drei weiteren Interviews durchgeführt, um die Kategorien gegebenenfalls zu verändern. Es zeigte sich mit der Bearbeitung des letzten Interviewtextes, dass nun eine theoretische Sättigung hinsichtlich der Strukturdimensionen des Ambivalenzphänomens gegeben und eine Neufassung des Kategoriensystems nicht mehr notwendig war.[98]

Es ergab sich das in Tabelle 7 dargestellte Kategoriensystem.

Danach folgte der *siebte* Schritt mit der Anwendung des Kategoriensystems auf die übrigen Interviews.

---

[98] Zur Regel der ›Theoretischen Sättigung‹ sei auf Strauss/Corbin 1996, S. 159 und Glaser/Strauss 1998, S. 68ff. verwiesen.

	Kategorie	Kodierregel/ Begriffsklärung Passagen, in denen...	Ankerbeispiel	Anmerkung
1	Zugehörigkeit/ Inklusion	... eher eine Zu- als eine Nicht-Zugehörigkeit thematisiert wird	»Und die, die zu mir gehalten haben [...], das waren Kinder aus kommunistischen Kreisen. Des war so ne Art Schicksalsgemeinschaft.«	Kategorie 1 und 2 können sich auf unterschiedliche Inhalte beziehen
2	Nicht-Zugehörigkeit/ Exklusion	... eher eine Nicht- als eine Zugehörigkeit thematisiert wird	»... aber wenn der Schulchor zu irgendwelchen besonderen nationalsozialistischen Veranstaltungen eingeladen wurde, dann durfte ich natürlich nicht mit.«	
3	Fremdzuschreibung	... die Klassifizierung der interviewten Person *durch andere* thematisiert wird	»Und haben gesagt: ›Du bist Deutscher, du bist kein Jude.‹«	Distanzierung bzgl. der Zuschreibung wird deutlich
4	Selbstzuschreibung	... die *Eigen-Klassifizierung* durch die interviewte Person vorgenommen wird	»Die genau wie ich Mischling ersten Grades war, also einen jüdischen Vater hatte.«	Übernahme der Zuschreibung ohne Distanzierung; internalisierte Zuschreibung
5	Zuschreibung an andere	... die *Klassifizierung anderer* durch die interviewte Person vorgenommen wird	»Das sind die Bösen nach außen und wir sind ...«	Es werden Charakterisierungen und Wertungen vorgenommen, Eigenschaften zugeschrieben
6	Ambivalenz im Wortlaut	der Begriff ›Ambivalenz‹ oder Synonyme benutzt werden (explizite Ambivalenz)	»Ach, das ist so. Ist alles ambivalent irgendwie.«	

Tabelle 7: Kategoriensystem

4.4.2 Objektive Hermeneutik nach Ulrich Oevermann

Schließlich wurden in einem *achten* Schritt bestimmte Passagen einer Feinanalyse unterzogen. Hierzu wurden Textstellen ausgewählt, die Widersprüche, Ungereimtheiten oder Brüche enthielten und eine hohe narrative und metaphorische Dichte aufwiesen. Ralf Bohnsack bezeichnet diese Passagen als Fokussierungsmetaphern (vgl. Bohnsack 2007, S. 86; Bohnsack et al. 2007, S. 45). In den Interviews zeichneten sie sich oftmals durch ›verdichtetete Ambivalenz‹ aus. In diesem Interpretationsschritt wurde nach dem Verfahren der *Objektiven Hermeneutik* von Ulrich Oevermann et al. vorgegangen (vgl. Oevermann et al. 1979; Rosenthal 1995, S. 221–225; Fischer-Rosenthal 1996, S. 186–200). Neben der Beseitigung von Unklarheiten konnten hier auch die bereits gewonnenen Erkenntnisse überprüft und vertieft werden. Zudem diente dieser Schritt dazu, sich kurzzeitig von einer deskriptiven und klassifikatorischen Ebene zu lösen und sich auf eine sinnrekonstruierende Ebene zu begeben. So ließen sich die latenten Sinnstrukturen ausgewählter Textstellen erfassen, denen bislang keine oder nur sehr eingeschränkt Aufmerksamkeit geschenkt worden war. Dadurch war es auch möglich, ein tiefergehendes Verständnis des Ambivalenzphänomens zu erlangen.

Der *neunte* Schritt bestand darin, die einzelnen Fälle entlang der Strukturdimensionen des Kategoriensystems auszuwerten. Anschließend wurden sechs Einzelfälle für die Darstellung ausgewählt. In dieser Hinsicht war es ein Anliegen, die allgemein als homogen wahrgenommene ›Gruppe‹ der ›Halbjüdinnen‹ und ›Halbjuden‹ in ihrer Heterogenität darzustellen. Hierfür lag es nahe, möglichst kontrastreiche Fälle heranzuziehen (vgl. Kelle/Kluge, 1999, S. 44f.). Dabei spielten zum einen inhaltliche Kriterien, also bestimmte und bestimmende Merkmale der einzelnen Fälle eine Rolle. Zum anderen wurden auch die zu Beginn der Untersuchung formulierten Differenzkriterien über die soziale Zusammensetzung der Untersuchtengruppe (siehe Kap. 4.2.1) in die Auswahl einbezogen.

Im *zehnten* Schritt wurden nun die sechs Einzelfälle, ohne eine vergleichende Perspektive einzunehmen, nacheinander vorgestellt. Sie wurden entlang der vereinheitlichten Strukturdimensionen des Kategoriensystems ausgeführt, um die *individuellen* Ausprägungen des Ambivalenzphänomens in den Vordergrund zu stellen.

An die Falldarstellungen schloss sich in einem *elften* Schritt ein ausführlicher kontrastiver Fallvergleich an. Hierfür wurde zunächst ein Merkmalsraum gebildet (siehe Kap. 7) und daran entlang ein ausführlicher Vergleich der sechs Einzelfälle vorgenommen. Es ergab sich das in Abbildung 3 aufgezeigte Ablaufschema.

1. Schritt: Offene und textnahe Kodierung der ersten drei Interviews Zugang: Fragestellung & Leitfragen der Fragestellung
2. Schritt: Bündelung der Kodes hinsichtlich der Frage: Was zeigt sich als besonders relevant für die interviewten Personen? → Ambivalenzphänomen als ›sensitizing concept‹
3. Schritt: Kodierung eines weiteren Interviews → Ambivalenzphänomen bestätigt sich
4. Schritt: Explikation des Ambivalenzbegriffs Erarbeitung einer Ambivalenzdefinition → *Ambivalenz* als Analysekonstrukt
5. Schritt: Kategorienbildung Zusammenstellung des Kategoriensystems
6. Schritt: Anwendung des Kategoriensystems auf ein weiteres Interview → Modifizierung des Kategoriensystems Anwendung des Kategoriensystems auf drei weitere Interviews → Modifizierung des Kategoriensystems
7. Schritt: Anwendung des endgültigen Kategoriensystems auf sämtliche Interviews
8. Schritt: Feinanalyse ausgewählter Textpassagen
9. Schritt: Auswertung der Interviews Basis: Strukturdimensionen des Kategoriensystems Auswahl der Fälle für die Darstellung
10. Schritt: Konkretisierung des Merkmalsraums Darstellung der Fälle
11. Schritt: Kontrastiver Vergleich der Fälle Basis: formulierter Merkmalsraum

Abbildung 3: Ablaufschema der Datenauswertung

5   Ambivalenz – eine Annäherung

Nachdem sich bei der Durchsicht der Interviews herausgestellt hatte, dass die Erfahrung von Ambivalenzen für die Befragten in vielerlei Hinsicht bedeutsam war, und daher entschieden wurde, das Ambivalenzphänomen in den Mittelpunkt der Untersuchung zu stellen, wurde es nun notwendig, ›Ambivalenz‹ näher in den Blick zu nehmen, und analytisch zu erfassen (vgl. Schritt 4 des Forschungsprozesses). Im vorliegenden Kapitel wird daher zunächst eine *begriffliche Herleitung* von Ambivalenz vorgenommen und im Anschluss daran eine *Definition* zur Anwendung in dieser Studie erarbeitet. Diese Definition wurde im Forschungsprozess an das Interviewmaterial herangetragen und das Kategoriensystem erstellt (vgl. Schritt 5). Die begriffliche Bestimmung war also Voraussetzung für die weitere methodische Vorgehensweise und diente als Grundlage für die anschließenden Schritte.

Im Allgemeinen ist das Erleben von Ambivalenz kennzeichnend für die menschliche Existenz (vgl. Lüscher/Heuft 2007, S. 246) und auch in der Literatur wird das Phänomen aufgegriffen. So lässt Johann Wolfgang von Goethe Heinrich Faust auf dem ›Osterspaziergang‹ dessen innere Zerrissenheit zwischen Leben und Wissenschaft ausdrücken:»Zwei Seelen wohnen, ach! in meiner Brust [...].«[99] In diesem Sinne eines inneren Dilemmas ist der Begriff Ambivalenz in unseren heutigen Sprachgebrauch eingegangen. Neben dem Alltagsverständnis von Ambivalenz haben die verschiedenen wissenschaftlichen Disziplinen ein spezifisches Verständnis dieses Begriffs entwickelt. Die Definitionen unterscheiden sich mitunter, betonen ähnliche Aspekte oder überschneiden sich gar. Zwei Beispiele seien hier angeführt. Das erste ist eine psychologische Definition:

> *»Ambivalenz, Doppelgerichtetheit.* Affektive A. (Bleuler), gleichzeitiges Bestehen entgegengesetzter Gefühle (Abneigung – Zuneigung) und Willensrichtungen in Bezug auf denselben Gegenstand, z.B. Trieb zum sexuellen Erleben und gleichzeitige Scham oder Ekel. Selten bei psychisch Gesunden, häufiger bei Neurotikern, sehr oft bei Schizophrenen, von denen die Gegensätzlichkeit nicht empfunden wird. Bedeutungsvoll auch für Neurosen i. S. des Sich-nicht-entscheiden-Könnens« (Häcker 2004, S. 34).

Hier wird ausgedrückt, dass es sich bei Ambivalenz einerseits um einen individuell gefühlten Aspekt von *Zweipoligkeit* hinsichtlich *einer einzigen* Erscheinung handelt und andererseits wird ihr Auftreten in den Kontext von *Gesundheit bzw. Krankheit* gestellt.

---

99 Goethe 1808/1986, S. 33.

Eine soziologische Sichtweise erweitert die psychologische Definition: Neben der ebenfalls vorausgesetzten Doppelgerichtetheit wird *zusätzlich ein sozialer Kontext* eröffnet. In dieser Hinsicht wird eine *von außen an das Individuum herangetragene Norm* entscheidend, die das Gefühl von Ambivalenz auslöst. Dieser Zustand wird als *individuell konflikthaft* und im konkreten Zustand als nicht lösbar angesehen.

> »*Soziale A.*, Merkmal einer sozialen Situation, in welcher miteinander unvereinbare normative Erwartungen an den Inhaber einer Position oder mehrerer Positionen gerichtet werden und diese Person momentan über keine Möglichkeiten zur Lösung dieses Konflikts verfügt« (Fuchs-Heinritz et al. 1994, S. 34. Hervorh. i.O.).

Im Folgenden wird nun das Phänomen ›Ambivalenz‹ tiefergehender beleuchtet. Diesbezüglich wird zunächst auf die Begriffsgeschichte eingegangen und es werden Elemente der Ambivalenzkonzepte vier verschiedener Autoren herausgearbeitet. Dies geschieht nicht in einer differenziert rekonstruktiven Weise, sondern unter Erörterung jener Elemente, die für die vorliegende Studie fruchtbar erscheinen. Im Anschluss daran wird auf der Basis der herausgearbeiteten Sachverhalte die hier gültige Definition von ›Ambivalenz‹ vorgestellt.[100]

5.1   Relevante Aspekte der Begriffs- und Diskursgeschichte

Generell wird in dieser Studie davon ausgegangen, dass Ambivalenzphänomene stets Teil alltäglicher Kontexte sind, dass also, um mit Kurt Lüscher und Gereon Heuft zu sprechen »die *Möglichkeit* von Ambivalenzerfahrungen im Lebenslauf eine anthropologische Konstante darstellen« (Lüscher/Heuft 2007, S. 246. Hervorh. i.O.). Der Umgang mit ihnen ist daher eine Aufgabe, die es täglich pragmatisch zu lösen gilt. Ambivalenz und ihre Folgen werden im vorliegenden Forschungskontext als individuelle psychische Begleiterscheinung sozialer Phänomene gesehen. Dabei wird davon ausgegangen, dass psychische und soziale Systeme sich gegenseitig beeinflussen, miteinander verknüpft sind, sich

---

[100] Häufig wird das Phänomen ›Ambivalenz‹ synonym mit dem der ›Ambiguität‹ verwendet bzw. oftmals bleibt eine Unterscheidung der beiden Begriffe unklar. In dieser Arbeit wird der Begriff ›Ambivalenz‹ ausschließlich bezogen auf eine *Doppelwertigkeit* verwendet. In Abgrenzung dazu wird das Phänomen ›Ambiguität‹ so verstanden, dass es den Sachverhalt des Mehr-/Vieldeutigen beschreibt. In der vorliegenden Arbeit steht das Phänomen ›Ambivalenz‹, nicht die ›Ambiguität‹ im Fokus der Aufmerksamkeit.

aneinander und miteinander entwickeln. Menschen werden ständig mit unterschiedlichen sozialen Bedingungen, Normen, Emotionen etc. konfrontiert, die gleichzeitig sowohl als negativ als auch als positiv wahrgenommen werden. Demzufolge werden individuell ausprägte Ambivalenzen auch nicht als pathologische Störungen verstanden, denn auf eine Ambivalenz erzeugende Struktur ambivalent zu reagieren wird als angemessen und normal angesehen (vgl. ebd.). Unter bestimmten Bedingungen werden Ambivalenzen jedoch zu einer mehr oder weniger schweren Belastung für das einzelne Individuum. In solchen Fällen müssen die Ambivalenz erzeugenden *Bedingungen* untersucht werden. Die Frage danach wird zu einem empirischen Sachverhalt.

Im Folgenden wird zunächst auf die Rezeptionsgeschichte des Ambivalenzbegriffs eingegangen, unter besonderer Berücksichtigung der Facetten, die für die vorliegende Studie entscheidend sind. Das Phänomen ›Ambivalenz‹, das innerhalb verschiedener Wissensdisziplinen und von unterschiedlichen Wissenschaftlerinnen und Wissenschaftlern untersucht wird, wird hinsichtlich mehrerer Gesichtspunkte beleuchtet: *Erstens* geht es um das Verhältnis von Innen und Außen/Individuum und Gesellschaft: Werden sowohl psychische als auch soziale Elemente von Ambivalenz thematisiert? Inwiefern werden sie in das jeweilige Ambivalenzkonzept miteinbezogen? Wovon ist ihr mögliches Verhältnis zueinander geprägt?[101] Vertiefend soll dann dargestellt werden, ob die jeweiligen Autoren eher eine mikrosoziale Perspektive einnehmen, also inwiefern sie das Verhältnis *zwischen den Individuen* reflektieren oder ob sie eine makrosoziologische Sichtweise vertreten und demgemäß die Frage nach dem Verhältnis *zwischen Individuum und Gesellschaft* in den Vordergrund stellen.

Zweitens ergibt sich die Frage der *Bewertung* des Phänomens ›Ambivalenz‹ im Kontext von Pathologie/Störung vs. Gesundheit/Normalität. Es wird dargestellt, wie die Autorinnen und Autoren sich in diesem Kontext verorten.

Und *drittens* wird eine für die diese Arbeit gültige Definition erarbeitet. Dabei werden die verschiedenen zuvor vorgestellten theoretischen Ansätze miteinander verflochten.

Die nun im Weiteren vorgestellten Ansätze repräsentieren einen Ausschnitt aus einer Fülle existierender Ambivalenzkonzepte und -theorien. Die vorgenommene Auswahl erlaubt es, bestimmte Merkmale von Ambivalenz zu extrahieren und zu präzisieren. So dient die getroffene Auswahl dem heuristischen

---

101 Ina Jekeli betont in diesem Zusammenhang, dass sich der Ambivalenzbegriff als Knotenpunkt einer Verschränkung psychischer und sozialer Phänomene in besonderer Weise eignet. Er ist für sie »das sachliche Konzept […], das den Brückenschlag zwischen sozialer und psychischer Dimension ermöglichen soll« (Jekeli 2002, S. 9).

Zweck des Vergleichens anhand der bereits ausgeführten Gesichtspunkte und führt zu einer für diese Arbeit grundlegenden Definition von Ambivalenz.

5.1.1 Eugen Bleuler –
Ambivalenz als normales und innerpsychisches Phänomen

Der Begriff der Ambivalenz wurde erstmals von dem Zürcher Psychiater Eugen Bleuler (1857–1939) verwendet und in die Wissenschaft eingeführt (vgl. Otscheret 1988, S. 3). Er benutzte ihn 1910 in einem Vortrag vor Schweizer Ärzten im Zusammenhang mit der bis dato noch wenig erforschten psychischen Krankheit Schizophrenie. Ambivalenz war für Bleuler ein wichtiges Merkmal der unterschiedlichen Ausprägungen der Schizophrenie. Er unterschied drei Formen von Ambivalenz, die sich allerdings überschneiden und nicht scharf voneinander abgrenzen lassen (vgl. Riklin 1910/1911, S. 406): Bei der ersten Form, der *affektiven Ambivalenz*, fühlt eine Person zugleich Positives und Negatives, beispielsweise: Der Mann liebt und hasst seine Frau zugleich (vgl. ebd., S. 405). Die *voluntäre Ambivalenz/Ambivalenz des Willens (Ambitendenz)* dagegen äußert sich darin, dass eine Person etwas möchte und zugleich nicht möchte bzw. den Wunsch nach dem Gegenteil verspürt (vgl. ebd.). Eine *intellektuelle Ambivalenz* schließlich liegt laut Bleuler dann vor, wenn ein Mensch gleichzeitig eine ausschließlich die Logik betreffende Deutung als positiv oder negativ vornimmt: »Ich bin der Dr. A.; ich bin nicht der Dr. A« (ebd. S. 405f.). Nahezu zeitgleich zu seinem Vortrag beschrieb Bleuler in seiner vierteiligen Abhandlung ›Zur Theorie des schizophrenen Negativismus‹ in einer psychiatrischen Zeitschrift die Ambivalenz im Kontext von ihm als »negativistischen Erscheinungen« (Bleuler 1910) beschriebenen Phänomenen. Ein Jahr später folgte seine Veröffentlichung eines Diagnosekonzepts für Schizophrenie, in der er das Phänomen ›Ambivalenz‹ erneut aufnahm (vgl. Bleuler 2011).[102] In

---

[102] Gabriele Stotz-Ingenlath weist darauf hin, dass auch heutzutage Bleulers Schizophreniedefinition noch Gültigkeit hat, auch wenn moderne Diagnosemanuale weitere Diagnosekriterien spezifizieren (vgl. Stotz-Ingenlath 2000, S. 158). So ist der Ambivalenzbegriff in das psychiatrische Diagnosemanual ICD-10, der ›International Classification of Diseases‹ der WHO, eingegangen. In dem zweiten relevanten Diagnosemanual, dem DSM IV ist der Begriff nicht vertreten. Für die Bewertung bzw. Diagnose von Störungen hat nicht nur die Psychologie Kriterien und Methoden entwickelt, sondern auch innerhalb der Soziologie bzw. Sozialwissenschaften existieren Analyseinstrumente, um eine Unterscheidung zwischen pathologischen und nichtpathologischen Strukturen zu identifizieren. So entwickelte Ulrich Oevermann ein Verfahren der hermeneutischen Auswertung von Interviewtexten und natürlicher

all diesen ersten Publikationen kennzeichnete Bleuler die Ambivalenz als psychopathologisches Phänomen, allerdings deutete sich zu diesem Zeitpunkt bereits an, was er einige Jahre später 1914 ausführlicher thematisierte: Ambivalenz als Symptom von Schizophrenie wird lediglich als Übertreibung bzw. Störung eines *gesunden* Prozesses gesehen:»›Jedes Ding hat seine zwei Seiten.‹ Der Normale zieht meistens, aber nicht immer, das Fazit aus beiden; der Schizophrene läßt beide Gefühlsbetonungen nebeneinander stehen« (Riklin 1910/1911, S. 406). Der Unterschied liegt Bleuler zufolge also lediglich im *Umgang* und in der *Verarbeitung* der Ambivalenzen.[103] Im Jahr 1914 erschien schließlich seine Abhandlung ›Die Ambivalenz‹. Anders als seine bisherigen Schriften war diese Veröffentlichung nun nicht mehr ausschließlich an ein Fachpublikum, sondern an eine breitere Öffentlichkeit gerichtet. Jenseits des Begriffs ›Ambivalenz‹ im Zusammenhang mit dem Krankheitsbild Schizophrenie stellte er nun den Bezug zu einem normalpsychischen Vorkommen von Ambivalenz her: »Wir finden denn überall bei andern Kranken wie Gesunden solche ambivalenten Komplexe und können zugleich konstatieren, dass sie unsere Psyche ganz besonders beeinflussen« (Bleuler 1914, S. 96). Auch soziale Beziehungen galten bei ihm als ambivalent, so unter anderem die Beziehung zwischen den Geschlechtern (vgl. ebd., S. 97), die »Mutterliebe« (ebd., S. 96), die zwischenmenschliche Sexualität (vgl. ebd., S. 101) und der »Vaterkomplex« (ebd., S. 103). Überdies wies er auf einen weiteren Aspekt hin, der bislang noch keinen Eingang in sein Werk gefunden hatte: er erkennt die *künstlerische Kreativität* als Ausdruck von Ambivalenz:

> »Die Ambivalenz ist eine der wichtigsten Triebfedern der Dichtung und weist zugleich ihren gestaltenden Kräften den Weg. Der wahre Dichter schafft aus den

---

(protokollierter) Kommunikation. Hinsichtlich ihrer Auswertung unterscheidet er zwei Ebenen, die konstitutiv für solcherlei Texte sind: die *objektiven latenten Sinnstrukturen* (das Gesagte hat eine objektive Bedeutung, die auf sprachliche Regeln zurückgeht, sie ist rekonstruierbar) und den *subjektiv intentionalen Sinn* (die von den Sprechenden intendierte Bedeutung). In einem rekonstruktionslogischen Verfahren kann der objektive Sinn der Äußerungen herausgearbeitet werden. Oevermann sieht weder das bloße Vorhandensein beider Ebenen als pathologisch an, noch charakterisiert er die latenten Sinnstrukturen als pathologisch. Als pathologisch bezeichnet Oevermann ein *verzerrtes* Verhältnis der beiden Ebenen. Dies ist dann der Fall, wenn eine Person bei der Präsentation ihres subjektiven Selbstbilds stets Merkmale der objektiven Bedeutung ausblendet (vgl. Oevermann 1979, S. 386).

103 Neben Bleulers Vermeidung des Konzepts *Krankheit* ist bemerkenswert, dass er in seiner klinischen Arbeit stets den Einfluss der speziellen Lebensbedingungen seiner Patientinnen und Patienten und auch ihre Gesamtbiografie mitbedacht und in seine Analysen miteinbezogen hat (vgl. Stotz-Ingenlath 2000, S. 156).

ihn bewegenden Komplexen heraus, und diese sind in ihrer Natur nach wohl immer ambivalent, da abgeschlossene Ideen uns kaum mehr lebhaft bewegen können« (ebd., S. 102).[104]

Schließlich münden Bleulers Überlegungen in eine Definition des Ambivalenzbegriffs, die allerdings in analytischer Hinsicht eher uneindeutig und »in der Schwebe« (Dietrich et al. 2009, S. 22) bleibt:

> »›Ambivalenz‹ bezeichnet eine doppelte Wertung, die naturgemäß meist eine gegensätzliche ist. Die Wertung kann eine affektive oder eine intellektuelle sein, d. h. eine Idee kann mit positiven oder negativen Gefühlen betont, oder sie kann positiv oder negativ gedacht werden« (Bleuler 1914, S. 105).

Abschließend lässt sich festhalten, dass Bleuler Ambivalenzen als durchaus normale Phänomene ansieht, die zum Leben eines jeden Menschen gehören. Krankmachend ist lediglich die Unmöglichkeit, einen adäquaten Umgang mit ihnen zu finden.[105] Die Konnotation mit psychischer Belastung ist erst später in die Umgangssprache und weitere wissenschaftliche Disziplinen eingegangen (vgl. Lüscher 2005a, S. 59). Zudem betont Bleuler ein gewisses kreatives Potential von Ambivalenzen und verweist damit auf die Tatsache, dass diese sich produktiv künstlerisch niederschlagen können. Wie zuvor ausgeführt, ist bei ihm die ›normale‹ Ambivalenz in sozialen Beziehungen verankert, Beziehungen zu anderen können ihrem ambivalenten Charakter nach aber auch Auslöser für psychische Krankheiten sein (vgl. Burkhardt 2002, S. 10). Bleuler versteht Ambivalenz auf einer mikrosozialen Ebene zwar in soziale Bezüge eingebunden, aber letztlich bleibt sie ein innerpsychisches und damit individuelles Phänomen. Insgesamt gilt Bleuler mit seinem Verständnis und seinen Ausführungen von Ambivalenz als überaus bedeutsam, sie sind ein »wichtige[r] Ausgangspunkt [...], um die Tragweite des Konzepts zu erkunden« (Dietrich et al. 2009, S. 23). So ist der Bleuler'sche Ambivalenzbegriff auch für die Wissenschaft von großer Relevanz. Im Anschluss an Bleulers »›neutrales‹[s], das heißt

---

104 Dies greift Lüscher in seinem Ansatz zur Generationenambivalenz auf. Er verweist hierin ausdrücklich auf den positiven Aspekt von Ambivalenzerfahrungen, nämlich auf die Kreativität im Umgang mit Ambivalenzen. Darunter versteht er die Möglichkeit, »Ungewissheiten beziehungsweise Offenheiten auch für neue Verhaltensweisen [zu] nutzen« und sieht darin auch »Impulse zur alternativen Gestaltung von Beziehungen, Anregungen zur Dynamik von Gruppen [...] und gesellschaftlicher Initiativen [...]« (Lüscher 2005b, S. 68).
105 Bereits in dieser Entstehungszeit des Ambivalenzkonzepts ist der Begriff also nicht per se negativ besetzt. Daher schlagen Lettke/Lüscher für den Umgang mit ihm grundsätzlich vor, ihn »als ein nicht normativ geprägtes Instrument zur Analyse zu nutzen« (Lettke/Lüscher 2002, S. 436).

analytische[s] Verständnis [...] wurde [der Begriff, S.G.] in einem Teil der psy-choanalytischen Literatur übernommen, in dem das Aushalten und Anerkennen von Ambivalenzen als erstrebenswerte Fähigkeit verstanden wurde, teilweise mit ausgesprochen positiver Konnotation« (Lüscher 2005a, S. 59).

Man kann also davon sprechen, dass Bleulers Ambivalenzkonzept wegwei-send für die ihm nachfolgenden Wissenschaftlerinnen und Wissenschaftler, al-len voran für Sigmund Freud, war.

5.1.2 Sigmund Freud – Ambivalenz als innerpsychischer Konflikt, der nicht bewusstseinsfähig wird

Im Anschluss an Bleuler beschäftigte sich Sigmund Freud (1856–1939) mit dem Ambivalenzbegriff. In seinen Überlegungen ›Zur Dynamik der Übertra-gung‹ von 1912 bezog er sich explizit auf Bleuler und sprach im Zusammen-hang eines gleichzeitigen Vorhandenseins von »negativer und zärtlicher Über-tragung« von einem »Sachverhalt, [für den] Bleuler den guten Ausdruck A m -b i v a l e n z geprägt hat (Freud 1912a, S. 372. Hervorh. i.O.). Bereits in einem Teil seiner vorherigen Schriften thematisierte Freud die Ambivalenz kenn-zeichnenden Sachverhalte, allerdings ohne den Begriff explizit zu benutzen.[106] So beschrieb er 1909 in seinen ›Bemerkungen über einen Fall von Zwangsneu-rose‹ den inneren Konflikt, der entsteht, wenn eine Person für einen anderen Menschen die beiden Gefühle Liebe und Hass gleichzeitig empfindet (Freud 1909, S. 453–463).[107] Dieser innere Konflikt ist nach Freuds Verständnis nicht auflösbar und führt dazu, dass er daher abgewehrt werden muss. Damit also ein Aufeinanderprallen der gegensätzlichen Gefühle im Bewusstsein verhindert wird, müsse eines der beiden in das sogenannte Unbewusste eingehen (Freud 1912a, S. 453–463).

In der Zeit ab 1912 durchzog der Ambivalenzbegriff einen Großteil der Veröffentlichungen Freuds (vgl. Dietrich et al. 2009, S. 24; Otscheret 1988, S. 3). Darin betonte er unter anderem die Normalität der Ambivalenz im menschlichen Gefühlsleben. In ›Zur Dynamik der Übertragung‹ führte er dem-

---

106 Insgesamt verdeutlicht sein Werk, welch breiten Raum der »great theorist of ambi-valence« (Smelser 1998, S. 5.) dem Ambivalenzkonzept einräumt und wie stark sei-ne Theorien davon geprägt sind.

107 In späteren Auflagen dieser Schrift kennzeichnete er dann den von ihm konstatierten Gegensatz von Liebe und Hass in einer nachträglich eingefügten Fußnote als ›Am-bivalenz‹ (vgl. Dietrich et al., S. 24). Dies veranschaulicht, welche Relevanz er dem Konzept der Ambivalenz zumaß.

entsprechend aus: »Eine solche Ambivalenz der Gefühle scheint bis zu einem gewissen Maße normal zu sein, aber ein hoher Grad von Ambivalenz der Gefühle ist gewiss eine besondere Auszeichnung neurotischer Personen« (Freud 1912a, S. 372f.). Allerdings vermochte er nicht zu erklären, wie das Phänomen der Ambivalenz zustande kommt. Diesbezüglich heißt es in ›Totem und Tabu‹ 1912: »Wir wissen nichts über die Herkunft dieser Ambivalenz. Man kann die Annahme machen, dass sie ein fundamentales Phänomen unseres Gefühlslebens sei« (zit. n. Otschert 1988, S. 3). In diesem Werk deutete sich auch eine Erweiterung im Freud'schen Verständnis von Ambivalenz an: Sie wurde von ihm jetzt als Konflikt zwischen ›Trieb‹ und ›Verbot‹ gesehen (das Folgende nach Freud 1912b, S. 36ff.). Diese Annahme beruhte auf Freuds Vermutungen über die frühe Kindheit: Ein Kind verspüre eine starke genitale Berührungslust, also einen Trieb, der sich in dem Drang zur Berührung des eigenen Körpers äußere. Von außen jedoch werde ein Berührungs*verbot* verhängt und das Kind gerate in einen inneren Konflikt zwischen seinem Trieb und dem Verbot. Letztlich übernehme es das von außen auferlegte Verbot. Sein Trieb werde in das Unbewusste verbannt, bliebe dort allerdings weiterhin existent, was für das weitere Leben des Kindes bzw. des Erwachsenen bedeutsam sei: Der nunmehr unbewusste Trieb einerseits und das gleichzeitige introjezierte Verbot andererseits würden zu einem dauerhaften Ambivalenzkonflikt, der für das Individuum nicht aufhebbar sei. Weder möge es jemals einen Ausgleich zwischen den beiden Polen geben, noch prallten sie aufeinander, denn dies würde durch den im Unbewussten existenten Trieb verhindert.

Hing in den beschriebenen Veröffentlichungen das Ambivalenzphänomen vor allem mit einem Konflikt zwischen Liebe und Hass zusammen, hob Freud in ›Triebe und Triebschicksale‹ von 1915 die »Urtriebe des Menschen«, den ›Sexualtrieb‹ und den ›Icherhaltungstrieb‹, als Ausgangspunkt für Ambivalenz hervor (vgl. Otscheret 1988, S. 5). Zwar widmete er sich auch in dieser Schrift erneut der Dichotomie von Liebe und Hass, doch band er seine Überlegungen nunmehr in eine *Triebtheorie* ein.[108]

Im Jahr 1920, mit der Modifikation seiner Triebtheorie in ›Jenseits der Lustprinzips‹, begann die letzte Phase, der Freud sich mit dem Phänomen ›Ambivalenz‹ auseinandersetze (das Folgende nach ebd., S. 6): Nun bildeten die Urtriebe Thanatos (Todestrieb) und Eros (Lebenstrieb) die Gegensätze, die sich nach Freud unüberbrückbar widersprüchlich gegenüberstehen und Ambivalenz bewirken. Auch innerhalb dieser Überlegungen spielten Liebe und Hass eine Rolle: Die Liebe repräsentiert den Lebenstrieb, den Hass ordnet er dem Todes-

---

108 Dabei ist Liebe eng mit Sexualität verbunden und Hass vor allem ein Ausdruck des Kampfes zur Selbsterhaltung (vgl. Otscheret 1988, S. 5).

trieb zu. Ambivalenz entstehe dann, wenn ein innerer Kampf zwischen Liebe und Hass, verlagert auf ein äußeres Objekt, stattfände. Wenn also zusammenfassend nach Freuds Verständnis sowohl die beiden Triebe als auch der Konflikt zwischen ihnen konstitutionell für die menschliche Natur sind, so ist ebenfalls die Ambivalenz ein anthropologisches Apriori.[109] Das heißt, Ambivalenz ist als *nichtbewusstseinsfähiges unaufhebbares* Phänomen grundlegend für menschliches Sein: »Ambivalenz [kann, S.G.] als ein fundamentaler, letztlich die Grundstruktur menschlicher Erfahrung betreffender, dynamischer, eben von der Opposition zwischen Lebens- und Todestrieb geleiteter Gegensatz verstanden werden [...], der als solcher auch nicht aufhebbar ist« (Dietrich et al. 2009, S. 24).

Resümierend ist für die vorliegende Studie von besonderer Bedeutung, dass Freud Ambivalenz als der menschlichen Existenz inhärent versteht, wobei ihre Entstehung eher unklar bleibt. Hieran wird deutlich, dass es sich bei Freuds Verständnis von Ambivalenz, die, wie beschrieben, in der innerpsychischen Triebdynamik einer/eines Einzelnen verankert ist, um eine *individuumszentrierte Sichtweise* handelt (vgl. Knellessen nach Burkhardt 2002, S. 29). Allerdings argumentieren Frank Lettke und Kurt Lüscher, dass in Freuds Abhandlung ›Zur Dynamik der Übertragung‹, in der er den Ambivalenzbegriff explizit benutzt, die Ambivalenz durchaus im Kontext einer sozialen Beziehung gedacht wird: Die einem Menschen innewohnenden gleichzeitig bestehenden positiven und negativen Gefühle werden auf eine *andere* Person übertragen (vgl. Lettke/Lüscher 2003, S. 439). Trotz dieser Einbeziehung eines sozialen Kontextes in Gestalt eines weiteren Individuums bleibt das Ambivalenzphänomen bei Freud ein innerpsychisches.

Hinsichtlich Freuds Einordnung der Ambivalenz in einen Zusammenhang mit Pathologisierung wird deutlich, dass das bloße Vorhandensein von Ambivalenz nicht als krankhaft bewertet wird. Lediglich die *Dissoziation* der Anteile, die vom Individuum nicht ausgehalten werden können, und einen inneren Konflikt auslösen, hat pathologischen Charakter. Diese dissoziierten Anteile werden in Form von Abwehr, Abspaltung oder Verdrängung in den Bereich des Unbewussten abgegeben (vgl. Jekeli 2002, S. 55). Das Individuum vermag die Ambivalenz nicht aufzulösen, denn die dissoziierten Anteile können nicht bewusstseinsfähig werden. Der Unausweichlichkeit dieser Dynamik vermögen daher die Individuen nicht zu entkommen. Da nach Freud dem Menschen andere Bewältigungsmöglichkeiten nicht zur Verfügung stehen, ist Ambivalenz pathogen (vgl. ebd., S. 56).

---

109 Olaf Knellessen kritisiert an Freuds Sichtweise, dass er eine biologistische Auffassung vertrete, also eine *naturhafte* Dualität voraussetze (vgl. Knellessen nach Burkhardt 2002, S. 29).

Doch ist nicht der unaufhebbare innere Gegensatz als solcher pathologisch, sondern die ›Flucht‹ in das Unbewusste, *ausgelöst* durch den unaufhebbaren inneren Gegensatz, wird zu einer *pathologischen Strategie*. Sie stellt im Sinne Freuds für das Individuum die einzige Möglichkeit dar, mit der Ambivalenz umzugehen. Auch wenn viele Elemente von Freuds Psychoanalyse sich im Nachhinein als nicht-tragfähig erwiesen haben, blieb das Phänomen ›Ambivalenz‹ für die Weiterentwicklung der Psychoanalyse überaus bedeutsam: »The principle of ambivalence, however, remains a cornerstone of psychoanalytic thought« (Smelser 1998, S. 5). Weitere an Freud anknüpfende Ansätze sind vor allem jene von Karl Abraham, Melanie Klein, Carl Gustav Jung und Erik H. Erikson.[110] Diese Ansätze haben gemeinsam, dass ihnen ein biologistisches Weltbild zugrunde liegt. Sie gehen davon aus, dass der Mensch als triebhaftes Wesen zur Welt kommt, und durch die Gegensätzlichkeit der Triebe Liebe und Hass mit seiner sozialen Umwelt zwangsläufig in Konflikt geraten muss. Die daraus entstehende Ambivalenz wird als Entwicklungsphänomen gesehen und dann als pathologisch betrachtet, wenn sie nicht bis zu einer bestimmten menschlichen Entwicklungsphase verschwunden ist.

---

110 Für Abraham ist Ambivalenz verbunden mit der frühkindlichen Triebentwicklung, sie zeige sich in den Widersprüchlichkeiten der Triebe in Bezug auf sogenannte Objektbeziehungen. Sie wird von ihm als notwendiges Phänomen gesehen, mit dem sich das Kind auseinandersetzen müsse (vgl. Otscheret 1988, S. 8, 66). Der Freud-Schüler Jung sieht die Ambivalenz nicht mehr als Symptom für die Gegensätzlichkeit der beiden Grundtriebe, sondern für ihn sind jegliche Gegensätzlichkeiten als Grundprinzip notwendig, damit seelisches Leben stattfinden kann. Konflikte bzw. Pathologien entständen erst dann, wenn ein Pol von zwei Gegensätzlichkeiten übermäßiges Gewicht bekäme. Damit nimmt er, deutlicher als Freud, eine positivere Wertung der Ambivalenz vor (vgl. ebd., S. 9ff.; Jekeli 2002, S. 57). In Kleins entwicklungspsychologischem Ansatz, in dem es ihr vor allem um frühkindliche Objektbeziehungen geht, ist die Ambivalenz ein rein innerpsychisches Phänomen zwischen den zwei angeborenen Trieben Lebens- und Todestrieb und verschwindet im Laufe der Entwicklung. Auch in ihrem Ansatz ist das Phänomen für die kindliche Entwicklung notwendig (vgl. Otscheret 1988, S. 11ff.). Erikson erweitert die biologisch-individuelle Entwicklungstheorie der Psychoanalyse um einen sozial-kulturellen Aspekt. Damit erfährt die psychoanalytische Sichtweise einen enormen Bedeutungswandel. Entwicklungsbedingt notwendige Krisen, in denen sich die in den Grundtrieben verankerte Ambivalenz von Liebe und Hass zeige, werden nach Erikson unter dem Einfluss der jeweiligen Gesellschaft zu psychosozialen Krisen. Ambivalenz ist hier die Folie, auf deren Hintergrund die Konflikte zwischen den Trieben ausgetragen werden. Erikson weist damit der Ambivalenz entscheidenden Einfluss bei der Identitätsfindung zu (vgl. Otscheret 1988, S. 17–20, 68).

Alles in allem wird in der Psychoanalyse Ambivalenz als innerpsychischer Zustand gesehen. Eine vollständige Lösung im Sinne ihres Verschwindens gibt es innerhalb dieser Tradition nicht. Ambivalenz kann nur gemildert werden, indem die gegensätzlichen Triebe im Laufe der Entwicklung an Intensität verlieren und die Ambivalenz in einer Synthese aufgeht (vgl. Otscheret 1988, S. 66f.).[111]

Der Psychoanalyse nachfolgend setzten weitere Ansätze der Psychologie in ihrem Verständnis von Ambivalenz unterschiedliche Schwerpunkte, erweiterten die vorhandenen Konzepte um neue Perspektiven oder entwickelten teilweise gegensätzliche Konzepte. Exemplarisch hierfür seien die Teildisziplinen Lerntheorie[112], Systemtheorie[113], Entwicklungspsychologie[114] und Sozialpsychologie[115] genannt. Zudem gab es ausgehend von der Psychoanalyse bzw. der Psychologie einen Transfer des Ambivalenzbegriffs unter anderem in die Soziologie. Ebenso wie in der Psychologie existieren dort überaus vielschichtige Ambivalenzkonzepte. Allerdings fand die soziologische Beschäftigung mit dem Phänomen ›Ambivalenz‹ nicht unbedingt in zeitlicher *Nachrangigkeit* zur Entwicklung der psychoanalytischen Theorie statt, sondern parallel zu Freud wandte sich der Soziologe Georg Simmel der ambivalenzerzeugenden Struktur von Sozialität zu. Sein Ansatz soll nun näher betrachtet werden.

5.1.3 Georg Simmel – Ambivalenz als Bedingung von Vergesellschaftunsgprozessen

Bei Georg Simmel (1858–1918), der innerhalb der Soziologie »als Theoretiker soziologischer Ambivalenz gilt« (Lettke/Lüscher 2002, S. 439), nimmt das

---

111 Für Jekeli offenbart sich in den psychoanalytischen Theorien eine Konstruktionsproblematik und ein grundsätzlicher Widerspruch hinsichtlich des Spannungsfelds Normalität-Pathologie:»Indem sie einerseits in der Praxis allerorten pathologische Formen und Konsequenzen von Ambivalenz beobachten, andererseits aber auch nicht umhin können, Ambivalenz als normal und teilweise sogar notwendig anzusehen, geraten sie in einen Erklärungsnotstand, was denn nun genau die pathogene Wirkung der Ambivalenz von ihren gesunden Ausprägungen unterscheidet« (Jekeli 2002, S. 58).

112 Siehe vor allem die Ansätze von John S. Dollard u. Neil E. Miller sowie Leon Festinger.

113 Hier sei exemplarisch das Modell der ›Heidelberger Schule‹ von Helm Stierlin und Fritz B. Simon genannt. Im Kontext der vorliegenden Arbeit hinsichtlich der möglichen transgenerationalen Weitergabe von Verfolgungserfahrungen bzw. deren Auswirkungen ist besonders Stierlins Einsicht, dass Ambivalenzerfahrungen der Eltern wiederum solche im Kind auslösen können, von Bedeutung (vgl. Stierlin 1976, S. 65–70).

114 Hierzu vor allem John Bowlby mit seiner Bindungstheorie.

115 Diesbezüglich ist im Besonderen die Einstellungsforschung gemeint.

Phänomen ›Ambivalenz‹ in Gestalt grundsätzlicher dualistischer Tendenzen einen zentralen Stellenwert ein, ohne dass Simmel den Begriff je explizit benutzt, geschweige denn *eindeutig definiert* hätte (vgl. Nedelmann 1992, S. 36).[116] Simmel verwendet sein Dualismus-Konstrukt vieldeutig und vielschichtig, was eine konkrete Begriffsbestimmung erschwert (vgl. Junge 2000, S. 31). Einigkeit besteht in der Simmel-Rezeption darin, dass ›Ambivalenz‹ als Leitmotiv von Simmels Arbeiten und als Fixpunkt seines Denkens im Kontext von Vergesellschaftungsprozessen bezeichnet werden kann (vgl. ebd.; Frisby 1983, S. 28). Sein Verständnis von Ambivalenz beruht auf seiner Auseinandersetzung mit der Frage nach dem Verhältnis von Individuum und Gesellschaft, die im Zentrum seiner Soziologie steht (vgl. Junge 2000, S. 23).

Für Simmel ist ›Ambivalenz‹ Teil der Welt und Grundbedingung menschlicher Vergesellschaftungsformen. Die Annahme eines grundlegenden Dualismus ist aus seiner Sicht Bedingung für sämtliche Erscheinungen des Lebens: »Simmel expressed the view […] that a condition for the existence of any aspect of life is the coexistence of a diametrically opposed element« (Levine 1985, S. 9). Diese diametralen Gegensätze, von denen Simmel spricht, seien, so Donald N. Levine, präsent, wenn Menschen miteinander interagieren. Sie seien konstitutiv für jegliche soziale Beziehungen (ebd.) und strukturierten soziales Leben. Gesellschaft ohne das Vorhandensein dualistischer Kräfte könne es bei Simmel nicht geben:

> »Wie der Kosmos ›Liebe‹ und Haß attraktive und repulsive Kräfte braucht, um eine Form zu haben, so braucht auch die Gesellschaft irgendein quantitatives Verhältnis von Harmonie und Disharmonie, Assoziation und Konkurrenz, Gunst und Mißgunst, um zu einer bestimmten Gestaltung zu gelangen« (Simmel 1903, S. 173).

Zwei relevante Aspekte der mannigfaltigen Facetten von Simmels Ambivalenzverständnis sollen im Folgenden betrachtet werden. Der *erste* für die vorliegende Arbeit bedeutsame Gesichtspunkt ist Simmels Beobachtung, dass gesellschaftliche Verhältnisse das Vorhandensein von Ambivalenzen hervorrufen. So ist der zentrale Ausgangspunkt seiner Beobachtungen das Zeitalter der Moderne, das er als widersprüchlich und ambivalent charakterisiert (vgl. Brock 2002, S. 151). Leben in der Moderne, also in der Neuzeit, bedeuteten für das Individuum Hin- und Hergerissenheit zwischen Freiheitsgewinn/Unabhängigkeit/Selbstbestimmung auf der einen und Freiheitsverlust/Sinnentleerung auf

---

116 Stattdessen benutzte er zur Beschreibung des Ambivalenzphänomens die Begriffe ›Dualismus‹, ›Zweiheitsform‹, ›gegensätzliche Pole‹ etc. (vgl. Nedelmann 1992, S. 37).

der anderen Seite. Hierfür seien die neuen gesellschaftlichen Erscheinungen, die die Moderne mit sich bringe, verantwortlich (vgl. ebd., S. 151f.).[117] Der *zweite* für diese Studie wesentliche Aspekt ist die Tatsache, dass sich laut Simmel gesellschaftliche Ambivalenz als »psychische Ambivalenz« im Individuum abbildet (Junge 2000, S. 43; Nedelmann 1984, S. 98).[118] Sie werde durch die zunehmende Vergesellschaftung der Moderne, »durch Wechselwirkungen von allem mit allem« (Junge 2000, S. 43), erzeugt. Die Folge daraus sei eine Verwirrung und Desorientierung im Individuum, für das es keine »Möglichkeit zur zeitlichen Ordnung eines Vorher und Nachher [...]« (ebd.) gäbe. So beeinflusse die Ambivalenz die »inneren, seelischen Reaktionen auf Objekte. Konträre Bewertungsimpulse lösen einander ab oder stehen gar nebeneinander« (ebd.). Sie bewirkten im Individuum unauflösbare innere Konflikte, »weil kein übergeordnetes Kriterium zur Verfügung steht, um sich für einen der beiden Bewertungsimpulse zu entscheiden« (ebd.). Die Antwort darauf, wie die Individuen ihre psychische Ambivalenz endgültig bewältigen bzw. lösen können, bleibt Simmel schuldig. Eine Auflösung dieser psychischen Ambivalenz wird von Simmel nicht ausdifferenziert, es finden sich in seinem Werk lediglich *Ansätze* zu ihrer Bewältigung.[119]

Zusammenfassend lässt sich festhalten, dass Simmel der erste Theoretiker war, der die genuin ambivalenzerzeugende Struktur von Gesellschaft thematisierte. Diese makrosoziale Sichtweise korrespondierte bei ihm mit einem individuellen Aspekt. Er macht deutlich, dass gesellschaftlich hervorgerufene Ambivalenz innerpsychische Folgen für das Individuum nach sich zieht. Man kann daher davon sprechen, dass sich an dieser Stelle das soziologische und das psychologische Paradigma miteinander verzahnen.

Ambivalenz, so wie Simmel sie versteht, ist nicht negativ, sondern konstitutiv für Gesellschaft bzw. Vergesellschaftung. Die Auswirkungen für das Individuum, die Simmel speziell für das Zeitalter der Moderne mit ihrem ambivalenten Charakter beschreibt, enthalten jedoch durchaus negative Aspekte. Einerseits steht dem Individuum durch die modernen Erscheinungen eine Vielzahl neuer Möglichkeiten offen, andererseits erfährt es durch eben jene Erscheinungen mannigfaltige Einschränkungen. Diese Ambivalenz ist bei Simmel unauf-

---

117 Dabei handelt es sich um Erscheinungen wie die moderne Geldwirtschaft, die großstädtische Lebensweise, die Rationalisierung des Lebensalltags, den einsetzenden Massenkonsum sowie die fortschreitende Arbeitsteilung.
118 Junge zufolge führen nach Simmels Verständnis mehrere Aspekte von Ambivalenz und Ambivalenzerfahrungen zu psychischer Ambivalenz.
119 Junge bezeichnet sie als »Skizzen gesellschaftlicher Lösungsangebote« (Junge 2000, S. 43).

lösbar und kann bestenfalls abgemildert werden.[120] Dabei wird der Zustand der Ambivalenz jedoch nicht als ein pathologischer verstanden und hebt sich so vor allem von einer psychologischen Sichtweise, die zu seinen Lebzeiten eine große Rolle spielte, ab.

Nach Simmels Tod sind seine Ausführungen zum Thema ›Ambivalenz‹ lange marginalisiert und über einen langen Zeitraum nicht rezipiert worden. Erst mit Beginn der 1990er Jahre beachtete man sie innerhalb der Soziologie (vgl. Nedelmann 1997, S. 150).[121] Man kann davon sprechen, dass Simmel ein wichtiger Vorläufer für die gesellschaftstheoretischen Beiträge zum Verständnis von Ambivalenz war.

Im Folgenden wird nun das erstmals bei Simmel beschriebene Phänomen der ›Ambivalenzerzeugung durch Gesellschaft‹ aufgegriffen. Es steht im Mittelpunkt der postmodernen Theorie Zygmunt Baumans über den ambivalenten Charakter der modernen Gesellschaft. Seine Analyse umfasst auch den NS-Staat und die Shoa und ist daher von zentraler Bedeutung für diese Studie.[122]

---

120 Es sei angemerkt, dass Nedelmann hinsichtlich einer weiteren Erscheinungsform Simmel'scher Ambivalenz, der sogenannten ›Ambivalenz als Aktionsform‹, durchaus auch positive Aspekte hervorhebt (vgl. Nedelmann 1992). Diese Erscheinungsform wird jedoch im Kontext der vorliegenden Studie als weniger relevant eingeschätzt.

121 Sie weist darauf hin, dass allerdings bereits in den Jahren zuvor Robert K. Merton den Ambivalenzbegriff in die Soziologie eingeführt hatte und daran anschließend einige Theoretiker sein Konzept weiterentwickelten.

122 Neben Bauman gibt es noch weitere Theoretiker, die sich mit dem Ambivalenzphänomen der Moderne auseinandersetzen. Siehe hierzu die kurze Übersicht in Dietrich et al. 2009, S. 35ff. Matthias Junge thematisiert in seiner Publikation ›Ambivalente Gesellschaftlichkeit‹ aus dem Jahr 2000 die Idee der Ambivalenz als ubiquitäres Moment von Vergesellschaftungsprozessen und begreift Zwiespältigkeit als *das* zentrale Thema von Modernisierung. Er bewegt sich in seiner Darstellung auf der Makroebene und greift im ersten Teil seiner Arbeit auf Simmel zurück, um dessen Ambivalenzkonzept mit vier anderen Theorien, die sich der Untersuchung gegenwärtiger gesellschaftlicher Ambivalenz widmen, zu vergleichen. Diese sind die ›Kommunitaristische Sozialtheorie‹, die ›Voluntaristische Handlungstheorie‹ von Richard Münch, die ›Theorie reflexiver Modernisierung‹ und die ›Soziologie der Postmoderne‹ Zygmunt Baumans. Junge arbeitet heraus, dass in allen vier Theorien das Ambivalenzphänomen »als offenes oder verdecktes Schlüsselkonzept« vorkommt (Lettke/Lüscher 2002, S. 437). Ambivalenzen seien in allen Theorien Formen von Paradoxien der Moderne und wirkten »als dynamisierendes Moment für Vergesellschaftung« (Jekeli 2002, S. 87). Im Anschluss an seine Analyse stellt Junge ein eigenes Konzept von Ambivalenz vor und entwickelt ein Modell möglicher Ordnungen gesellschaftlicher Ambivalenzbewältigung. Ausführlich dazu Junge 2007.

5.1.4 Zygmunt Bauman – Die moderne Gesellschaft im Kampf gegen die Ambivalenz

In Zygmunt Baumans (geb. 1925) Arbeiten kommt dem Phänomen der Ambivalenz eine Schlüsselrolle zu (vgl. Bavaj 2003, S. 54).[123] Wie schon für Simmel ist Ambivalenz für ihn ein Grundmerkmal von Vergesellschaftungsprozessen (vgl. Junge 2007, S. 77) und zudem zentrales Wesensmerkmal der Moderne (vgl. Bavaj 2003, S. 54).[124] Nachdem er sich bereits in vorherigen Schriften der Thematik der Ambivalenz zugewandt hatte, erschien 1991 Baumans Hauptwerk ›Modernity and Ambivalence‹, das seit 1995 auch in deutscher Übersetzung vorliegt. Dort thematisiert er die Moderne[125] und deren Produktion und Umgang von und mit Ambivalenz sowie die historischen Ambivalenzbewältigungsstrategien des modernen Nationalstaats. Zudem analysiert Bauman, wie mit dem Anbruch der Postmoderne[126] der sich mehr und mehr von den regulierenden Aufgaben zurückziehende Staat die Bewältigung von Ambivalenz privatisiert wird.

Ambivalenz ist für Bauman zunächst ein soziales Problem auf der Makroebene und ein Ausdruck von ›weltlichem Chaos‹, das er wie folgt definiert: »Ambivalenz, die Möglichkeit, einen Gegenstand oder ein Ereignis mehr als nur einer Kategorie zuzuordnen [...]« (Bauman 1995, S. 11). Um das Chaos zu bewältigen, greife der Mensch auf das System Sprache zurück, in dem Bemühen, durch Benennung und Klassifizierung Ordnung und Eindeutigkeit zu erzeugen. Dies kann Bauman zufolge jedoch nicht gelingen, da Sprache keine eindeutigen Trennungen und Einteilungen zu (er)schaffen vermag: »Ambivalenz [...] ist eine sprachspezifische Unordnung: ein Versagen der Nenn-(Trenn-)Funktion, die Sprache doch eigentlich erfüllen soll« (ebd.). Hier wird deutlich, was bei Bauman eine zentrale Rolle spielt: das Schaffen von Ordnungen und Klassifikationen mit dem Ziel der Eindeutigkeit, denn: »klassifizieren heißt, der Welt eine *Struktur* zu geben« (ebd., S. 12. Hervorh. i.O.). Und obgleich Ambivalenzen durch Strukturierung beseitigt werden sollen, so bedingt der Kampf gegen sie immer neue Ambivalenzen:

> »Ambivalenz ist ein Nebenprodukt der Arbeit der Klassifikation; und sie verlangt nach immer mehr Bemühung um Klassifikation. Obgleich sie dem Drang zu be-

---

123 Allerdings verwendet Bauman für ›Ambivalenz‹ oftmals auch den Ausdruck ›Ambiguität‹. Die beiden Begriffe werden von ihm nicht trennscharf benutzt.

124 Damit knüpft Bauman an Max Weber, Max Horkheimer und Theodor W. Adorno an.

125 Wann genau Bauman den Beginn der Moderne ansetzt, ist unklar. Siehe hierzu vor allem Bauman 1995, S. 14ff.

126 Baumans Ausführungen über die Postmoderne werden im Kontext dieser Arbeit nicht behandelt. Siehe dazu exemplarisch Vester 1997, Schroer 2007 und Junge 2007.

nennen/klassifizieren entstammt, kann Ambivalenz nur durch Benennen bekämpft werden, das noch genauer ist, und durch Klassen, die noch präziser definiert sind: d.h. durch Eingriffe, die noch härtere (kontrafaktorische) Anforderungen [...] und so noch mehr Gelegenheit für Mehrdeutigkeit schaffen« (ebd., S. 14).

Eindeutigkeit soll also, so beantwortet Bauman die klassische sozialtheoretische Frage nach der Gestaltung einer sozialen Ordnung, auf möglichst allen Ebenen sozialen Lebens hergestellt werden. In den Mittelpunkt der modernen und ordnungslosen Gesellschaft rückt bei Bauman daher die Ambivalenzbeseitigung bzw. -verhinderung durch den steten Akt des Klassifizierens, Strukturierens, Aufteilens. Allerdings kann innerhalb dieser Logik das Chaos nicht restlos bewältigt werden, sprich, alle Phänomene vollständig aufzuteilen ist unmöglich. Daher bleiben in jedem Klassifikationssystem Reste des Nicht-Klassifizierbaren enthalten (vgl. Junge 2007, S. 82). Der Kampf gegen Ambivalenz ist daher ebenso unausweichlich wie aussichtslos. Trotz allem strebe die Moderne danach, diesen Kampf, der ein Kampf mit sich selbst sei, zu gewinnen (vgl. Schroer 2007, S. 431). Dafür etabliere sie eine eigene Ordnung, in der Nicht-Klassifizierbares *ausgegrenzt* werden müsse.

Dies wird für den Vergesellschaftungs-Aspekt hinsichtlich der Klassifizierung von Individuen, die Angehörige eines Nationalstaats sind, deutlich. Der Staat ordne nach Bauman die in ihm lebenden Personen in ein bestimmtes Schema ein, das ausschließlich Freunde und Feinde kenne. Die Mehrzahl der Menschen ließen sich in eine dieser beiden Kategorien einteilen, ein Teil der nationalstaatlichen Individuen könne jedoch nicht eindeutig zugewiesen werden. Ihnen würde qua nationalstaatlichem Ordnungsdrang in Anlehnung an Simmel die Rest-Kategorie ›Fremde‹ zugewiesen (Bauman 2005, S. 92–94). Als ›Fremde‹ gelten also Personen, die nicht innerhalb des dichotomen und eindeutigen Schemas Freund-Feind verortet werden können. Sie sind Bauman folgend »Träger von Ambivalenz« (Schroer 2007, S. 431). Die ›Freunde‹ sind in Baumans Schema diejenigen, die die Kontrolleure von Klassifikation und Zuweisung sind, also die ›Feinde‹ definieren, sie gehören zum »Innen« (Bauman 2005, S. 92f.) Die ›Feinde‹ dagegen befänden sich im »Außen«, sind die »Negativität der Positivität der Freunde« (ebd.). Die ›Fremden‹ jedoch sprengten die Eindeutigkeiten von ›Innen‹ und ›Außen‹ und stellten die gesellschaftlich erwünschten klaren Beziehungsmuster in Frage. Sie gefährdeten die gesellschaftliche Ordnung und zeigten die Imperfektion des Systems:

> »Gegen diesen behaglichen Antagonismus, dieses von Konflikten zerrissene Zusammenspiel von Freunden und Feinden rebelliert der *Fremde.* Die Bedrohung, die er mit sich bringt, ist erschreckender als die, die man vom Feinde fürchten muss. Der Fremde bedroht die Vergesellschaftung selbst – die *Möglichkeit* der Vergesellschaftung« (ebd., S. 95. Hervorh. i.O.).

Es wird von Bauman vor allem als Angelegenheit des Nationalstaats gesehen, mit dem Problem des als bedrohlich angesehenen Fremden fertig zu werden (vgl. Bauman 1995, S. 108). Daher wird an die Fremden nun das ›Angebot‹ zur Assimilation herangetragen, das sich als liberal und tolerant versteht (vgl. Bauman 2005, S. 118–121). Doch dieses Angebot sei nur vordergründig, der Fremde könne so viel Anstrengung aufwenden, wie ihm zur Verfügung stehe, es werde ihm niemals gelingen, ein Teil der Gemeinschaft der Freunde zu werden: »Der Fremde kann nicht aufhören ein Fremder zu sein. [...] Bestenfalls kann er ein *ehemaliger Fremder* sein, ein Freund ›auf Bewährung‹ und permanent vor Gericht [...]« (ebd., S. 121. Hervorh. i.O.). Das Streben nach gesellschaftlicher Teilhabe bzw. Inklusion und das Bemühen um Akzeptanz durch die ›Freunde‹ erweist sich Bauman folgend daher für das ›fremde‹ Individuum als Falle. Es werde in den Zustand der Ambivalenz gebracht:

> »Die notorische Ruhelosigkeit des Fremden, der sich in der Position der Ambivalenz befindet, die er nicht gewählt und über die er keine Kontrolle hat (eine Ruhelosigkeit, die immer wieder von der Meinung der Einheimischen als Beweis für eine erratische, neurotische Persönlichkeit interpretiert und prompt der angeborenen Defizienz des Stammes des Fremden zugeschrieben worden ist), wird auf diese Weise sozial erzeugt« (ebd., S. 123f.).

Aus dem Assimilations-›Angebot‹ ergäben sich jedoch nicht nur *psychische* Folgen für die nicht-klassifizierbaren ›Fremden‹, sondern auch *gesellschaftliche*, wie Bauman am Beispiel der Situation der deutschen Jüdinnen und Juden vor 1933 zeigt. Die Assimilation der jüdischen Bevölkerung führte nicht dazu, dass man sie nach ihrer vollzogenen Anpassung an ihre nicht-jüdische Umwelt im Sinne des Freund-Feind-Schemas in die deutsche Gesellschaft eingliederte, sondern man *transformierte* sie als ›Fremde‹ in die Kategorie der »assimilierten Juden« (ebd., S. 195). Damit versetzte man sie in das »Ghetto der sozialen Inkongruenz und kulturellen Ambivalenz« (ebd.). Auf diese Weise blieben sie *Fremde* – und sollten es auch bleiben. Doch das ›Schicksal‹ der Fremden sei es, dass ihnen nicht *dauerhaft* gestattet würde, Fremde bleiben. Sie stellten schließlich die Eindeutigkeit des Systems in Frage und verhinderten die angestrebte Ordnung. Im Fall der deutschen Jüdinnen und Juden stelle ihre Vernichtung den letzten Versuch zur Herstellung der systemischen Eindeutigkeit dar (Bauman 1989).[127]
Psychisch löste die permanente Assimilationsanstrengung bei der jüdischen Bevölkerung eine chronische Ambivalenz aus. Das Assimilationsangebot erwies sich als Falle, denn es war per se nicht erfüllbar. Wurden Jüdinnen und

---

[127] Damit rückt er die »*Gewalt* der Moderne im Umgang mit Ambivalenzen in das Zentrum der Aufmerksamkeit [...]« (Junge 2007, S. 79. Hervorh. i.O.)

Juden nunmehr weder als ›Feinde‹ noch gar als ›Freunde‹ von der Mehrheitsbevölkerung akzeptiert, gerieten sie in ein weiteres Dilemma: Ihr Assimilati-
onswille beraubte ihnen jeglichen Rückhalt in der ›eigenen Gruppe‹, von der sie
sich eigentlich hatten lossagen wollen.[128]
   Im Kontext dieser Arbeit ist vor allem Baumans Verständnis, dass Ambivalenz *gesellschaftlich produziert* wird, relevant. Ambivalenz ist bei ihm im Sinne
einer erfolglosen Klassifizierungsobsession in erster Linie ein gesellschaftliches
Phänomen und erst in zweiter Linie ergibt sich daraus ein individuelles Problem. Der Versuch des modernen Staates, seine Individuen im Kampf gegen
Ambivalenz zu klassifizieren und einzuteilen, produziert nicht nur auf makro-
sozialer Ebene neue Ambivalenzen, sondern reproduziert die Ambivalenz für
die nicht eindeutig Klassifizierten auf einer individuellen Ebene. Letztlich rufen
aus Baumans Sicht also nicht bloße bestehende gesellschaftlich existierende
Mehrdeutigkeiten individuelle Probleme hervor, sondern der äußere *Drang zur
Ordnung dieser Mehrdeutigkeiten, zur Herstellung von Eindeutigkeit,* löst im
klassifizierten Individuum einen inneren Konflikt, sprich Ambivalenz aus.

5.2   Fazit und Definition

Entlang der gestrafften Darstellung der Begriffsgeschichte von ›Ambivalenz‹
und im Zusammenhang mit den vorangestellten konzeptuellen Klärungen sind
folgende sieben Sachverhalte für die vorliegende Studie relevant:

> ➢ Die Grundannahme, dass Mehrdeutigkeiten Bestandteil der sozialen
>   Welt sind.
> ➢ Die Hypothese, dass Mehrdeutigkeiten als solche keine negativen psy-
>   chischen Auswirkungen auf ein Individuum haben.
> ➢ Die Bedingung, dass Gesellschaften danach streben, sämtliche
>   mehrdeutigen Phänomene zu ordnen, zu strukturieren und zu
>   klassifizieren, mit dem Ziel, Eindeutigkeit herzustellen.
> ➢ Die Folgerung, dass erst durch die von der Gesellschaft vorgenomme-
>   ne Klassifizierung individuelle innerpsychische Erfahrungen des Hin-
>   und Hergerissenseins, also Ambivalenzen, generiert werden.

---

128 In diesem Zusammenhang kann man davon sprechen, dass die ›jüdischen Mischlinge‹ geradezu in einen Zustand doppelter Ambivalenz gebracht wurden. Sie befanden sich, anders als die sogenannten Volljuden, nicht nur in dem ambivalenten
Schwebezustand zwischen Jüdischsein/»Nicht-Mehr-Jüdischsein«, sondern mussten darüber hinaus ihre Identität unter der Zuschreibung des ›Halben‹ konstruie-
ren.

> Die Tatsache, dass sich das Hin- und Hergerissensein auf das individuelle Fühlen, Wollen, Denken und Handeln bezieht.[129]
> Die Vorstellung, dass die individuelle Erfahrung von Ambivalenzen kein pathologisches Phänomen ist, sondern eine normale Befindlichkeit bzw. angemessene Reaktion auf gesellschaftliche Vorgaben.
> Die Einsicht, dass die Ambivalenzen für das Individuum innerpsychisch unauflösbar sind, solange die Gesellschaft die entsprechenden Bedingungen für ihre Auflösung nicht zur Verfügung stellt.

Aus diesen Aspekten ergibt sich eine Definition von ›Ambivalenz‹, die in dieser Studie zugrunde gelegt wird. Sie soll als methodisches Analysekonstrukt genutzt werden, um die Interviews auszuwerten:

Individuen werden in einen inneren Zustand der Ambivalenz versetzt, wenn eine Gesellschaft die ihr innewohnenden Mehrdeutigkeiten, Unbestimmtheiten und Vagheiten, die für die Individuen bis dato in das eigene Selbst integrierbar waren, nicht mehr zulässt und diese Mehrdeutigkeiten in eine eindeutige Ordnung zu bringen versucht. An die Individuen wird nun die Anforderung gestellt, auf die gesellschaftlichen Zuweisungen zu reagieren, sie auszuhalten und anzunehmen. Dies löst bei ihnen gleichzeitige, auseinanderstrebende Gegensätze des Fühlens, Denkens, Handelns und Wollens aus und kann einen unlösbaren inneren Zwiespalt zur Folge haben.

5.3   Das Ambivalenzphänomen als analytisches Konstrukt

In der vorliegenden Arbeit wird eine Antwort auf die Frage gesucht, welche Wirkung die nationalsozialistische Zuschreibung ›Halbjüdin‹ bzw. ›Halbjude‹ auf die so Klassifizierten ausgeübt hat. Diesbezüglich haben sich im Laufe des Forschungsprozesses die von den Betroffenen als ambivalent erfahrenen Bedingungen und Gegebenheiten als zentrale Phänomene herausgestellt. Ambivalenz meinte diesbezüglich zunächst die Erfahrung des Hin- und Hergerissenseins, die aus Verfolgungserlebnissen resultiert und unauflösbare Dualitäten zur Folge haben kann.

---

129 Siehe bezüglich dieses Aspekts auch die Ambivalenz-Definition von Lüscher (Lüscher 2005b, S. 66).

Die die verschiedenen Lebensbereiche der Interviewten betreffenden Ambivalenzen werden in dieser Studie als Erfahrungen verstanden (vgl. Dietrich et al. 2009, S. 45), die über die Erzählungen der Betroffen zugänglich gemacht werden können. Hinsichtlich einer Textanalyse der Interviews muss sorgfältig zwischen Äußerungen und Verhaltensweisen als Ausdruck *verfolgungsbedingter* Ambivalenzerfahrungen und jenen Ambivalenzerfahrungen, die nicht als Konsequenz auf die Zuschreibung ›halbjüdisch‹/›Mischling‹ entstanden sind bzw. mit nicht-verfolgten Personen gleichen Alters geteilt werden, differenziert werden. Diese Unterscheidung erfordert eine systematische Interviewauswertung. Um sie methodisch kontrolliert vorzunehmen, wurde der Begriff ›Ambivalenz‹ hergeleitet und das Phänomen definiert. Nachdem das Ambivalenzphänomen bei seinem ›Erscheinen‹ zu Beginn der Untersuchung in der ersten Sichtung der Interviews also zunächst als *Sensitizing Concept* genutzt wurde, kann es nun im Anschluss an eine Definition als *analytisches Konstrukt* verwendet werden (vgl. Lüscher/Liegle 2003, S. 289f.). Auf diese Weise ist es möglich, die einzelnen Merkmale und Dimensionen von ›Ambivalenz‹ auf die Untersuchtengruppe zu beziehen und zu erfassen. Damit wird es erforderlich – und ist auch erst jetzt hinreichend möglich – die sehr offene Fragestellung vom Beginn der Untersuchung in Richtung ›Ambivalenz‹ zu präzisieren. Die Forschungsfrage lautet nunmehr:

Welche Ambivalenzerfahrungen und -erlebnisse wurden durch die nationalsozialistische Zuschreibung ›Halbjüdin‹/›Halbjude‹ bei den Betroffenen ausgelöst?

Die konkretisierte Zielsetzung der Studie besteht folglich darin, zu untersuchen, welche Dimensionen und Ausprägungen von Ambivalenz sich bei den Interviewten aufgrund der Klassifizierung zeigen. Das Ambivalenzkonzept wird als geeignet betrachtet, um »sowohl innerpsychische als auch interaktive, mikrosoziale und makrosoziale Erfahrungen dynamischer Gegensätzlichkeiten zu bezeichnen« (Lüscher 2005a, S. 59). Bezogen auf den historischen Kontext der Studie verweisen die zu erwartenden Ergebnisse auf gesellschaftstheoretische Einsichten im Hinblick auf die deutsche NS-Gesellschaft und die bundesrepublikanische Nachkriegsgesellschaft.

6 Falldarstellungen

Ambivalenz als Folge der Zuschreibung ›halb‹

In diesem Kapitel werden nun sechs Einzelfälle vorgestellt. Mit dem Forschungsschwerpunkt ›Ambivalenzerfahrungen‹, der sich im Forschungsverlauf herauskristallisiert hatte und der anschließenden Ausdifferenzierung des Phänomens ›Ambivalenz‹ zum analytischen Konstrukt, wurde es möglich, die Interviewtexte systematisch auszuwerten, und die individuellen Besonderheiten von Ambivalenz herauszuarbeiten und darzustellen. Im Laufe der Datenauswertung war deutlich geworden, dass zwei Aspekte in unterschiedlichen Ausprägungen und Differenzierungen für die Interviewten besonders bedeutsam waren bzw. sind (vgl. Kap. 4.4.1):

1. Die Aspekte von Zugehörigkeit/Inklusion vs. Nicht-Zugehörigkeit/Exklusion
2. Die Thematik der ›Zuschreibungen‹ im Kontext von Fremdzuschreibungen und Selbstzuschreibungen.

Die dargestellten Fälle wurden aufgrund ihrer Heterogenität ausgewählt. Das wissenschaftliche Interesse an divergierenden individuellen Sichtweisen und kontrastreichen Erfahrungen stand dabei im Mittelpunkt. Die Fälle zeigen verschiedene Ausprägungen von ›Ambivalenzen‹ und damit verbundene unterschiedliche Haltungen, Einstellungen und Umgangsweisen. Zugleich weisen sie über das *Individuelle* hinaus und veranschaulichen *typische, strukturell bedingte* Ambivalenzerfahrungen für die ›Gruppe‹ der ›jüdischen Mischlinge‹.

Der erste Fall, der für eine Falldarstellung ausgewählt wurde, ist Gerhard Lilienthal. Der Interviewte ist insofern eine Besonderheit, als dass er als Einziger der Interviewten den Begriff des ›*Halbariers*‹ nahezu durchgängig auf sich und andere anwendet.[130] Da die Analyse seines Interviews seinen starken Wunsch nach Zugehörigkeit zur NS-Mehrheitsgesellschaft verdeutlicht, wurde für die zweite Darstellung ein Fall ausgesucht, in dem eine ähnliche persönliche Haltung ausgedrückt wird. Im Unterschied zu Herrn Lilienthal präsentiert die Interviewte Hanna Becker ihre Familiengeschichte allerdings als Leidensge-

---

130 Im Rahmen der Gespräche für die vorliegende Arbeit oder auch in anderen Zusammenhängen, sei es im Wissenschaftskontext oder in ›privaten‹ Begegnungen mit ehemaligen ›Halbjüdinnen‹ und ›Halbjuden‹, ist der Begriff der Forscherin nur noch ein einziges weiteres Mal, nämlich im Interview von Bruno Erhardt, begegnet.

schichte. Ebenfalls erkennt der Interviewte Bernhard Oppermann, der dritte vorgestellte Fall, die Geschichte seiner Familie als Leidensgeschichte an. Anders als
bei den meisten anderen interviewten Personen, war bei ihm die *Mutter* der jüdische Elternteil. Ebenso wie für Herrn Oppermann, der sich im Laufe seines Lebens immer wieder mit der Frage nach seiner religiösen Verortung auseinandersetzt hat, spielten für die nächste Interviewte, Erika Heinrich, religiöse Fragen eine Rolle. Von Herrn Oppermann unterscheidet sie sich vor allem durch ihre starke, eindeutig positive emotionale Bindung an ihren Vater. Desgleichen spielte
auch im fünften vorgestellten Fall der Vater eine zentrale Rolle im Leben des Interviewten. Für Bruno Erhardt war sein gebildeter Vater ein besonderes Vorbild.
Als Darstellung des sechsten und letzten Falls fiel die Wahl auf Frank Stein. Er
bildet insofern einen Kontrast zu den übrigen Interviews, weil er bereits im Kin-
desalter gemeinsam mit Bruder und Eltern emigrierte und die Herrschaft der Nazis seinen Lebensweg daher in gänzlich anderer Weise prägte.

Die Falldarstellungen sind nach einem einheitlichen Muster aufgebaut. Ihre
unterschiedliche Länge ist einerseits auf die jeweilige Interviewdauer und die
Ausführlichkeit des Erzählten und andererseits auf die unterschiedliche narrative ›Dichte‹ in Hinsicht auf die Ambivalenzschilderungen zurückzuführen. In
den nun folgenden Falldarstellungen werden zunächst jeweils die Biografien
der Interviewten kurz vorgestellt. Zum Verständnis des historischen Gesche-
hens und als Kontextualisierungshilfe werden innerhalb dieser Kurzdarstellun-
gen an relevanten Stellen historische Hintergrundinformationen gegeben. Dies
geschieht dort, wo die Lebensläufe der Interviewten in besonderer Weise von
politischen und gesetzlichen Maßnahmen betroffen waren. Anschließend werden die individuellen Ausprägungen von ›Ambivalenz‹ entlang der Kategorien
des erstellten Kategoriensystems herausgearbeitet, wobei nicht zwangsläufig in
jedem Interview sämtliche im Kategoriensystem aufgeführten Aspekte zum
Tragen kommen. Zum Abschluss einer jeden Falldarstellung werden die in der
Analyse herausgearbeiteten individuellen Aspekte und Ausprägungen von
›Ambivalenz‹ noch einmal komprimiert dargestellt.

6.1   Gerhard Lilienthal

>»Denn irgendwie hat sich also alles Schlechte zum Guten gewandelt.«

6.1.1 Kurzbiografie

Gerhard Lilienthal wurde 1924 als Sohn eines jüdischen Vaters, der als Rechts-
anwalt praktizierte, und einer evangelischen Mutter in Berlin geboren. Bereits

1922 war seine ältere Schwester zur Welt gekommen. 1929 ließen sich seine Eltern scheiden und die Kinder wurden dem Vater, der noch im gleichen Jahr eine katholische Frau heiratete, zugesprochen. Kurz nach der Hochzeit wurde die Halbschwester von Herrn Lilienthal geboren. Die politischen Umwälzungen von 1933 waren für die Familie nicht nur mit einer drohenden, sondern auch einer realen Gefahr verbunden: Ein Bruder von Herrn Lilienthals Vater wurde kurz nach der Machtübertragung an die Nationalsozialisten aufgrund seiner politischen Betätigungen in ein Konzentrationslager eingeliefert und dort 1935 ermordet.

In der Hoffnung, ihr Sohn würde anschließend für die Nationalsozialisten als Christ gelten, ließen sein Vater und seine Stiefmutter Herrn Lilienthal 1934 evangelisch taufen. Im selben Jahr brachten die Eltern seine ältere Schwester in Belgien in einer Klosterschule unter. Später konnte sie in einer Quäker-Schule in den Niederlanden unterkommen. Auch Herr Lilienthals Vater hegte den Wunsch, Deutschland zu verlassen. Nach dem Verbot, seine Kanzlei weiter zu betreiben, konnte er 1938, mit dem Vorsatz, anschließend in die USA einzureisen, nach Kuba emigrieren. Kurze Zeit später waren auch seine Frau und seine jüngere Tochter bereit für die Emigration, sie hatten für Mai 1939 eine Schiffspassage von Hamburg nach Kuba gebucht (warum die Eltern Gerhard Lilienthal alleine in Deutschland zurückließen, ist unklar). Diese Fahrt ist unter der Bezeichnung ›Irrfahrt der St. Louis‹ in die Geschichte eingegangen.[131]

Erst 1940 gelange es Frau Lilienthal und ihrer Tochter schließlich, aus Frankreich nach Kuba einzureisen, von wo aus sie gemeinsam mit Herrn Lilienthals Vater in die USA übersiedelten. Unterdessen absolvierte ihr Sohn Gerhard, nunmehr auf sich alleine gestellt, in Berlin das Gymnasium, das er 1942 mit dem Abitur abschloss. Um seinen Lebensunterhalt zu finanzieren, suchte er

---

131 Am 13. Mai 1939 verließen knapp 900 jüdische und jüdisch-stämmige Flüchtlinge mit dem Kreuzfahrtschiff St. Louis den Hamburger Hafen. Nach einem Zwischenstopp im belgischen Cherbourg erreichte das Schiff am 27. Mai sein Ziel, die Bucht von Havanna, wo dem Kapitän allerdings das Anlegen untersagt wurde. Nach zahlreichen erfolglosen Verhandlungen mit der kubanischen Regierung verließ das Schiff am 2. Juni den Karibikstaat, um einen Tag darauf in Miami einzulaufen. Doch auch die USA verweigerten den Passagieren die Einreise. In den folgenden Tagen kreuzte die St. Louis zwischen Miami und Kuba hin und her, bis sie am 6. Juni die Anweisung erhielt, wieder nach Europa zurückzukehren. Am 17. Juni landete das Schiff in Antwerpen, wo durch den jüdischen JOINT (Jewish Joint Distribution Committee) erreicht werden konnte, die Flüchtlinge auf die Länder Frankreich, Großbritannien, Belgien und die Niederlande zu verteilen. Ein Teil der Flüchtlinge konnte später in die USA emigrieren, viele von ihnen wurden jedoch in der Folgezeit in die Vernichtungslager deportiert und ermordet (vgl. Reinfelder 2002, S. 23–111).

sich anschließend eine mehr oder weniger unqualifizierte Arbeit. Als Angestellter in einer Industrievertretung im kaufmännischen Bereich gab man ihm, gemeinsam mit drei weiteren ›Mischlingen‹, die Möglichkeit, etwas Geld zu verdienen. Aus mehreren Gründen war es dem jungen Herrn Lilienthal nicht möglich, im Anschluss an seine Schulzeit ein Studium aufzunehmen.

Historischer Exkurs 1:
Studiums-Beschränkungen für ›Mischlinge‹

Die (Hoch-)Schulpolitik der Nationalsozialisten zielte von Beginn an auf die Diskriminierung und Ausschaltung der Jüdinnen und Juden ab (vgl. Olenhusen 1966, S. 175). Dies galt nicht nur für die ›volljüdischen‹ Personen, sondern auch das akademische Betätigungsfeld der ›jüdischen Mischlinge‹ wurde im Laufe der Jahre immer weiter eingeengt. Obwohl die ›Halbjüdinnen‹ und ›Halbjuden‹ durch das *Gesetz gegen die Überfüllung deutscher Schulen und Hochschulen* vom Studium nicht grundsätzlich ausgeschlossen worden waren, durften sie doch einige Fächer wie Pädagogik und Pharmazie nicht mehr studieren (vgl. Meyer 1997, S. 200). Auch nach der Veröffentlichung der *Nürnberger Gesetze* war den ›Mischlingen‹ theoretisch das Hochschulstudium nicht verwehrt (vgl. Olenhusen 1966, S. 190). Ihnen war nach einer Anordnung vom 15. April 1937 sogar eine Promotion erlaubt. Allerdings konnte das *RMI* nach Rücksprache mit der entsprechenden Fakultät ›in Zweifelsfällen‹ die Zulassung verweigern (vgl. Meyer 1997, S. 200). Somit blieb also genügend Spielraum für eine Ablehnung bestehen. Nach Verhandlungen zwischen dem *RMI* und der *Parteikanzlei* wurden dann die Promotionsgesuche ab Anfang 1942 grundsätzlich abgelehnt (vgl. Olenhusen 1966, S. 195).

Mit einem Erlass des RMI vom 20. Oktober 1937 schränkte man die ›Mischlinge ersten Grades‹ in ihrer Studienwahl weiter ein. Nun durften sie beispielsweise zwar noch ein Medizin- oder Zahnmedizinstudium aufnehmen, doch wurde ihnen keine Möglichkeit zur späteren Prüfung in Aussicht gestellt (vgl. Walk 1996, S. 202). Bereits seit Mitte 1937 konnten sie von Vorlesungen und Seminaren »›rein persönlichen Charakters‹« (Olenhusen 1966, S. 190) ausgeschlossen werden.[132]

---

132 Dazu gehörten nicht die Vorlesungen und Übungen, die Prüfungsvoraussetzungen waren. Allgemeine Richtlinien wurden nicht erlassen. Daher oblag es jeder Universität, die Kriterien diesbezüglich eigenständig festzulegen. Die Formulierung lässt allerdings im Unklaren, ob der Charakter der Studierenden für den Ausschluss heran-

Nach dem Novemberpogrom von 1938 wurden die ›volljüdischen‹ Personen generell vom Studium ausgeschlossen, ebenso wurde die Mehrzahl der ›Halbjüdinnen‹ und ›Halbjuden‹ nicht mehr immatrikuliert (vgl. Graml 1958, S. 70). Seit einem Erlass des *RMI* vom 15. Februar 1940 war nicht nur die Immatrikulation, sondern auch der Verbleib der ›Mischlinge ersten Grades‹ an den Universitäten genehmigungspflichtig (vgl. Olenhusen 1966, S. 194). Die Genehmigung konnte erteilt werden, »wenn der Abschluss unmittelbar bevorstand oder ›besondere Verhältnisse in der Person des Gesuchsstellers‹ die Zulassung rechtfertigten – und auch dann nur zu Studienfächern, deren berufliche Ausübung ›Nichtarierinnen‹ und ›Nichtariern‹ möglich war« (ebd.).

Im Oktober 1940 erließ Hitler für die männlichen ›Mischlinge ersten Grades‹ eine Ausnahmegenehmigung, die sie sich für ihre militärischen Verdienste ›erkaufen‹ konnten (vgl. ebd., S. 195). Schließlich wurde diese einschränkende Regelung im Juni 1942 weiterhin verschärft. Ein ›Halbjude‹ wurde jetzt nur noch zum Studium zugelassen, »wenn er wegen *besonderer Bewährung* vor dem Feind durch ›Führerentscheidung‹ in der Wehrmacht geblieben war« (ebd., S. 196. Hervorh. S.G.) Am 13. Mai 1944 wandelte Martin Bormann, Leiter der *Parteikanzlei* der *NSDAP* und Stellvertreter des ›Führers‹, eine Äußerung Hitlers in den ›Tischgesprächen‹ von 1942 schließlich in einen verschärften Erlass um. ›Mischlinge ersten Grades‹ sollten jetzt nur noch eine Studienerlaubnis erhalten, wenn sie sich zusätzlich in der ›Kampfzeit‹ jahrelang für den Nationalsozialismus eingesetzt hatten, ohne von ihrer ›nichtarischen‹ Abstammung gewusst zu haben (vgl. ebd., S. 201). Erfüllte ein Bewerber sogar diese Bedingungen, lehnte die *Parteikanzlei* den Antrag jedoch mit der Begründung ab, »der Einsatz für die Bewegung sei nicht so außergewöhnlich gewesen, dass er eine Ausnahme rechtfertige« (ebd., S. 204). Mit der Konzentration auf die Wehrmachtszugehörigkeit wurden die ohnehin schon restriktiv gehandhabten Studienmöglichkeiten für die weiblichen ›Mischlinge‹ stark eingeschränkt, denn sie konnten schließlich keine militärische Auszeichnung erwerben. Für sie gab es nun kaum mehr eine Chance, von einer Universität angenommen zu werden.

Gerhard Lilienthal wurde es unmöglich gemacht, bis zum Kriegsende an seinem Arbeitsplatz zu verbleiben, denn im Herbst 1944 verpflichtete man ihn,

gezogen werden sollte oder ob die universitären Lehrveranstaltungen als ›rein persönliche‹ definiert wurden.

wie die meisten männlichen ›Halbjuden‹ seiner Generation, zur Zwangsarbeit in einem Lager der *Organisation Todt (OT)* außerhalb seiner Heimatstadt Berlin.

Historischer Exkurs 2:
›Mischlinge‹ und Zwangsarbeit bei der Organisation Todt
Die *Organisation Todt*, 1938 von Fritz Todt auf Weisung Hitlers geschaffen, war eine europaweit tätige Bauorganisation zur Durchführung kriegswichtiger Bauprojekte (das Folgende nach Lemmes 2010, S. 219f.) Sie war vor allem in den besetzten Ländern aktiv, führte allerdings auch im Deutschen Reich Aufträge aus. Dabei war sie, so Fabian Lemmes, »durch ihre Arbeiten im Bereich der militärischen, zivilen und industriellen Infrastruktur eine wesentliche Stütze der deutschen Kriegsführung« (ebd., S. 220). Die mehr als 1,5 Millionen Personen, die für die *OT* tätig waren, waren vor allem zwangsverpflichtete Zivilarbeiter, zumeist aus den besetzten Gebieten, Kriegsgefangene und (KZ-)Häftlinge.

Einige ›jüdische Mischlinge‹ wurden bereits ab Ende 1943 zum Einsatz in die *OT* zwangsverpflichtet. Nach Auseinandersetzungen zwischen dem *RSHA*, der *Parteikanzlei* und dem *OKW* gab Göring Mitte Oktober 1943 eine Hitler-Weisung an die Arbeitsämter im Deutschen Reich weiter. Diese Weisung enthielt unter anderem den weiteren Umgang mit den ›Halbjuden‹, die nicht Teil der Wehrmacht waren (vgl. Gruner 2000, S. 69). Fritz Sauckel, der Generalbevollmächtigte für den Arbeitseinsatz, ordnete daraufhin vermutlich Anfang November den »geschlossenen Arbeitseinsatz der jüdischen Mischlinge« (ebd.) an. Ein Teil von ihnen wurde daraufhin gegen Ende 1943 für Einsätze der *OT* in Frankreich zwangsrekrutiert (vgl. ebd.).

Nach dem Erlass Heinrich Himmlers, Reichsführer SS und Chef der deutschen Polizei, zur Festnahme der Juden, ›jüdischen Mischlinge‹ und ›jüdisch Versippten‹ vom Oktober 1944 (siehe Historischer Exkurs 7) konnte der ›geschlossene Arbeitseinsatz‹ nun endgültig durchgeführt werden, und die Mehrheit der ›jüdischen Mischlinge‹, und ebenso zahlreiche ›jüdisch Versippte‹, wurden in *OT*-Lager innerhalb des Deutschen Reiches eingeliefert (vgl. ebd.).[133] Meyer weist darauf

---

133 Näheres über Struktur und Einsatz der *Organisation Todt* siehe auch Seidler 1987, hier insbesondere die S. 131f., auf denen Seidler kurz auf den Zwangseinsatz der ›halbjüdischen‹ Personen und ›Mischehepartner‹ eingeht. Allerdings fällt seine Darstellung teilweise fehlerhaft und insgesamt sehr euphemistisch aus. Als positiv kennzeichnet

hin, dass die »Lebens- und Arbeitsbedingungen in den Lagern stark differierten: Einige kamen Konzentrationslagern gefährlich nahe, andere unterschieden sich kaum von RAD-Lagern [Reichsarbeitsdienstlagern, S.G.]« (Meyer 1999, S. 247).

Nach seiner Rückkehr aus dem *OT*-Lager in seine Heimatstadt Berlin im Mai 1945 suchte sich Herr Lilienthal eine Anstellung bei der amerikanischen Militärverwaltung, bis er im Mai 1946 nach New York, wo Vater, Stiefmutter und Halbschwester ansässig geworden waren, auswandern konnte. Auch seine ältere Schwester übersiedelte in späteren Jahren dorthin. In den USA angekommen, verdiente Gerhard Lilienthal in den ersten beiden Jahren seinen Lebensunterhalt mit Aushilfsarbeiten, bis man ihn im Dezember 1948, obwohl noch kein amerikanischer Staatsbürger, zum Militär einzog. Die US-Army ließ ihn zum medizinischen Assistenten ausbilden und entließ ihn im Dezember 1949. Nach einem Ingenieurs-Studium, das er sich selbst finanzieren musste, zog er 1952 nach Kalifornien und fand dort einen Arbeitsplatz. Für einen längeren Zeitraum kehrte er 1961 nach Deutschland zurück: Sein damaliger Arbeitgeber versetzte ihn für fünf Jahre ins Rheinland. Aus einer Partnerschaft mit einer deutschen Frau wurde in dieser Zeit sein erster Sohn geboren. Die Beziehung war allerdings nicht von Dauer und kurz vor seiner Rückkehr in die USA heiratete er seine jetzige Frau. 1966 kamen die gemeinsamen Zwillinge in Kalifornien zur Welt. Ab 1965 arbeitete Gerhard Lilienthal bis zu seiner Pensionierung im Jahr 1989 als Ingenieur bei einem Autokonzern. Bis 2007 besuchte er seinen Sohn, dessen Familie und seine alten Freunde in Deutschland regelmäßig einmal jährlich für mehrere Wochen. Gerhard Lilienthal verstarb im November 2009.

6.1.2   Zugehörigkeit – Nicht-Zugehörigkeit

Zu Beginn des Interviews thematisiert Gerhard Lilienthal zunächst die unterschiedlichen religiösen Herkünfte seiner Familie und geht nachfolgend kurz auf seine ersten Schuljahre ein. Daran schließt die nachstehende Passage an, in der Herr Lilienthal erstmals im Interview Erfahrungen seines sozialen Ausschlusses während der NS-Zeit beschreibt.

Seidler unter anderem die Entlohnung der ›Halbjuden‹ nach dem Frontarbeitertarif und die Aufstiegschancen für die, die vormals in der Wehrmacht einen höheren Dienstgrad bekleidet hatten. Nicht korrekt ist die Behauptung, die ›Mischlinge‹ hätten im Fall einer guten Arbeitsleistung, verbunden mit einer entsprechenden Heirat, die Möglichkeit gehabt, wieder Teil der ›Volksgemeinschaft‹ zu werden.

Ausschnitt 1[134]

56   Ich also getauft worden bin 1934 und dadurch als Halbarier ((Schnaufen/Ironischer Lacher?))
57   mein Leben weiterführen durfte. Und pffff das hat insofern mir eigentlich gut getan, dass ich
58   dadurch meine meine Gymansiumszeit beenden konnte, ich hab also 1942 mein Abitur gemacht in Berlin
59   und wie jesacht, während der Zeit gab's natürlich ab und zu mal Dinge, wo sogar die Halbarier
60   ausgemustert wurden oder ausgeschlossen wurden, zum Beispiel hab ich also in unser'm Schulchor
61   mitgesungen, aber wenn der Schulchor zu irgendwelchen besonderen nationalsozialistischen
62   Veranstaltungen eingeladen wurde, dann durfte ich natürlich da nicht mit. Sondern da durften nur die
63   Arier mitsingen. (2) Ja und wie gesagt, im Laufe der Zeit verschwanden also all meine jüdischen
64   Klassenkameraden, ah deren Eltern dann nach und nach ausgewandert sind und äh außerdem glaub ich …
65   Ich weiß nicht mehr, in welchem Jahr das war … Wurden glaub ich Juis… Juden sowieso von den
66   öffentlichen Schulen zumindestens in Berlin ausgeschlossen. Und die mussten dann also zu jüdischen
67   Schulen geh'n. Und konnten nicht länger ((wird heiser)) mit Ariern zusammen in derselben Klasse
68   sitzen. ((Husten)) Ja und dann, wie jesagt, pfff hab ich also 1942 es Abitur gemacht, zu dem
69   Zeitpunkt waren einige meiner Klassenkameraden bereits eingezogen zum Militär und ich war also
70   schwer beleidigt, dass ich als wehrunwürdig davon ausgeschlossen war. Aber wie gesagt, hat es
71   vielleicht dazu beigetragen, dass ich mich heute mit Ihnen unterhalten kann. (.) Da ich also 1942
72   nicht mehr … Da es nicht mehr erlaubt war für mich als … Selbst als Halbarier zu studier'n, blieb mir
73   also nichts weiter übrig, als mir irgendwo eine Stellung zu suchen und ich habe dann in einer
74   Industrievertretungs- ist eigentlich ´n Büro gewesen, in Berlin gearbeitet, wo drei andere Halbarier
75   auch gearbeitet haben, weil nämlich äh die Möglichkeit für Leute unseres Alters um um eine Stellung in
76   Berlin zu kommen aus dem Grunde nicht bestand, weil die alle beim Militär war'n. Die wurden ja alle
77   eingezogen. Denn wir war'n ja mitten im Krieg. Sodass also in diesem Büro … Da gab's also den
78   Bürochef, das war ein älterer Herr und äh all die die kaufmännischen Angestellten, das waren alles
79   Halbarier. ((Einatmen)) Gut, das ging also dann gut bis 1944 und dann hat sich also der Herr Speer
80   entschlossen, dass er mehr Arbeitskräfte braucht und hat sich die Organisation Todt äh dazu
81   eingerichtet … Nee, die bestand ja schon vorher. Mhm. Aber jedenfalls die Organisation Todt hat
82   ((wird heiser)) also dann äh die Halbarier ((Räuspern)), die gesund war'n, dienstverpflichtet, und auf
83   diese Art und Weise bin ich also im Herbst 1944 in die Organisation Todt ein(.)gereiht worden. Und
84   ich weiß, wir sind also dann … Der erste Einsatz war von Berlin sind wir nach Holland geschickt
85   worden, da war's glaub ich nach nachdem die amerikanischen Luftlandetruppen da gelandet sind,
86   sollten wir da irgendwelche Arbeiten leisten mit Spaten und so weiter. Und ((kurzes Räuspern)) da
87   ist es eigentlich aber nie dazu gekommen soweit ich weiß. Und es hat sich also dann ergeben, dass
88   die diese Gruppe, die ich hatte, die brauchte also ein' Fahrer für'n Lastwagen und da ich also
89   schon seit meiner Kindheit Auto gefahr'n bin … Mein Vater hat mich also zum ersten Mal mit zwölf
90   Jahr'n das Auto fahren lassen, obwohl ich niemals irgendwelchen Fahrunterricht genommen hab, aber
91   ich hab das so absorbiert von … Indem ich meinen Vater beobachtet habe. Und konnte also aus diesem

---

134 Eine Erklärung der Formatierung und der benutzten Zeichen in den Interviewausschnitten findet sich im Anhang 1: Transkriptionszeichen.

92   Grunde Auto fahr'n, obwohl ich keinen Führerschein hatte. Bei der Organisation hat sich keiner drum
93   gekümmert, ob ich 'n Führerschein hatte oder nicht, die brauchten Fahrer und auf diese Art und Weise
94   bin ich also dann erst mal Lastwagenfahrer geworden. Und dann im Laufe der Tage ... Das war also jetzt
95   alles schon Ende des Krieges. Ich glaube, wir hatten also dann noch Weihnachtsurlaub 1944 und ich
96   bin dann nach Berlin nach Hause gefahr'n und hab Weihnachten mit meiner Mutter verbracht und und
97   mein Schulfreund, die also auch auf Weihnachtsurlaub war'n von ihr'n verschiedenen militärischen
98   Verpflichtungen und äh dann nach dem Weihnachtsurlaub bin ich also wieder zu meiner Truppe zurück
99   (.), Organisation Todt, und wurde dann von dem pfff Gruppenleiter zu seinem Fahrer befördert. Bin
100   also anstelle von Lastwagenfahrer bin ich dann Privatwagenfahrer des des Gruppenleiters oder weiß
101   ich, wie man dies nannte. Einsatzleiter. Geworden. Und bin dann ... Hab also die letzten Tages des
102   Krieges in Wuppertal-Rechlinghausen verbracht, da war'n wir also einquartiert. Wissen Sie, wo das
103   ist?

Gerhard Lilienthal leitet die vorliegende Sequenz mit einer Handlung, seiner Taufe, die an ihm vollzogen wurde, ein. Die Taufe war von elterlicher Seite offensichtlich nicht religiös motiviert, sondern den politischen Umständen geschuldet. Sie sollte dazu dienen, Herrn Lilienthals ›rassischen‹ Status aufzuwerten, mit der Absicht, ihn so zu einem Mitglied der deutschen ›Volksgemeinschaft‹ werden zu lassen (Z. 56f.). Dabei bleibt unklar, wer seinen Eltern zur Taufe ihres Sohnes riet und welches die Umstände waren, die zu diesem Akt führten. Historisch irrt Herr Lilienthal an dieser Stelle und verortet die rassische Klassifizierung ›halb‹ bereits in das Jahr 1934.[135]

Die Taufe führte Herrn Lilienthals Interpretation nach ›zum Erfolg‹ und bot ihm die Möglichkeit, in späteren Jahren das Abitur zu absolvieren (Z. 58)[136]. In schulischer bzw. beruflicher Hinsicht war er bis zu diesem Zeitpunkt noch vollwertiges Mitglied der Gesellschaft. Der soziale Einschluss ›Abitur‹ dient dem Interviewten nun als Rahmung für seine Folgeerzählung, in der seine gesellschaftliche Zugehörigkeit sich als eine nur scheinbare entpuppt (Z. 59f.). Man erfährt, dass es in »der Zeit« (gemeint ist wohl die NS-Zeit oder zumindest die Zeit um 1942 herum, die Herr Lilienthal in Z. 58 thematisiert) einige Begebenheiten, die für ihn den Charakter eines Ausschlusses hatten, gab. Diese fanden nur »ab und zu« (Z. 59) statt und werden als Ausnahmen beschrieben. Abgesehen von diesen Ausnahmen fühlte Gerhard Lilienthal sich, folgt man seinen heutigen Ausführungen, gesellschaftlich zugehörig. Die doch geschehenen Ausschlüsse hatten laut seiner Beschreibung den Charakter einer »Ausmuste-

---

135 Die Definition des ›Halbjüdischen‹ wurde erst im Herbst 1935 mit den *Nürnberger Gesetzen* durchgesetzt.
136 Tatsächlich war es bis 1942 gesetzlich nicht verboten, dass ›Halbjüdinnen‹ und ›Halbjuden‹ ihr Abitur ablegten.

rung« (Z. 60). Man befand ihn also nicht für gut genug und stufte ihn als ›nicht verwendbar‹ ein. Es bleibt unklar, worauf sich die Ausmusterung konkret bezieht. Die Verwendung dieses Begriffs aus der Militärsprache verweist bereits an dieser Stelle auf seinen späteren Ausschluss aus der Wehrmacht.

Alsbald beschreibt Herr Lilienthal ein Geschehnis aus der NS-Zeit, nämlich seine Entfernung aus dem Schulchor anlässlich bestimmter öffentlicher Veranstaltungen (Z. 61ff.). Das über ihn verhängte Teilnahmeverbot deutet er als nachvollziehbaren Akt, ohne ihn als für sich negativ bedeutsam zu charakterisieren. Seine Beschreibung dieser Erfahrung beschränkt sich auf eine rein sachliche Mitteilung und wird von ihm nicht emotional bewertet. Dabei übernimmt er, indem er das Adverb »natürlich« im Sinne von ›selbstverständlich‹ verwendet, die nationalsozialistische Logik und rechtfertigt damit die Rechtmäßigkeit seiner Aussonderung.

Kurz darauf thematisiert Gerhard Lilienthal seinen Ausschluss aus der Wehrmacht. Als ›Halbjude‹ wurde er 1942 im Anschluss an sein Abitur für wehrunwürdig erklärt (Z. 70), was ihn »schwer beleidigt« habe (ebd.). Man kann annehmen, dass diese Deklassierung nicht zuletzt hinsichtlich seiner Zugehörigkeit zum bürgerlichen Milieu – zudem hatte sein Vater im Ersten Weltkrieg einen Offiziersrang bekleidet – ein herber Schlag gewesen sein muss. Jedenfalls erfüllte sich auch in militärischer Hinsicht seine mögliche Hoffnung auf eine Integration in die ›Volksgemeinschaft‹ nicht. Die Herabsetzung seiner Person wendet Herr Lilienthal ins Positive (Z. 70f.): durch den Wehrmachtsausschluss habe er den Krieg überlebt.

Auch sein Traum zu studieren erfüllte sich für Gerhard Lilienthal nicht, und trotz seines bestandenen Abiturs wurden ihm so gut wie keine beruflichen Möglichkeiten eröffnet. Resigniert nimmt er auch heute noch hin, dass ihm »nichts weiter übrig« geblieben sei (Z. 73), als sich eine kaufmännische Beschäftigung zu suchen. Aufgrund seiner Herkunft kann man davon ausgehen, dass es für ihn durchaus ›vorgesehen‹ war, nach dem Schulabschluss ein Studium aufzunehmen. Waren die vorherigen von Herrn Lilienthal erlebten gesellschaftlichen Ausschlüsse sicherlich für ihn zwar bedeutsam, so erwies sich die Studien-Benachteiligung für ihn (und die anderen ›Mischlinge‹ seines Alters) als weitaus gewichtiger in Bezug auf die weitere (Berufs-)Biografie. Für Herrn Lilienthal jedenfalls fand damit erstmalig eine gesellschaftliche Deklassierung mit weit reichenden, nicht nur psychisch wirkmächtigen, lebenslangen Folgen statt. Die mit seiner Anstellung in einem Büro verbundene Herabsetzung seiner Möglichkeiten spricht er im Interview allerdings nicht an, vielmehr betont er den Stellenwert seiner Person und die der anderen ›Mischlinge‹ für das Fortbestehen des Betriebs (Z. 76ff.). Ebenso wie seine ›Wehrunwürdigkeit‹ nimmt Herr Lilienthal in seiner Erzählung die berufliche Benachteiligung hin und deu-

tet die Herabsetzung positiv: er und die anderen ›Halbjüdinnen‹ und ›Halbjuden‹ seien unentbehrlich gewesen (was sie 1942 und in den Folgejahren in den
kaufmännischen Betrieben tatsächlich auch waren).

Die nächste Ausschluss-Erfahrung, die Gerhard Lilienthal im Interview an-
führt, ist seine Zwangsrekrutierung zur *OT* im Herbst 1944 (Z. 82). Er benutzt
mit dem Begriff der »Dienstverpflichtung« einen Euphemismus für den Umstand, dass man ihn in ein geschlossenes Arbeitslager einwies. Durch seine
Wortwahl betont er den Charakter der *OT* als militärisch wichtige Einheit, in
der man statt Zwangsarbeit Dienst verrichtete, und die sich dieser Logik folgend nur unwesentlich von der Wehrmacht, die Herrn Lilienthal Jahre zuvor
abgelehnt hatte, unterschied. Faktisch raubte man Gerhard Lilienthal mit der
Verpflichtung zur *OT* seinen Subjektstatus. Hatte er nach seinem Schulabschluss trotz Studierverbots und eingeschränkter Berufswahl noch die Möglichkeit, sich selbsttätig eine Stelle suchen, war dies 1944 nicht mehr möglich. Nun
vermochte er nicht mehr frei über sich und seine Arbeitskraft zu verfügen und
wurde in die Zwangsarbeit »eingereiht« (Z. 83). Mit dem militärischen Begriff
des ›Einreihens‹ stellt Herr Lilienthal erneut eine Gleichartigkeit zwischen *OT*
und Armee heraus.

Durch die Einweisung in das Lager musste Gerhard Lilienthal nicht mehr
nur eine bloße innergesellschaftliche Degradierung hinnehmen, sondern gar eine gesellschaftliche Absonderung verkraften. Dieser Exklusion setzt er im Interview etwas entgegen: seinen *Aufstieg* innerhalb der *OT*. Vom einfachen Bau-
arbeiter wurde Herr Lilienthal eines Tages zum Lastwagenfahrer befördert:
»…, die brauchten also ein' Fahrer für'n Lastwagen …« (Z. 88) und »…, die
brauchten Fahrer …« (Z. 93). Seiner Erniedrigung setzt Herr Lilienthal eine
persönliche Aufwertung gegenüber und verleiht sich somit Ansehen und Bedeutung: innerhalb der *OT* war man aufgrund seiner Autofahr-Kenntnisse auf
ihn *angewiesen*, was ihn von seinen Mitgefangenen abhob. Und in der Beschreibung der Rückkehr aus dem Weihnachtsurlaub 1944/45 ist die *OT* zu
»meiner Truppe« (Z. 98) geworden. Aus seiner heutigen Sicht verdeutlicht Herr
Lilienthal also seine hohe Identifikation mit der *OT*, der er sich ab einem bestimmten Zeitpunkt zugehörig fühlte. Sein Einsatz und seine Einstellung wurden schließlich belohnt, denn sein Gruppenleiter »beförderte« (Z. 99) ihn zu
seinem persönlichen Fahrer.

Im vorgestellten Textausschnitt wird deutlich, wie Gerhard Lilienthal den
im Laufe der Jahre zunehmenden bzw. sich steigernden gesellschaftlichen Benachteiligungen und Ausschlüssen sprachlich entgegentritt. Seine zeitweiligen
Suspendierungen aus dem Schulchor nimmt Herr Lilienthal gezwungenermaßen
hin, ist er doch bis auf diese wenigen Ausnahmen noch Teil des Schulkollek-
tivs. Die Zurückweisung seiner Person durch die Wehrmacht erträgt er aller-

dings nicht mehr, ohne ihr ein positives Moment bzw. eine positive *Umdeutung* entgegenzusetzen: die Benachteiligung war letztlich lebensrettend. Die ›Strategie‹ der Umdeutung erweist sich alsbald vor dem Hintergrund der bis dato von ihm ertragenen massiven sozialen Benachteiligungen hinsichtlich des Studienverbots als nicht mehr ausreichend, um die eigene Kränkung wettzumachen. Sprachlich verleiht Herr Lilienthal sich nun in Form einer *Selbstaufwertung* eine besondere Bedeutung und stellt die eigene Unentbehrlichkeit für die ihm zugewiesene Arbeitsstelle heraus. Gleiches gilt hinsichtlich der Zwangsarbeit bei der *OT*, welche ihm in seiner Wahrnehmung sogar die Möglichkeit eines internen sozialen Aufstiegs bot.

Am Beispiel Gerhard Lilienthals wird also offensichtlich, dass fortschreitender sozialer Exklusion auf bestimmter Weise entgegnet werden kann, indem eine einstige realiter in vielerlei Hinsicht nicht mehr existierende gesellschaftliche Zugehörigkeit narrativ wieder herzustellen versucht wird. Seine Bemühungen, diese Zugehörigkeit durch die Hervorhebung der eigenen Bedeutsamkeit darzulegen, zeigen Herrn Lilienthals Kampf um gesellschaftliche Anerkennung und sein Bedürfnis, Teil eben jener Gesellschaft sein zu wollen, die ihn längst als nicht (mehr) zugehörig definiert hat.

In der folgenden Textpassage geht Herr Lilienthal erneut auf seine ihm widerfahrenen schulischen Diskriminierungserfahrungen ein.

Ausschnitt 2

733   Ich hab Ihnen gesagt, dass ich tief gekränkt war, nachdem mich ein Mitglied des des
734   Schulchors war. *Ja.* Dass es gewisse Veranstaltungen gab, zu denen ich nicht mitsingen durfte. Und
735   pfff wann das war? Weiß nicht, wahrscheinlich '35, '36 oder so. Und das ist also etwas ... Dann war
736   ich auch ausgeschlossen glaub ich von verschiedenen (.) sportlichen Ereignissen. Und wenn also
737   zum Beispiel unsere Fußballmannschaft gegen eine Fußballmannschaft von einer anderen Schule gespielt
738   hat, durfte ich nicht mitspielen. Inwiefern mich das getroffen hat, kann ich heute kaum noch sagen,
739   aber <u>glücklich</u> war ich also <u>bestimmt</u> nicht darüber. *Mhm.* Und ich hab mir also bestimmt irgendwie pff...
740   Hat mich etwas geschmerzt, dass man mich davon ausgeschlossen hat, aber dass ich dadurch also
741   irgendwelchen bleibenden <u>Schaden</u> erlitten habe, kann ich von mir selbst eigentlich nicht bezeugen.

Erstmalig gibt Gerhard Lilienthal hier eine Emotion als Reaktion auf seinen gesellschaftlichen Ausschluss preis: »..., dass ich tief gekränkt war ...« (Z. 733). In der Schule musste er neben dem zeitweiligen Ausschluss aus dem Schulchor zudem eine weitere Kränkung, das Verbot zur Teilnahme an bestimmten sportlichen Wettkämpfen, hinnehmen. Im Interview stellt Herr Lilienthal den Ausschluss nicht als Fakt dar, sondern drückt seine Unsicherheit aus: »... glaub ich von verschiedenen sportlichen Ereignissen« (Z. 735f.). Es ist vermutlich nicht so, dass er die Benachteiligungen nicht mehr erinnert, sondern vielmehr mag die Formulierung der Distanzierung von den leidvollen Erfahrungen dienen. Kurz darauf wendet sich Herr Lilienthal von seinem emotionalen Erleben ab: »Inwiefern mich das getroffen hat, kann ich heute kaum noch sagen, aber glücklich war ich bestimmt nicht darüber« (Z. 738f.). Dieser emotionale Rückzug deutet darauf hin, dass der Interviewte sich scheut, sich seiner schmerzvollen Erlebnisse der NS-Zeit bewusst zu werden. Folgerichtig fällt Gerhard Lilienthals Resümee positiv aus, wobei die Einschränkung »eigentlich« das Gesagte gleichzeitig in Frage stellt: »…, aber dass ich dadurch also irgendwelchen bleibenden Schaden erlitten habe, kann ich von mir selbst eigentlich nicht bezeugen« (Z. 740f.).

Der nächste Ausschnitt handelt nun vom Bemühen des Interviewten, seinen Status zwischen Inklusion und Exklusion zu verorten.

Ausschnitt 3

776   Und dadurch, dass ich also in der Lage war, auf's
777   Gymnasium zu geh'n und äh und da war'n also zwei oder drei andere Mischlinge, die also auch in
778   meiner Klassen war'n. Und ich muss ehrlich sagen, dass unsere Klassenkameraden sich sehr anständig
779   uns gegenüber benommen haben, indem sie nämlich eigentlich gar keinen Unterschied gemacht haben auf
780   der Basis, dass wir also Mischlinge war'n. Und und wir s- haben also zusammen während der
781   Schulferien Fahrten gemacht und sind Ski laufen in die Berge gefahr'n und haben zusammen
782   Paddelfahrten gehabt. Und die hatten 'n Landschulheim von unserem Gymnasium, da gingen wir
783   also als Klasse mit einem unserer Lehrer jedes Jahr eine Woche in das Landschulheim, und da war also
784   'n bisschen Unterricht, aber sonst wurde da … Da war ein See und da fuhr'n wir mit 'm <u>Kahn</u>
785   rum. Es war also da irgendwie im Spreewald *Mhm* oder in der <u>Nähe</u> vom Spreewald. Da gibt's doch diese
786   Spreewald-Kähne, *Mhm* diese flachen Dinger. *Mhm.* Und das hatten wir also da auch an … In diesem
787   Landschulheim da war ein Spreewald-Kahn oder zwei und da haben wir Wasserschlachten veranstaltet und
788   sind natürlich da in dem See geschwommen. So, also jedenfalls muss ich sagen, meine Erinnerung in
789   der Beziehung ist, dass meine Klassenkameraden sich <u>sehr</u> anständig und neutral uns gegenüber benommen
790   haben und im Prinzip eigentlich gar kein' Unterschied gemacht haben auf Grundlage, dass wir
791   also Mischlinge war'n.
792   *S. G.: Und bei den Lehrern, wie war das?*
793   G. L.: ((Schmunzeln)) Da gibt's natürlich bei den <u>Lehrern</u>, da gab's also welche, die das
794   NSDAP-Parteiabzeichen <u>getragen</u> haben. Einige von denen, die das Parteiabzeichen getragen haben,
795   waren eigentlich <u>sehr</u> neutral und wenn die irgendetwas gehört haben, dass irgendwelche Dinge …
796   Antisemitische Dinge in der Schule vorkamen … Denn zu dem Zeitpunkt hatten wir also noch einige
797   jüdische Mitschüler, '34, '35, '36 … Da haben die sich also dagegen aufgelehnt und haben <u>der</u> Klasse
798   gesagt:»Hör mal zu, die jüdischen Mitschüler sind genauso wie alle ander'n und dass Ihr also
799   irgendwie diskriminiert gegen die ist unzulässig« und so weiter und so fort. Da gab's einige von <u>der</u>
800   Sorte. *Mhm.* Dann gab's andere, die war'n also praktisch antisemitisch äh und das konntest denen also
801   praktisch anseh'n, dass die antisemitisch sind und haben auch keinen Hehl daraus gemacht. Und haben auch
802   entsprechende Bemerkungen in der Klasse gemacht zu den jüdischen Schülern und allgemein und so

803   weiter und so fort. Also deshalb sag ich … Wir hatten zum Beispiel einen Direktor der Schule, der
804   war <u>sehr</u> anständig und sehr neutral und der hat also versucht, all seine Schüler zu beschützen, so
805   weit das möglich war. Egal, ob die Arier oder Mischlinge oder Juden war'n. So lange die das Recht
806   hatten, in der Schule zu sein, hat er also alles versucht, um die Jungs zu schützen. (.) Aber wie
807   gesagt, da war auch mal einer, der … War ein neuer Lehrer, der kam also schon während der Kriegszeit.
808   Weiß nicht, '41, '40 oder '41 und der hat also mir eines Tages gesagt, warum, was da vorgekommen ist,
809   weiß nicht. Der hat mir also gesagt: »Ich hab gehört, dass Sie, dass Sie Halbarier sind oder
810   Halbjude …« Mischling wahrscheinlich. »Ich hab gehört, dass Sie Mischling sind und wenn Sie noch mal
811   so was machen, werde ich dafür sorgen, dass Sie aus der Schule geschmissen werden oder so was.«
812   Nicht, das war also so ein junger Nazi-Lehrer und und der war also in der Beziehung fanatisch und
813   hätte wahrscheinlich, wenn er die Möglichkeit gehabt hätte *Mhm* auch dafür gesorgt, dass sie mich aus
814   der Schule geschmissen haben. Aber das war aber schon glaube ich in der Unterprima oder zumindestens
815   Obertertia *Mhm*, dass das vorgekommen ist.

In dieser Textpassage beschreibt Gerhard Lilienthal zunächst die ›heile Welt‹ der gemeinsam mit den anderen Schülern verbrachten Schulferien und Klassenfahrten, in der Klassenkameraden »anständig« (Z. 778, 789) und »neutral« (Z. 789) waren und »eigentlich gar keinen Unterschied« (Z. 779) oder »im Prinzip eigentlich gar keinen Unterschied gemacht haben« (Z. 790). Die damaligen Unternehmungen stellt er in einer vergleichsweise langen Passage ausführlich dar. Diese Detaillierung dient als Belegerzählung der ›Wahrheit‹ und Herr Lilienthal bezeugt hiermit in besonderer Weise seinen Wunsch nach Zugehörigkeit zur Schulgemeinschaft.

Immer wieder bemüht sich der Interviewte darum, seine Gleichwertigkeit gegenüber den Klassenkameraden auszudrücken. Damit dies gelingt, betont er fortwährend die »Anständigkeit« und »Neutralität« seiner Mitschüler und Lehrer. Keinesfalls möchte er den Eindruck vermitteln, innerhalb der Gemeinschaft der Jugendlichen als Fremdkörper angesehen worden zu sein. Allerdings lässt sich an der ungebrochenen Akzeptanz seiner Person zweifeln, denn mehrfach relativiert er das vermeintlich positive Verhalten von Lehrern und Mitschülern. Die Klassenkameraden haben eben nur »… eigentlich gar keinen Unterschied gemacht …« (Z. 779) oder auch »… im Prinzip eigentlich keinen Unterschied gemacht …« (Z. 790). Und auch die Lehrer mit Parteiabzeichen waren nur »… eigentlich sehr neutral …« (Z. 795). Dass Gerhard Lilienthal in der Schule wohl eher toleriert, denn als Gleicher unter Gleichen oder darüber hinaus gar als besonders schutzbedürftig angesehen wurde, zeigt die Verwendung der Adverbien »anständig« und »neutral«, die der Interviewte *sowohl* zur Charakterisierung der Mitschüler, *als auch* der Lehrer bzw. des Direktors benutzt. Szenen von Mitgefühl oder gar Solidarität fehlen in seinen Ausführungen gänzlich.

Dann führt Herr Lilienthal die Gegenbilder zu den »eigentlich sehr neutralen Lehrern« (Z. 798ff.) ein. Diese ihm übel gesinnten Lehrer ließen »Bemerkungen in der Klasse [...] zu den jüdischen Schülern und allgemein« (Z. 802) fallen. Und ein antisemitischer Lehrer drohte ihm in seinem Abschlussjahr aufgrund seines ›Mischlings-Status‹ nach einer vermeintlichen Verfehlung mit Schulausschluss (Z. 810f.). Die Bedrohung, die von diesem Lehrer ausgeht, wird von Herrn Lilienthal narrativ durch die Figur des *guten Direktors*: »sehr anständig und sehr neutral« (Z. 804), dessen Beschreibung er dem antisemitischen Lehrer voranstellt, abgefedert.

Trotz Gerhard Lilienthals Versuch, sich als gleichberechtigten Teil der Gemeinschaft darzustellen, beschreibt er auch die Perspektive der ihn ausgrenzenden Verfolgenden, dargestellt an einem Nazi-Lehrer. Von diesem wird er der nationalsozialistischen Logik folgend nicht als ›Halb*arier*‹, sondern als ›Mischling‹ bezeichnet.

Im vorliegenden Textausschnitt wird zum einen die Wirkmächtigkeit der Klassifizierung für die ›Halbjüdinnen‹ und ›Halbjuden‹ deutlich. Gerhard Lilienthal jedenfalls gelingt trotz seines Bemühens um die Distanzierung von der Rolle des Ausgeschlossenen die Befreiung von der Stigmatisierung semantisch nicht. Zudem verdeutlicht die Passage in besonderer Hinsicht den Anpassungsdruck der ehemaligen ›Mischlinge‹, denen oft nichts anderes übrig, als die Fähigkeit zu perfektionieren, nicht negativ (oder ebenso positiv) aufzufallen. Sie mussten gewissermaßen zu einem Neutrum werden, um ein geringstenfalls neutrales Verhalten der Umgebung ihnen gegenüber zu erzwingen. In der Gegenwart schlägt sich dieser Druck bei Herrn Lilienthal auch sprachlich nieder. Indem er die Neutralität von Lehrern und Mitschülern in ihren verschiedenen begrifflichen Facetten betont, eignet er sich im Erzählprozess den Status eines Neutrums geradezu an.

Noch einmal führt Gerhard Lilienthal wenige Zeit später im Interview das Verhältnis zu seinen Klassenkameraden an:

Ausschnitt 4

1056   S. G.: *Gibt es so etwas wie Vorbehalte den Menschen Ihres Alters gegenüber, die in Deutschland*
1057   *war'n und dazu beigetragen haben, dass Sie sich schlecht gefühlt haben?*
1058   G. L.: Also ich muss Ihnen ehrlich sagen, dass ich da eigentlich in der Beziehung gar keine
1059   negativen Gefühle habe. *Ja.* Alldieweil ich von meinen Klassenkameraden immer anständig behandelt
1060   worden bin und auch nicht von ihnen aus von irgendetwas ausgeschlossen wurde, sondern soweit es
1061   sich also um sie handelte, hab ich ... Haben wir alles zusammen gemacht. *Mhm.* Und und deshalb ist also
1062   würd ich sagen eine unvorbehaltene Freundschaft *Mhm* zwischen und entstanden.
1063   S. G.: *Und Sie trennen jetzt auch nicht, wenn Sie irgendwo sind ... Was weiß ich im Restaurant in*
1064   *Deutschland sitzen, der ist so alt wie Sie, den kennen Sie nicht ... Sie trennen jetzt nicht zwischen*

1065 *guten und bösen Deutschen oder ... Also ... Versteh'n Sie, was ich meine?*
1066 G. L.: Ja.
1067 S. G.: *Die erzählen mir »Ja, also wenn ich Deutsche meines Alters treffe, und ich mit denen ins*
1068 *Gespräch komme, dann merk ich ganz schnell, dass ich mit denen nichts gemeinsam habe. Weil ich einen*
1069 *andern Erfahrungshintergrund habe als diese Personen. Und die erzählen mir dann, was weiß ich, wie*
1070 *schlimm sie gelitten haben in der NS-Zeit, weil Ihnen ... Weil eine Bombe nebenan eingeschlagen ist oder*
1071 *weil sie immer Angst hatten vor den Bomben. Und deswegen ... Aber das ist nicht das Gleiche, was ich*
1072 *erlebt habe. Deswegen kann ich mit diesen Menschen nichts anfangen.«*
1073 G. L.: Nö, also ich muss Ihnen sagen, dass dass unsere Jugendfreundschaft an sich auf einer ganz
1074 anderen Basis existiert. Ich weiß nicht, ob Sie also ne Verbindung haben zu irgendwelchen Menschen,
1075 mit denen Sie zusammen zur Schule gegangen sind, und mit denen Sie tatsächlich befreundet waren, und
1076 mit denen Sie alles zusammen gemacht haben. Zu meiner Zeit war'n ja die Klassen sehr äh (3) intensiv
1077 vereint. *Mhm.* Ist ja nicht so, dass man eine Stunde in der Klasse mit den Leuten und die nächste
1078 Stunde mit einer andern ... Wir war'n ja als Klasse praktisch von der Sexta bis zum Abitur zusammen. Da
1079 sind ab und zu mal Neue gekommen, ab und zu mal welche, wo die Eltern weggezogen sind und so. Aber
1080 im Prinzip sind wir also als Klasse zusammen geblieben vom Anfang der ... des Gymnasiums bis zum
1081 Abitur. Und wie gesagt, es leben heute viele davon nicht mehr. Wir hatten einen Klassenkameraden, der
1082 war beim Fernsehen, und als der sich pensioniert hat vom Fernsehen, hat der in Köln eine große
1083 Veranstaltung gegeben, zu den er alle Klassenkameraden eingeladen hat. Er war ... Also Hilde und ich
1084 waren ... Wir waren auch da, das war Neunzehnhundert ich glaube 88, 1988 und äh zu dem Zeitpunkt waren
1085 also noch wesentlich mehr von den Klassenkameraden da als wie jetzt noch vorhanden sind. Ja. Ist klar.
1086 And... Ist ja auch schon fast zwanzig Jahre her. 1988. Und dann hatten verschiedene von unseren
1087 Klassenkameraden, ein oder zwei Jahre später oder im Abstand würde ich sagen von vielleicht zwei
1088 Jahr'n, auch Klassentreffen veranstaltet in deren Wohnorten. Und wir waren also dann zusammen
1089 mal in Hannover, glaub ich, und dann war mal Klassentreffen in Berlin, und dann war ein Mal in der
1090 Eifel und äh so weiter und so fort. Aber die Gruppe wurde also immer kleiner und kleiner und im
1091 letzten Jahr, als ich in Berlin war, da war'n wir nur noch fünf oder sechs. Und inzwischen is also
1092 einer oder zwei sogar schon gestorben. Aber wir haben also niemals das pfff irgendwie (2) uns darüber
1093 unterhalten, dass vielleicht unsere Lebensbedingungen sich anders entwickelt haben zwischen den
1094 einzelnen Personen, sondern das war lediglich die alte Zusammengehörigkeit, unter der wir also ein
1095 oder zwei Tage zusammen verbracht haben. War also mehr auf einer kameradschaftlichen Be- Basis als
1096 sonst.

Wie bereits in anderen Interviewpassagen, hebt Gerhard Lilienthal auch in diesem Textabschnitt seine damalige und heutige Inklusion innerhalb der Klassengemeinschaft hervor. Die heute noch existierende Freundschaft mit seinen ehemaligen Klassenkameraden, so Herr Lilienthal, gehe zurück auf die gemeinsame Schulzeit und beruhe »an sich auf einer ganz anderen Basis ...« (Z. 1073f.). Was genau er damit meint, bleibt unklar. Der Zusammenhalt zwischen ihm und den anderen Ehemaligen hat durch die »alte Zusammengehörigkeit« (Z. 1094) noch immer Bestand. Seine (schmerzvollen) Erlebnisse der NS-Zeit haben allerdings auch heute keinen Platz in dieser Gemeinschaft. Erfahrungen, die Herr Lilienthal mit den anderen Klassenkameraden zwangsläufig nicht teilt, wie jene aus *HJ* und Wehrmacht, seine Verfolgung durch die Nazis oder der zeitweilige Verlust seiner Familie, wurden laut Herrn Lilienthal nie Gesprächsinhalt (Z. 109f.). Bis heute klagt er bei seinen ehemaligen Klassenkameraden eine Auseinandersetzung darüber nicht ein.

6.1.3 Zwischenresümee

Gerhard Lilienthal bemüht sich in seiner Erzählung zum einen darum, die Gleichwertigkeit seiner Person (vor allem gegenüber seinen Klassenkameraden) zu betonen. Dabei vermeidet er, den Eindruck zu vermitteln, als Fremdkörper innerhalb der NS-Gemeinschaft gelebt zu haben. In der NS-Realität jedoch wurde Herrn Lilienthals sozialer Wirkungskreis mit fortschreitendem Verlauf der Historie immer weiter eingeengt, bis man ihm schließlich mit der Einberufung zur *OT* seinen Subjektstatus nahm.

Bezüglich der damaligen gesellschaftlichen Ausschlüsse ist Herr Lilienthal heute bestrebt, den einst erlittenen Kränkungen positive Bedeutung zu verleihen, und sich aufzuwerten, indem er seine eigene Bedeutsamkeit, vor allem im Zusammenhang mit der *OT*, besonders nachdrücklich hervorhebt.

Im Interview wird deutlich, dass Gerhard Lilienthal stets danach trachtet, erlittene Kränkungen und emotional belastende Ereignisse als nicht belastend darzustellen. Im Zuge einer ›Strategie‹ der Harmonisierung und Normalisierung, die der Verringerung seiner Ambivalenzgefühle dient[137], bleibt er emotional zurückhaltend. In seinem Bemühen, sich als Gleicher unter Gleichen darzustellen, finden Gefühle von Wut oder Traurigkeit keinen Platz, gälten sie doch als Eingeständnis erfahrenen Leids. Damit wird gleichwohl das Gegenteil, nämlich seine Deklassierung und Herabwürdigung offensichtlich.

---

137 In der Sozialpsychologie wird das bei Herrn Lilienthal deutlich gewordene Bemühen als ›Kognitive Dissonanz‹ bzw. als Versuch der Reduzierung dieser kognitiven Dissonanz bezeichnet. Kognitive Dissonanz meint einen als unangenehm empfundenen Gefühlszustand, der dadurch entsteht, dass eine Person verschiedene Wahrnehmungen, Meinungen, Gedanken, Einstellungen, Wünsche oder Absichten, die nicht miteinander vereinbar sind, hat. Gemäß der Theorie besteht im Individuum die Tendenz, diese nicht miteinander übereinstimmenden Elemente zu vermeiden, also die kognitive Dissonanz zu verringern (vgl. Festinger 1954/1978).

6.1.4 Zuschreibungen

Im Folgenden geht es um Problematik im Kontext von Zuschreibungen. Einerseits thematisiert Gerhard Lilienthal im Interview die Fremdzuschreibungen, die man in der NS-Zeit an ihn herantrug. Andererseits verdeutlicht er mit seiner Erzählung auch den eigenen gesellschaftlichen Standpunkt mit Zuschreibungen an andere und die Eigen-Klassifizierung seiner Person.

Ausschnitt 1

41	Und da fing das also schon an, dass die einen
42	Kinder in der Klasse waren Juden und die andern waren keine Juden. Und all die Juden, die also
43	sag'n wir mal aus kaufmännischen Häusern kam', die haben sich so schnell wie möglich zu dem Zeitpunkt
44	abgesetzt und konnten ja damals 1933, ´34 noch all ihre Vermögen mit raus nehmen. Und einige
45	davon sind aber trotzdem in der Schule verblieben und ich weiß, dass wir, als ich in die Sexta kam ...
46	Also damals gab's ja noch Sexta, Quinta, Quarta. Als ich in die Sexta kam, wir waren also nur noch
47	sehr vereinzelte jüdische Schüler, vielleicht von einer Klasse von 30 oder 35 war'n glaub ich nicht
48	mehr, als drei oder vier. Und dann zusätzlich gab's dann die sogenannten Halbarier. Und dazu muss
49	ich noch bemerken, dass ich also bis 1934 noch nicht getauft war und dann hat man also meinen Eltern
50	anheim gelegt, dass ich christlich getauft werden sollte und zwar aus dem Grunde, weil ich dann
51	nicht als Jude bezeichnet wurde, sondern als Halbarier, Mischling ersten Grades. Und und meiner
52	Eltern haben gesagt:»Gut, wenn des von Vorteil ist, dann machen wir das für unser Kind« und auf diese
53	Art und Weise bin ich also glaub ich im März 1934 evangelisch getauft worden. Das hat aber im
54	Prinzip wenig mit meiner eigenen Einstellung zu tun und ...
55	*Das Telefon klingelt, der Interviewpartner steht auf und telefoniert.*
56	Ich also getauft worden bin 1934 und dadurch als Halbarier ((Schnaufen/Ironischer Lacher?))
57	mein Leben weiterführen durfte. Und pffff das hat insofern mir eigentlich gut getan, dass ich
58	dadurch meine meine Gymnasiumszeit beenden konnte, ...

In Zeile 41f. unterteilt Gerhard Lilienthal seine Mitschüler zunächst in »Juden« und »keine Juden«, wobei unklar bleibt, in welcher dieser beiden Gruppen er sich selbst verortet. Eine folgende Aussage, die zwei Lesarten zulässt, liefert diesbezüglich Anhaltspunkte »Wir waren also nur noch sehr vereinzelte jüdische Schüler« (Z. 46f.).

1.   Herr Lilienthal schließt sich in das Kollektiv der jüdischen Schüler ein. Dies entspricht auch dem ›korrekten‹ historischen Kontext. Die Kinder aus jüdisch-christlichen Ehen galten bis zu den Nürnberger Gesetzen als jüdisch.

2.   »Wir« bezieht sich auf die gesamte Klasse, dessen Teil auch Herr Lilienthal ist.

Kurz darauf führt der Interviewte eine weitere Personengruppe ein, die »Halbarier«: »Und dann zusätzlich gab's dann die sogenannten Halbarier« (Z. 48). Auch bezüglich dieser Personengruppe positioniert sich Herr Lilienthal zunächst nicht. Erst durch die christliche Taufe, wurde er schließlich zum »Halbarier, Mischling ersten Grades« (Z. 51). Damit wird Lesart 2 bestätigt. Die Taufe ist für Gerhard Lilienthal sowohl ein Akt der Herabsetzung in Bezug auf die Mehrheitsgesellschaft, als gleichzeitig auch ein Akt der Aufwertung in Bezug auf die ›Volljüdinnen‹ und ›Volljuden‹. Ironischerweise fruchtete das Bemühen der Eltern, ihrem Sohn durch die Taufe einen eindeutigen Status zukommen zu lassen, nicht, sondern im Gegenteil machte ihn eben diese zu etwas ›Halbem‹.

Die Verwendung des Begriffs »Halbarier«, den Herr Lilienthal synonym zu dem des ›Mischling ersten Grades‹ benutzt, verweist auf eine aus der Gegenwart vorgenommenen Distanzierung gegenüber der Gruppe der Jüdinnen und Juden und drückt eine Aufwertung seiner eigenen Person in Richtung der Mehrheitsgesellschaft der ›Arier‹ und den Wunsch, zum Kollektiv der ›Volksgemeinschaft‹ dazuzugehören, aus. Gleichzeitig verdeutlicht Herr Lilienthal seine Abhängigkeit von einer Definitions-Instanz: »... als Halbarier mein Leben weiterführen durfte« (Z. 56f.). Der neue Status erwies sich fortan für Herrn Lilienthals Werdegang als positiv und negativ zugleich.

Im Folgenden konkretisiert sich die eigene Position des Interviewten im Spannungsfeld von Jüdischsein bzw. Nicht-Jüdischsein.

Ausschnitt 2

722   Ich war zu diesem Zeitpunkt (.) knapp neun Jahre alt. Also ich bin ja im

723   Februar gebor'n, das ist also ... Wurd ich gerade Neun, nachdem Hitler an die Macht kam, und ich

724   entsinne mich, dass da irgendwie plötzlich etwas in Gange war in Bezug auf die jüdischen Schüler in

725   meiner Klasse. Das ist also auf einmal ... Da ´n Unterschied gab. Und ich weiß, die jüdischen Schüler

726   haben ihren eigenen Religionsunterricht in der Schule gehabt. *Mhm.* Die hatten also da irgend ´n

727   ((englische Aussprache)) Rabbi, der kam da, einmal in der Woche und hat eine Stunde den jüdischen

728   Schülern Religionsunterricht gegeben, während wir christlichen Religionsunterricht hatten. Aber

729   meiner Ansicht nach muss das also schon vor 1933 so gewesen sein. Aber genau weiß ich das nicht mehr.

Hier bestätigt sich erneut Lesart 2. Juden waren die anderen Schüler und Gerhard Lilienthal sah sich als zugehörig zu den christlichen Schülern »Wir Christen« (Z. 728). Die Integration innerhalb der Schulklasse wird für ihn auch deshalb von besonderer Bedeutung gewesen sein, weil seit Frühjahr 1939 niemand aus seiner Ursprungsfamilie – bis auf seine leibliche Mutter, zu der er allenfalls sporadischen Kontakt hatte – mehr in Deutschland lebte. Herr Lilienthal war in dieser Zeit auf sich allein gestellt, sodass seine Schulkameraden Familien-Ersatz gewesen sein mögen. Den christlichen Schülern stehen bei Herrn Lilienthal »die jüdischen Schüler« (Z. 724, 725 u. 728), auf die der Interviewte im vorliegenden Textausschnitt insgesamt dreimal hinweist, gegenüber. Die eigene jüdische Herkunft wird von Herrn Lilienthal im Interview nicht angesprochen, die väterliche ›jüdische Linie‹ thematisiert er wie folgt:

Ausschnitt 3

641   Also mein Vater war einer von fünf Söhnen meiner Großmutter. Und diese fünf Söhne waren
642   natürlich alle volljüdisch, weil ja die Großeltern volljüdisch war'n. Und mein Vater war einer von
643   denen ...

Gleich zweimal hintereinander, und ohne sich davon zu distanzieren, übernimmt er den rassistischen Begriff ›volljüdisch‹. Zudem verdeutlicht der Gebrauch des Adverbs »natürlich« eine gewisse Akzeptanz der nationalsozialistischen Zuschreibung und eines vermeintlich naturgegebenen Klassifikationsschemas. Während er sich im vorliegenden Abschnitt in die familiäre (religiöse) Abstammungs-Abfolge nicht einbezieht, nimmt Herr Lilienthal im nächsten Ausschnitt eine eigene Positionierung vor:

Ausschnitt 4

818   Ja, ich war Deutscher. *Ja*. Ja, und jeder anständige deutsche Junge will doch sein Vater- für
819   sein ((Schmunzeln)) Vaterland <u>kämpfen</u>. *Ja*. Und eine Uniform haben und *Ja* alles so was.

Hier stellt Herr Lilienthal seine (damalige) patriotische Grundhaltung dar. Sein im Präsens formulierter Wunsch nach Mitgliedschaft in der Armee und nach Kriegsteilnahme verdeutlicht sein starkes Zugehörigkeitsgefühl zu Deutschland. Vor diesem Hintergrund wird einmal mehr offensichtlich, welch tief greifende Verletzung seine ›Wehrunwürdigkeit‹ und sein Ausschluss aus der Wehrmacht gewesen sein müssen. Wie sich Herr Lilienthal aufgrund der erlittenen Benachteiligungen und Demütigungen hinsichtlich der Frage nach Opferschaft einordnet, wird in der nächsten Passage deutlich.

Ausschnitt 5

138   Vom Rheinland nach Berlin für all die Opfer des Faschismus, die also nach
139   Berlin zurückwollten. Und da waren also alle möglichen Leute ... Opfer des Faschismus war'n ja nicht nur
140   Juden, Halbjuden, (...) Halbarier, sondern es gab ja alle möglichen ander'n Leute, die weiß ich, in's
141   Gefängnis gesteckt wurden äh sind wegen ihrer politischen Ansichten und so. Das waren ja auch alles
142   Opfer des Faschismus.

Gerhard Lilienthal betont an dieser Stelle zunächst die Gleichwertigkeit der verschiedenen Opfergruppen, nennt sie gleichermaßen »Opfer des Faschismus« (Z. 138f., 142). Diese Opfer präzisiert er zunächst nicht, sondern bezeichnet sie als »alle möglichen Leute« (Z. 139f.). Unter die Opfer subsumiert er auch die ›Halbjüdinnen‹ und ›Halbjuden‹, die in seiner Aufzählung im Anschluss an die Jüdinnen und Juden genannt werden. In dieser Passage benutzt Herr Lilienthal erstmalig die Bezeichnung ›Halbjuden‹, worauf er sich jedoch umgehend verbessert: »Halbarier« (Z. 140).

Das obige Zitat findet sich in der Gesamterzählung eingebettet in Herrn Lilienthals Beschreibung seines Rücktransports nach Berlin im Anschluss an die Entlassung aus der *OT*. Sprachlich bezieht er sich selbst in das Geschehen, und damit auch in das Kollektiv der Opfer, nur indirekt ein: ›Halbarier‹ waren *im Allgemeinen* Opfer. Für sich selbst erhebt er keinen dezidierten Opfer-Anspruch, sondern die Klassifizierung machte ihn zu einem Opfer *unter vielen*. Schließlich erweitert er den Kreis der Opfer. Diesbezüglich zeigt die Konjunktion »sondern« an, dass es Herrn Lilienthal hier um die Richtigstellung eines Sachverhalts geht: Nicht einzig jüdische und ›halbjüdische‹ Personen waren »Opfer des Faschismus«, jedoch auch »alle möglichen ander'n Leute« (Z. 139), die in Gefängnisse »gesteckt« wurden. Als Grund dafür führt er ihre »politischen Ansichten und so« (Z. 141) an. In dieser Sequenz spricht er von dem im Vergleich zu den Konzentrationslagern harmloseren Gefängnis. Zudem vermeidet er, die Konzentrationslager als die Orte zu erwähnen, in denen man die Mehrzahl der politisch und ›rassisch‹ Verfolgten gefangen hielt und ermordete.

Auch an anderer Stelle im Interview findet sich ein Verweis Gerhard Lilienthals auf ›das Politische‹, das ebenfalls in seiner eigenen Familie bedeutsam war. So berichtet er vom Schicksal eines jüdischen Onkels, der »wohl wegen seiner Anschauung« im Jahr 1933 in ein KZ gebracht wurde und dort 1935 verstarb. Damit argumentiert Herr Lilienthal historisch korrekt, das heißt, die religiöse Klassifikation des Onkels wird im Kontext seiner Verhaftung in den Anfängen der NS-Zeit eher eine untergeordnete Rolle gespielt haben. Auffallend ist trotzdem, dass das Jüdisch-Sein des Onkels offenbar für Herrn Lilienthal unbedeutsam und nicht erwähnenswert ist.

Und doch nimmt der Interviewte in einer anderen Textstelle schließlich auch konkret Bezug auf Personen, die aufgrund ihrer Zugehörigkeit zum Judentum verfolgt wurden. Zeitlich verortet er folgende Begebenheit in das Jahr 1944: »Letzten Endes sind die [Jüdinnen und Juden, S.G.] also auch irgendwie abgeholt worden und umgekommen, weil sie als illegal in Berlin gelebt haben.« Aufschlussreich ist, dass der Interviewte weder den Akt der Abholung als das bezeichnet, was er war, namentlich als Deportation, noch vermag er die Betroffenen als Jüdinnen und Juden zu bezeichnen. Stattdessen entscheidet er sich für ein unpräzises »die«, die zudem »umgekommen« sind, und nicht gar ermordet oder vernichtet wurden. Es ist denkbar, dass Gerhard Lilienthal mit dieser Formulierung emotional abzurücken und zu den von der ›Endlösung‹ Betroffenen eine größtmögliche Distanz zu schaffen versucht. Hierfür rechtfertigt er in gewisser Weise die Taten der Nazis und gibt den ›delinquenten‹ Deportierten mit dem Hinweis auf ihre Illegalität indirekt die Verantwortung für ihre Abholung.

Ergänzend dazu verdeutlicht Gerhard Lilienthal nun im Folgenden seine Einschätzung der staatlichen antijüdischen ›Endlösungs-Politik‹.

Ausschnitt 6

551   Dass also Leute in Konzentrationslager gebracht wurden und all

552   das. Und es waren ja nicht nur Juden, sondern Kommunisten und so. Ich hab ja naher in ... Bei der

553   Universität ... Universidat ... Uni... ((Schmunzeln)) Organisation Todt Leute kennengelernt, die war'n

554   Arier, aber die war'n im Konzentrationslager für eine Zeit lang, weil sie Kommunisten war'n. Oder

555   Sozialisten oder irgend so was. Also jedenfalls, wenn man davon absieht, dass es also Sparten der

556   Bevölkerung gab, die sehr gelitten haben ... Die meisten in Deutschland wussten glaub ich nix davon.

557   Und haben sich ihres schönen Lebens erfreuen können. Und ich meine ... Das also ... Der Wohlstand ... Konnte

558   man also seh'n, die Autobahnen wurden gebaut, die Häuser wurden alle verschönert, neu angestrichen,

559   die Untergrundbahn in Berlin wurde verlängert und was weiß ich alles.

Auch ›Arier‹ waren in Herrn Lilienthals Augen Opfer und Gefangene in Konzentrationslagern, jedoch nur ein bestimmter Teil von ihnen, nämlich die Kommunisten oder Sozialisten »oder irgend so was« (Z. 554f.). Diese Äußerung zeigt, dass Herr Lilienthal die betroffenen Personen mit einer gewissen Geringschätzung betrachtet, womit ein unter Umständen milieuspezifisches Ressentiment deutlich wird.

Darüber hinaus fällt in der vorliegenden Passage auf, dass seine Einschätzung der deutschen Mehrheitsgesellschaft der NS-Zeit tendenziell positiv ausfällt. Das Handeln bzw. Nicht-Handeln der meisten Deutschen versucht er so zu erklären »Die meisten in Deutschland wussten glaub ich nix davon« (Z. 556). Ganz sicher ist er sich allerdings nicht und schränkt seine Annahme ein: Es waren wohl nicht alle, sondern nur »die meisten«, die in Unkenntnis lebten. Seine Unsicherheit drückt sich weiterhin in seiner Einschätzung »... glaub ich« (ebd.) aus. Die vermeintliche Unkenntnis der Mehrzahl der Bevölkerung erklärt er, indem er die stereotypen Argumentationen vom positiven Aufschwung des Deutschen Reichs mittels der nationalsozialistischen Politik reproduziert. Dabei bleiben die konkreten Taten und Verbrechen der Nazis unbenannt, sie werden von Herrn Lilienthal in einem bloßen »davon« zusammengefasst.

In welcher Weise sich der Interviewte nach Kriegsende im Spiegel seines Status als Verfolgter definiert, wird im nächsten Ausschnitt deutlich:

Ausschnitt 7

171   Auf jeden Fall ist es mir auf
172   diese Art und Weise geglückt, geglückt, mit dem ersten Transport von den Überbliebenden in in
173   Berlin nach Amerika zu kommen.

An dieser Stelle benutzt Gerhard Lilienthal eine merkwürdige Bezeichnung bzw. kreiert einen neuen Begriff: den der »Überbliebenden«. In diesem Begriff vermischen sich zwei Worte: *Überlebende*, womit im allgemeinen Sprachgebrauch die Holocaust-Überlebenden gemeint sind, und *Übriggebliebene*. Sich selbst subsumiert er weder unter die eine, noch unter die andere Kategorie. Einerseits sieht er sich nicht als Überlebenden im Sinne eines *Shoa*-Opfers. Ebenso mag er andererseits auch kein Übriggebliebener, jemand, der vergessen wurde, dessen man nicht habhaft werden konnte, sein. Stattdessen wählt er in einem kreativen sprachlichen Akt ein Wort zwischen beiden Begriffen, eine Zuschreibung, die beide Aspekte umfasst. Doch auch seine sprachliche Neuschöpfung scheint nicht auf ihn zu passen. Trotz einer *inneren* Verbindung der Betroffenen untereinander, die auf der Verfolgung durch die Nazis beruht und der *äußeren* bestehenden Verbindung der gemeinsamen Heimreise negiert er eine Zugehörigkeit zu den ›Überbliebenden‹, die nicht zu ›Wir Überbliebenden‹ werden.

6.1.5 Zusammenfassung

Mit der Analyse des Interviews von Gerhard Lilienthal ist deutlich geworden, dass der Interviewte sich aus seiner heutigen Erzählperspektive bis zum Jahr 1934 als zugehörig zur Mehrheitsgesellschaft empfand. Der äußere Akt der Taufe kann als eine Markierung, ein Einschnitt in sein Leben gesehen werden, durch den er mit der Zuschreibung des ›Halben‹ konfrontiert wurde. Dem ausgelösten ›Dazwischen‹, das durch die staatliche NS-Politik und die damit verbundene Zuschreibung der Zwangsidentität ›Halbjude‹ entstand, entgegnet Gerhard Lilienthal im Interview mit einer von ihm vorgenommenen (sprachlichen) Selbstaufwertung. Heute verweigert er die nationalsozialistische Zwangsidentität ›Halbjude‹ und transformiert diese in die Kategorie ›Halbarier‹, womit für ihn eine Aufwertung seines Status in Richtung auf die ›Arier‹ verbunden ist. Sein Bestreben nach Zugehörigkeit zur Mehrheitsgesellschaft einerseits und zur Abgrenzung vom Judentum andererseits findet darin seinen Ausdruck. Damit wehrt er sich gegen die rassistische Abwertung durch die Nationalsozialisten, *gerade indem* er ihre rassistische Zuschreibungslogik übernimmt. Es wird deutlich, dass das Dilemma, das durch die Zuschreibung ausgelöst wurde, sich auch heute nicht lösen lässt. Um die Ambivalenz zwischen gesellschaftlicher Entwertung und dem Wunsch nach Zugehörigkeit zur Mehrheitsgesellschaft auszuhalten, wählt Herr Lilienthal nicht nur begrifflich die Strategie der Selbstaufwertung zum ›Halbarier‹, sondern versucht, auch inhaltlich sich und seiner Existenz besondere Nachdrücklichkeit zu verschaffen. So ist es sein Anliegen, seine Bedeutsamkeit, vor allem innerhalb der NS-(Zwangs-)Institutionen, herauszustellen. Die Benachteiligungen und Herabsetzungen, mit denen der Interviewte im Laufe der Jahre konfrontiert wurde, versucht er, nicht bewusst werden zu lassen und bemüht sich, den einst erlittenen Kränkungen positive Aspekte abzugewinnen. Auf diese Weise stellt er im Interview seine Zugehörigkeit zur ›Volksgemeinschaft‹ stets aufs Neue unter Beweis und verweigert dadurch die ihm oktroyierte Minderwertigkeit. Dieses Muster wird umso deutlicher, je weiter seine gesellschaftliche Deklassierung voranschreitet. Deswegen bemüht sich Gerhard Lilienthal in seiner Schul-Erzählung vor allem darum, eine Gleichartigkeit seiner Person gegenüber seinen Klassenkameraden zu betonen. Auch in seinem Bericht über die Zeit bei der *OT*, die er als Erfolgsgeschichte präsentiert, blendet er den Verfolgungsaspekt gänzlich aus. Um jeden Preis vermeidet er, den Eindruck zu vermitteln, als Fremdkörper innerhalb der NS-Gemeinschaft gelebt zu haben. Aus diesem Grund ist Herr Lilienthal stets darum bemüht, sein gesellschaftliches und feindsinniges Umfeld nicht negativ hervorzuheben, was sich vor allem in der Darstellung seiner schulischen Situation zeigt.

Doch so sehr sich Herr Lilienthal darum bemüht, den Diskriminierungserfahrungen in seiner Erzählung möglichst wenig Raum einzuräumen, gelingt es ihm *gerade* dann nicht, wenn er seinen sozialen Einschluss wortreich und nachdrücklich zu belegen versucht. Stattdessen wird das Gegenteil deutlich: Ausgeschlossensein, Herabsetzung, Erniedrigung.

Die Annahme des besonderen Status ›Halbarier‹ geht bei Herrn Lilienthal keineswegs mit der Annahme einer Opferrolle einher. Er reklamiert für sich und die ›Halbarier‹ keinen *besonderen* Opferstatus. Opfer sind für ihn ebenso andere Personengruppen, nämlich auch ein Teil der ›Arier‹, genauer gesagt die politisch Verfolgten unter ihnen. Jüdinnen und Juden sind aus seiner Sicht Opfer unter vielen. Das Sprechen über die *Shoa* und die Thematisierung ermordeter Verwandter vermeidet er. Trotzdem wird sein Dilemma hinsichtlich einer Eigenverortung deutlich. Seine sprachliche Neuschöpfung der Selbstzuschreibung »Überbliebender« zeigt, dass es Gerhard Lilienthal nicht möglich ist, sich zwischen all den Opfergruppen einen passenden Platz zu geben. Weder ist er ein (Holocaust-)Überlebender, noch ein Übriggebliebener als Teil einer ›Rest-

Kategorie‹. Es wird offensichtlich, dass das oktroyierte *Dazwischen* für Herrn Lilienthal auch nach der NS-Zeit seine Entsprechung findet. Es ist auch nach 1945 keine adäquate Selbstverortung möglich, schon gar nicht, wenn es sich um die äußerst brisante Opferthematik handelt.

Einen inneren Konflikt die verschiedenen Religionen betreffend ficht Gerhard Lilienthal nicht aus. Gleichwohl im Interview nicht deutlich wird, wie er sich in religiöser Hinsicht verortet, wird trotzdem ersichtlich, dass er sich nicht zwischen Judentum und Christentum hin- und hergerissen fühlte bzw. fühlt. Aufgrund seiner jüdischen Herkunft und seiner nicht-jüdischen Sozialisation scheint kein Identitätskonflikt entstanden zu sein. Wohl eher kann man davon sprechen, dass Religion bis heute keine große Rolle für ihn spielt. Dies verweist auf seine vorwiegende Identität als ›Nicht-Jude‹. So wird im Interview deutlich, wie und als was er sich sehen wollte, und heute noch sehen möchte, nämlich als ›ganz normalen‹ Deutschen, als zugehörig zum Kollektiv der Mehrheit. Dies ist bei ihm mit patriotischen Gefühlen und geschlechtstypisch mit dem Bedürfnis verbunden, dem ›Vaterland‹ im Kriegsfall zur Verfügung zu stehen. Man kann bei ihm in dieser Hinsicht von einer ungebrochen deutsch-nationalen Identität sprechen, die auch eine Identifizierung mit der ›Volksgemeinschaft‹ einschloss.

Überwiegend ist das Interview mit Herrn Lilienthal durch eine argumentative und emotional distanzierende Erzählweise gekennzeichnet, wobei der Rückgriff auf argumentative Erzählmuster der Verneinung schmerzhafter Gefühle dient. Im Kontext seiner Lebensgeschichte nachvollziehbare Emotionen wie Angst, Verunsicherung, Trauer etc. negiert der Interviewte. In dem Bemühen darzustellen, nicht anders als alle anderen gewesen zu sein, mag er es ›unpassend‹ ansehen, sich als psychisch belastet zu präsentieren, würde er damit doch eingestehen, einer von ›den anderen‹ gewesen zu sein, und doch Leid erfahren zu haben. Daher ist Herr Lilienthal stets darum bemüht, erlittene Kränkungen und traurige Ereignisse als Ereignisse ohne besondere seelische Nachwirkungen darzustellen. Dies ist Teil seiner Anpassungs- bzw. Normalisierungsstrategie. Nur so ist seine Zwischenexistenz für ihn aushalt- und psychisch verkraftbar. Damit verdeutlicht sein Hang zur Versachlichung ein Schutzbedürfnis, das auch heute noch aktuell ist. Trotzdem oder gerade deswegen offenbart sich an vielen Stellen im Interview das, was Herr Lilienthal möglichst gänzlich versucht zu verbannen: seine Herabsetzung als Mensch zweiter Klasse.

6.2   Hanna Becker

»Jeder Blick war eine Verfolgung.«

6.2.1   Kurzbiografie

Hanna Becker wurde 1926 in Berlin geboren. Zwei ältere Brüder, Paul und Siegfried, waren 1921 und 1923 auf die Welt gekommen. Wie ihre Geschwister wurde auch Frau Becker katholisch getauft. Jeden Sonntag besuchten die Kinder zusammen mit ihrer Mutter die katholische Messe. Die Volksschule, in die Frau Becker 1932 eingeschult wurde, war eine katholische Mädchenschule. Ihr jüdischer Vater, von Beruf Juwelier, war oft krank und arbeitslos. Daher ernährte Hanna Beckers Mutter die Familie mit ihrer Tätigkeit als Haushaltshilfe. Gemeinsam mit der Schwester des Vaters und ihrem Mann lebte die Familie in einem Haus, das sich im Besitz der Tante befand. Das Zusammenleben erwies sich innerfamiliär als sehr schwierig, und so zog die Interviewte mit Eltern und Geschwistern 1932 in eine eigene Wohnung um. Im gleichen Jahr trat Frau Beckers Vater aus der Jüdischen Gemeinde aus und ließ sich katholisch taufen. 1937 wurde Hanna Beckers Schwester Margarete geboren, zu der die Interviewte ein inniges Verhältnis entwickelte. Im Jahr 1940 nahm Frau Beckers Mutter eine Stelle als Arbeiterin in einer Fabrik an und finanzierte die Familie nun mehr recht als schlecht. Im gleichen Jahr wurde Frau Becker zum sogenannten *Pflichtjahr* herangezogen, das sie zuhause in ihrer eigenen Familie ableisten konnte.[138]

Im Anschluss an ihr *Pflichtjahr*, währenddessen sie auch Abendkurse zur Vorbereitung auf einen kaufmännischen Beruf besucht hatte, fand Frau Becker eine Anstellung als Kontoristin, ihre teiljüdische Herkunft hatte sie ihrem Chef und den Kolleginnen und Kollegen verschwiegen. In dieser Firma, in der sie sich sehr wohl fühlte, blieb sie bis Kriegsende.

Durch mehrere Hausdurchsuchungen, die die *Gestapo* im Laufe der Zeit durchführte, und den ansteigenden politischen Druck, lebte die Familie stets in

---

[138] Am 15. Februar 1938 wurde durch Göring das *Pflichtjahr* für Mädchen und Frauen als Teil des 1936 von ihm aufgestellten *Vierjahresplans*, mit dem die deutsche Wirtschaft »umfassend auf den Stand der Kriegsvorbereitung verpflichtet wurde« (Vogel 1997, S. 10), angeordnet. Es umfasste einen einjährigen Dienst in der Land- oder Hauswirtschaft und galt für ledige Mädchen und Frauen unter 25 Jahren. Damit war es die größte Arbeitsmaßnahme für die weibliche Jugend im Nationalsozialismus (vgl. ebd., S. 9–15). Angela Vogel betont die überaus ideologische Praxis dieses Arbeitseinsatzes. Die weiblichen ›jüdischen Mischlinge‹ wurden vom *Pflichtjahr* nicht ausgenommen.

Angst und Schrecken. Die mehrtätige Verhaftung von Frau Beckers Vater und seine Verschleppung in ein *Gestapo*-Gefängnis trug neben all den anderen Schikanen, zum Beispiel durch Nachbarinnen und Nachbarn, zu einer Atmosphäre von ständiger Bedrohung bei.

1942 schließlich erhielt Frau Beckers jüngerer Bruder Siegfried eine Aufforderung zur Zwangsarbeit in einer Rüstungsfirma. Dort verübte er Sabotageakte und unternahm nach deren Aufdeckung einen Fluchtversuch in die Schweiz, der allerdings scheiterte, als man ihn an der Deutsch-Schweizerischen Grenze aufgriff. Nach mehreren Monaten Haft in Gefängnis und Arbeitslager wurde er schließlich in das *KZ Auschwitz* deportiert. Er überlebte das Vernichtungslager und kehrte im August 1945 nach Berlin zurück.

Historischer Exkurs 3:
›Mischlinge‹ im Konzentrationslager

Die ersten Deportationsbefehle aus dem Deutschen Reich im Herbst 1941 schlossen generell nur Jüdinnen und Juden ein. Die jüdischen Partnerinnen und Partner in ›Mischehe‹ und ebenso ›jüdische Mischlinge‹ waren von der NS-Führung trotz aller gesetzlichen und administrativen Unklarheiten nicht für die Deportation vorgesehen (vgl. Adam 2003, S. 222; Steiner/Cornberg 1998, S. 179). Auch auf der *Wannsee-Konferenz* im Januar 1942 und den anschließenden Nachfolgebesprechungen konnte man sich nicht darüber einigen, die ›Halbjüdinnen‹ und ›Halbjuden‹ den ›volljüdischen‹ Personen gleichzustellen (vgl. ebd., S. 225–228; Grenville 1986, S. 107–112). Dennoch veränderte sich ab November 1942 die Situation der ›Mischlinge‹, die bereits in einem KZ inhaftiert waren. Das *RSHA* gab am 5. November 1942 die Anweisung an sämtliche Staatspolizeistellen heraus, »alle im Reich gelegenen Konzentrationslager [...] judenfrei zu machen, und sämtliche Juden [...] nach Auschwitz und Lublin zu überstellen. Zu den jüdischen Häftlingen sind auch Mischlinge ersten Grades zu rechnen« (Walk 1996, S. 390).[139]

Untersucht man die Gründe, weshalb ›Mischlinge‹ in ein KZ eingewiesen wurden, so muss man unterscheiden zwischen der Verfolgung der ›Mischlinge ersten Grades‹ und der ›Geltungsjuden‹. Diese beiden ›Gruppen‹ waren, wie bereits beschrieben, jeweils spezifischen Verfolgungsmaßnahmen unterworfen, wobei es die ›Geltungsjuden‹ weitaus schärfer traf, denn sie waren den ›Volljuden‹ gleichgestellt. Meyer konstatiert bezüglich der ›Mischlinge ersten Grades‹, dass ih-

---

139 Unter diese Verordnung fiel auch Hanna Beckers Bruder Siegfried.

nen trotz vieler Beschränkungen immer noch die Möglichkeit blieb, legal für ihren Lebensunterhalt zu sorgen (vgl. Meyer 1997, S. 251). Außerdem fielen sie nicht unter die Verordnung zur Kennzeichnungspflicht vom 1. September 1941 (Tragen des ›Judensterns‹), die zum Vorwand für viele Kriminalisierungen genutzt wurde (vgl. Walk 1996, S. 347). Um ›Halbjüdinnen‹ und ›Halbjuden‹ zu kriminalisieren wurde zum Beispiel ein Verstoß gegen die bestehenden Devisengesetze konstruiert, wenn die Verfolgten ihr Vermögen im Falle ihrer Emigration zu retten versuchten (vgl. Meyer 1997, S. 251). Allerdings gab es nicht viele erwachsene ›Mischlinge‹, die aus Deutschland auswanderten, sodass eine strafrechtliche Verfolgung vor allem den privaten Bereich der Intimbeziehungen betraf, also Bereiche, »in dem bürgerliche Normvorstellungen und nationalsozialistische Verbotspolitik kollidierten« (ebd.). Diesbezüglich wurde darauf geachtet, dass Liebesbeziehungen zwischen ›Mischlingen‹ und nicht-jüdischen Personen möglichst unterbunden wurden. Weiterhin wurden die Fälle von der NS-Justiz geahndet, in denen die ›Halbjüdinnen‹ und ›Halbjuden‹ versuchten, sich zu ›tarnen‹, also ihre ›Mischlingseigenschaft‹ zu vertuschen und zu verschweigen (vgl. ebd.).[140]

Hanna Beckers älterer Bruder Paul war, anders als sein Bruder Siegfried, zur Wehrmacht eingezogen worden. Zur selben Zeit befand sich nun einer der Brüder zwangsweise an der Front in Russland, während der andere im Vernichtungslager um sein Überleben kämpfte. Im Oktober 1943 erreichte die Familie die Nachricht vom Tode Pauls.

Historischer Exkurs 4:
›Mischlinge‹ als Wehrmachtsangehörige
Im *Wehrgesetz* vom 21. Mai 1935 wurde der Ausschluss der ›Nichtarier‹ vom aktiven Wehrdienst festgelegt (vgl. Münch 1994, S. 213). Daraufhin entließ man alle Angehörigen aus der Armee, in deren Ab-

---

140 Weitere Hinweise zu begangenen Gesetzesverstößen gibt Linde Apel in ihrer Untersuchung über jüdische Frauen im *KZ Ravensbrück*, in der sie sich auch mit den ›Halbjüdinnen‹ auseinandersetzt (vgl. Apel 2003, S. 89–99). Weibliche ›Mischlinge‹, gegen die ›Schutzhaft‹ verhängt wurde, wurden in das *KZ Ravensbrück* eingeliefert. Apel beschreibt die Haftbedingungen, unter denen sie leben mussten (vgl. ebd. S. 152–158). Sie geht davon aus, dass die 1942 inhaftierten ›Halbjüdinnen‹ im Zuge der Vernichtungsaktion ›14f13‹ umgebracht wurden oder im Oktober 1942 in das *KZ Auschwitz* deportiert wurden (vgl. ebd. S. 93). Einige der nach 1942 eingelieferten Frauen konnten überleben.

stammungsnachweis mindestens ein jüdischer Großelternteil verzeichnet war (vgl. Meyer 1997, S. 230). Die Definition des ›Nichta-
riers‹ entstammte dem ›Arierparagrafen‹ des *Gesetzes zur Wiederherstellung des Berufsbeamtentums*. Nach Paragraf 5, Abs. 2 konnten
allerdings Ausnahmen zugelassen werden, die von einem Prüfungs-
ausschuss nach Richtlinien des *RMI* und des *Reichskriegsministeri-
ums* ausgesprochen wurden (vgl. Münch 1994, S. 213). Nach internen Querelen mit der *NSDAP*, die die ›Nichtarier‹ auf Dauer aus der
Wehrmacht ausgrenzen wollte, und der Ministerialbürokratie, der
daran gelegen war, die Rechte der ›Halbjuden‹ nur soweit einzu-
schränken, als dass das Ansehen Deutschlands im Ausland nicht ge-
schädigt würde, setzte das Reichskriegsministerium seinen Wunsch,
›Mischlinge‹ aktiven Wehrdienst leisten zu lassen, durch (vgl. Meyer
1997, S. 230). Eine Verordnung vom 25. Juli 1935 legte nun fest,
dass ›Nichtarier‹ mit maximal zwei jüdischen Großeltern als Wehr-
pflichtige einzustufen seien (vgl. RGBl I, S. 1047f.). Nach einer Entscheidung Hitlers wurde später festgelegt, dass ›jüdische Mischlinge‹
zwar in der Wehrmacht dienen, dort aber nicht Vorgesetzte werden
sollten. Dies wurde im *Gesetz zur Änderung des Wehrgesetzes* vom
26. Juni 1936 verbindlich niedergelegt (vgl. ebd., S. 518). Ab
Kriegsbeginn wurden also auch ›Halbjuden‹ an die Front beordert,
während ihre Familienangehörigen gleichzeitig Repressalien und
Schikanierungen ausgesetzt waren.

Die Vertreter der *NSDAP* setzten sich allerdings auch nach
Kriegsbeginn vehement für einen Ausschluss der ›Mischlinge‹ aus
der Wehrmacht ein. Sie befürchteten einen ›Dolchstoß‹ durch diese
›rassisch unzuverlässige‹ Personengruppe. Auch das *OKW* hegte
ähnliche Befürchtungen (vgl. Steiner/Cornberg 1998, S. 169). Am 9.
September 1939 verfügte es, dass ›halbjüdische‹ Offiziere und
Wehrmachtsbeamte nicht im aktiven Kriegsdienst verwendet werden
dürften (vgl. ebd.). Einige Monate später, am 8. April 1940, stimmte
Hitler dann dem Ausschluss aller ›Mischlinge‹ aus der Wehrmacht
zu (vgl. Noakes 1989, S. 331). Ausnahmeregelungen gab es für diejenigen ›Mischlinge‹, die bereits eine militärische Auszeichnung er-
worben hatten. Hitler persönlich entschied über die Gesuche der Antragsteller. Er stellte für diese Personen auch die Beförderung zu Of-
fizieren und die ›Deutschblütigkeitserklärung‹ für die Zeit nach dem
Krieg in Aussicht (Meyer 1997, S. 231). Die noch nicht eingezogenen ›Halbjuden‹ sollten weiterhin gemustert werden, dann aber der
sogenannten Ersatzreserve II oder der Landwehr II zugewiesen wer-

den. In ihrem Wehrpass wurde der Zusatz ›n.z.v.‹ (nicht zu verwenden) vermerkt (vgl. ebd.).

In den kommenden beiden Jahren zwischen 1940 und 1942 verhärtete sich Hitlers ablehnende Position gegenüber den ›Mischlingen‹. Bormann setzte in einem Rundschreiben an die Parteistellen am 3. Juli 1942 Hitlers Anweisung um, »bei der Beurteilung von Judenmischlingen den schärfsten Maßstab« anzulegen (Partei-Kanzlei der NSDAP: Rundschreiben (R) 91/42 vom 03.07.42). ›Halbjuden‹ sollten »nur noch in ganz besonderen Ausnahmefällen in die Wehrmacht aufgenommen [werden], nämlich nur dann, wenn z. B. ein Mischling, dem seine Mischlingseigenschaft unbekannt war, als Parteigenosse schwere Verletzungen erlitt, längere Haft im Kerker oder Anhaltelager verbüßte und dergleichen« (ebd.). Gemäß einer Verfügung des *Oberkommando des Heeres* (*OKH*) vom 25. September 1942 waren nach einer Entscheidung Hitlers die Gesuche auf Weiterverbleiben in der Wehrmacht bzw. auf Wiedereinberufung von ›Mischlingen‹ nicht mehr vorzulegen. Die bei der Wehrmacht noch zu bearbeitenden Gesuche waren zurückzugeben (vgl. Absolon 1995, S. 315). Am 12. Oktober 1942 ordnete Hitler an, dass ›Halbjuden‹, die sich noch im aktiven Wehrdienst befanden, sofort entlassen werden sollten (vgl. Noakes 1989, S. 335; Partei-Kanzlei der NSDAP: Rundschreiben (R) 164/42 vom 24.10.42). Einiges spricht dafür, dass der Erlass vom 12. Oktober 1942 eine bereits bestehende soziale Praxis in der Wehrmacht nachträglich sanktionierte (vgl. Grabowsky 2005, S. 137). Meyer merkt an, dass viele militärische Vorgesetzte die Anordnungen jedoch nur zögerlich umsetzten, da sie die ›Mischlinge‹ als Soldaten sehr schätzen gelernt hätten (vgl. Meyer 1997, S. 232).[141]

Jedenfalls verbanden die ›Mischlinge‹ mit der Erfüllung ihrer Wehrpflicht die Hoffnung auf eine Reintegration in die deutsche Gesellschaft und den Erhalt der vollen bürgerlichen Staatsrechte. Außerdem erhofften sie sich oftmals eine Studien- oder Heiratserlaubnis und einen gewissen Schutz für ihre jüdischen Angehörigen (vgl. ebd.). Die sich daraus ergebenden inneren Konflikte, für eine Nation sein Leben aufs Spiel zu setzen, während die Regierung die jüdi-

---

141 Dem widerspricht allerdings ein diesbezüglicher Befund aus der Stadt Wuppertal aus dem Jahr 1942, bei dem die Wehrmacht als Vorreiter bei der Entfernung von vier Wuppertaler ›Halbjuden‹ fungierte. Vgl. Grabowsky 2005, S. 138. Weitere Studien werden zu zeigen haben, ob eher die eine oder die andere Interpretation zutrifft.

schen Verwandten systematisch drangsalierte, wurden schließlich von eben jener Regierung zwangsweise aufgelöst, indem sie die ›Halbjuden‹ zu ›Wehrunwürdigen‹ erklärte.

Die ›Mischlings‹-Phobie innerhalb der Wehrmacht blieb aber nicht nur auf Soldaten beschränkt, sondern schloss auch die Angestellten und Arbeiter der Wehrmachtbetriebe und -verwaltungen mit ein. Nach einer Anweisung des *OKH* vom 20. September 1944 war die Beschäftigung von ›Halbjüdinnen‹ und ›Halbjuden‹ auch als Gefolgschaftsmitglieder des Heeres nicht mehr zulässig (vgl. Absolon 1995, S. 316).[142] Die einst von Hitler erteilten Sondergenehmigungen galten nicht mehr, und bis zum 31. Dezember 1944 waren sämtliche ›Mischlinge‹, die noch über eine Ausnahmeregelung verfügten, aus der Wehrmacht zu entlassen (vgl. Steiner/Cornberg 1998, S. 172). John M. Steiner und Jobst von Cornberg konstatieren, dass die Entlassungswelle zu diesem Zeitpunkt deutlich »die Realitätsferne der nationalsozialistischen Führung und die absurde Tatsache [zeigt], dass selbst in dieser Situation rassenideologische Gesichtspunkte der Führung wichtiger waren als militärische« (vgl. ebd.). Die entlassenen ›halbjüdischen‹ Soldaten wurden in ihrer Heimat dann dienstverpflichtet, d.h. zur Zwangsarbeit in ihren Heimatstädten herangezogen und/oder ab Herbst 1944 in Arbeitslager der *OT* eingeliefert.

Die Hoffnung der ›Halbjuden‹, durch ihre (frühere) Wehrmachtszugehörigkeit wieder in die deutsche Gesellschaft eingegliedert zu werden, erfüllte sich also nicht. Ein kleiner Teil von ihnen schaffte es trotz aller Verordnungen, die Zeit bis Kriegsende in der Armee zu verbringen, aber diese ›Sicherheit‹ war teuer erkauft, und nicht wenige von ihnen erlebten das Kriegsende nicht und zahlten für ihren ›Vaterlandseinsatz‹ mit ihrem Leben.

In all dem Leid versuchte die junge Hanna Becker aber auch, ihr Leben, soweit es eben möglich war, zu genießen. Sie legte besonderen Wert auf ihr äußeres Erscheinungsbild und verbrachte oftmals gemeinsam mit Freundinnen ihre Freizeit in Cafés. Dort flirtete sie gern mit jungen Männern, von denen die überwiegende Zahl mittlerweile Wehrmachtssoldaten waren. Auf Liebesbeziehungen ließ sie sich jedoch nicht ein, denn stets lebte sie in Angst, ihr ›rassischer Status‹ könne entdeckt werden.

---

142 Damit waren unter anderem Angestellte und Arbeiter, Lehrlinge, Nachrichtenhelferinnen, Krankenpflegepersonal etc. gemeint.

Historischer Exkurs 5:
›Mischlinge‹ und Partnerschaftswahl
Seit der ersten Verordnung zum *Gesetz des deutschen Blutes und der deutschen Ehre* vom 14. November 1935 war es ›Mischlingen ersten Grades‹ nur noch erlaubt, untereinander zu heiraten oder eine Jüdin/einen Juden zu ehelichen (Abbildung 4). Wählten sie einen jüdischen Ehepartner, wurden sie selbst zu ›Geltungsjuden‹ erklärt. Die Eheschließung mit ›Deutschblütigen‹ oder ›Mischlingen zweiten Grades‹ war nur mit einer Sondergenehmigung zulässig, sie mussten ein Ehegesuch einreichen.[143]

Grundsätzlich waren nicht-eheliche Liebesbeziehungen zwischen ›Mischlingen‹ und ›Deutschblütigen‹ nicht verboten. Der Paragraf 2 des *Blutschutzgesetzes*, indem »außerehelicher Verkehr zwischen Juden und Staatsangehörigen deutschen oder artverwandten Blutes verboten« war (Walk 1996, S. 253) und als sogenannte Rassenschande« gerichtlich verfolgt und bestraft wurde (vgl. Graml 1958, S. 74ff.), galt für die Personengruppe der ›Mischlinge‹ nicht. Zu bestrafen war nach Paragraf 5 ausschließlich der männliche Teil. Das bestehende Verbot, Frauen rechtlich zu belangen, wurde 1940 erneut rechtlich bestätigt (vgl. RGBl I, S. 394). Trotzdem wurden polizeiliche Maßnahmen auch gegen Frauen verhängt. Bei jüdischen ›Rassenschänderinnen‹ bestand auf der Grundlage eines Heydrich-Erlasses vom 12. Juni 1937 die gesetzliche Möglichkeit, diese Frauen in ›Schutzhaft‹ zu nehmen, wenn die ›deutschblütigen‹ Männer, mit denen sie Geschlechtsverkehr gehabt hatten, zuvor gerichtlich verurteilt worden waren (vgl. Berschel 2001, S. 205; Walk 1996, S. 191). Spätestens seit Februar 1939 wurde

---

143 In Wuppertal zum Beispiel mussten diese Gesuche beim Regierungspräsidenten Düsseldorf beantragt werden. Dort wurden sie bearbeitet und die Ablehnungen wurden über die *Gestapo*leitstelle Düsseldorf per Post an die Betroffenen übersandt. In Wuppertal bewilligte man keinen einzigen von 34 bekannten Anträgen, was darauf schließen lässt, dass die Vergabepraxis für Ausnahmegenehmigungen im Regierungsbezirk Düsseldorf sehr repressiv gewesen zu sein scheint (vgl. Grabowsky 2005, S. 112). In Hamburg mussten die Anträge bei der Innenbehörde gestellt werden, die daraufhin beim zuständigen Staatsamt gesammelt wurden. Von den 94 von Meyer für Hamburg untersuchten Anträgen, von denen allerdings nur die zwischen 1935 und 1938 gestellten erhalten sind, wurden 88 abgelehnt (vgl. Meyer 1999, S. 168). Die sechs erteilten Ausnahmegenehmigungen unterteilten sich »in diejenigen, in denen der NS-Staat ein Desinteresse an den Verlobten bekundete und diejenigen, von deren Ehebefürwortung er sich einen Gewinn versprach bzw. einen Verlust abzuwenden hoffte« (ebd., S. 169).

auf Grund eines ›Führerentscheids‹ mit ›deutschblütigen‹ Frauen entsprechend verfahren (vgl. Graml 1958, S. 74–76).

Bevor ehewillige ›gemischte‹ Paare jedoch ein Gesuch auf Ehegenehmigung beim 1937 gegründeten *Reichsausschuss zum Schutze des deutschen Blutes*, später umbenannt in *Reichsausschuss für Ehegenehmigungen*, stellen konnten, mussten sie diverse andere Instanzen einschalten.

Welche Eheschließungen sind gestattet?

Berücksichtigt ist hier nur das Blutsgesetz, jedoch nicht das Ehegesundheits- gesetz, das außerdem noch beachtet werden muß.

Gestattet ist die Eheschließung auch:

Zwischen Mischlingen 1. Grades, da erfahrungsgemäß aus solchen Ehen nur selten Kinder hervorgehen, die Gefahr der Entstehung von Mischlingen also gering ist.

Welche Eheschließungen bedürfen der Genehmigung?

Die Genehmigung hängt davon ab, wie lange die betreffende Mischlingsfamilie bereits in Deutschland wohnt, ob ihre Glieder für Deutschland Wehrdienste geleistet oder sich aktiv für die deutsche Volksgemeinschaft eingesetzt haben. Ob die Kinder aus solchen Ehen als Mischlinge anzusehen sind oder zur deutschen oder jüdischen Volksgemeinschaft gehören sollen, wird von Fall zu Fall bestimmt.

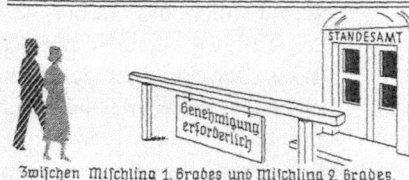

Abbildung 4: Rechtlich gestattete Eheschließungen
nach dem ›Blutschutzgesetz‹

Das Procedere, dem sie sich unterwerfen mussten, war zur endgültigen
Eingabe des Antrags umständlich und zeitaufwändig und hatte kaum
Aussicht auf Erfolg. Der *Reichausschuss zum Schutze des deutschen
Blutes* war ein Gremium, das sich aus Mitgliedern der *NSDAP* und der
Ministerialbürokratie zusammensetzte. Es tagte erstmals am 9. Juni
1936 (vgl. Meyer 1997, S. 168f.). Der Etablierung des *Reichausschus-
ses* waren einige Querelen innerhalb der NS-Führung vorausgegangen.
Grundsätzlich nahm die Partei in ›Judenangelegenheiten‹ eine sehr viel
radikalere Position als die bürokratischen Instanzen ein. So verfolgten
Rudolf Heß, der Stellvertreter des ›Führers‹ und damit die höchste Instanz in der *NSDAP*, und seine Dienststelle bei der Vorbereitung der
Durchführungsvorschriften des *Gesetzes zum Schutz des deutschen
Blutes und der deutschen Ehre* vom 15. September 1935 das Ziel, die
›jüdischen Mischlinge‹ den Jüdinnen und Juden möglichst gleichzustellen (vgl. Longerich 1992, S. 86). Eine Ausdehnung des im Gesetz
verankerten Eheverbots auch auf die ›jüdischen Mischlinge‹ gelang
ihnen jedoch nicht (vgl. ebd.). Daher wählte man eine Kompromisslö-
sung, und dem Stellvertreter des ›Führers‹ wurde ab diesem Zeitpunkt
die Erlaubnis erteilt, gemeinsam mit dem Reichsminister des Innern
Frick in Einzelfällen Genehmigungen für Ehen zwischen ›jüdischen
Mischlingen‹ und ›Ariern‹ auszusprechen (vgl. ebd.). Zur Durchführung dieser Vorschrift wurde schließlich der *Reichausschuss zum
Schutze des deutschen Blutes* gegründet. Wilhelm Stuckart, Staatsse-
kretär im *RMI*, legte in der ersten Sitzung folgende Entscheidungs-
grundsätze fest: »›1. Was ist notwendig zum Schutze des deutschen
Blutes und der deutschen Ehre und 2. Welche Folgen für das deutsche
Reich können sich aus einer Ablehnung oder Genehmigung ergeben?‹« (zit. nach Meyer 1999, S. 170). Aus dieser Zielbestimmung
wird deutlich, dass weder individuelle Wünsche noch Befindlichkeiten
der Antragsstellenden eine Rolle spielten, sondern der Fokus auf der
›rassischen Reinheit der deutschen Volksgemeinschaft‹ lag, und die
›Schadensabwägung‹ für den NS-Staat geprüft werden sollte. Der Mitarbeiter des *Reichsärzteführers* und gleichzeitig Mitarbeiter von Heß,
Kurt Blome, brachte den Zweck des *Reichsausschusses* auf eine kurze,
weitaus radikalere Formel: »›Der Reichsausschuss ist dazu da abzu-
lehnen‹« (zit. n. Meyer 1997, S. 177). Diese grundsätzlich ablehnende
Praxis war durch Hitler im Winter 1936 gebilligt worden (vgl. ebd.,
S. 173). Meyer konstatiert, dass die »Unterschiede zwischen den Positionen darin bestanden, dass Stuckart vereinzelte Ausnahmen aus takti-
schen Gründen zulassen wollte« (ebd., S. 171). Letztlich setzte sich die

Sichtweise der Parteiführung durch und Blome überzeugte das *RMI* von der Sinnlosigkeit der weiteren Arbeit des *Reichsausschusses* (vgl. Longerich 1992, S. 86). Daraufhin stellte er die Tätigkeit nach nur 12 Sitzungen im Mai 1937 ein (vgl. Meyer 1999, S. 170). Auch die wenigen Anträge, die überhaupt zum überregionalen *Reichsausschuss zum Schutze des deutschen Blutes* gelangten, hatten kaum Chancen auf eine Genehmigung (vgl. ebd., S. 169).[144] Dessen Mitglieder erörterten die Anträge und stimmten über diese ab. Nachdem der *Reichsausschuss* seinerseits eine Empfehlung ausgesprochen hatte, oblag die endgültige Entscheidung abschließend dem Innenminister und dem Stellvertreter des ›Führers‹. Der *Reichsausschuss* wollte allerdings nicht nur die Eheschließung der Antragstellenden verhindern, sondern darüber hinaus deren nichteheliche Gemeinschaft unterbinden. Stuckart beruhigte in diesem Punkt die Ausschussmitglieder mit einer Verfügung Reinhard Heydrichs, Chef der *Sicherheitspolizei* (*Sipo*), und des *Sicherheitsdienstes* (*SD*), vom Januar 1937:

»»Die Praxis hat ergeben, daß in diesen Fällen die abschlägigen Bescheide von den Betroffenen durchweg nicht verstanden, sondern als Härte empfunden werden, die sie zwangsläufig zu einer gewissen ablehnenden Haltung gegenüber dem nationalsozialistischen Staat führt. Um diesen Personen von vornherein jede Möglichkeit zu nehmen, sich in einer ihrer inneren Einstellung entsprechenden staatsfeindlichen Weise zu betätigen, ist es erforderlich, sie polizeilich zu überwachen […], wobei insbesondere dafür Sorge zu tragen ist, daß diese Personen den ihnen erteilten abschlägigen Bescheid nicht etwa dadurch umgehen, daß sie mit dem in Aussicht genommenen Ehepartner in wilder Ehe zusammen leben‹« (zit. nach ebd.).

Nach Meyer sind beim *Reichsausschuss* bis März 1937 712 Anträge aus dem gesamten Deutschen Reich eingegangen, wovon lediglich 140 beraten wurden. In 111 Fällen sprach der *Reichsausschuss* eine Empfehlung aus: 98 wurden abgelehnt und 13 als Zweifelsfälle eingestuft. Eine Ablehnung eines Ehegenehmigungsantrags von 1938 lautet wie folgt:

»Auf Anordnung des Herrn Reichs- und Preußischen Ministers des Innern teile ich Ihnen mit, daß Ihnen auf Grund des § 3 der Ersten Verordnung zur Ausführung des Gesetzes zum Schutze des deutschen Blutes und der deutschen Ehre vom 14. November 1935 erbetene Genehmigung zur Eheschließung mit der deutschblütigen Staatsangehöri-

---

[144] Zur personellen Zusammensetzung des *Reichsausschusses* siehe ebd.

gen E. K. in Wuppertal-Elberfeld, [...] im Einvernehmen mit dem Stellvertreter des Führers versagt worden ist. Diese Entscheidung ist endgültig« (Stadtarchiv Wuppertal, AfW 11661).[145]
Nach der Ablehnung ihrer Anträge wurde den Paaren ein Kontaktverbot auferlegt, das in manchen Fällen recht schnell verhängt wurde. Bereits vier Wochen nach Ablehnung wurde die ›Deutschblütige‹ Ulrike K. aus Düsseldorf bei der dortigen *Gestapo* vorgeladen und musste folgende Erklärung unterschreiben:
»Ich bin mir vollkommen im Klaren darüber, daß, nachdem der Ehegenehmigungsantrag mit dem Mischling 1. Grades Hermann J., wohnhaft in W.-Barmen, endgültig abgelehnt ist, auch ein eheähnliches Verhältnis mit J. staatspolizeilich nicht geduldet wird. Mir wurde erklärt, daß das bisherige Verhältnis zu J. zu lösen ist und ich jeglichen Verkehr mit ihm zu meiden habe. Ich erkläre hiermit ausdrücklich, daß unser Verhältnis bereits vor einigen Tagen im beiderseitigen Einverständnis gelöst worden ist und wir keinerlei Bindungen mehr zusammen haben. Für den Fall, dass bekannt werden sollte, daß J. oder ich dieser Auflage nicht nachkommen sollte, sind mir staatspolizeiliche Maßnahmen angedroht worden« (HStaD, RW 58/26468).
Am 16. Dezember 1938 wurde der Verfahrensweg für die Anträge auf Ehegenehmigung wegen mangelnder Erfolgsaussichten vereinfacht (vgl. Noakes 1989, S. 318). Nun wurden die Gesuche direkt an das *RMI* weitergeleitet. Nach einer dortigen Beurteilung durch den ›Rassereferenten‹ Lösener reichte er diese weiter an Blome, der der zuständige Sachbearbeiter des Stellvertreters des ›Führers‹ war (vgl. Meyer 1999, S. 174). Gut zwei Jahre später, im Januar 1940, »forderte das Innenministerium die regionalen Behörden nochmals auf, von den bisher umfangreichen Prüfungen abzusehen und nur die ›allgemeine Persönlichkeit‹ der Verlobten sowie die ›rassische Einordnung‹ zu beurteilen. Außerdem sollten die Antragsteller von der Aussichtslosigkeit ihres Unternehmens informiert werden« (ebd.).
Trotz der 1937 erlassenen Verfügung Heydrichs, die ›wilden Ehen‹ zwischen ›halbjüdischen‹ und ›deutschblütigen‹ Personen zu verhin-

---

145 Mitte Mai 1941 wurde der Text geringfügig verändert: »[...] im Einvernehmen mit dem Leiter der Parteikanzlei versagt worden ist.« Ab 12. Mai 1941 wurde Bormann zum Leiter der *Parteikanzlei* ernannt und beerbte damit Heß, der am 10. Mai 1941 nach England geflogen war, als Stellvertreter des Führers (vgl. Longerich 1992, S. 150).

dern, bot diese Art der Gemeinschaft für solche Paare in den folgenden Jahren noch immer eine Möglichkeit des Zusammenlebens. Aus solchen Verbindungen gingen entgegen dem Willen der Nationalsozialisten auch Kinder hervor. Dies veranlasste Bormann am 20. September 1941 dazu, eine Vertrauliche Information an die Gau- und Kreisleiter der *NSDAP* herauszugeben:

»Nach den bisherigen Bestimmungen ist der außereheliche Verkehr zwischen Mischlingen 1. Grades und Deutschblütigen nicht verboten. Da immer wieder festgestellt wurde, daß in weitem Umfang Konkubinate zwischen Mischlingen 1. Grades und Deutschblütigen bestehen und versucht wird, durch die Zeugung unehelicher Kinder eine Genehmigung der eingereichten Ehegenehmigungsanträge zu erzwingen, muß in solchen Fällen durch geeignete staatspolizeiliche Maßnahmen eine Lösung des Verhältnisses herbeigeführt werden« (Partei-Kanzlei der NSDAP: Vertrauliche Informationen (V.I.) 41/461 vom 20.09.41).

Das hieß im Klartext, dass vor allem die *Gestapo*-Stellen massiven Druck auf die beiden Antragstellenden ausüben sollten (und dies auch taten), um die Liebesverhältnisse zu trennen und zukünftig zu unterbinden. Die von Meyer und der Verfasserin untersuchten Fälle der Städte Hamburg und Wuppertal zeigen, dass die *Gestapo* ab 1941 besonders radikal gegen eheähnliche Verbindungen zwischen ›Mischlingen‹ und ›Deutschblütigen‹ vorging. In den Jahren zuvor hatte es die NS-Regierung nicht endgültig geschafft, diese Beziehungen zu unterbinden, sodass es nun an der Zeit schien, die Verbindungen unter schärferen Strafandrohungen zu beenden oder gar eher unbedeutsame Straftaten besonders hart zu ahnden. Am 3. März 1942 wurde jedenfalls die Bearbeitung der Ehegenehmigungsanträge auf Veranlassung des *RMIs* endgültig eingestellt (Walk 1996, S. 365). In einer Vertraulichen Information Bormanns heißt es dazu:

»Es ist während des Krieges nicht zu verantworten, für Bearbeitung von Ausnahmeanträgen von Mischlingen ersten Grades Arbeitskraft und Zeit zu verwenden, zumal Ehegenehmigungsanträge regelmäßig abgelehnt werden« (Partei-Kanzlei der NSDAP: Vertrauliche Informationen (V.I.) 29/393 vom 18.04.42).

Nur einen Monat später, am 9. April 1942, gab Heydrich einen Erlass heraus, der die Sexualkontakte zwischen männlichen ›Mischlingen‹ und ›deutschblütigen‹ Frauen verbot:

»Im Hinblick darauf, daß gegenwärtig der größte Teil der deutschblütigen Männer Heeresdienste leistet, ist ein solches Verhalten der jüdischen Mischlinge 1. Grades nicht nur besonders verwerflich, sondern

auch in höchstem Maße geeignet, die Öffentlichkeit zu beunruhigen«
(zit. nach Berschel 2001, S. 209).

Als Konsequenz daraus »war die Auflösung solcher Verhältnisse
auf Grund der *Verordnung zum Schutze von Volk und Staat* anzuord-
nen und die Aufnahme entsprechender Beziehungen für die Zukunft zu
untersagen. Bei Zuwiderhandlung war der Betreffende sofort in
>Schutzhaft< zu nehmen und seine Überführung in ein Konzentrations-
lager zu beantragen« (ebd.).[146] Bei >Halbjuden<, die ein Verhältnis mit
einer >deutschblütigen< Frau hatten, deren Mann als Soldat an der
Front war, wog das >Vergehen< besonders schwer. Die Männer waren
ohne Warnung in ein KZ einzuliefern (ebd.). Die jeweiligen >deutsch-
blütigen< Frauen sollten »unter Androhung staatspolizeilicher Maßnahmen eindringlich« verwarnt werden (Schmidt 2003, S. 31).

Auch bereits in den Jahren zuvor hatte die Tatsache, dass das
>Rassenschandedelikt< für >Mischlinge< nicht galt, die Behörden nicht
daran gehindert, auch diese Personen in den Tatbestand miteinzube-
ziehen.[147] Martin Feyen hat aus den Düsseldorfer *Gestapo*-Akten 148
Ermittlungsverfahren wegen >Rassenschande< rekonstruiert, 11 davon
betrafen >Mischlinge< (vgl. Feyen 2003).[148] Er stellte fest, dass der
Höhepunkt der >Rassenschande-Verfolgung< im Regierungsbezirk
Düsseldorf in den Jahren 1935 bis 1937 lag (vgl. ebd., S. 8) und verdeutlicht, dass die von ihm untersuchten Fälle »die Radikalisierung des
Vorgehens der *Gestapo* bei der Verfolgung von >Rassenschande< im
Laufe der Jahre« widerspiegeln (ebd.). So führte in den Anfangsjahren
des >Dritten Reiches< auch >nur< die Kriminalpolizei die Ermittlungen,
bevor die Angeklagten dann von ordentlichen Gerichten verurteilt
wurden. Erst ab Juni 1937 übernahm die *Gestapo* die Verfolgung dieser Delikte. Sie nutzte ihre Spielräume aus, indem sie ab 1938 für
männliche >Rassenschänder<, die ihre Haftstrafe verbüßt hatten, gene-

---

146 Die in der Folge des Reichstagsbrands erlassene Verordnung vom 28. Februar 1933
hob die verfassungsmäßigen Grundrechte auf und ermöglichte Verhaftungen ohne
Beteiligung der Justiz (>Schutzhaft<).
147 Ausführliche Fälle dazu finden sich u.a. bei Grabowsky 2005 und Schmidt 2003.
Dort zeigt sich, dass der >rassische< Status der Angeklagten für die Richter eine Rolle spielte. So wurden offenbar Männer, die als >geltungsjüdisch< eingestuft wurden,
weitaus härter bestraft als >halbjüdische< Männer.
148 Dies entspricht ungefähr 4,3 Prozent. Alexandra Przyrembel kommt allerdings zu
anderen Ergebnissen. Von den 354 >Rassenschande<-Personalakten in Düsseldorf hat
sie 29 Fälle von >Mischlingen ersten Grades< bzw. >Geltungsjuden< gefunden. Dies
sind rund 8,2 Prozent (vgl. Przyrembel 2003, Anm. 38, S. 275).

rell ›Schutzhaft‹ in einem KZ verhängte. Die Legitimation hierzu stellte der bereits erwähnte Heydrich-Erlass von 12. Juni 1937 dar. Darin war unter anderem angeordnet worden, bei gerichtlich verurteilten Juden zu überprüfen, ob nach Verbüßung der Strafe ›Schutzhaft‹ angeordnet werden sollte.

Die Bombenangriffe auf Berlin überlebten Frau Becker und ihre Familie ohne körperlichen und materiellen Schaden. Nach dem Krieg und der Befreiung durch die Alliierten konnte Frau Beckers Vater sich wieder als Uhrmacher betätigen und mehr recht als schlecht für den Lebensunterhalt der Familie sorgen. Zunächst zählten russische Soldaten zu seinen Kunden, nach der Zonen-Einteilung Berlins waren es englische Militärangehörige. Frau Becker hatte 1945 ihre Arbeit als Kontoristin aufgegeben und half in der ersten Zeit nach Kriegsende in einem Lazarett aus, was eine physische und psychische Überanstrengung zur Folge hatte. Aufgrund der dortigen Überforderungen wurde sie krank und brauchte lange, bis sie sich endgültig erholte.

Im August 1945 kehrte ihr Bruder Siegfried nach Berlin zurück. Er hatte das *KZ Auschwitz* überlebt. Zwei Jahre später lernte Frau Becker ihren späteren Mann, einen Kunden ihres Vaters, kennen. Sie heirateten im Juni 1948, 1953 kam ihre erste Tochter zur Welt. Kurz vorher hatte Frau Becker gemeinsam mit ihrem Vater ein Juweliergeschäft eröffnet. Da Frau Becker 1962 erneut schwanger wurde, musste das Geschäft geschlossen werden. Einige Jahre nach der Geburt des zweiten Kindes nahm Frau Becker eine Tätigkeit auf, die sie mit großer Freude erfüllte. Sie arbeitete als Verkäuferin auf Messen und anschließend für eine Möbelfirma, bis sie 1984 in Rente ging.

Mittlerweile ist Frau Becker Großmutter von drei Enkelkindern. Ihre Erlebnisse aus der NS-Zeit sind ihr noch immer sehr präsent und prägen sie bis heute. Sie verspürt große Trauer angesichts der familiären Verfolgung und verspürt auch heute eine große Wut auf die Täterinnen und Täter. Trotzdem charakterisiert sie sich als lebensbejahende Person und versucht, die positiven Momente des Lebens zu genießen.

6.2.2 Zugehörigkeit – Nicht-Zugehörigkeit

Der erste vorgestellte Gesprächsausschnitt aus dem Interview mit Hanna Becker findet sich unmittelbar zu Beginn des aufgezeichneten Interviews. Bereits vor Aufnahmebeginn berichtete die Interviewte der Interviewerin über ihre Familie. Während sie die ersten Worte der Aufnahme sprach, stand sie vor ihrem Bücherregal, aus dem sie einen autobiografischen Bericht einer Shoa-

Überlebenden herausgesucht hatte. Das folgende Zitat bezieht sich auf eine da-
zugehörige Rezension:

Ausschnitt 1

9   H. B.: Das sind Worte, die ick mir extra aufjeschrieben hab, die eine Frau jeschrieben hat: ((liest

10   vor)) <u>Was sie dort erlebte, schließt uns aus.</u> *Mhm.* ((erklärend)) Im KZ. ((liest vor)) Sie sehen

11   etwas, von dem sie weiß, dass wir es uns niemals vorstellen können. Dieser Satz, den find ich so

12   fantastisch. *Ja.* Weil <u>kein</u> Mensch sich <u>wirklich</u> vergegenwärtijen kann, was <u>diese</u> Menschen gelitten

13   haben. Ja. Also ich schreib mir so was immer auf, wenn ich das denn irgendwo kriege.

Als Einstieg für die Gesprächsaufzeichnung wählt Hanna Becker also ein Zitat,
das sie aus der Rezension einer Biografie von einer Shoa-Überlebenden ent-
nommen hat. Sie trägt nachdrücklich die Zeilen der Rezensentin vor:»Was sie
dort erlebte, schließt uns aus« (Z. 10). An dieser Stelle präzisiert Frau Becker
noch nicht, welche Personengruppe sie mit»uns« meint. Damit ist auch nicht
deutlich, welche Position sie für sich selbst in Anspruch nehmen wird: den
Standpunkt der Betroffen, ergo derer, die ›dazu gehörten‹, oder die Position der
Außenstehenden, Ausgeschlossenen. Ihre Worte in den Zeilen 12f., in denen sie
eine Eigenverortung vornimmt, geben schließlich darüber Aufschluss:»was
diese Menschen gelitten haben.« Damit ist offensichtlich: Es sind die *anderen*,
denen großes Leid angetan wurde. Und niemand, auch nicht Frau Becker, ist, so
ihre Worte, in der Lage, das Leid dieser anderen zu erfassen. Gleich zu Beginn
des Interviews verdeutlicht Frau Becker demnach zwei Dinge. Zum einen
nimmt sie für sich nicht die Position einer Shoa-Überlebenden in Anspruch.
Zum anderen beschreibt sie, dass sie die Erfahrungen der KZ-Opfer als etwas
Trennendes, nicht Erreichbares zwischen sich und ihnen erfährt.

Auch im folgenden zweiten Ausschnitt befasst sich Frau Becker mit der
›Opfer-Frage‹:

Ausschnitt 2

38   Mein Bruder redet ja auch <u>frei</u>, der schreibt

39   nichts auf. Der redet ... In <u>jeder</u> Rede ... Der hat ja überall geredet ... Der redet <u>überall</u> frei. Aus der

40   Erinnerung eben. Aber erst seit ... Macht er noch nicht lange, erst seit er Fuffzich oder Sechzich war

41   oder noch später fing er an, überhaupt darüber zu reden. Werden Se alles lesen, seine Familie hat

42   davon nicht viel jewusst und ... Haben ... Machen die ja <u>alle</u> nicht, die so viel erlebt haben. Ne.

43   S. G.: *Schweigen.*

44   H. B.: Dass sie halt nicht verarbeiten können, ja. Er träumt <u>heute</u> noch furchtbar. Er hat immer noch ...

45   Wenn mein Bruder hier ist ... Wir sitzen denn ooch meist hier, denn ... Hab ich <u>heute</u> noch ((Räuspern)), wo

46   wir uns <u>viel</u> unterhalten ... Heute noch Dinge, die immer wieder neu für mich sind. *Mhm.* Ne.

47   Grausamkeiten, die immer wieder neu für mich sind.

Nun berichtet die Interviewte über ihren Bruder Siegfried, der aufgrund seines Fluchtversuchs in das *KZ Auschwitz* deportiert wurde. Sein Verschweigen seiner Erlebnisse während vieler Jahrzehnte und sein spätes Wirken als Zeitzeuge kommentiert sie mit den Worten:»Machen die ja alle nicht, die so viel erlebt haben« (Z. 42). Wie auch im vorherigen Textausschnitt findet sich hier erneut ein Hinweis auf ›die anderen‹ als Opfer: Es sind die Personen, die ihre Verfolgungsvergangenheit bis heute nicht ›bewältigt‹ haben und daher nicht in der Lage sind, ihre Erlebnisse aus der NS-Zeit zu thematisieren. Im Gegensatz zur ersten Textpassage, in der die Opfer anonym bleiben, konkretisiert Hanna Becker nun eines von ihnen in der Figur ihres Bruders. Dass auch die Interviewte in gewisser Weise Opfer der NS-Politik geworden ist, wird in der nächsten Passage deutlich:

Ausschnitt 3

91   Kann auch kaum mit jemand

92   darüber sprechen, weil andere det nicht verstehen können, ja. Aber dat ka- Muss ma- Wie die Frau

93   schon schreibt ... Wobei ich mich damit überhaupt nicht vergleichen kann. Aber det muss man

94   erlebt haben, um es zu verstehen. Was Angst und Verfolgung ... Das Wort Verfolgung, müsste

95   man wirklich zerlegen, ja. Verfolgung ist ein Wort, ((Räuspern)) der das nur, der das nur

96   begreifen kann, der verfolgt wurde. Denn Sie wurden ja ... Jeder Blick war eine Verfolgung für Sie.

97   Und denn immer Angst haben, erkannt zu werden. *Mhm.* Ja. Ich hatte ja keinen Stern, aber

98   trotzdem hab ich Angst jehabt, erkannt zu werden. *Mhm.* ((Räuspern)) Also ick muss ... Also,

99   die Zeit macht mich ((weinend)) immer noch fertig. *Mhm.* ((Interviewerin reicht ein Taschentuch))

100   DANKESCHÖN. ((Weinen beendet, aber der Rest des Interviews ist geprägt von ständigem

101   Schniefen)) Und wenn man denn jesehen hat, wie die Menschen abgeholt wurden woanders, ja,

102   mit kleinen Kindern. DAS WAR ALLES GANZ SCHLIMM. Wobei es uns ja gar nicht mal so schlecht

103   ging. Wir hatten können ja noch ... Wir hatten nun normale Lebensmittelkarten. Stand zwar ooch

104   überall Jude unten drauf, wenn wir da waren. ((Schniefen)) Aber im Verhältnis zu anderen,

105   die sich verstecken mussten und so, ging's uns ja gut. *Mhm.* Nicht. (.) Fragen Sie ruhig, wenn

106   Sie ganz spezielle Fragen haben wollen.

107   *S. G.: Ich fand das vorhin ganz ... Ganz spannend, was Sie erzählt haben. Vielleicht können Sie*

108   *weiter Ihre Lebensgeschichte erzählen.*

109   H. B.: Ja, ja. Und ... Ja, und als ich 16 war, da ging ich noch zur Berufsschule, ich durft ja

110   auch keine hohe Schule besuchen, Lernen durft ich ja auch nicht, durft ja keine Lehre annehmen

111   ((Räuspern)). War ja alles verboten. Und eines Tages kam mein Vater eben nicht nach

112   Hause. (.) Und wir waren ... Mein lebt... Mein zweiter Bruder, der ist ... Det ist det Paradoxe

113   ((Räuspern)), der ist im Krieg jefallen. Den haben se als Soldat jenommen. Ja, das ist ja dieses

114   Paradoxe. Das hat aber meinem anderen Bruder wieder das Leben jerettet. Also einer musste

115   wohl geopfert werden, um (.) überhaupt leben zu bleiben ((Räuspern)).

Wie auch für ihren Bruder, ist für Frau Becker die Vermittlung ihrer Erfahrungen und Erlebnisse aus der NS-Zeit in der Gegenwart kaum möglich, denn es gibt, so die Interviewte, nahezu niemanden, der Verständnis für sie und ihr Leid aufbringt:»Kann auch kaum mit jemand drüber sprechen, weil andere det nicht verstehen können, ja« (Z. 91f.). Gleich darauf relativiert sie allerdings ihre Aussage im Hinblick auf eine mögliche Eigenverortung als *Opfer* der NS-Politik, indem sie eine Gleichsetzung mit KZ-Opfern zurückweist. Für diese Argumentation bezieht sie sich erneut auf die Rezensentin vom Gesprächsbeginn:»Wie die Frau schon schreibt ... Wobei ich mich damit überhaupt nicht vergleichen kann« (Z. 92f.). Ebenfalls weist Hanna Becker eine Gleichsetzung mit weiteren NS-Verfolgten zurück:»Aber im Verhältnis zu anderen, die sich verstecken mussten und so, ging's uns ja gut« (Z. 104f.).

Kurze Zeit später führt die Interviewte ihren Bruder Paul in ihre Erzählung ein. Aus ihrer Sicht ist auch er, der als Soldat in die Wehrmacht eingezogen wurde, und bei Kriegshandlungen ums Leben kam, ein Opfer. Anders als Siegfried, der von den Nationalsozialisten *zum Opfer gemacht* wurde, wird Paul als jemand, der sich *aufopferte*, vorgestellt.[149] Zwischen den ›Unglücken‹ ihrer Brüder konstruiert Frau Becker einen Zusammenhang, der die ›Schicksale‹ der beiden untrennbar miteinander verknüpft:»Mein zweiter Bruder, der ist ... Det ist det Paradoxe ((Räuspern)), der ist im Krieg jefallen. Den haben se als Soldat jenommen. Ja, das ist ja dieses Paradoxe. Das hat aber meinem anderen Bruder wieder das Leben jerettet« (Z. 112ff.). Dem Tod Pauls wird also von Frau Becker nachträglich Sinn verliehen, sein Sterben wird mystisch überhöht. Offensichtlich wird ein religiöses Motiv von Aufopferung/einem Märtyrertod. Das Kriegsopfer Paul, hier eine Art Erlösergestalt repräsentierend, wird für das KZ-Opfer Siegfried zum Retter. Die folgende Aussage:»Also einer musste wohl geopfert werden, um (.) überhaupt leben zu bleiben« (Z. 114f.), stützt Frau Beckers Darstellung des Märtyrertods von Paul. Allerdings bezieht sie, anders als in der Aussage zuvor, die Rettung nun nicht mehr explizit nur auf ihren Bruder Paul, sondern der Kreis, der die Geretteten umfasst, bleibt undefiniert.

Hinsichtlich der Dimensionen Zugehörigkeit-Nicht-Zugehörigkeit handelt Frau Becker in den Textausschnitten 1 bis 3 die Frage ihrer Zugehörigkeit zu einem Kollektiv der Opfer aus. Es wird offensichtlich, dass sie zu den Opfern einerseits KZ-Überlebende, so auch ihren Bruder Siegfried, zählt. Zum anderen wird aus ihrer Perspektive auch Bruder Paul zum Opfer, genauer gesagt, zum

---

149 Hieran werden die beiden Bedeutungen, die der Begriff ›Opfer‹ umfasst, offenbar. Im Gegensatz zur englischen Sprache, in der die beiden Begriffe ›sacrifice‹, also sich selbst opfern/aufopfern, und ›victim‹, zum Opfer (gemacht) werden, existieren, gibt es im Deutschen diese begriffliche Differenzierung nicht.

Opfer des Krieges. Seinen Tod wiederum deutet sie als Märtyrertod und erhöht ihn in einem religiösen Sinn zum Retter. Für sich selbst, so wird deutlich, nimmt Hanna Becker die Position eines Opfers trotz des ihr widerfahrenden Leids nicht in Anspruch. Welchem Druck auch *sie* während der NS-Zeit ausgesetzt war, wird im nächsten Ausschnitt erkennbar.

Ausschnitt 4

49 Wissen Sie, ich bin ja auch geprägt. Sie dürfen ja nicht vergessen … Wissen
50 Sie, was das ganz Schlimme war? Dass sich das Volk so furchtbar hat aufhetzen lassen. Ja.
51 Sonst wär es uns ja gar nicht so … Die Nürnberjer Jesetze haben uns ja im jewissen Sinne
52 geschützt. *Jaaa.* Ja. Aber die Bevölkerung … Das war … Wie soll ich sagen? Wenn die den
53 Namen Jude jehört haben, ja, dann war dat für sie schon … Ick kann ihn jar nich sagen, wie
54 det … Ist der Feind. Es war einfach der Feind, ja. Und wer … Und wer sich … Und wer selbst äh
55 sagte (…) »Ich hab ja nischt gegen Juden«, aber der hat sich sofort abgewandt, ja. Der hat
56 einfach nicht mehr Kenntnis jenommen. Und die Gehässigkeit war ja so furchtbar groß. Ich will
57 Ihnen einen Fall erzählen … Wir haben A-Straße jewohnt, ich war 14 oder 15, nee ich war schon
58 älter. 15 muss ich jewesen sein, ja. Und äh da kommt ein Sol-, mein Vater war Uhrmacher, da
59 kommt ein Soldat zu uns, dem sollte mein Vater Trauringe besorgen. Und meine Mutter … Mein
60 Bruder war also schon im KZ, ich war 16, es war '42. ((Räuspern)) Und ich bring ein
61 Paket … Wir hatten denn endlich Nachricht, das werden Sie aber alles darin lesen. Das hat ja
62 alles jedauert, wir wussten ja nicht, wo mein Bruder war. Un dann bring ich ein Paket zur Post.
63 Meine Mutter hat immer Kuchen jebacken und Brot jeschickt und so. Und der hilft mir da beim
64 Tragen und auf einmal kommt eine bei uns aus dem Haus und sagt: »Junger Mann, kommen Se
65 doch mal her!« Und redet mit ihm und denn jeht der aber mit mir weiter und sagt nichts. Und
66 wir gehen zur Post und er verabschiedet sich. Und ich kannte seine Braut auch. Und viel viel
67 später hat er denn der Bekannten, durch die er zu uns jekommen ist, erzählt, die hat jesagt:
68 »Wie können Sie mit diesem Mädchen gehen, das ist ja eine Jüdin!« Ne. Und von dem Moment
69 an, als ich das erfahren habe, war ich so jeschockt, denn meine Freunde … Ick hatte immer
70 Soldaten, Offiziere als Freunde, ich war ja 16 denn nachher. Also ich hab … Ich hab ihnen nie
71 meine Adresse jegeben. *Mhm.* Und wenn die mich denn doch … Ach, die haben mich ja abends
72 nach Hause jebracht un da haben se jesehen, wo ich wohne. Wissen Sie, ich habe … So … Ich
73 hab äh wie soll ich sagen … Rote Schwaden vor den Augen jehabt. Ich konnte nicht Laufen, ich
74 konnte nicht sprechen, so so viel Angst hatte ich. Dass jetzt wieder jemand kommt und den …

In der vorliegenden Passage thematisiert die Interviewte ihren Ausschluss aus der ›Volksgemeinschaft‹ und stellt die Repressalien, mit denen sie und ihre Familie gequält wurden, dar. Sie beschreibt die allgemeine »Gehässigkeit« (Z. 56), die Diffamierung einer Nachbarin (Z. 64–68) und das Abwenden der Menschen, die Frau Beckers ›halbjüdischen‹ Status gewahr wurden (Z. 55). Vor allem die Angst, dass ihre teiljüdische Herkunft offenbar werden könnte (Ausschn. 3, Z. 96–102 u.

Ausschn. 4, Z. 70–74), überschattete ihr damaliges Leben. Dieses Angstgefühl, von dem sie im Interview überwältigt wird, wird durch das Erzählen erneut aktualisiert. Es ist fühlbar, dass sie noch immer unter den Folgen der NS-Zeit leidet. Dass die Verfolgungszeit ihren Schatten bis heute auf ihre gegenwärtige Lebenssituation wirft, drückt die Interviewte in den Ausschnitten 5 und 6 aus.

Ausschnitt 5

334   Aber ähh die meisten ... (.) Ick merk det ja selbst im Umkreis.»Ach, man muss doch auch vergessen!«(.)
335   Ja. Jaa.»Man muss doch auch verjessen, es muss doch alles mal ein Ende haben!«

Ausschnitt 6

343   Kann auch kaum mit jemand
344   darüber sprechen, weil andere det nich versteh'n könn', ja

Die Textpassagen geben Aufschluss darüber, dass die unterschiedliche Sozialisation und ihre Vergangenheit als Verfolgte Frau Becker bis heute von den Personen, die während der NS-Zeit zur Mehrheitsbevölkerung zählten, trennen. Damit zeigt sich, dass nicht allein die Tatsache nicht gemeinsam geteilter Erfahrungen den Austausch mit anderen Personen ihrer Generation verhindert, sondern vielmehr ist der Mangel an Empathie der anderen dafür verantwortlich. Nur wenige Menschen zeigen sich bereit, sich ihr und ihren Erlebnissen aus der NS-Zeit zuzuwenden. Stattdessen fordern die meisten ein Vergessen ein und beharren auf einem ›Schlussstrich‹.

In Frau Beckers jugendlichem Leben gab es nicht nur negative Ereignisse und belastende Erlebnisse, sondern sie erinnert sich im Interview auch an schöne Momente während der Verfolgungszeit.

Ausschnitt 7

163   Das war
164   auch ne wunderschöne Zeit, ja. Nu war ich 'n junges Mädchen und sah auch gut aus und da
165   ham die mich ooch wirklich verwöhnt und alles, ja. Und det jing auch alles gut. Bis (.) Ende '45.

Dieser Ausschnitt bezieht sich auf Frau Beckers Zeit als Bürokraft während des Krieges. Sie beschreibt an dieser Stelle Momente von Zugehörigkeit und Geborgenheit. An ihrem Arbeitsplatz, wo niemand Kenntnis über ihren jüdischen Vater hatte, fühlte sie sich in den Kreis ihrer Kolleginnen und Kollegen eingebunden, und ihr attraktives Äußeres trug dazu bei, dass sie von den anderen Angestellten,»wirklich verwöhnt« (Z. 165) wurde.

Bereits im vierten Textausschnitt drückt die Interviewte aus, sich neben der gleichzeitig stattgefundenen sozialen Ausgrenzung ebenfalls als Teil der Mehrheitsgesellschaft gefühlt zu haben:»Ick hatte immer Soldaten, Offiziere als Freunde« (Ausschn. 4, Z. 69f.). Dieser Schein, Gleiche unter Gleichen zu sein, war allerdings trügerisch. Von den jungen ›arischen‹ Männern ließ sie sich zwar ausführen, allerdings war die vermeintliche Unbeschwertheit stets geprägt von ihrer Angst, ›enttarnt‹ zu werden (ebd., Z. 70–74). In den beiden Passagen offenbart sich Hanna Beckers Sehnsucht nach der Zugehörigkeit zur damaligen Mehrheitsbevölkerung. Gleichzeitig wird deutlich, dass es für sie innerhalb der NS-Gesellschaft tatsächlich auch Momente von Inklusion gegeben hat. Dafür allerdings zahlte Frau Becker den hohen Preis ihrer Angst, denn Zugehörigkeit war nur um den Preis der Verschleierung der eigenen Herkunft zu erlangen.

Im nächsten Ausschnitt erzählt Hanna Becker nun von einer Begebenheit während der NS-Zeit, die von ihrer Zugehörigkeit bzw. Nicht-Zugehörigkeit zum Jüdischsein handelt.

Ausschnitt 8

256   Will- Ich will Ihnen was erzählen, wo ich heute vermute, dass ich richtig denke.
257   Ich hatte ... Ich bin mit meiner Mutter Sonntagvormittag irjendwo irjendwo am Zoo oder so jewesen. Ich
258   weiß nich mehr, wo. Wir war waren irjendwo unterwegs. Ach ja, das war ja so zu der Zeit ham ja die
259   Juden äh, die wussten, dass sie ge- deportiert werden, so einzelne Sachen verkauft. Und irgend ein
260   Bekannter haben uns davon erzählt und wir sind denn zu einer Familie jefahren ... Denke so oft an die,
261   die ich da kennenjelert habe. Das war eine eine gut situierte Familie beziehungsweise der Mann war
262   schon in Amerika, der hat sich um ... Nicht jekümmert. Ne richtje Dame, die alte Frau, die Tochter eine
263   wunderbare Pianistin. Eine Pianistin! Wir haben nur jesessen und jelauscht. Schöne Sachen. Bei denen
264   haben wir aber dann nichts jekauft, die konnten sich nicht trennen. Aber wir haben uns eben unterhalten,
265   weil wir ja alle in der gleichen Situation irjendwie waren. Man fühlte det Zujehörigkeitsjefühl
266   damals sehr stark zu den ... Seitdem fühl ich mich ooch zu den Juden zujehörig, ja. Und äh also (....)
267   mal sagen, äh kein (.....) jejeben immer. Mhm. Zujehörig kann ich nich sein, weil ich mit der Relijon
268   nischt anzufangen weiß.

Hier bemüht sich Hanna Becker nun darum, ihre Zugehörigkeit zur Schicksalsgemeinschaft der verfolgten Jüdinnen und Juden auszudrücken:»Aber wir haben uns eben unterhalten, weil wir ja alle in der gleichen Situation irjendwie waren. Man fühlte det Zujehörigkeitsjefühl damals sehr stark zu den ... Seitdem fühl ich mich ooch zu den Juden zujehörig, ja« (Z. 264ff.). Diese vermeintliche Solidarität mit der jüdischen Bevölkerung bzw. Frau Beckers Gefühl der Zugehörigkeit zu ihr beruhen allein auf dem gemeinsam mit den Jüdinnen und Juden geteilten Umstand der Verfolgung, dem das Klassifizierungsbestreben der Nazis zugrunde liegt. Zum Judentum als *religiöser* Gruppierung dagegen bekennt sie sich nicht:»Zujehörig kann ich nich sein, weil ich mit der Relijon nischt anzufangen weiß« (Z. 267f.). Ausdrücklich gewiss ist sie sich des aus ihrer heutigen Perspektive konstruierten Einschlusses in die ›Gemeinschaft Jüdischsein‹ jedoch nicht, was ihre Einschränkung »irjendwie« (Z. 265) ausdrückt. Diese Annahme wird bestärkt durch die Tatsache, dass Frau Becker zunächst gar nicht weiß, wie sie die Gruppierung, mit der »man« (sic!) sich vermeintlich verbunden fühlt, überhaupt bezeichnen soll. Erst im zweiten Ansatz gelingt es ihr, das Wort »Juden« auszusprechen. Frau Beckers Schwierigkeit, sich im Kontext von Jüdischsein zu verorten, ist insofern schlüssig, als dass die Erzählung der vorliegenden Szene, mit deren Darstellung sie ihre Zugehörigkeit darzustellen versucht, in die Beschreibung einer Situation eingebunden ist, in der sie und ihre Mutter gerade *nicht* als Teil der jüdischen Gemeinschaft auftraten: als ›jüdisch versippt‹ bzw. ›halbjüdisch‹ genossen sie, genau wie ›Deutschblütige‹, das Privileg, von der finanziellen Not der ›Volljüdinnen‹ und ›Volljuden‹ profitieren zu können. Dieses Machtgefälle wird von Frau Becker in ihren Ausführungen jedoch nicht bedacht. Stattdessen beschreibt sie den kulturellen Genuss der Klavierdarbietung, negiert damit die Absurdität und das Grauen der Situation und ihren sozialen Vorteil gegenüber den als ›volljüdisch‹ deklarierten Personen. Außerdem schreckten Frau Becker und ihre Mutter nicht etwa aufgrund eines Schuld- oder Schamgefühls vor der Bereicherung am Hab und Gut der jüdischen Familie zurück, sondern ein ›Kauf‹ kam nur deswegen nicht zustande, weil die später Deportierten, so Frau Becker, sich schlichtweg nicht von ihrem Eigentum zu lösen vermochten: »… die konnten sich nicht trennen« (Z. 264). Schuld- bzw. Täterinnenanteile, die das Handeln von Frau Becker und ihrer Mutter beinhalten, lösen bei Frau Becker auch heute kein Unrechtsempfinden oder gar einen ambivalenten Zustand aus. Stattdessen verlagert die Interviewte die Verantwortung geradewegs auf die jüdische Familie selbst: Frau und Tochter verpassten schlicht ihre Chance, ihre Besitztümer zu veräußern. Eine weitere Projektion von Schuld bezeugt Hanna Beckers Darstellung des jüdischen Ehemannes der »richtjen Dame« (Z. 262), der, im Exil lebend, Ehefrau und Tochter angeblich vernachlässigt: »… beziehungsweise der Mann war schon in Amerika, der hat sich um … Nicht jekümmert« (Z. 261f.).

Stellt man die Interpretation des Textausschnitts 8 in den Kontext von Zugehörigkeit bzw. Nicht-Zugehörigkeit, so ist erkennbar, dass Hanna Becker hier zwar den sprachlichen Versuch unternimmt, ihre Einschließung in das Kollektiv der verfolgten Jüdinnen und Juden herauszustellen, und sich dort zu verorten trachtet. Jedoch wird deutlich, dass die von ihr intendierte Herstellung dieser Zugehörigkeit sowohl während der NS-Zeit, als auch darüber hinaus nicht tragfähig ist. Vielmehr belegen ihre Ausführungen das Gegenteil: Frau Becker beschreibt hier eine Szene, in der sie und ihre Mutter die Positionen der Mehrheitsgesellschaft bzw. der Verfolgerinnen und nicht der Verfolgten einnehmen.[150] Damals wie heute löst diese potenziell ambivalenzerzeugende Situation, nämlich die Möglichkeit, sich als in geringerem Ausmaß Verfolgte aber dennoch Betroffene an Eigentum weitaus schlechter gestellten Personen bereichern zu können, bei Hanna Becker keine Gefühle von Hin- und Hergerissenheit aus. Stattdessen projiziert sie Verantwortung für die Situation, Schuld und Versagen auf die noch schwächeren Ausgelieferten der staatlichen NS-Politik.

6.2.3 Zusammenfassung

Hanna Becker behandelt in den vorgestellten Interviewausschnitten vor allem die Frage nach ihrer Zugehörigkeit zu einer Opfergemeinschaft. Die rassistische Klassifizierung ›halbjüdisch‹ hat bei ihr dazu geführt, dass sie sich im Kontext von NS-Opferschaft nicht eindeutig zu positionieren vermag, ihre Ambivalenzen also hauptsächlich mit der Frage zu tun haben, inwiefern sie sich als Teil einer Opfergemeinschaft begreift. Zum einen nimmt Frau Becker, im Interview mehrfach verweisend auf die KZ-Überlebenden, für sich dezidiert keine Position als Opfer in Anspruch. Die Erfahrung der ›legitimen Opfer‹, die ihrem Verständnis nach durch die Shoa-Überlebenden repräsentiert werden, erlebt sie als etwas Trennendes, nicht Erreichbares zwischen sich selbst und ihnen. Auch Frau Beckers sprachlicher Versuch, sich mit den verfolgten Opfern, denen die Deportation bevorsteht, die also *noch* nicht als *KZ-Opfer* bezeichnet werden können, gleichzusetzen, misslingt. Aufgrund ihres gegenüber den verfolgten Jüdinnen und Juden ›privilegierten Status‹ und ebenso ihrer Nicht-Zugehörigkeit zur Jüdischen Gemeinde gibt es, bezogen auf die Situation unter der Verfolgung, keine Gemeinsamkeiten zwischen Hanna Becker und den ›Volljüdinnen‹ und ›Volljuden‹. Bemerkenswert ist in diesem Zusammenhang die Tatsache, dass Frau Becker sich im gesamten Interview auf *fremde, außerfamiliäre* ›Volljüdinnen‹ und ›Volljuden‹ bezieht. Die Tatsache, dass ihr eigener Vater bzw. dessen Familie (ehemals) zum Judentum gehörten, wird von ihr nicht reflektiert.

---

150 Goffman beschreibt diese bei Frau Becker deutlich gewordene Konstellation mit folgenden Worten: »Das stigmatisierte Individuum zeigt eine Tendenz, seines ›gleichen‹ gemäß dem Grad, in dem ihr Stigma offenbar und aufdringlich ist, in Schichten zu gliedern. Es kann dann jenen gegenüber, die evidenter als es selbst stigmatisiert sind, die Verhaltensweisen einnehmen, die die Normalen ihm gegenüber haben« (Goffman 1967/1977, S. 133f. Hervorh. i.O.). Er führt weiter aus, dass »[e]ben in seiner Anschließung an seine evidenter stigmatisierten Gefährten bzw. in seiner Absonderung von ihnen [...] die Identifikations-Schwankung des Individuums am schärfsten gekennzeichnet [ist]« (ebd.) Diese Identitifikations-Schwankung, sprich Ambivalenz, trifft auf Frau Becker allerdings nicht zu.

Hanna Beckers Schwierigkeit, sich hinsichtlich der Opferschaft sozial zu positionieren, findet eine Analogie innerhalb der eigenen Familie. Ihre Brüder sind Frau Beckers Verständnis nach eindeutig als Opfer zu klassifizieren, sowohl Siegfried, der *Auschwitz*-Überlebender ist, als auch Paul, der sich durch seinen Tod für Bruder und Familie aufopferte.

Inwiefern ist es Frau Becker nun also möglich, eine Position als Opfer auch für sich reklamieren? Im Gegensatz zu »ganz normalen Deutschen«[151] war sie eine Verfolgte und litt erheblich unter den Diskriminierungen und dem an ihr und ihrer Familie begangenen Unrecht. Dies beschreibt sie im Interview nachdrücklich und thematisiert ihr eigenes Leid mit den für sie bis heute andauernden seelischen Folgen. Ihre sprachlichen Versuche, sich den Aspekten von Opferschaft zu nähern, zeugen vom Ringen um die eigene Positionierung, doch eine auf sie zutreffende Opfer-›Definition‹ vermag sie nicht zu formulieren. Diesbezüglich hat Frau Beckers gespaltene psychische Lage sowohl zu einer gesellschaftlichen als auch familiären Isoliertheit geführt. Die nationalsozialistische Klassifikation hat bewirkt, dass sie sich damals und bis heute nicht nur von der Mehrheitsbevölkerung separiert gefühlt hat (und es in vielerlei Hinsicht auch war bzw. ist), sondern sie fühlt auch eine Trennung zwischen sich und den familiären ›legitimen‹ Opfern, ihren Brüdern. Damit wird ein Dilemma in mehrfacher Hinsicht deutlich. Dadurch, dass sie sich selbst nicht den Status eines Opfers zubilligt, verwehrt sie sich auch die Möglichkeit, diesen Status einklagen, sowohl gesellschaftlich, als auch innerhalb ihrer Familie.

Die Frage nach Opferschaft auf der einen Seite impliziert auch immer den Bezug zu Nicht-Opferschaft/Mehrheitgesellschaft/Mitläuferinnenschaft/Täterinnenschaft auf der anderen Seite. Wie verdeutlicht, kann man Hanna Becker innerhalb dieses dichotomen Kontexts nicht ausschließlich auf ihren Verfolgtenstatus reduzieren. Im Interview beschreibt sie für die NS-Zeit auch Momente von gesellschaftlicher Zugehörigkeit und schildert positiv besetzte Szenen, wie die freundliche Atmosphäre an ihrem Arbeitsplatz, unbeschwerte Freizeitaktivitäten und Bekanntschaften mit jungen Männern (die gleichwohl auch mit Aspekten von Angst und ›Anders-Sein‹ behaftet sind). Und wie zuvor dargelegt, drückt Hanna Becker im Interview zudem ungewollt ihre Zugehörigkeit zum Kreis derer, die von den staatlichen Repressionen gegen die jüdische Bevölkerung profitierten, aus. Allerdings waren sie und ihre Mutter in der beschriebenen Szene nicht *aktiv* an der Drangsalierung schlechter gestellter Verfolgter beteiligt, jedoch machten sie sich ihren Status zunutze, um von den antijüdischen Maßnahmen einen Vorteil zu erzielen, indem sie sich am Ausverkauf

---

151 Grundlegend zu diesem Begriffskomplex sei auf die Veröffentlichungen von Christopher R. Browning, Daniel Jonah Goldhagen und Eric A. Johnson verwiesen.

jüdischen Hausrats zu bereichern versuchten. Dieser möglicherweise ambivalenzerzeugende Zustand zwischen Opfer- und Mitläuferinnen-Seite ist Hanna
Becker allerdings nicht als Ambivalenz bewusst. Um Ambivalenzgefühle nicht
ins Bewusstsein geraten zu lassen bzw. das Gefühl möglicher Schuld zu unterdrücken, projiziert sie Schuld auf die ihr unterlegenen Opfer und deutet ihr eigenes und das mütterliche Anliegen des ›Einkaufs‹ als Hilfsangebot um. Gänzlich unreflektiert bleibt in Frau Beckers Ausführungen die Tatsache, dass genau
dieses Privileg sie von den anderen Verfolgten abhebt.

Zusammenfassend kann man also davon sprechen, dass Ambivalenz bei
Frau Becker hinsichtlich der Frage nach ihrer Eigenverortung als Opfer, bzw. in
welcher Weise sie für sich eine Opferschaft in Anspruch nehmen kann, besteht.
Mögliche eigene Anteile von Schuld bzw. Verantwortung blendet sie vor dem
Hintergrund ihres eigenen Leidens aus. Dabei löst sie das, was sie von anderen
einklagt, nämlich Anteilnahme und Empathie, in ihrer Erzählung (siehe ›Ein-
kaufsszene‹) selbst nicht ein. So gilt ihr Mitgefühl weniger den in ihren Beschreibungen vorkommenden noch lebenden Personen, sondern vor allem den
toten bzw. ermordeten Jüdinnen und Juden.

6.3 Bernhard Oppermann

>»Aber es sind schon viele Ambivalenzen, die man
erst mal durchwandern muss, eh man klar ist
und so relativ gelassen darüber erzählen kann wie jetzt.
Das ist schon ein langer Prozess.«

6.3.1 Kurzbiografie

Bernhard Oppermann kam 1935 in einer norddeutschen großbürgerlichen, national gesinnten Familie zur Welt. Seine 1906 geborene Mutter war jüdischer
Abstammung und wurde bereits im Säuglingsalter evangelisch getauft, der Vater war evangelisch. Die Eltern heirateten im Sommer 1933 und ein Jahr nach
der Hochzeit kam Bernhard Oppermanns Bruder Leonhard, der nach elf Monaten starb, zur Welt. Im Jahr darauf wurde Bernhard Oppermann geboren.

Im Sommer des Jahres 1935 zog die Familie nach Prag, denn an der dorti-
gen Universität war Bernhards Vater, einem promovierten Philosophen, die
Möglichkeit zu habilitieren in Aussicht gestellt worden. Nach dem Münchner
Abkommen vom 30. September 1938 und der damit festgelegten Abtretung des
Sudetenlandes durch die Tschechoslowakei an das Deutsche Reich wurde der in
›Mischehe‹ lebende Vater an seiner Universität jedoch Ziel antisemitischer An-
feindungen. Mit dem Einmarsch der deutschen Wehrmacht in die ›Rest-

Tschechei‹ am 16. März 1939 wurde ihm der Verbleib an der Universität endgültig unmöglich gemacht. Glücklicherweise verhalf ein ehemaliger Studien-
freund, mittlerweile katholischer Ordenspater, ihm zu einer Forschungstätigkeit
in Belgien. Nach erheblichem administrativen Aufwand erhielt die Familie im
April 1939 schließlich eine Ausreiseerlaubnis. Kurz zuvor hatte Albert Oppermann noch einen Antrag für die Aufnahme in den *NS-Dozentenbund* gestellt,
der jedoch aufgrund von ›jüdischer Versippung‹ abgelehnt wurde.

Auf der Reise nach Belgien kam die Familie für einige Tage bei den mütterlichen jüdischen Großeltern in Norddeutschland unter und es wurde beschlossen,
den nunmehr vierjährigen Bernhard in der kommenden Zeit zunächst einmal in
der Obhut seiner jüdischen Großeltern zu lassen. Einige Monate später, im Sommer 1939, trafen die Großeltern dann eine für die gesamte Familie folgenschwere
Entscheidung: Sie versteckten ihre beiden ›volljüdischen‹ jüngsten Söhne, die
Brüder von Bernhard Oppermanns Mutter, damals elf- und sechzehnjährig, in einem Internat im Ausland, und beschützten sie so vor den stetig einschneidenderen
Verfolgungsmaßnahmen. Eltern und Söhne sahen sich nie wieder. Bernhard Oppermann blieb weiterhin bei seinen Großeltern, bis seine Eltern ihn einige Wochen nach der Emigration der Onkel zu sich nach Belgien holten. Dort kam am
9. Mai 1940 sein Bruder Theodor zur Welt. Nach dem Beginn der deutschen
Westoffensive und im Anschluss an den Angriff auf Belgien am 10. Mai 1940
wurde Bernhard Oppermanns Vater verhaftet und im französischen Internierungslager St. Cyprien in der Nähe von Perpignan interniert.[152] Einmal mehr unter-
stützte in dieser Situation der befreundete Pater die Familie und sorgte für eine
vor der Verfolgung sichere Unterbringung von Herrn Oppermanns Mutter und ihren beiden Söhnen. Am 10. Juli 1940 kehrte der Vater aus dem Internierungslager
zurück nach Belgien. Seine Anstellung an der Universität war nach der Kapitula-
tion Belgiens unmöglich geworden, sodass die Familie im Oktober 1940 zurück
nach Deutschland reiste. Da die Oppermanns über keinen Wohnsitz mehr verfügten, blieb ihnen nichts anderes übrig, als sich bei den mittlerweile verarmten jüdischen Großeltern in Norddeutschland einzuquartieren.

Schließlich fand Albert Oppermann im Januar 1941 eine Stelle als kauf-
männischer Mitarbeiter in der Firma eines Nachbarn, und die Familie schaffte

---

152 Nachdem die deutsche Wehrmacht in Belgien einmarschiert war, wurden Deutsche
jüdischer Herkunft und wohl auch, wie im Fall von Albert Oppermann, Nicht-Juden
in ›Mischehe‹ von der belgischen Verwaltung festgenommen und nach Frankreich in
Internierungslager wie das in St. Cyprien überstellt. Viele der Internierten wurden
später weiter in die Lager Gurs und Drancy gebracht und anschließend in das *KZ
Auschwitz* deportiert (vgl. Cros 2001, S. 13ff.). Albert Oppermann ist der Vernich-
tungsmaßnahme aufgrund seiner ›deutschblütigen‹ Abstammung entkommen.

es mehr schlecht als recht, ihren Lebensunterhalt zu bestreiten. Diese relative Sicherheit endete im Juli 1942 mit der Deportation des Großvaters in das *Ghetto Theresienstadt*[153]. Trotz der Tatsache, dass er mit dem Protestantismus vorher religiös nicht eng verbunden war, beteiligte er sich in *Theresienstadt* am Aufbau der dortigen evangelischen Gemeinde. Der Großmutter Bernhard Oppermanns blieb die Deportation erspart, da sie bereits im Juni 1942 gestorben, und von einem ›nicht-arischen‹ evangelischen Pfarrer beerdigt worden war.

Aufgrund des Verfolgungsdrucks und der zahlreichen erlittenen Schicksalsschläge wurde Bernhard Oppermanns Mutter ab Sommer 1942 ernsthaft psychisch krank, und auch nach 1945 erholte sie sich nur langsam von der NS-Zeit. Auch auf Bernhard Oppermann hatte die Verfolgung eine große Wirkung. In den 1940er Jahren Zeit litt er unter Schlafstörungen und Ängsten, und die häusliche Situation, die oftmals sehr angespannt war, belastete ihn sehr. Dies änderte sich auch nicht, als seine Familie ihn für den Sommer 1943 in ein österreichisches Kinderheim verschickte, denn dort quälten ihn Ängste und Nöte. Ein knappes Jahr später erkrankte er an Tuberkulose und verbrachte drei Monate in einem Krankenhaus. Der dortige Aufenthalt war aufgrund seines ›rassischen Status‹ nicht ohne Weiteres möglich und gelang erst auf Vermittlung einer Verwandten. Im Anschluss an den Krankenhausaufenthalt wurde Herr Oppermann erneut in die Obhut eines Kinderheims, nun in Süddeutschland, gegeben. Es wurde von Niederländern geführt, die verfolgten Kindern Unterschlupf boten.

Erst im Oktober 1944 kehrte Bernhard Oppermann zu seiner Familie nach Norddeutschland zurück. Im April 1945 spielte sich schließlich eine Szene ab, die dem Interviewten bis heute sehr deutlich vor Augen steht: Am 20. April

---

153 Ab November 1941 wurden dort Jüdinnen und Juden, vor allem aus dem Reichsprotektorat Böhmen und Mähren, interniert. Berschel weist darauf hin, dass in das sogenannte Altersghetto vornehmlich privilegierte (z.B. dekorierte Kriegsteilnehmer) und alte Jüdinnen und Juden gebracht wurden. Überbelegung, mangelnde sanitäre Einrichtungen und der Mangel an Lebensmitteln lösten Krankheiten und Seuchen aus, sodass viele Insassen starben. Ab Januar 1942 wurden von hier Transporte in die Vernichtungslager zusammengestellt. Ab Mitte Januar 1945 wurden auch die in ›Mischehe‹ lebenden Jüdinnen und Juden nach *Theresienstadt* verschleppt. Grund dafür war ein Erlass des *RSHAs* vom 13. Januar 1944: »Alle in Mischehe lebenden arbeitsfähigen Staatsangehörigen und staatenlosen Juden (auch Geltungsjuden) sind zum geschlossenen Arbeitseinsatz in Theresienstadt zu überstellen« (Walk 1996, S. 406). Es wird geschätzt, dass bis April 1945 ungefähr 140.000 Juden nach *Theresienstadt* verschleppt wurden, wovon 33.000 vor Ort starben und 88.000 in die Vernichtungslager deportiert wurden. 19.000 Personen überlebten die Befreiung des Ghettos (vgl. Benz/Graml/Weiß 1997, S. 1403–1407; Berschel 2001, S. 412).

1945 fand in seinem Heimatdorf die jährliche Aufnahmeprozedur in die *HJ*
statt. Innerhalb dieses Procederes, im Zuge dessen man ihn lediglich nach der
väterlichen Abstammung fragte, machte man ihn schließlich, kurz vor Kriegsende, zum Mitglied der *HJ*.

Historischer Exkurs 6:
›Mischlinge‹ und der Dienst in der Hitlerjugend

Nach dem *Gesetz über die Hitlerjugend* vom 1. Dezember 1936 und
seinen ersten beiden Durchführungsverordnungen vom 25. März 1939
konnten ›Mischlinge‹, anders als Jüdinnen und Juden, im Alter zwischen 10 und 18 Jahren zum Dienst in der *Allgemeinen HJ* herangezogen werden (vgl. RGBl I 1936, S. 993; RGBl I 1939, S. 709f.). Allerdings war ihnen die Zugehörigkeit zur *Stamm-HJ* verwehrt, da sie als
Gliederung der *NSDAP* galt, und daher von ihren Angehörigen den
›Ariernachweis‹ einforderte (vgl. RGBl I 1939, S. 709). Die Situation
der jugendlichen ›Mischlinge‹ änderte sich mit dem 18. Oktober 1941.
An diesem Tag erließ der Reichsjugendführer Artur Axmann eine Anweisung, ›Mischlinge ersten Grades‹ nur noch »bereitzustellen«. Sämtliche ›Mischlinge‹, die bereits Mitglieder der *HJ* waren, sollten »ohne
großes Aufsehen zu erregen, gezielt wieder aus der Hitler-Jugend aus-
geschieden werden« (Kollmeier 2007, S. 202).

Nach der Befreiung Deutschlands konnte Bernhard Oppermanns in *Theresien-*
stadt inhaftierter Großvater nicht gleich nach Hause zurückkehren, sodass er
erst im September 1945 seinen Heimatort erreichte. Dort wurde er Gründungs-
mitglied einer politischen Partei. Allerdings blieb es ihm verwehrt, seine Söhne
in Frankreich zu besuchen, und auch zu einer Rückkehr der beiden kam es
nicht. 1947 starb der Großvater, ohne seine Kinder, die beide überlebt haben, je
wiedergesehen zu haben.

Herr Oppermanns Vater knüpfte ab Sommer 1945 wieder an seine universi-
täre Karriere an und wurde einige Zeit später an einer norddeutschen Universität zum Professor ernannt. 1948 wurde Bernhard Oppermanns Schwester geboren. Fünf Jahre später begann der Interviewte sein Studium, fand eine Anstellung als Verwaltungsbeamter und ist seit dem Jahr 2000 pensioniert. Bis heute
engagiert er sich in einer Organisation für NS-Verfolgte. Er hat drei Söhne.
Immer wieder setzt er sich intensiv mit seiner Familiengeschichte, der Frage
nach seiner Identität und den beiden Religionen Judentum und Christentum
auseinander. Sein jüngerer Bruder hat sich, im Gegensatz zu ihm, religiös eindeutig verortet: Er führt als Pfarrer die protestantische Tradition der Familie
auch beruflich fort.

6.3.2 Zugehörigkeit – Nicht-Zugehörigkeit

Anders als die Mehrzahl der Befragten beschreibt Bernhard Oppermann im Interview keine Szenen ihm widerfahrener gesellschaftlicher Ausgrenzung. Vielmehr stellt er die Frage nach Inklusion bzw. Exklusion in seinen familiären Kontext. So orientiert sich seine Erzählung hauptsächlich an seiner nachträglichen inneren Auseinandersetzung mit den einzelnen Familienmitgliedern, vor allem im Hinblick auf deren Bezugnahme auf das NS-Regime. Bernhard Oppermanns Reflexionen im Interview stellen das Ergebnis eines langwierigen Selbstklärungsprozesses dar. Innerhalb dessen standen die Auslotung seiner widerstreitenden Gefühle gegenüber den einzelnen Familienmitgliedern, die Klärung der innerfamiliären Beziehungen und nicht zuletzt vor allem die Antwort auf die Frage, wo und wie er sich innerhalb seiner Familie verorten kann, im Vordergrund.

Im Folgenden werden zunächst Textausschnitte dargelegt, in denen Bernhard Oppermann seine Verwandten charakterisiert bzw. sein Verhältnis zu ihnen thematisiert. Die erste Person, die er im Verlauf des Interviews vorstellt, ist seine jüdisch-protestantische Großmutter.

Ausschnitt 1

126   Und dieser Sommer 1939 stand *((Interviewerin hustet))* unter der
127   Bedrückung, unter der Bedrückung dieses Verlustes meiner Großeltern ihrer Kinder. *Ja.* Und
128   das hab ich da schon schon sehr stark gespürt. Und konnte das natürlich als Vierjähriger überhaupt
129   nicht einordnen, warum ich mich da so unwohl fühlte. *Mhm.* Meine Mutter hat mir später immer
130   entgegen gehalten: »Ja Großmutti war doch so nett und war doch so lieb zu dir, sie liebte dich doch.«

Ausschnitt 2

135   Und im Zuge dieser Arbeiten habe ich ein Foto
136   gefunden von meiner Großmutter und mir, da stand hinten drauf: »Großmutti freut sich, dass sie wieder
137   einen Jungen hat.« Ja. Und das hab ich natürlich ... Das ist auch so ein so ein Prozess, ein
138   Entwicklungsprozess, hat mich im Moment natürlich total empört, *Ja,* so unter dem Motto: Ich bin also
139   als Ersatz missbraucht oder gebraucht worden. Ist natürlich auch schief, aber es ist ein bisschen was
140   dran.

In diesen beiden Sequenzen legt Herr Oppermann die Beziehung zu seiner Großmutter bzw. seine Gefühlseindrücke dar. In der Zeit, in der die Großeltern ihre eigenen beiden minderjährigen Söhne unter dem Druck der Verfolgung in die Emigration schicken mussten (im Jahr 1939), lebte der Interviewte, damals vier Jahre alt, in Abwesenheit seiner Eltern bei den Großeltern. Hier fühlte er sich »unwohl« (Z. 129) und im Nachhinein bleibt der Eindruck, als »Ersatz« (Z. 139) für seine Onkel fungiert zu haben. Der von ihm gewählte Ausdruck

»missbraucht« (Z. 139) verdeutlicht, wie stark der Interviewte sich von seiner Großmutter eingenommen und instrumentalisiert fühlte.

Letztlich bleibt Herr Oppermann in der Beurteilung seiner Großmutter und mit seinem Gefühl ihr gegenüber uneindeutig. So relativiert er die drastische Aussage, als Ersatz gedient zu haben, umgehend, nachdem er sie ausgesprochen hat: »Ist natürlich auch schief ...« (Z. 139).

Ebenso wie die Beziehung zur Großmutter, ist auch die Bezugnahme auf den Großvater durch ein ›Einerseits-Andererseits‹ charakterisiert:

Ausschnitt 3

370   Aber ich kann ihm auch andererseits gar keine gar ((Interviewerin putzt sich die Nase))
371   keine Vorwürfe machen, weil weil ja diese Abkömmlinge Abkömmlinge aus jüdischen Familien ja
372   als etwas definiert wurden worden sind, was sie nicht waren. Mhm. Nicht.

Dieser Passage geht eine längere Abhandlung über einen deutschen Politiker voraus, der seine Verfolgungsgeschichte als ›Halbjude‹ in der Nachkriegszeit verschwieg. Diese Mentalität des Schweigens traf nach 1945, so Bernhard Oppermann, auch auf seinen Großvater, der nach 1945 das Amt des Bürgermeisters innehatte, zu. In der Beurteilung des großväterlichen Verhaltens, die eigene (Verfolgungs-)Vergangenheit nicht offensiv zu thematisieren, zeigt sich Herr Oppermann unentschlossen und wägt Für und Wider gegeneinander ab.

Wenig später befasst er sich erneut mit seinem Großvater. In den folgenden Textausschnitten beschreibt er einen inneren Prozess der Auseinandersetzung mit der Rolle seines Großvaters als Mitbegründer der evangelischen Gemeinde im *Ghetto Theresienstadt*.

Ausschnitt 4

398   Hab mich also wahnsinnig konzentriert auf dieses Thema, weil ich es bei meinem
399   Großvater so (.) zunächst nicht verstanden habe und einordnen konnte, wieso er als Jude in
400   Anführungsstrichen oder auch ohne Anführungsstriche, wieso er als Jude die evangelische Gemeinde
401   in Theresienstadt aufziehen konnte. Mhm. Das ist da gewesen. Ich hab das vorhin schon gesagt, war
402   das ein Verrat? An seiner jüdischen Herkunft? War das eine ganz miese Masche, um sich das
403   Leben zu retten? So. Solche solche spitzen Fragen hab ich mir jedenfalls gestellt.

Ausschnitt 5

421   Und dann
422   bin ich dann eben auch dazu gekommen ... Woher weiß ich ...? Ich muss das doch, wenn mein
423   Großvater das so gemacht hat, dann hat er das so gemacht. Dann steht es mir doch nicht zu, zu sagen,
424   er hat da rumgelogen oder so was. Sondern der hat ja unglaublich vielen Menschen auch
425   geholfen Mhm durch seine Tätigkeit als Prediger. Und war enorm tapfer, war die beste Zeit seines

426 Lebens eigentlich. So. Steht mir doch ... Aber da muss man erst mal hinkommen. *Ja*. Da muss man
427 erst mal hinkommen.

Besonders relevant war für Bernhard Oppermann die Suche nach den großväterlichen Motiven für den Aufbau der Gemeinde. Die Frage, ob der Großvater
möglicherweise Verrat an der jüdischen Religion begangen haben mag, stand
dabei für ihn im Vordergrund. Diesbezüglich nimmt der Interviewte heutzutage
eine vermeintlich neutrale Position ein und vermeidet, ein negatives Urteil über
den Großvater zu fällen:»Dann steht es mir doch nicht zu, zu sagen, er hat da
rumgelogen oder so was« (Z. 423f.). Darüber hinaus rückt Herr Oppermann den
Großvater in ein positives Licht und hebt dessen Tapferkeit und Hilfe für andere Verfolgte hervor (Z. 424f.). Jedoch bereits im nächsten Satz relativiert er seine positive Wertschätzung:»eigentlich« (Z. 426). Und wie schon zuvor benutzt
er die Phrase:»Steht mir doch ... [nicht zu, S.G.]« (ebd.). Auf diese Weise bekräftigt er ein implizit oder explizit aufgestelltes, womöglich innereigenes Verbot, sich ein negatives Werturteil über den Großvater bilden zu dürfen.

Im Weiteren soll nun Bernhard Oppermanns Beschreibung der Beziehung
zu seiner Mutter betrachtet werden.

Ausschnitt 6

611 S. G.: *Sie hatten ja eine ganz schöne Bürde dann, als Sie bei Ihren Großeltern*
612 B. O.:   `39
613 S. G.: *gewohnt haben. Als die beiden weg waren, da hab ich gerade eben noch mal drüber nachgedacht.*
614 B. O.: JA.
615 S. G.: *Das ist ja ... ((geräuschvolles Ausatmen)).*
616 B. O.: JA, DAS WAR SCHLIMM.
617 S. G.: *((geräuschvolles Ausatmen)).*
618 B. O.: UND MEINE MUTTER HAT DA KEIN VERSTÄNDNIS DAFÜR GEHABT. *Mhm.* Ja das war ... Freut mich, dass
619 Sie das sagen. Weil das schwer zu vermitteln ist. Ja. Meine Mutter hat's selber nicht verstanden, ja.

Ausschnitt 7

633 B. O.: Ja ja. Und ja ... Das ... Meine Mutter hat das nicht verstanden, dass ich mich immer ...
634 Sie hat das immer, wie soll ich sagen, auf ihre Mutter, von der sie sich hat nie richtig lösen können, hat
635 das immer auf ihre <u>Mutter</u> bezogen, meine Kritik. Hat nicht den Abstand gehabt, um zu sagen:»Ja, das
636 versteh ich, weil ja andere Dinge waren, und Großmutti hat natürlich versucht, was sie konnte.« Aber
637 den Druck nicht vermitteln, das stand natürlich nicht mehr in ihrer Kraft. So konnte meine Mutter sich
638 nicht (...).

So wie Bernhard Oppermann seine Probleme mit den anderen Familienmitgliedern schildert, thematisiert er im Interview auch die Schwierigkeiten im Ver-

hältnis zu seiner Mutter. Es wird offensichtlich, dass für ihn vor allem das Un-verständnis der Mutter für seine seelischen Nöte und ihre mangelnde Anerken-nung seines Leidens noch heute problematisch ist:»Meine Mutter hat mir spä-ter immer entgegen gehalten: ›Ja Großmutti war doch so nett und war doch so lieb zu dir, sie liebte dich doch‹« (Ausschn. 1, Z. 126ff.). Die Ambivalenz, die in Bezug auf Vater und Großeltern offenkundig wurde, kommt auch in der Be-ziehung Bernhard Oppermanns zu seiner Mutter zum Tragen. Doch gänzlich verurteilen vermag er seine Mutter nicht:»…, das stand natürlich nicht mehr in ihrer Kraft« (Z. 637).

In den vorgestellten Passagen treten Bernhard Oppermanns *ambivalente* Empfindungen und Eindrücke gegenüber seiner Familie hervor. Von dieser In-terpretation unterscheiden sich die folgenden Ausschnitte 8 bis 11, denn darin wird nicht allein seine Hin- und Hergerissenheit deutlich, sondern Herr Opper-mann bemüht sich, eine *eindeutigere* Haltung gegenüber seinen Angehörigen zu finden.

Ausschnitt 8

376 Und interessant ist ja hier bei dieser ganzen Kramerei, die mir jetzt so zum Halse
377 raus steht, bin ich auf einen kleinen Umschlag gestoßen, da steht in der Schrift meines Vaters drauf:
378 ›Kleiner Ariernachweis.‹ Da hat er also seine sämtlichen Herkunftsurkunden gesammelt *Mhm* um also
379 seine arische Herkunft zu belegen. Und mein Großvater hat natürlich dasselbe gemacht, in dem Versuch
380 zu beweisen, dass er nicht <u>Jude</u> ist, weil ja die alle schon aus der Synagoge raus waren und getauft
381 worden sind. Ich hab also Dank der Nazis und der Aufbewahrungswut meines Vaters hab ich also einen
382 Haufen von Urkunden, die sonst natürlich alles weg wären. *Mhm*. So und ja das ja, das ist
383 (…….). Und … (.) Tja, und ich hab dann doch die Jahre über mich sehr damit beschäftigt, und hab
384 damit auch zu kämpfen gehabt.

Bernhard Oppermann stellt in dieser Textpassage seinen Vater als denkbaren Opportunisten und Karrieristen des NS-Regimes und seinen jüdisch-protestantischen Großvater als möglichen Verräter seiner jüdischen Herkunft dar. Unklar in seinem Urteil ist Bernhard Oppermann bezüglich seiner Ein-schätzung der Existenz der vorhandenen Familienpapiere. Einerseits macht das Vorhandensein der Urkunden, eine damalige Forderung der Nazis, seine Fami-lienrecherche überhaupt erst möglich. Andererseits beweisen die Papiere die Anstrengungen des jüdischen Familienzweigs, sich der jüdischen Herkunft zu entledigen bzw. belegen die väterlichen Anstrengungen, seine nicht-jüdische Herkunft unter Beweis zu stellen. Über einen langen Zeitraum, so Bernhard Oppermann, setzte er sich mit diesen Mehrdeutigkeiten auseinander und rang mit dem Verhalten und den Absichten von Vater und Großvater während der NS-Zeit.

Ausschnitt 9

239   Die Radioreportagen über den
240   Nürnberger Prozess. Und dann wurden ja die Hauptleute wurden ja gehängt. *Mhm.* Und ich hab
241   mich gefreut. So ist es nun mal. Kinder haben klare haben klare ...
242   *S. G.: Schwarz und Weiß.*
243   B. O.: Klar Schwarz und Weiß. Und mein Vater und mein Großvater erklärten (...), es sei schon sehr
244   befriedigend, dass Göring sich durch Selbstmord der Alliierten-Justiz entzogen hätte. Hab ich auch
245   überhaupt nicht verstanden. Für mich waren das Mörder und Verfolger und ich war froh, fand das
246   einfach gut, dass die gehängt wurden. So. Punkt.

Hier beschreibt der Interviewte die damaligen divergenten Einschätzungen bezüglich der Bewertung der Strafmaße der ›Nürnberger Prozesse‹. Unverständlich scheint Herrn Oppermann aus der gegenwärtigen Perspektive die einstige Haltung der Erwachsenen gegenüber dem Zehnjährigen. Sie vertraten einen militaristisch-nationalistischen Ehrenkodex, der die Verbrechen des Nazi-Täters Göring entkontextualisierte, während der junge Bernhard Oppermann seine Genugtuung über die im Prozess verhängten Todesstrafen zum Ausdruck brachte.

Ausschnitt 10

429   Und bei meinem Vater war
430   das eben so, (.) dass *((Interviewerin hustet))* er dann irgendwie DAS NICHT WAHRHABEN WOLLTE
431   UND SICH DA AUCH ... DAS INTERESSIERTE IHN GAR NICH MEHR. Und er war ja umgeben von Altnazis.
432   Die allerdings, die allerdings dann (...) an der Demokratie mitgewirkt haben. Nicht, also zum Beispiel
433   hier die Historiker ... E. war ein Freund von uns. *Mmh.* Der hat in K-Stadt immer bei uns gebadet, er
434   und seine Frau, weil die noch keine Badewanne hatten, die bauten da ein Haus. Also eine enge
435   Beziehung. Und C. war ja ein angesehener Historiker, der alles Demokratische auch mit trug.
436   Nur ein paar Jahrzehnte später entdeckte man dann, was er während der Nazizeit gemacht hat.
437   Genauso bei bei Sch. *Mhm.* War ein Freund meiner Eltern in B-Ort. In K-Stadt. So
438   und ich hab oft mit meinem Vater über Heidegger gestritten und hab gesagt:»Dieser alte Nazi-
439   Lump.« Das konnte er überhaupt nicht nachvollziehen. Ja, das sei so und so zu erklären und da sei aber
440   nichts daran, bis ich also an Hand der Biografie von Rüdiger Safranski über Heidegger herausgefunden
441   habe, was für ein ... Wie lumpenhaft er sich gegenüber seinem Lehrer Husserl verhalten hat. Und da
442   war ... Dann dann erinnere ich mich an eine Diskussion, da ging's um die Berufung eines Germanisten in
443   in Köln, da war mein Vater Dekan. Hatte überhaupt viel Einfluss, war Wissenschaftsrat und war im
444   Senat der Deutschen Forschungsgemeinschaft *Mhm...* Musste sich extra einen Frack kaufen oder
445   leihen, so. Soviel Geld hatten Professoren damals (...) *((Interviewerin hustet))* Geisteswissenschaften.
446   Dann ging es um um die Berufung eines eines Germanisten. Und ich erinnere mich an die heftigen
447   Auseinandersetzungen zwischen meinem Vater und meiner Mutter, wo meine Mutter sagte:»Den
448   kannst du doch nicht berufen, der hat doch eine Nazivergangenheit.« *Mhm.* Da hat mein Vater sich drüber
449   weg gesetzt. Und hat ihn doch berufen. *Aha.* Und das ... Die eine Seite, sodass ich dann manchmal

169

450   den Verdacht hatte, ALSO (....................) FAMILIE. WAR DER EIGENTLICH NICHT NAZI? DAS IST JA ABSURD.
451   MIT EINER JÜDISCHEN FRAU VERHEIRATET, stellt sein ganzes Leben zur Disposition und hat trotzdem
452   irgendwo ... HATTE DER EINE NAZI-GESINNUNG GEHABT ODER WAS WAR ER NUN? Und das ist ein mühsamer
453   Prozess, mühsamer Prozess aufzuschlüsseln ...

Erneut gibt Bernhard Oppermann Einblicke in seine Sichtweise über den Vater. Gänzlich unverständlich ist dem Interviewten die väterliche an Verleugnung grenzende Haltung gegenüber dessen ehemaligen Nazi-Kollegen: »... er dann irgendwie das nicht wahrhaben wollte ...« (Z. 430). Auch sind viele Handlungen und die politisch-gesellschaftliche Meinung des Vaters in der Nachkriegszeit für den Sohn nicht nachvollziehbar. Er ist in der Antwort auf die Frage, ob der Vater wohl pro-nazistisch eingestellt war, oder welchen Standpunkt er in dieser Hinsicht vertrat, hin- und hergerissen: »Hatte der eine Nazi-Gesinnung gehabt oder was war er nun« (Z. 452)? Diese Ambivalenz kann Bernhard Oppermann bis heute nicht auflösen.

Ausschnitt 11
212   Und äh 1945 kam dann ja die Befreiung und ... Das war ... Dann fing eigentlich
213   die Zeit der Verwirrung für mich an. Da standen meine Eltern an der Gartenpforte und die Engländer
214   rollten auf der (...)straße, die ja in ihren Schützenpanzern durch ... Durch die ... Nach Norden. Und
215   ich freute mich. Das ist ganz komisch, dass man ... Ja, als Zehnjähriger ist man eben schon relativ weit.
216   Ich freute mich. Und meine Mutter heulte. Und dann fragte ich meinen Vater: »Warum weint Mutti?« Und
217   dann sagt er: (3) »Weil Deutschland den Krieg verloren hat!« So. Und er beschreibt das auch in späteren
218   Briefen, seine widerstreitenden Gefühle bei der Befreiung durch die Alliierten. Weil die Familie eben
219   sehr national gesonnen war. Meine Mutter ist auch enorm also enorm national erzogen worden.

Das Kriegsende, für das Bernhard Oppermann den Begriff der »Befreiung« (Z. 212) benutzt und sich damit auf die Seite der Verfolgten stellt, stellte für ihn ein einschneidendes Erlebnis und eine Zäsur in seinem Leben dar. War der Zehnjährige aus der Perspektive der Gegenwart eindeutig froh und glücklich über den Einmarsch der Alliierten in seinen Wohnort, so beschreibt der Interviewte den verlorenen Krieg für seine Eltern als Unglück. Dies löste eine große Verwirrung in ihm aus. Hier wird allerdings nicht klar, wem die Äußerung »»Weil Deutschland den Krieg verloren hat«« (Z. 217) zuzuschreiben ist. In der heutigen Erinnerung sprach Bernhard Oppermanns Vater diese Worte, der wiederum mit seiner Aussage das nonverbale Verhalten seiner Ehefrau und die Frage seines Sohnes kommentierte. Dass das mütterliche Weinen im verlorenen Krieg begründet war, stellt sich also als Vermutung Albert Oppermanns, heute wiedergegeben durch seinen Sohn, heraus, lässt jedoch durchaus Raum für weitere Interpretationen.

Doch nicht nur die Beziehung zu Eltern und Großeltern gestaltete sich in der Vergangenheit für Bernhard Oppermann schwierig. Auch das Verhältnis zu seinen jüngeren Geschwistern war durch seine jahrelange Auseinandersetzung der eigenen teiljüdischen Herkunft überschattet und durch seine Beschäftigung mit der Familiengeschichte belastet. Dies zeigt die folgende Passage:

Ausschnitt 12

621   Und muss ich dazu sagen, ich bin in der eigenen Familie, außer meiner Frau,

622   in meiner eigenen Familie ... Sowohl mein Bruder wie meine jüngere Schwester haben mich

623   über lange, lange Jahre immer, wie sagt man heute, so blöd verarscht, weil ich

624   immer wieder über die Juden geredet habe. *Mhm.* Immer wieder über das Jüdische und immer wieder

625   über diese ... Und mein mein Schwager, der aus einer Nazi-Familie kommt, dessen Vater war also ganz

626   stark bei den Nazis engagiert, denen stand das bis hier. *Ah ja.* So. Nun ist aber meine Schwester ...

627   Also nun passiert das nicht mehr, sind die dem auch ... *Meinem Weg mehr oder weniger gefolgt*

628   oder so.

Hier verdeutlicht Bernhard Oppermann seinen einstigen Exotenstatus innerhalb seiner Herkunftsfamilie. Seine Auseinandersetzung mit ›den Juden‹ und ›dem Jüdischen‹ rief lange Jahre Abwehr bei Bruder und Schwester hervor und führte dazu, dass er sich von beiden nicht akzeptiert fühlte. Erst heute wird er von ihnen in seinem Anliegen, die familiäre Vergangenheit zu thematisieren und kritisch zu hinterfragen, ernst genommen.

In den nun folgenden Passagen berührt der Interviewte einen weiteren Aspekt von Zugehörigkeit/Nicht-Zugehörigkeit, nämlich sein Verhältnis zu ›den Deutschen‹.

Ausschnitt 13

144   Und kamen

145   aber im Mai 1940 schon die Deutschen. Und ich war im katholischen Kindergarten und da lernte ich

146   dann: Die bösen Deutschen kommen. Wenn man das als Fünfjähriger lernt, dann ... Das ... So was

147   saugt man auf wie so ein Schwamm, nicht. Die bösen Deutschen kommen. Und das bin ich natürlich

148   auch lange nicht losgeworden. *Mhm.* Wollen wir mal sagen so 65 Jahre, bis ich dann hier gearbeitet

149   hab und versucht habe, mich meiner eigenen Identität zu vergewissern.

Ausschnitt 14

348   Als ich dann anfing das aufzuarbeiten hab ich natürlich zeitweise einen mords Hass auf die Deutschen

349   gekriegt. *Mhm.* Und äh... Ja, aber das ist auch so ein unfruchtbares Lebensgefühl.

Ausschnitt 15

575   Und *((Interviewerin hustet))* insofern hab ich das nicht erlebt und hätte mich auch nicht interessiert, ich

576   war froh dass ich in meinem (...)club war und da mit dazu gehörte. Dieses Gefühl die Deutsch-

577   Hass auf die Deutschen zu entwickeln, das kam erst eigentlich sehr viel später. *Mhm.* Das war dann
578   eine Durchgangssphase. *Mhm.* Ist ja auch ein albernes Gefühl, im Ergebnis war ich ja selber
579   Deutscher, ne. WAS HAB ICH FÜR EINE ALTERNATIVE?

Bernhard Oppermann beschreibt in den drei letztgenannten Interviewpassagen sein Verhältnis zu ›den Deutschen‹. Sein Bild dieses Kollektivs wurde nachhaltig in der Zeit des Belgien-Aufenthalts, also in seiner frühen Kindheit geprägt. Erst viele Jahrzehnte später und beginnend mit der tief greifenden Auseinandersetzung mit sich selbst habe er sich seines Bilds der »bösen Deutschen« (Z. 146f.) entledigen können. Zunächst gab es in diesem Selbstfindungsprozess indes eine Phase des Hasses auf ›die Deutschen‹, die Herr Oppermann als »Durchgangsphase« (Z. 578) bezeichnet. In dieser Hinsicht zeigt sich eine kognitive Dissonanz: die *Emotion* Hass (Z. 577) auf die Deutschen einerseits und die *kognitiv rationale Verwerfung* des eigenen Gefühls auf der anderen Seite: »Ist ja auch ein albernes Gefühl, im Ergebnis war ich ja selber Deutscher, ne« (Z. 578f.). Damit bleibt unklar, wodurch sein *gegenwärtiges* Verhältnis zu ›den Deutschen‹ bestimmt ist. Dass auch er in gewisser Hinsicht Teil ›der Deutschen‹ ist, macht die Frage nach (nationaler) Selbstverortung zu einer unlösbaren. Dessen ist er sich durchaus bewusst: »Was hab ich für eine Alternative?« (Z. 579).

Ausschnitt 16

595   Ich erzähl noch eine kurze Geschichte, um Ihre Frage zu beantworten *((Interviewerin hustet))*:
596   mein Verhältnis zu den Deutschen. Am 20. April 1945, vierzehn Tage vor dem ... Vor dem absoluten
597   Ende. Ende war ja eigentlich schon lang vorher, aber vor dem wirklich-, also konzertierten Ende. Da war
598   ich ja zehn Jahre alt und musste also in Jungvolk der Hitlerjugend.

Ausschnitt 17

603   Und dann kam ich dran und dann fragt der Mann, dessen Namen mir bis heute ... Der
604   Junge, dessen Namen ich noch heute weiß, fragte er: »Ist dein Vater arisch?« »Ja, arisch.« Und damit
605   war ich im Jungvolk aufgenommen. War ich happy. War ich ja wie die andern. *Mmh.* Nicht, es gab
606   also ... Die rassische Verfolgung hat keine Widerstandsgefühle geweckt.

Im Gegensatz zu seinen vorherigen Ausführungen, in denen Bernhard Oppermann darum bemüht ist, seine Zugehörigkeit zu ›den Deutschen‹ infrage zu stellen, ist diese Szene gekennzeichnet durch das Erleben von Gemeinsamkeit und Zugehörigkeit. Im Rückblick bezeichnet sich der Interviewte als glücklich über die Aufnahme in die *HJ,* wo er schließlich Gleicher unter Gleichen sein konnte: »War ich ja wie die andern« (Z. 605). Doch es scheint, als werfe Herr Oppermann sich sein damaliges vorbehaltlos positives Gefühl heute vor: »Die rassische Verfolgung hat keine Widerstandsgefühle geweckt« (Z. 606). Jedoch betont er aus heutiger Perspektive auch den Zwang hinter der Maßnahme und drückt mit dem Modalverb »musste« aus, dass die Mitgliedschaft in der *HJ* nicht auf seiner Freiwilligkeit beruhte.

Diese Textstelle zeigt in besonderer Weise den gegenwärtigen inneren Konflikt Bernhard Oppermanns zwischen der damaligen Freude über den gesellschaftlichen Einschluss und dem heutigen Selbstvorwurf, der Zwangsmaßnahme bzw. dem Glücksgefühl nicht widerstanden zu haben.

6.3.3 Zwischenresümee

Im Hinblick auf die hier relevante Frage nach familiärer Zugehörigkeit bzw. Nicht-Zugehörigkeit unterscheiden sich die Erzählungen Bernhard Oppermanns in den ausgewählten Textausschnitten inhaltlich in zweierlei Hinsicht: Zum einen handelt es sich um Schilderungen und Szenen, in denen der Interviewte sich deutlich von der Sichtweise seiner Angehörigen distanziert und einen *gegensätzlichen Standpunkt* einnimmt. Zum anderen verdeutlichen weitere Textpassagen Herrn Oppermanns *zwiegespaltene Haltung* gegenüber den Eltern und Großeltern. Darin wägt er die fremden und eigenen Sichtweisen gleich einem ›Einerseits-Andererseits‹ gegeneinander ab, stellt die unterschiedlichen Positionen infrage und relativiert sie. *Eindeutige* Antworten findet er nicht, und auch sein Bedürfnis nach persönlicher Klarheit kann nicht befriedigt werden.

Die Beziehung zu seinen Geschwistern, die sich jahrelang als schwierig erwies, ist heute weniger problematisch. Mittlerweile erhält Herr Oppermann von Bruder und Schwester, die sich nun auch mit der Familiengeschichte auseinandersetzen, Anerkennung.

Die ambivalente Haltung Bernhard Oppermanns bezüglich seiner Herkunftsfamilie ist in den verschiedenen Werthaltungen begründet, auf die sich Herr Oppermann auf der einen und seine Eltern und ›jüdischen‹ Großeltern auf der anderen Seite stütz(t)en. Eltern und Großeltern waren national-konservativ und patriotisch gesonnen. Die einst als jüdisch geborenen Großeltern waren schon längst vor 1933 vom Judentum abgerückt und definierten sich als protestantisch. Dies drückte der Großvater durch die Gründung der Evangelischen Gemeinde Theresienstadt aus und bezeugte damit nachhaltig und explizit seine Abkehr vom Judentum. Einen Opferstatus klagte vor allem der Großvater nach 1945 nicht ein, obwohl es mannigfaltige Gründe hierfür gegeben hätte. Stattdessen wurde das Verschweigen der leidvollen Familiengeschichte in der Öffentlichkeit zur Bestimmung.

Neben der Frage nach seiner familiären Zugehörigkeit setzt sich Bernhard Oppermann mit seiner Zugehörigkeit zum Kollektiv ›die Deutschen‹ auseinander. Diese ist eine Zwangszugehörigkeit, von der er sich zwar zu distanzieren versucht, sich ihr aber gleichzeitig nicht entziehen kann. So ist auch er Teil einer kollektiven deutschen Gesellschaft. Allerdings unterscheidet er sich aufgrund der Historie bzw. der einst erfolgten Zuschreibung von den meisten ihrer Mitglieder. Diese Differenz erweist sich hingegen nicht als trennscharf. Durch den oktroyierten Status des ›Halben‹ und das Selbstverständnis seiner Herkunftsfamilie ist er mit eben jener deutschen Gesellschaft verwoben. Deshalb kann es für ihn keine endgültige Loslösung davon geben. Das ist sein Dilemma.

6.3.4 Zuschreibungen

Ausschnitt 1

257   Und als ich dann meinen Vater irgendwann

258   mal fragte in den Sechziger Jahren, ob ich nicht doch jüdisch sei, sagte er: »Platt, aber im Ergebnis richtig,

259   aber doch wieder nicht richtig, wir wollen uns doch nicht die Rassekategorien eines Herrn Hitler zu

260   eigen machen.« *Mhm.* Er hat recht in der, in der Sache, aber psychologisch hat er natürlich überhaupt

261   nicht recht gehabt. Weil er damit also weggewischt hat, all das, was die Familie also erlebt hat.

Die Klassifizierung durch die Nazis führte Bernhard Oppermann nach 1945 dazu, sich mit seinem möglichen Jüdischsein auseinanderzusetzen. In dieser Hinsicht distanziert er sich einmal mehr von der Sicht des Vaters[154], der, so Herr Oppermann, mit seiner Aussage das Leid und die Entrechtung der Familie während der NS-Zeit negierte: »Weil er damit also weggewischt hat, all das, was die Familie also erlebt hat« (Z. 261). Sich selbst schließt Herr Oppermann offenbar nicht in den Kreis der Leidtragenden ein, sondern verwendet die distanzierende Formulierung »die Familie« (ebd.). Dies macht ein weiteres Dilemma in Herrn Oppermanns Leben deutlich. Obwohl er selbst von der Verfolgung, sei es nun direkt oder indirekt, betroffen war, ordnet er sich nicht der ›Opfergemeinschaft Familie‹ zu, die wiederum allein er, im Gegensatz zu Eltern und Großeltern, als Leidensgeschichte begreift. Damit stellt er einen doppelten Selbstausschluss her: Zum einen distanziert er sich von der Zugehörigkeit zu seiner Familie und zum anderen ordnet er sich der Gruppe der NS-Opfer nicht zu.

---

154 Mit seiner Einschätzung von ›Jüdischsein‹ irrt der Vater insofern, als dass Bernhard Oppermann im halachischen Sinne tatsächlich jüdisch ist, ein zugeschriebener (teil-) jüdischer Status also nicht ausschließlich auf den Kategorien der *Nürnberger Gesetze* beruht.

Ausschnitt 2

328   Ja, Lebensgeschichten sind ja ... Kann man wohl nicht nur abschnittsweise betrachten,
329   sondern im Grunde genommen gibt es da ja eine Verschränkung zu den Fünfziger Jahren. Die für mich
330   natürlich auch mit einer ganz starken Desorientierung ... Eine ganz starke Desorientierung bei mir
331   ausgelöst hat. Ja. Wer bin ich eigentlich, wenn das alles eigentlich nicht wahr gewesen ist? So. Und
332   dann wabert man so hinterhe- (.....) Leute (.....):»Ja, ja du bist doch Jude. Weil deine Mutter jüdisch ist.«
333   Ich bin nicht Jude, ich bin ein sehr protestantisch, sehr patriotisch erzogener Deutscher mit einer
334   jüdischen Herkunft, die ich jetzt auch nicht mehr akzeptiere, sondern die ich auch integriere
335   in mein Bewusstsein, aber ich bin nicht Jude. *Mhm.* Und ... Ja, aber da, da sind ...
336   Ist die ist meine Umwelt mir oft nicht so furchtbar hilfreich gewesen, weil es ja in Deutschland so
337   diesen Schuldkomplex gibt. *Mhm.* Und um mich jetzt mal ganz platt auszudrücken, Jude zu sein
338   und in dem entsprechenden intellektuellen Milieu ist ja so, wie wenn einem ein Orden verliehen wird.
339   Den Orden wollte man mir gerne verleihen. Du bist ja Jude, sei doch stolz. Pustekuchen, ich bin nicht
340   Jude. *Mhm.* So, und dies Dilemma, um da durch zu steigen, da durch zu steigen, ohne den Eindruck zu
341   erwecken, dass ich also vom Judentum nichts wissen will, *Mhm* sondern zu sagen ich bin was
342   anderes und verleugne das Jüdische in mei- Von meiner Herkunft ja durchaus nicht,
343   das hat ja natürlich auch viel was in unserem Temperament und in unserer
344   Lebensbetrachtung ... Schlagen da jüdische Traditionen ja durchaus durch, das weiß ich ja nun
345   inzwischen ja, *Mhm* aber sich da zurechtzufinden das ist das ist mir sehr schwer gefallen. Ja. Ist mir
346   sehr schwer gefallen und ich hab auch das Gefühl, dass es vielen von den Halbjuden das auch
347   sehr schwer fällt. *Mhm.* Damit umzugehen.

Als besonders schwierig für Bernhard Oppermann hat sich in dem langen Prozess seiner Identitätssuche die Tatsache erwiesen, dass es kein familiäres Bewusstsein darüber gab, Opfer des NS geworden zu sein. Hinsichtlich dieses familiär verdrängten Teils stellte er sich in der Vergangenheit die Frage, wie sein Selbstverständnis damit in Einklang gebracht werden könnte:»Wer bin ich eigentlich, wenn das alles eigentlich nicht wahr gewesen ist?« (Z. 331). Hier wird ersichtlich, welchen inneren Unlösbarkeiten sich Bernhard Oppermann in der Gemengelage der verschiedenen Zuschreibungen und dem Selbstverständnis seiner Herkunftsfamilie ausgesetzt fühlte, bis es ihm schließlich möglich war, diese in gewisser Weise in seine Persönlichkeit zu integrieren und auf eine ›Formel‹ zu bringen:»Ich bin nicht Jude, ich bin ein sehr protestantisch, sehr patriotisch erzogener Deutscher mit einer jüdischen Herkunft, die ich jetzt auch nicht mehr akzeptiere, sondern die ich auch integriere in mein Bewusstsein, ...« (Z. 333–335).

Ausschnitt 3

372   Und wie soll denn eigentlich
373   diese rassischen Kategorien ... Da hat mein Vater ja Recht, wie soll die ... Sollen die eigentlich das
374   Selbstverständnis eines Menschen bestimmen? *Mhm.* Und sie tun es doch! In irgendeiner Weise. Sei

375   es dadurch, dass man sich seiner Geschichte, seiner Familiengeschichte sehr viel bewusster geworden
376   ist als sonst.

In dieser Passage macht sich Bernhard Oppermann nicht selbst zum Subjekt bzw. Objekt seiner Erzählung sondern stellt »einen Menschen« (Z. 374) bzw. ein unpräzises »man« (Z. 375) in den Mittelpunkt seiner Erzählung. Dies hat sowohl verallgemeinernden als auch distanzierenden Charakter. Gleichwohl kann man davon ausgehen, dass er hier von sich selbst spricht. Er fragt sich, ob die Definitionsmacht der Nazis identitätsprägend war und kommt zu dem Ergebnis, dass die Klassifizierung tatsächlich Einfluss auf sein Selbstverständnis genommen hat. Sie habe dazu geführt, sich seiner »Familiengeschichte sehr viel bewusster geworden« zu sein »als sonst« (Z. 375).

6.3.5 Zusammenfassung

Im Kontext von Selbst- Fremd- und Eigenzuschreibung zeigt sich, dass es für Bernhard Oppermann höchst schwierig war bzw. ist, sich zu-/einzuordnen. Bedeutsam für seine Versuche, sich zu positionieren, sind mehrere Aspekte: Vor allem haben ihn die politisch-konservative Haltung und das protestantische Bewusstsein seiner Herkunftsfamilie stark geprägt. Ebenso beeinflusste die familiäre Ablehnung eines Opfer-Status seine Identitätsentwicklung. Zugleich sieht Herr Oppermann die auf die Familie angewandte Zuschreibung des ›Jüdischseins‹ als prägend für sein Selbst an.

Das Eingangszitat verdeutlicht, dass Bernhard Oppermann sich seiner Ambivalenzen sehr bewusst war bzw. ist. Er benennt seinen langwierigen Prozess der Auseinandersetzung mit den von ihm empfundenen Uneindeutigkeiten. Diesen Prozess sieht Herr Oppermann nicht nur als Voraussetzung dafür, seine Geschichte erzählen zu können, sondern ebenso diente er seiner persönlichen inneren Klärung.

Im Interview mit Bernhard Oppermann zeigt sich, dass seine Ambivalenzen nicht geradewegs auf die ihm oktroyierte nationalsozialistische Zuschreibung ›Halbjude‹ zurückzuführen, also nicht direkte Folge der Klassifikation sind. Vielmehr besteht seine Zwiegespaltenheit aus dem Spannungsverhältnis zwischen der Zuschreibung ›jüdisch‹ auf die mütterliche Familie einerseits, und der familiären Verleugnung/Abwehr all dessen, was diese Kategorisierung implizierte bzw. als Folgen – sowohl während der NS-Zeit als auch nach 1945 – mit sich brachte andererseits. Während die Eltern und Großeltern von Herrn Oppermann die durch die Nazis geschaffenen Ambivalenzen möglicherweise nicht als solche wahrzunehmen vermochten, fühlte der Interviewte bereits in früher Kindheit eine Zerrissenheit, die gerade nicht auf der Erkenntnis ›etwas Halbes zu sein‹ fußte, sondern seine Beziehung zu den einzelnen Familienmitgliedern betraf. In seiner inneren Auseinandersetzung mit den einzelnen Angehörigen beschreibt Herr Oppermann die persönlichen Folgen des Spannungsverhältnisses, wobei seine Ambivalenz in Bezug auf Großeltern und Eltern klar hervortritt. Bei Familie Oppermann zeigt sich die grundsätzliche Problematik und Dramatik, die die politische Umwälzung in den 1930er Jahren für die nationalkonservativen, ehemals jüdischen ›Kreise‹ mit sich brachte. Bevor die politische Macht an die Nationalsozialisten übertragen wurde, waren die beiden ›Anteile‹ ›ehemals jüdisch‹ und gleichzeitig nationalistisch keine Gegensätze. Erst durch die stigmatisierende Zuschreibung stellten sich diese in gewisser Weise als unüberbrückbar heraus.

Im Fall von Herrn Oppermann ist vielsagend, dass seine frühe Sozialisation ausschließlich in der NS-Zeit und teilweise im deutsch-feindlichen Ausland stattfand, und er zudem bereits als Kind von der Herabsetzung und Deklassierung betroffen war. Eine familiäre und eigene Identität außerhalb von Degradierung, Trauer und Leid zu entwickeln, war ihm nicht möglich. Dies gilt ebenso für die Nachkriegszeit. Während Eltern und Großeltern die Erniedrigung und Schmach wettzumachen versuchten, um wieder Anschluss an ihren ehemaligen sozialen Stand zu finden – was sich in besonderer Weise durch das politische Engagement des Großvaters ausdrückte – war es für Bernhard Oppermann nicht möglich, an ein ›Vorher‹ anzuknüpfen.

Die rassistische Klassifizierung ist auch für Bernhard Oppermanns Position bzw. Selbstpositionierung im Kollektiv ›die Deutschen‹ bedeutsam. Die Zugehörigkeit zu diesem Kollektiv ist, wie alle nationalen Zugehörigkeiten, durch Geburt nicht selbst gewählt, sondern erzwungen. Hier besteht Herrn Oppermanns Ambivalenz darin, sich einerseits davon entledigen zu wollen, sich aber gleichzeitig durch die ›Teilzugehörigkeit‹ nicht vollständig davon abwenden zu können.

6.4 Bruno Erhardt

»Ohren offen halten, Augen offen halten.
Nirgendwo auffallen und immer der Beste sein.«

6.4.1 Kurzbiografie

Bruno Erhardt wurde in einer Stadt im Ruhrgebiet geboren. Für seinen jüdischen Vater war die Verbindung mit einer katholischen Frau die zweite Ehe, er hatte bereits drei Kinder mit einer jüdischen Frau.[155] Im Jahr 1920 hatte sich Bruno Erhardts Vater scheiden lassen und war im gleichen Jahr zum Katholi-

---

155 Sie konnte später mit ihren Kindern rechtzeitig nach Palästina emigrieren.

zismus konvertiert, woraufhin er sich mit seiner Herkunftsfamilie entzweite. Beruflich war er als Germanist und Religionslehrer tätig, zunächst als jüdischer, und nach dem Übertritt als katholischer. Kurz nach der Heirat seiner Eltern kam 1925 Herrn Erhardts Bruder Horst zur Welt. Er war durch einen Unfall in frühester Kindheit in seiner mentalen Entwicklung zurückgeblieben, was sich in der NS-Zeit als folgenschwer herausstellen sollte. In den Jahren 1927 und 1928 wurden Herrn Erhardts Schwestern geboren. Er selbst folgte 1929 und schließlich kam 1932 sein jüngster Bruder zur Welt.

Mit dem *Gesetz zur Wiederherstellung des Berufsbeamtentums* vom 7. April 1933, im Zuge dessen ›nichtarische‹ Beamte aus dem Staatsdienst entlassen wurden, wurde auch Bruno Erhardts Vater arbeitslos. Bereits im selben Jahr wurde die Familie in einen Wohnkomplex für ›Sozialschwache‹ zwangsumgesiedelt. Dort sorgte der Vater für ein bescheidenes Einkommen, indem er die behördliche Korrespondenz für einen Teil seiner Nachbarinnen und Nachbarn übernahm, die Mutter war gezwungen den Lebensunterhalt der Familie mit Putzarbeiten zu sichern. Der Münsteraner Bischof Clemens August Graf von Galen[156], der einst Kommilitone von Bruno Erhardts Vater gewesen war, setzte sich dafür ein, dass die Familie im Oktober 1939 ein zuvor ›arisiertes‹ Haus beziehen konnte. Auch nach der Ausbombung im Jahr 1943 sorgte von Galen mit einigen seiner Vertrauten dafür, dass die Familie Erhardt in eine unbeschädigte Unterkunft übersiedeln konnte. Zu jener Zeit war Bruno Erhardt bereits durch die nationalsozialistische Maßnahme der *Erweiterten Kinderlandverschickung (KLV)*[157] in ein Lager an einem See in Süddeutschland evakuiert worden. Dort gelang es ihm, seine teiljüdische Herkunft zu verdecken, was ihn große Anstrengungen kostete. Rund ein Jahr später konnten Bruno Erhardts Schwestern und seine Mutter durch die erneute Vermittlung von Galens an verschiedenen Orten in Deutschland untertauchen. Sein Vater war ab Oktober 1944 in einem Berliner Internierungslager, dem ehemaligen Jüdischen Krankenhaus in der Iranischen Straße, inhaftiert.

---

156 Von Galen war zwischen 1933 und 1946 Bischof von Münster. Unter anderem prangerte der national-konservative und tief frömmige Katholik in seinen Predigten das Vorgehen der *Gestapo* und ab Sommer 1941 die ›Euthanasie‹ Kranker und Behinderter an (vgl. Biographisch-Bibliographisches Kirchenlexikon, Bd. 2, Spalte 166–168).

157 Ab 1943 wurden Kinder aus den von Bombardierungen bedrohten und betroffenen deutschen Städten unter der Verantwortung der *HJ* evakuiert. In den Jugendherbergen, Zeltlagern etc. wurden sie paramilitärisch gedrillt und gezielter politischer Beeinflussung unterzogen. Insgesamt nahmen ca. fünf Millionen Kinder an den Evakuierungen teil (vgl. Benz/Graml/Weiß 1997, S. 544).

Historischer Exkurs 7:
Die Internierung der Juden in ›Mischehen‹
Als die Alliierten Ende August/Anfang September 1944 die deutsche
Westgrenze erreichten, setzte das *RSHA* die systematische staatspolizeiliche Festnahme und Internierung aller ›Halbjüdinnen‹ und ›Halbjuden‹ und Jüdinnen und Juden aus ›Mischehen‹ durch (vgl. Lotfi
2000, S. 269). Vermutlich wurde diese Maßnahme zusätzlich durch
das Attentat auf Hitler vom 20. Juli 1944 radikalisiert. Nach einer
Auseinandersetzung innerhalb der NS-Führung ordnete Himmler am
30. Oktober 1944 in einem zentralen Erlass die Festnahme sämtlicher
Juden, ›jüdischer Mischlinge‹ und ›jüdisch Versippter‹ an. Sie sollten
aus dem Industrie- und Rüstungseinsatz entfernt und zum geschlossenen Arbeitseinsatz eingezogen werden (vgl. ebd., S. 401, Anm. 12;
Gruner 2000, S. 71). In den Jahren zuvor hatte es noch keine staats-
polizeilichen Deportationen oder Transporte dieser beiden Gruppen
gegeben. Nun wurden die Personen, die man als arbeitsfähig dekla-
rierte, in die verschiedenen Arbeitslager der *OT* transportiert. Die
Personen, die als ›unbrauchbare Arbeitskräfte‹ eingestuft wurden,
wies man in das Jüdische Krankenhaus in der Iranischen Straße in
Berlin ein.
   Das Jüdische Krankenhaus war zwischen 1943 und 1945 als Ort
bestimmt, an dem die noch lebenden Jüdinnen und Juden in Deutschland konzentriert werden sollten (das Folgende nach Elkin 1993,
S. 60–65). Hier hatte nach Auflösung sämtlicher jüdischer Einrichtungen auch die *Reichsvereinigung der Juden* ihren Sitz. In den letzten
drei Jahren der NS-Zeit wurden im Krankenhaus nicht nur jüdische Patientinnen und Patienten behandelt, sondern es diente ebenso als Unterkunft für Jüdinnen und Juden bis zu ihrer Deportation und als Lager
für jüdische ›Mischehepartner‹ und ›jüdische Mischlinge‹. Dort
herrschten eine enorme räumliche Enge und ein Mangel an Lebensmitteln. Die im Herbst 1944 eingelieferten ›halbjüdischen‹ und jüdischen
Personen waren zwar nicht in Arbeitslager verschleppt worden, doch
trotzdem mussten sie im Krankenhaus und der angrenzenden Beklei-
dungsfabrik harte körperliche Arbeit verrichten. Unter diesen Bedingungen gab es auch Todesfälle unter den Häftlingen (vgl. Grabowsky
2005, S. 149).

Bruno Erhardt hatte nach seiner Rückkehr aus dem *KLV-Lager* eine Lehre als
Anstreicher begonnen. Der Besuch einer höheren Schule war für ihn nicht mehr
möglich.

Historischer Exkurs 8:
Schul- und Ausbildungsbeschränkungen für ›Mischlinge‹

Im Schul- und Hochschulbereich begannen die antijüdischen Maßnahmen am 25. April 1933 mit dem *Gesetz gegen die Überfüllung
deutscher Schulen und Hochschulen* (vgl. Walk 1996, S. 17f.). Es bestimmte, dass der Anteil der neu aufzunehmenden jüdischen Schüler
nicht höher als deren prozentualer Bevölkerungsanteil sein sollte. Als
Richtschnur galt ein Anteil von 1,5 Prozent. Sogar bereits aufgenommene Schülerinnen und Schüler und Studierende konnten wieder von
der Lehranstalt entfernt werden, da das quantitative Verhältnis von
›nichtarischen‹ und als jüdisch eingestuften Personen als ›angemessen‹
angesehen wurde, wenn insgesamt nur maximal 5 Prozent der Schülerinnen und Schüler bzw. Studierenden jüdisch waren. Von der Bestimmung ausgenommen waren »Kinder solcher Eltern, bei denen ein
Elternteil oder zwei Großeltern arischer Abkunft« (ebd.) waren. Das
Gesetz gegen die Überfüllung deutscher Schulen und Hochschulen galt
für sämtliche öffentliche und private weiterführende Schulen und Universitäten (vgl. ebd.). ›Mischlinge‹, die noch auf dem Gymnasium
verblieben waren, konnten weiterhin das Abitur ablegen, doch, so
Meyer, berechtigte dieses »nicht mehr unbeschränkt zum Studium,
sondern wurde durch das ›Zeugnis der Hochschulreife‹ ergänzt, das
die ›nationale Zuverlässigkeit und ›Hingabefähigkeit‹ im Sinne der nationalsozialistischen Staatsauffassung‹ beurteilte« (Meyer 1997,
S. 192f.).

Schließlich diente der Novemberpogrom 1938 als Legitimation, die
jüdischen Schüler vom Unterricht an staatlichen und kirchlichen Schulen auszuschließen. Am 15. November 1938 gab das *RMI* folgenden
Runderlass bekannt:

»Nach der ruchlosen Mordtat von Paris kann es keinem deutschen
Lehrer [...] mehr zugemutet werden, an jüdische Schulkinder Unterricht zu erteilen. Auch versteht es sich von selbst, daß es für deutsche
Schüler unerträglich ist, mit Juden in einem Klassenraum zu sitzen.
[...] [Ich] ordne deshalb mit sofortiger Wirkung an: Juden ist der Besuch deutscher Schulen nicht gestattet. Sie dürfen nur jüdische Schulen besuchen. [...] Diese Regelung erstreckt sich auf alle mir unterstellten Schulen einschließlich der Pflichtschulen« (Walk 1996,
S. 256).

Für ›Halbjüdinnen‹ und ›Halbjuden‹ änderte sich durch diese
Bestimmung zunächst einmal nichts. Zumindest von Rechtswegen war
ihnen der Besuch einer ›arischen‹ Schule möglich. Dies hieß jedoch

nicht, dass nicht viele Schulen versuchten, sich auf diesem Weg bestimmter Schülerinnen und Schüler zu entledigen.[158] Viele Eltern, die es sich leisten konnten, finanzierten ihren Kindern deshalb Privatunterricht oder den Besuch einer Privatschule (vgl. ebd., S. 105).

Mit einem Erlass des Reichserziehungsministers (REM) Bernhard Rust vom 2. Juli 1942 wurden die ›Mischlinge ersten Grades‹ schließlich vom Schulbesuch der Haupt-, Mittel- und höheren Schulen ausgeschlossen. Lediglich Berufsschulen durften sie mit einer Ausnahmegenehmigung noch besuchen (vgl. Walk 1996, S. 379). Bislang hatten sie allerdings noch die Möglichkeit, auch als Nichtschülerinnen bzw. -schüler Prüfungen abzulegen. Aber mit einem erneuten Erlass vom 12. Dezember 1942 wurde ihnen dies mit dem Stichtag 1. April 1943 untersagt. Der Schulbesuch in Privatschulen war »unter gewissen Beschränkungen weiter gestattet« (ebd., S. 393).

Es folgten am 21. April 1943 der Ausschluss von Abendkursen in Fachschulen und am 11. Oktober 1943 der Ausschluss von Berufs-, Fach- und technischen Schulen (vgl. Meyer 1999, S. 194). Hatten die Schulbehörden von den betreffenden Eltern in der Regel Abstammungsurkunden über die ›rassische‹ Zugehörigkeit ihrer Kinder gefordert, so verzichtete das *RMI* ab dem 5. April 1944 auf einen solchen ›Ariernachweis‹. »Für die Dauer des Krieges« genügte fortan eine Erklärung der Eltern, dass ihre Kinder nicht »von jüdischen Eltern oder Großeltern abstammten« (Walk 1996, S. 403).

Für die ›halbjüdischen‹ Jugendlichen stellte sich nach ihrer zwangsweisen Entfernung von den Schulen ein zentrales Problem. Da es für sie nahezu unmöglich war, eine Lehrstelle in einem ›arischen‹ Betrieb zu finden, versuchten sie, in jüdischen Firmen einen Ausbildungsplatz zu erhalten. Grundsätzlich war ihnen nicht untersagt, eine Ausbildung zu beginnen. Allerdings verwehrte man ihnen Ausbildungsgänge im medizinischen, pädagogischen und künstlerischen Bereich (vgl. Meyer 1999, S. 202). Bezüglich einer Ausbildung in der freien Wirtschaft bestanden sowohl für die ›Halbjüdinnen‹ und ›Halbjuden‹ als auch für die Arbeitgeber keine Einschränkungen. Der Reichswirtschaftsminister Walther Funk hatte am 3. August 1938 den Erlass herausgegeben, »Mischlinge ersten Grades [...] auf dem Gebiet der Wirtschaft nicht zu benachteiligen« (Walk 1996, S. 253). In der Praxis sah dies jedoch

---

158 In Wuppertal sind aufgrund dieser Verfügung 1938 insgesamt sieben ›Mischlinge‹ vom Unterricht ausgeschlossen worden, was rund einem Fünftel aller Schulabgehenden entspricht (vgl. Grabowsky 2005, S. 104).

oftmals anders aus und viele ›Mischlinge‹ erhielten keine Lehrstelle (vgl. Grabowsky 2005, S. 118). Die Mehrheit von ihnen war also nach dem Krieg ohne Schul- oder Ausbildungsabschluss. In der NS-Zeit waren sie entweder zu Zwangs-arbeit verpflichtet worden oder hatten sich durch unqualifizierte Hilfs-arbeiten ihren Lebensunterhalt verdienen müssen. Aus diesen Gründen hatten es die ›Halbjüdinnen‹ und ›Halbjuden‹ in beruflicher Hinsicht nach dem Krieg erheblich schwerer als die gleichaltrigen nicht-jüdischen Jugendlichen. Die schulischen Defizite ließen sich oftmals nicht wieder aufholen. Viele von ihnen, die einst eine ›höhere Schul-bildung‹ oder gar ein Studium angestrebt hatten, erlernten handwerkli-che oder kaufmännische Berufe. Nur einigen gelang es, ihre mangeln-de Schulbildung wieder wettzumachen. Allerdings war dies mit viel Energie und Durchsetzungsvermögen verbunden.

Bereits im Oktober 1944, also im Alter von 15 Jahren, wurde Bruno Erhardt, zeitgleich mit seinem Vater, gezwungen, im Rahmen der *OT* bei den Stahl- und Eisenwerken der Firma Klöckner in Hagen Zwangsarbeit zu leisten. Unter schweren Haftbedingungen gelang es ihm, das Lager zu überleben. Im An-schluss an eine lebensbedrohliche Krankheit wurde ihm die Verantwortung zur Bewachung einiger russischer Zwangsarbeiter übertragen, denen Anfang 1945 die Flucht gelang. Nach drei Tagen schweren Straf-Arrests erhob man Bruno Erhardt schließlich in den Dienst eines Kurierfahrers. Auf einer dieser Fahrten bekam er näheren Kontakt zu einer Widerstandskämpferin, die ihm, so der In-terviewte, das Leben rettete. Eines Tages bat sie ihn zu sich in die Wohnung, wo sie ein noch zuzustellendes Schreiben öffnete. Dieses enthielt das Todesur-teil gegen Bruno Erhardt und einen weiteren Inhaftierten. Glücklicherweise ge-lang den beiden jungen Männern mit Hilfe ihrer Retterin die Flucht. Sie ermög-lichte ihnen das Untertauchen bis Kriegsende.

Mitte Juli 1941 war Bruno Erhardts behinderter Bruder Horst über die ›Ca-ritas‹ in die ›Heilanstalt Obermarsberg‹ vermittelt worden, wo er in der Gärtne-rei tätig sein musste. Die ›Caritas‹ entledigte sich seiner und man übersandte ihn bereits am 30. Juli über die ›Landesheilanstalt Weilmünster‹ in die NS-Tötungsanstalt in Hadamar, wo man ihn Anfang August vergaste. Da die Fami-lie durch widersprüchliche Schreiben aus Hadamar und Weilmünster bewusst in den Zustand der Verwirrung gebracht worden war, begab sich Bruno Erhardts Mutter in den ersten Augusttagen des Jahres 1941 auf den Weg nach Hadamar, um ein Gespräch mit der dortigen Verwaltung einzufordern. Von hier unver-richteter Dinge zurückgekehrt, schrieb sie einen Brief an den Direktor der An-stalt. Dieses eindrucksvolle Schreiben einer mutigen Frau ist bis heute erhalten.

Frau Erhardt beklagt darin das fehlende Eigentum ihres Sohnes, das man der Familie nie zurückerstattete, und droht mit einer Anzeige wegen Diebstahls. Ferner schreibt sie unverhohlen, dass die Familie über eine *Tötung* ihres Sohnes im Bilde sei und nicht an eine natürliche Todesursache glaube. Auch die Antwort auf diesen Brief ist erhalten. Darin wird Frau Erhardt aufgefordert, ihre ›Anwürfe‹ zu unterlassen, und man droht ihr, andernfalls für ihr Stillschweigen sorgen.

Bruno Erhardt wurde nach der Verfolgungszeit aufgrund seiner chronischen Erkrankung, die ihn bis heute beeinträchtigt, zunächst für ein Jahr krankgeschrieben. Anschließend absolvierte er die Kunstgewerbeschule, erwarb kaufmännische Kenntnisse und arbeitete bis zu seiner Pensionierung bei einer Wohnungsbaugenossenschaft. Aus zwei Ehen sind zwei Söhne und ein Enkelsohn hervorgegangen. Seit vielen Jahren ist Bruno Erhardt nun schon als Zeitzeuge aktiv, und hat sich vor allem zur Aufgabe gemacht, immer wieder auf das Unrecht der NS-Zeit, das ihm und anderen Opfern angetan wurde, aufmerksam zu machen. Ein großer Teil seiner väterlichen Verwandten wurde ermordet, lediglich seinen Halbgeschwistern gelang in den frühen 1930er Jahren mit ihrer Mutter die Flucht nach Palästina. Für seinen Bruder Horst hat Bruno Erhardt vor einigen Jahren einen ›Stolperstein‹ legen lassen, um ein Zeichen gegen das Vergessen zu setzen.

6.4.2 Zugehörigkeit – Nicht-Zugehörigkeit

Nachdem Bruno Erhardt die ersten Minuten des Interviews darauf verwendet, einen historischen Überblick über die Gegebenheiten der NS-Zeit im Allgemeinen und einen Einblick in die ›Mischlingspolitik‹ im Besonderen zu geben, fährt er anschließend mit der Erzählung seiner persönlichen Geschichte fort. Schon bald kommt er auf seine Verschickung in das *KLV*-Lager zu sprechen.

Ausschnitt 1

320   Dann haben die
321   mir die Fahrt bezahlt, die haben mir Taschengeld mitgegeben, ich kriegte eine HJ-Uniform und kriegte
322   auch noch Taschengeld. Dann bin ich im August 1943 von meiner Mutter zum Bahnsteig gebracht
323   worden und bin in R-Ort am T-See untergetaucht. Als ich da angekommen bin, war ich in einem Hotel
324   Seerose, nachts war azurblauer Himmel und dann wurde ein Liebling des Lehrers, der war allerdings ein
325   totaler Nazi, der war Offizier des NSFK[159].

---

159 *NSFK: Nationalsozialistisches Fliegerkorps.* Es wurde im April 1937 gegründet und war zuständig für die Ausbildung eines Luftwaffen-Nachwuchses, das heißt, junge

Ausschnitt 2

335   Dann musste ich natürlich alles mitmachen, was die da fabriziert haben. *Mhm.* Ich saß am Tisch,

336   da musste dieser Mann, dieser junge Mann, der mich da abgeholt hat, und der rüber gefahren sind ... Da

337   wurden mittags Tischgebete gesprochen, dann hieß es:»Aufsteh'n, Tischgebet sprechen! Jud Salomon

338   Karfunkelstein, lebt nur von Kaviar und von Wein. Und darum hat der Itzig auch, so'n schönen wohl

339   gefüllten Bauch. Alle Mann, ran.« Itzig war das schlimmste Schimpfwort für einen Juden. Itzig. Oder wir

340   sind marschiert, musst ich ja mitmachen, in Uniform, keiner wusst ja wer ich war, sind auf Friedhöfe

341   gegangen, hab zugeguckt, wie se die Grabsteine von Juden mit Hakenkreuzen beschmiert haben,

342   ich hab geseh'n, wie se von dem Mausoleum ... Mausoleum muss ich erklären, das ist der größte

343   Grabstein, ein Mausoleum sieht aus wie ne kleine Kapelle mit oben mit nem Davidstern, haben se mit nem

344   Seil runter geholt, nach unten geballert, obwohl das der Mann war, der den Friedhof erhalten hat, weil

345   das ein reicher Jude war, der ewig gespendet hat, um den Friedhof zu erh... Das muss sich mal einer

346   vorstellen. Ja, und dann mussten wir natürlich Marschieren. Die haben sogar drauf geachtet, bei der

347   Mundbewegung, was wir wohl ... Ob wir auch mitsingen.»Die Juden zieh'n dahin, sie ziehen daher, sie

348   zieh'n durchs Rote Meer, die Wellen schlagen zu, die Welt hat Ruh.« Das war'n alles Propaganda-

349   Lieder, die damals sowohl beim Jungvolk, HJ, Militär wurden die gesungen. Bis hin zur Marine. Und das

350   hab ich dann mitgemacht, wie gesagt bis 1943, reifte dann allmählich die Winterzeit heran.

In diesen beiden ersten Ausschnitten schildert Bruno Erhardt den Aufenthalts-
beginn und den Verbleib im *KLV*-Lager ab Sommer 1943. In der ersten Textpassage beschreibt er seine äußere Verwandlung in eine andere Person: Mit
dem Tragen einer *HJ*-Uniform, über deren Herkunft er im Interview keine An-
gaben macht, schlüpfte er bei Antritt seiner Zugfahrt gen Süddeutschland in die
Verkleidung eines *HJ*-Angehörigen. Damit war ein äußerer Rahmen gesetzt
worden, der ihn nicht nur dazu *berechtigte,* sondern auch *verpflichtete,* fortan,
und bis zum Ende des Lageraufenthalts, die Rolle des überzeugten Nazi-Jungen
zu spielen.

Mit seinem »Untertauchen« (Z. 323) und der damit einhergehenden Pseudo-
Zugehörigkeit zum Kollektiv der Nazi-Anhänger wurde dem Jugendlichen
Bruno eine große Verantwortung für die *gesamte* Familie auferlegt: Wäre irgendwann sein ›wahrer rassischer Status‹ ans Tageslicht gekommen, wären
auch seine Eltern und Geschwister, mittlerweile in eine andere Wohngegend
umgezogen, nicht mehr unerkannt geblieben. Und in dieser ›falschen Welt‹
wurde der ›halbjüdische‹ Bruno überdies zum Liebling des überzeugten Nazi-
Lehrers. Über diese enorme Belastung und Selbstverleugnung hinaus wird die
Trennung von Eltern und Geschwistern eine erhebliche psychische Belastung

---

erwachsene Männer erhielten eine kostenlose Pilotenausbildung. Das *NSFK* arbeitete eng mit der *HJ* zusammen und war paramilitärisch organisiert (vgl. Benz/Graml/
Weiß 1997, S. 609).

für den damals 14-Jährigen gewesen sein, zumal die weiteren gesellschaftlichen und politischen Geschehnisse nicht absehbar und die damit zusammenhängende Wiedervereinigung mit seiner Familie ungewiss waren.

Im zweiten Ausschnitt berichtet Bruno Erhardt, wie die Jungen im Lager mit antisemitischen Ressentiments indoktriniert wurden, erwähnt die Fußmärsche, die sie absolvieren mussten, und thematisiert seine Beteiligung an der antijüdischen Maßnahme der Friedhofsschändung, deren Zeuge er damals wurde. Dabei gibt er sich die Rolle des passiven Beobachters.

Insgesamt vermochte sich Herr Erhardt der allumfassenden Kontrolle im Lager durch die Verantwortlichen nicht zu entziehen:»Und das hab ich dann mitgemacht, [...].« (Z. 350) Dem verfolgten Jugendlichen Bruno blieb also keine andere Wahl, als zum Mitläufer des ihn drangsalierenden Systems zu werden.

Ausschnitt 3

614   Haben sie gesagt:»Kannst
615   du auch schießen?«»Ja, fast so gut wie mein Vater.«»Dann komm mal mit.« Büchsen aufgestellt auf der
616   Mauer und ich hab alle Büchsen weggeschossen. Von dem Tag an musst ich russische
617   Kriegsgefangene bewachen. *Mhm.* Die sind mir alle Drei türmen gegangen. Wär viel zu lang, um die
618   Geschichte zu erzählen. Dann haben sie gesagt, die sind mir türmen gegangen, wollten sie 20 Leute aus
619   dem Lager wollten sie an die Wand stellen. (20) ((Er hat starke Schluckbeschwerden)) Das hab ich ... Hab
620   ich noch aus dem Lager mitgebracht. Haben wir nicht irgendwie en bisschen Sprudel?

Der Interviewte berichtet hier eine Episode, die strukturell vergleichbar mit seinen Erlebnissen und Erfahrungen im *KLV*-Lager ist. Erneut wird er zur Mit-Täterschaft gezwungen. Die zu dem Zeitpunkt stattfindende Begebenheit fand Ende des Jahres 1944/Anfang 1945 im *OT*-Zwangsarbeiterlager statt. Beinhaltete der Aufenthalt im *KLV*-Lager noch eine mehr oder weniger freie Entscheidung, so wurde Bruno Erhardt mit der Einberufung zur *OT* zum Dasein im Lager rechtlich *gezwungen*. Die dortige schwere Arbeit setzte dem 15-Jährigen so zu, dass er einen körperlichen Zusammenbruch erlitt. Daraufhin wies man ihm die Aufgabe zu, russische Kriegsgefangene zu überwachen und stellte ein Gewehr zur Verfügung. Man bemächtigte ihn also dazu, Entscheidungen über Leben und Tod anderer Häftlinge zu treffen. Innerhalb der nazistischen Häftlings-Hierarchie war er nun befördert worden, womit man ihn in die perfide Situation brachte, für die Überwachung noch ›weniger wertvollerer‹ Lagerinsassen Sorge zu tragen. Damit verpflichtete man ihn zu einer Komplizenschaft, die zwar bereits im *KLV*-Lager bestanden hatte, jedoch nun aufgrund des gesteigerten Zwangscharakters und der Ausweglosigkeit seiner Situation umso perfider war, und damit ein neues Ausmaß erreichte.

Ausschnitt 4

720   Und dann bin ich
721   natürlich durch das ganze R-Umkreis gedüst mit dem Motorrad und mit dieser mit diesem
722   Fahrzeug. Ich hab natürlich ... Die wurden all erpresst, die Geschäfte. Die mussten für die Gestapo
723   Lebensmittel bei K. & M., in einer Lederwarenhandlung Taschen, Handtaschen für die Mätressen, die
724   da auswärts wohnten von, wo ich die Namen alle von wusste. Also ich wurde immer mehr zum
725   Geheimnisträger. Das ist mir auch zum Verhängnis geworden und mit diesem Wagen bin ich dann ja
726   da rum gesaust und bin mit dem Motorrad hier durch das R-Umkreis gesaust. Hab natürlich Papiere
727   abgeben müssen in einer S-Wache, in der berüchtigten Leitstelle in Ö-Ort, ich bin in T-Ort gewesen, ich
728   bin in B-Stadt gewesen, ich hab herausbekommen, wo die Kontakte mit hatten. Und dadurch wurde ich ja
729   eigentlich immer mehr gefährdeter in meinem Wissen. Was ich eigentlich gar nicht wissen durfte und
730   das haben die aber auch gewusst.

Ausschnitt 5

749   Zehn Todesurteile, der Gerhard und ich sollten
750   liquidiert werden, weil wir ja Geheimnisträger waren.

Bruno Erhardts Status als Komplize und Mitwisser fand seinen Höhepunkt in der Zeit als Kurierfahrer der *OT*. Wohl lebte er zu dieser Zeit noch im Lager, hatte als Motorradfahrer jedoch einen relativ großen Bewegungsradius. Nachdem die russischen Kriegsgefangenen, die seiner Bewachung unterstanden, geflüchtet waren, suchte man im Lager eine andere Tätigkeit für ihn. Durch seine Kurierdienste, so der Interviewte, wurde er allmählich zum »Geheimnisträger« (Z. 725), bis er gegen Kriegsende aufgrund seines umfassenden Einblicks in die örtlichen Strukturen der Nazis, so seine Aussage im Interview, hingerichtet werden sollte.

In den Textausschnitten 1 bis 5 beschäftigt sich Bruno Erhardt mit seiner ihm zugewiesenen Rolle vom passiven Komplizen hin zum aktiven Helfershelfer der NS-Politik und verdeutlicht damit die Widersprüchlichkeiten, denen er als Opfer einerseits und als Mit-Täter andererseits ausgesetzt war. In seinen Beschreibungen stellt er sich als von Lehrern und Vorgesetzten abhängig und fremdbestimmt dar und betont vor allem den Zwang und die Repression, die sein Handeln bzw. Nicht-Handeln nachvollziehbar machen sollen. Die von Bruno Erhardt beschriebenen ambivalenzerzeugenden Strukturen, denen er sich zu fügen hatte, also die Existenz zwischen Opfer-Sein und (erzwungener) Mit-Täterschaft, erwiesen sich auch nach der Verfolgungszeit als unauflöslich. Dies erkennt man daran, dass er auch aus seiner jetzigen Perspektive die Aspekte des ›Dazwischen‹ im Interview nur zaghaft thematisiert oder gegeneinander abwägt, und heiklen Themen wie Scham oder gar Schuld so gut wie keinen Raum einräumt.

Weil die widersprüchlichen Impulse sich bis heute als nicht auflösbar erweisen, hat sich Bruno Erhardt als ›Ausweg‹ aus dem Zwiespalt für die Zugehörigkeit zur Opferseite entschieden. Seinen Opferstatus belegt er im Interview, indem er zahlreiche Begriffe und Beschreibungen verwendet, die mit dem Geschehnis Shoa/›Judenvernichtung‹ assoziiert werden bzw. entsprechende Bilder hervorrufen: So spricht er mehrfach die »Lastwagen« an, mit denen die Familie Erhardt in die verschiedenen Wohnquartiere umgesiedelt bzw. »weitertransportiert« wurde. Gleich zweimal war Bruno Erhardt gezwungen, »unter[zu]tauchen« und nach dem Urteil, das im *OT*-Lager über ihn verhängt wurde, sollte er »liquidiert« werden. Des Weiteren benutzt er bei der Beschreibung des *OT*-Lagers generell den Begriff »KZ«.

Ein weiterer Hinweis auf Bruno Erhardts Eigenverortung auf Seiten der Opfer ist die Bemerkung über seine mehr oder minder stark ausgeprägte Überlebensschuld[160], unter der vor allem Überlebende der Vernichtungslager leiden und litten:

Ausschnitt 6

1702   Und

1703   manchmal hatte ich sogar Gewissensbisse, dass ich gesagt hab: »Ich hab so'n bisschen Schuldgefühl

1704   gehabt, warum haben wir überlebt und die andern nicht?« Da ist mir ... Das ist mir irgendwie nahe

1705   gegangen.

Darüber hinaus bedeutsam im Kontext von Zugehörigkeit-Nicht-Zugehörigkeit ist Bruno Erhards Streben nach gesellschaftlicher Teilhabe. Dabei steht sein Wunsch nach Anerkennung seiner Person, seiner Familie und vor allem seines Vaters durch ›gebildete‹ Personen im Vordergrund.

Ausschnitt 7

275   Hab ich mich dem Lehrer anvertraut, der lief

276   zwar auch in der Uniform eines Goldfasan rum, aber das war nur äußerlich. Der war innerlich kein Nazi.

277   Zumal er ein Kollege meines Vaters war. Das hat der voll anerkannt.

Hier unterscheidet Bruno Erhardt zwischen ›guten‹ und ›bösen‹ Nazis: Ein Lehrer, obwohl offensichtlich Nazi-Anhänger, wird von ihm positiv charakterisiert: »Der war innerlich kein Nazi« (Z. 276). Als Erklärung bzw. Grund für die antinazistische Haltung des Lehrers dient der hohe Bildungsgrad bzw. gesellschaft-

---

160 ›Überlebensschuld‹ ist ein Begriff, der von William G. Niederland in die Psychiatrie und Psychotraumatologie als ein Merkmal des ›KZ-Überlebenden-Syndroms‹ eingeführt wurde (vgl. Niederland 1980, S. 232).

liche Status von Herrn Erhardts Vater. Noch aus heutiger Sicht spürt der Interviewte die Anerkennung des Parteifunktionärs, den er dennoch spöttisch und distanzierend als »Goldfasan« (ebd.) bezeichnet. In der Zeit gesellschaftlicher Ächtung erwies sich also der hohe väterliche Bildungsgrad für den jungen Bruno als Mittel, um die nötige Anerkennung der Mehrheitsgesellschaft zu erhalten.

Dem Vater verhilft sein Status als ›Gelehrter‹ sogar zu einer Freundschaft mit dem Schuldirektor, der damit der rassistischen Propaganda zu trotzen scheint. Davon berichtet Bruno Erhardt in der nächsten Sequenz.

Ausschnitt 8

296   Aber das ist einem Lehrer, das will ich mal kurz einflechten, einem
297   Lehrer Bertram Kahrmann, den Namen kann ich ruhig nennen, das ist für mich auch ein Ehrenmann, der
298   hat die Stirn besessen, als wir in im K. in B-Stadtteil wohnten, und hat mich als besten Schüler
299   der Schule ausgezeichnet. Daraufhin bekam ... Und der Rektor war ein Freund meines Vaters, hieß
300   zufällig auch Fridolin und kam aus Ostpreußen, gleicher Jahrgang und die hatten sich angefreundet.
301   Ah. Das war den Nazis ein Dorn im Auge. Und dadurch wurde erst mal der Rektor jott we de an irgend
302   eine Schule strafversetzt und dieser Lehrer bekam dann, weil er die Stirn besessen hat, ist mit dem
303   Schreiben in den K. gegangen, Bruno Erhardt wird heute ausgezeichnet als bester Schüler. Hat der
304   die Stirn besessen, einen Halbjuden auszuzeichnen. Daraufhin bekam er innerhalb von drei Wochen
305   ein Gestellungsbefehl und ungefähr drei Wochen später gefallen. Der Mann ist dafür bestraft worden,
306   dass er für einen Menschen unserer Klientel da eingest- woll'n mal sagen eingestanden hat, und war
307   absolut kein politischer Mensch.

Als Zeichen höchster Anerkennung (»Ehrenmann«, Z. 297 und »hat die Stirn besessen«, Z. 298) schildert Bruno Erhardt in dieser Interviewpassage auch die Handlung eines Lehrers, der sich in das ›benachteiligte‹ Wohnviertel, in dem die Familie Erhardt mittlerweile zwangsuntergebracht war, begab. Dorthin überbrachte er persönlich seine Entscheidung, dem Schüler Bruno eine Auszeichnung zu verleihen. Dies war keine beliebige Auszeichnung, sondern nicht weniger als der Preis für den Klassenbesten. Mit der Erwähnung dieser Begebenheit verdeutlicht Bruno Erhardt den Stellenwert, den er Bildung und Wissen zumisst, denn einzig diese Faktoren boten ihm in der NS-Zeit die Möglichkeit, positiv aufzufallen und seinen sozialen Stellenwert zu erhöhen.

In der vorliegenden Interviewpassage wird darüber hinaus deutlich, dass Bruno Erhardt dem damaligen Verlust familiärer gesellschaftlicher Anerkennung im Interview auf besondere Weise zu entgegnen versucht, indem er sich und seiner Familie trotz aller Herabsetzungen noch einen gewissen Einfluss zuschreibt. So deutet er sowohl die Zwangsversetzung des Rektors (»Freund meines Vaters«, Z. 299), als auch den Fronteinsatz des Lehrers als Strafmaßnahme der Nazis, weil die Männer sich gegenüber der Familie Erhardt solidarisch gezeigt hatten. Mit dieser Interpretation der Ereignisse hängt Bruno Erhardts Bemühen zusammen, sich und seiner Familie für die Zeit der Machtlosigkeit nachträglich zumindest eine begrenzte Möglichkeit zur Einflussnahme auf die Ereignisse zuzuschreiben.

Wie bereits in dieser Passage, so wird im folgenden Ausschnitt erneut ersichtlich, wie elementar wichtig gute Schulnoten für Bruno Erhardt gewesen sein müssen. Sie boten die einzige Möglichkeit zumindest eines gewissen Schutzes vor Diskriminierungen seitens der Lehrer:

Ausschnitt 9

204	Und hat diesen Lehrer, obwohl dieser auch ein großer Antisemit war, der sagte zum
205	Beispiel zu meiner Schwester, die ein Jahr älter war, immer: »Die kleine Jüdin.« Und zu mir hat er gesagt:
206	»Der kleine schlaue Jude.« Schlauer Jude, weil ich immer der beste Schüler war, das hat dem gar nicht
207	gepasst.

Seine Strebsamkeit in der Schule wurde Bruno Erhardt demnach allerdings nicht nur zum Vorteil gereicht, sie erwies sich nicht nur als Inklusions-, sondern auch als Exklusionsfaktor. Gerade *wegen* seiner guten Schulnoten wurde er von einem seiner Lehrer mit dem antisemitischen Stereotyp des ›schlauen Juden‹ konfrontiert, wobei ihm die Noten gleichzeitig den einzigen Schutz vor weiterer Herabsetzung boten.

So wie er durch hervorragende Leistungen die Gunst seiner Lehrer erwerben musste, war Bruno Erhardt gezwungen, sich die Anerkennung seiner Mitschüler zu erarbeiten und sich bei ihnen ›einzuschmeicheln‹. Nur dieses sinnvolle berechnende Verhalten ermöglichte es ihm, soziale Kontakte zu Gleichaltrigen zu pflegen, und sich vor Repressalien möglichst nachhaltig zu schützen. Auch dabei halfen ihm seine umfassende Bildung und seine schulischen Erfolge, die besonders sein Vater als Mittel gegen die Anfeindungen von außen ansah:

Ausschnitt 10

75	Das sind so
76	Dinge, wo wir jetzt woll'n mal sagen aufpassen mussten in der Öffentlichkeit oder in der Schule, dass
77	der Vater gesagt hat: »Wenn ihr jetzt in der Schule schlecht seid, seid ihr angreifbar.« Mhm. »Also seid
78	vorsichtig.« Und aus dem Grunde habe ich mir das gemerkt, aber auf der andern Seite war ich immer
79	ein guter Schüler und war gar nicht angreifbar. Im Gegenteil, ich habe mir Freunde geschaffen,
80	Freunde natürlich jetzt in Anführungszeichen, die haben ja von mir profitiert. Mhm. Denen hab ich bei
81	den Schularbeiten geholfen. Auf dem Schulhof. Bin zu denen nach Hause gegangen, bis es auffiel,
82	dass ein Halbjude ja gar nicht in dessen Haushalt gehen durfte.

Letztlich zahlten sich Bruno Erhardts Fleiß und sein Ringen um exzellente Noten allerdings nicht aus. Nach Beendigung der Schule wurde es ihm verwehrt,
eine Ausbildung seiner Wahl zu absolvieren.

Ausschnitt 11

511   Und
512   daraufhin haben wir gesagt mit der Notlüge, ich will einfach nur en Handwerker werden. *Mhm.* Oder will
513   zumindestens Technischer Zeichner werden, das wurde abgelehnt, weil ich ja nur Halbarier war. Also
514   ich durfte nur einen Handwerksberuf ergreifen. Da haben die mich zwangsweise in die Anstreicherlehre
515   geschickt.

Das Ausbildungsverbot begründet der Interviewte mit seinem ›rassischen‹
Status. Zum ersten und einzigen Mal im Interview bezeichnet Herr Erhardt
sich nicht als »Halbjuden«, sondern als »Halbarier«. Hier wird sein Wunsch,
auch Mitglied der Mehrheitsgesellschaft sein zu wollen, offensichtlich. Zugleich drückt er damit seine ›rassische‹ Aufwertung aus. Sein Begehr, dazuzugehören, wird ebenfalls in einer weiteren von ihm ausgeführten Szene deutlich:

Ausschnitt 12

1285   Da war'n ja diese Judenfritzen Fratzen
1286   abgezeichnet, mit den großen Hakennasen, mit den großen Ohr'n, dies mongoloide Aussehen und dann
1287   haben .... Hat einer auch einer gesagt: »Hier steht ja auch so'n kleiner Jude.« Dann hab ich gesagt:
1288   »Bitte, nur Halbjude.«

Mit seiner Wortwahl »›Bitte, nur Halbjude‹« (Z. 1288) betont Herr Erhardt, anders als im vorherigen Ausschnitt, nicht seine *Zugehörigkeit zur Mehrheitsgesellschaft*, sondern seine *Nicht-Zugehörigkeit* zum jüdischen Kollektiv, von
dem er sich abzuheben versucht. Einmal mehr wird sein Bedürfnis nach Integration in die deutsche Mehrheitsgesellschaft offensichtlich.

6.4.3 Zusammenfassung

Am Beispiel Bruno Erhardts zeigt sich, inwieweit die ›Mischlinge‹ im NS-
Deutschland halb außerhalb, halb innerhalb der sie exkludierenden ›Volksge-
meinschaft‹ nicht nur der von ihnen geforderten (Über-)*Anpassung* nachkom-
men mussten, sondern eine ›Strategie‹ der Selbst*verleugnung* entwickelten. In
Bruno Erhardts Fall bestand die Anpassung in der Anfangszeit der NS-
Herrschaft vor allem darin, herausragende schulische Leistung zu erbringen. Sie

dienten als einzige Möglichkeit, sich vor der Ächtung von Lehrern bzw. Mitschülerinnen und Mitschülern zu schützen. Doch diese Form von Anpassung an das System gereichte sich ihm nicht ausschließlich zum Vorteil. So nahm ein Lehrer Herrn Erhardts überdurchschnittlich gute Noten geradewegs zum Anlass, ihn mit antisemitischen Anwürfen zu beleidigen. Und trotz seines exzellenten Schulabschlusses wurde er, wie alle ›Halbjüdinnen‹ und ›Halbjuden‹ seines Alters, bei der Wahl eines Ausbildungsplatzes massiv benachteiligt und beschränkt.

Im *KLV*-Lager hatte sich Bruno Erhardt, anders als im schulischen Alltag, nicht mehr ausschließlich an ein System anzugleichen, sondern er wurde dazu gezwungen, seine familiäre Herkunft und seine eigene Persönlichkeit zu verneinen. Dieser Prozess setzte sich während der Zeit der Zwangsarbeit bei der *OT* fort und fand seinen Höhepunkt darin, dass Bruno Erhardt, selbst Lagerhäftling, Teil des staatlichen Überwachungsapparats wurde. Durch diese sukzessive Einbeziehung in das System von Täterschaft blieb Herrn Erhardt während der NS-Zeit keine andere Möglichkeit, als bestimmte Elemente seiner Persönlichkeit und seiner Herkunft auszublenden. Man kann davon ausgehen, dass die fortlaufende und jahrelang prägende Struktur von Ausgrenzung und Diskriminierung auf der einen Seite und die Forderung zur Anpassung bis hin zur Verleugnung auf der anderen Seite sich als höchst ambivalenzerzeugend erwies. Den sich als Folge daraus ergebenden Identitätskonflikt oder sich diesbezüglich ausgeprägte Zerrissenheitsgefühle stellt Bruno Erhardt im Interview nicht dar. Eine Reflexion seiner Person bzw. seines Handelns im Spannungsfeld Opfer-(Mit-)Täter findet nicht statt. Durch die ihm aufgezwungene Anpassung an die NS-Gesellschaft sieht er sich als Opfer der systemimmanenten Notwendigkeiten und der gegen ihn und seine Familie gerichteten Verfolgungsmaßnahmen. Diesen Opferstatus beschreibt und belegt er wiederholt nachdrücklich.

In den letzten Jahrzehnten widmet sich Bruno Erhardt verstärkt seinem historischen Interesse. Einerseits ist es sein Anliegen, an Schulen, Universitäten und anderen Einrichtungen über die NS-Zeit ›aufzuklären‹, und über seine Lebensgeschichte zu berichten. Andererseits verfasst er seit Jahren Bücher zur Geschichte seiner Heimatstadt, speziell über die Zeit des Zweiten Weltkriegs. Und auch in zahlreichen Fernsehdokumentationen, die jedoch den Schwerpunkt nicht auf seinen Status als ›rassisch‹ Verfolgter, sondern auf die Situation der deutschen Mehrheitsbevölkerung während des Krieges und der Nachkriegszeit legten, trat er als Zeitzeuge auf. Daran wird ein weiterer Aspekt der besonderen Situation der ehemaligen ›Mischlinge‹ und ihrer Familien deutlich: Sie mussten ihr Leben nicht ›nur‹ unter den Benachteiligungen und der Verfolgung einrichten, sondern waren zusätzlich ebenfalls Geschädigte durch die Bombenangriffe auf die deutschen Städte.[161] Bruno Erhardt versteht sich in dieser Hinsicht als zugehörig zu zwei entgegengesetzten Opfergemeinschaften: den NS-Verfolgten einerseits und den Angehörigen der ›Kriegsopfer‹, die schließlich zu einem nicht unerheblichen Teil aus eben jenen Verfolgenden bestehen, die auch der Familie Erhardt in der NS-Zeit das Leben massiv erschwerten, andererseits. Ein innerer Konflikt hinsichtlich dieser beiden gegensätzlichen Gruppen bzw. der konträren Opfernarrative deutet sich bei Herrn Erhardt nicht an.

Hinsichtlich der für diese Arbeit relevanten Frage nach Ambivalenz lässt sich zusammenfassen, dass in Bruno Erhardts Fall diese gerade durch die *Vermeidung* ihrer Thematisierung besonders belangvoll ist. Die hochambivalenzerzeugende Struktur, und vor allem die damit einhergehende Einbeziehung in eine Mit-Täterschaft, die Herrn Erhardt von den Nazis aufgezwungen wurde, haben bei ihm dazu geführt, bestehende Anteile von Uneindeutigkeit und Zerrissenheit nicht zuzulassen und als Folge daraus vermeintlich eindeutige soziale Selbst-Positionierungen vorzunehmen: Vor allem anderen ordnet er sich dem Kollektiv der ›rassischen‹ Opfer zu, in dessen Funktion er es sich zur Aufgabe gemacht hat, seine Verfolgungsgeschichte weiterzugeben und über die historischen Ereignisse aufzuklären. Gleichzeitig sieht er keinen Widerspruch darin, sich auch der Gruppe der ›Bunkergemeinschaft‹ zuzurechnen. Bruno Erhardts Fähigkeit bzw. seelische Beschädigung, Ambivalenz nicht bewusst werden zu lassen oder lassen zu können, hat dazu geführt, dass beide von ihm dargelegten Eigenpositionierungen von Zugehörigkeit sich gegenseitig nicht auszuschließen scheinen, sondern nebeneinander existieren können, mögen sie auch noch so gegensätzlich sein.

6.5 Erika Heinrich

>»Also ich kann dazu nur sagen, meine Identität ist die Zerrissenheit.«

6.5.1 Kurzbiografie

Erika Heinrich, geboren 1928, war das einzige Kind ihres jüdischen Vaters und ihrer protestantischen Mutter. Der Vater, der aus einer assimilierten jüdischen Familie stammte, betrieb in Berlin eine Buchhandlung nebst Antiquariat, am Ersten Weltkrieg nahm er als Freiwilliger teil. Als im Jahr 1936 sein Geschäft

---

161 Sei es durch dieselben psychischen und physischen Belastungen wie die Mehrheitsdeutschen bzw. Ausbombung ihrer Wohnstätten, als besonders auch durch die Tatsache, dass den ›Mischlingen‹ sowie ihrem jüdischen Elternteil oft genug der Zutritt zum lebensrettenden Bunker durch die ›Bunkergemeinschaft‹ verweigert wurde.

›arisiert‹ wurde, kauften die Eltern von Erika Heinrich ein Zigarrengeschäft, was von nun an von Frau Heinrichs Mutter betrieben wurde. Vorher waren zahlreiche Bücher aus dem väterlichen Geschäft in Sicherheit gebracht worden. Nach dem Zwangsverkauf seiner Buchhandlung arbeitete der Vater ehrenamtlich im damaligen jüdischen Kulturtheater in Berlin. Nachdem er im März 1938 aus finanziellen Gründen unerlaubterweise eines seiner antiquarischen Bücher verkauft hatte, wurde er verhaftet und in das *KZ Buchenwald* deportiert. Ein Kunde von Frau Heinrichs Mutter, ein *NSDAP*-Mitglied, riet ihr, die Scheidung einzureichen und eine Emigration ihres Ehemannes in die Wege zu leiten, um die Entlassung aus dem *KZ* zu erwirken.

Nach erfolgter Scheidung kehrte Erika Heinrichs Vater im Januar 1939 aus dem *KZ* zurück nach Berlin. Er fand Unterschlupf bei einem Cousin und in den letzten noch verbleibenden vier Wochen in Deutschland wurde seine Emigration nach Shanghai vorbereitet. Bereits ab 1933 waren deutsche Jüdinnen und Juden nach Shanghai ausgewandert, jedoch bestanden in den Anfangsjahren der NS-Zeit noch Möglichkeiten zur Flucht in andere Länder. Nach dem Novemberpogrom von 1938 wurde die Emigration in europäische Länder und die USA dann nahezu unmöglich, da die wenigsten Länder überhaupt noch bereit waren, Jüdinnen und Juden aufzunehmen. China war das einzige Land, das ohne Auflagen (Visum etc.) deutsche Flüchtlinge aufnahm. Auch die deutsche Bürokratie verhinderte die Auswanderung nach Shanghai nicht in der Weise, wie sie dies für europäische Länder tat. Zudem wurde für zahlreiche Flüchtlinge die Shanghai-Emigration zum Entlassungsgrund aus der KZ-Haft. Mit der Auflage, binnen vier Wochen aus Deutschland auszureisen, wurden sie aus dem Lager entlassen. Dies war auch bei Erika Heinrichs Vater der Fall. Daher nahm in der ersten Jahreshälfte 1939 die Zahl der Neuankömmlinge in Shanghai sprunghaft zu. Dort angekommen, war ihre ökonomische Integration äußerst schwierig und die meisten Emigrierten waren auf Hilfsorganisationen angewiesen. Im Februar 1943 wurden die ›Shanghai-Juden‹ unter der japanischen Besatzung in ein Ghetto gesperrt. Dort herrschten schlechte hygienische Bedingungen und mangelnde ärztliche Versorgung. In der Forschung wird davon ausgegangen, dass die Zahl der Flüchtlinge insgesamt zwischen 16.000 und 18.000 Personen betrug, rund 1.700 Personen waren bis zur Auflösung des Ghettos am 18. August 1945 verstorben (vgl. Freyeisen 2000, S. 391–400; Buxbaum 2008, S. 128–139).

In den Tagen vor der Abreise verbrachten Vater und Tochter viel Zeit miteinander und besonders die gemeinsamen Konditorei-Besuche haben Frau Heinrich in besonderer Weise geprägt. Am Abreisetag brachte sie dann den Vater gemeinsam mit einem Verwandten zum Zug. Bis 1941 bestand reger Briefkontakt zwischen Erika Heinrich und ihrem Vater. Auch übersandten sie und ihre Mutter Bücher nach Shanghai, da der Vater im dortigen Flüchtlingsghetto eine kleine Leihbücherei für die deutschen Exilanten betrieb. Mit dem Überfall auf die Sowjetunion änderte sich jedoch die Situation und es waren nur noch spärliche Briefkontakte über das ›Rote Kreuz‹ möglich. Als der Vater 1944 in Shanghai an Tuberkulose starb, erhielt seine Familie keine Nachricht, erst 1946 erfuhr Erika Heinrich vom Tod ihres Vaters.

Einen seelischen Halt fand Erika Heinrich während der NS-Zeit in der Liebesbeziehung zu ihrem fünf Jahre älteren Freund Paul. Auch er war als ›Mischling ersten Grades‹ klassifiziert worden. Dies hatte zur Folge, dass die gemeinsame glückliche Zeit im Oktober 1944 abrupt mit seiner Zwangsverpflichtung zur *OT* endete.

In ihrer Not hatte Frau Heinrichs Mutter 1942 Kontakt zu einem Pfarrer aufgenommen und die Tochter in einen Bibelkreis geschmuggelt. Dieser Pfarrer konfirmierte Frau Heinrich, ohne dass sie jemals getauft worden war, die obligatorische Gabe für diesen Tag, eine Bibel, behielt er ihr allerdings vor. Durch die Anbindung an die Evangelische Kirche fand Frau Heinrich in der Zeit der Einsamkeit und sozialen Isolierung Halt in ihrem Glauben an Jesus.

Nachdem sich die politische Lage für die ›Mischlinge‹ in Deutschland zusehends verschlechterte, nahm Erika Heinrich im Juni 1944 den Geburtsnamen ihrer Mutter an. Kurze Zeit später bekam sie eine Anstellung in einem Rüstungsbetrieb, der einem Kunden ihrer Mutter gehörte, und der sie mit Arbeitsbeginn bei sich zuhause aufnahm. In dem Betrieb wurden ihr erste kaufmännische Kenntnisse vermittelt. Anfang Februar 1945 wurde Frau Heinrichs Mutter bei einem Angriff auf Berlin ausgebombt und gemeinsam zogen Mutter und Tochter bei dem ›arischem‹ Großvater ein.

Nach dem Krieg verspürte Frau Heinrich den starken Wunsch, sich schulisch weiterzubilden und die Mittlere Reife nachzuholen. Aufgrund ihres Durchsetzungsvermögens erlaubte man ihr schließlich den Besuch einer Schule, die sie 1947 abschloss. Nach einer anschließenden Anstellung als Bürogehilfin absolvierte sie die Prüfung als Kauffrau. In den darauffolgenden Jahren arbeitete sie im Büro und besuchte ab 1949 eine Abendschule. Dort lernte sie ihren späteren Ehemann kennen, die Beziehung zu Jugendfreund Paul war inzwischen zerbrochen. Nach der Abiturprüfung heiratete sie gegen den mütterlichen Willen ihren katholischen Freund und konvertierte dafür zum Katholizismus. Auch ihre Mutter hatte inzwischen ein zweites Mal geheiratet, erneut einen jüdischen Mann. Gleichzeitig machte sie die Scheidung von ihrem ersten Mann rückgängig.[162]

---

162 Nach Bemühungen ehemaliger Verfolgter und ihrer Selbsthilfe-Organisationen wurde am 23. Juni 1950 das ›Gesetz über die Anerkennung freier Ehen rassisch und politisch Verfolgter‹ erlassen. Unter anderem konnten nun Geschiedene aus ehemaligen ›Mischehen‹ ihre Scheidung annullieren lassen (vgl. Meyer 1999, S. 363).

Im Anschluss an die Abendschule absolvierte Frau Heinrich eine Ausbildung zur Bibliothekarin, ihr Mann studierte Betriebswirtschaftslehre und begann seine Karriere in der Politik. Im Laufe der Jahre kamen fünf gemeinsame Kinder zur Welt. Nachdem sie sich jahrelang ehrenamtlich engagiert hatte, wagte Erika Heinrich in den 1970er Jahren ihren Wiedereinstieg ins Berufsleben, absolvierte ein Psychologie-Studium und fand anschließend eine Anstellung in einer Familienberatungsstelle.

In den Jahren ihrer Ehe und der politischen Karriere ihres Mannes initiierte die Interviewte eine Partnerschaft mit einer israelischen Stadt und darauf folgten jährliche regelmäßige Besuche in Israel. Im Jahr 1982 traf die Familie Heinrich ein schwerer Schicksalsschlag, denn die Tochter Agnes wurde ermordet. Nachdem die Familie sie wochenlang vermisst hatte, wurde sie tot in einer Schrebergartenkolonie aufgefunden. Bereits zwei Jahre später kam Erika Heinrichs Mann infolge eines Autounfalls ums Leben. Trotzdem behielt die Interviewte ihre Anstellung in der Beratungsstelle und beendete erst mit über siebzig Jahren ihre dortige Arbeit. Bis heute ist sie als selbstständige Ehe- und Lebensberaterin tätig.

6.5.2 Zugehörigkeit – Nicht-Zugehörigkeit

Erika Heinrich beginnt das Interview mit einigen Fragen an die Interviewerin, um daraufhin auf ihre umfangreiche Tätigkeit als Zeitzeugin einzugehen. Auf die Bitte, ihre Lebensgeschichte zu erzählen, beschreibt sie zunächst die religiöse Verortung ihrer Herkunftsfamilie, um nach wenigen Zeilen eine erste positive Kindheitserinnerung zu berichten: Sie erzählt, wie sie als Kind ihre Freizeit im väterlichen Antiquariat verbrachte. In ihrer anschließenden Schilderung steht der Vater, dessen Verfolgungsgeschichte sie ausführlich darlegt, im Mittelpunkt, wobei auch ihrem Verhältnis zur Mutter Aufmerksamkeit geschenkt wird. Die folgenden Zitate handeln von Frau Heinrichs Eltern.

Ausschnitt 1

210   Jedenfalls kamen die dann beide weinend zurück und nun durfte mein Vater mit ihr
211   gar keinen Kontakt mehr haben, mit mir schon ja. Also das war möglich und ich hab das auch sehr
212   genossen, er war ja dann noch vier Wochen da und ich hab ihn überall hin begleitet, also erst mal zur
213   Polizei, wo er sich melden musste. Und dann auch ähm... Sind wir jeden Tag ... Ist er mit mir ... Es gab
214   ja kaum noch Möglichkeiten, irgendwas zu machen, überall standen plötzlich Schilder: »Für Juden
215   verboten!« Und das war auch etwas sehr Schreckliches für meinen Vater. Denn als er ins KZ kam, war
216   das noch nicht überall. Und er wollte jetzt mit mir mal in den Zoo gehen, plötzlich so'n Riesenschild, an allen
217   Bänken, in ganz Berlin »Für Juden verboten« und es gab eine einzige Konditorei am Dönhoffplatz, den
218   wollen sie jetzt auch wieder aufbauen, aus irgendwelchen Gründen ist denen das gelungen, das

219   Schild nicht anzubringen und da war'n wir jeden Tag ja. Ich glaube, meine Kaffeesucht @die
220   kommt von daher@, *Mhm* weil wir da wirklich immer ...

Ausschnitt 2

229   Der saß ganz niedergeschlagen da und
230   meine Mutter redete auf ihn ein. »Also Willi, nun mach das und brauchst du einen Schrankkoffer, und dann
231   musst du das ...« Und so ging das, nicht. Und dann sind wir jeden Tag beide losmarschiert haben einen
232   Schrankkoffer @gekauft@ und ich seh das Ding heute noch und halt ... Und alles, was er so brauchte
233   für's Leben. Und dann durfte ich ihn zur Bahn bringen. Meine Mutter natürlich nicht, und ich war dann
234   Elf ... und es gab noch einen jüdischen Cousin, der spielt nachher noch eine große Rolle, der ist älter, äh der
235   hat mich auch begleitet und dann ... Das Letzte, was ich von meinem Vater gehört habe, leider das Letzte ...
236   Er stand dann so am Abteilfenster und er nannte mich immer Erimaus, also Erika, Erimaus. Und dann
237   hat er so raus gerufen: »Erimaus, lern Englisch!«

In beiden Ausschnitten beschreibt Erika Heinrich ihr exklusives Verhältnis zu ihrem Vater, der nach der Scheidung von seiner Frau nur noch Kontakt zu seiner Tochter pflegen durfte. Die vier Wochen bis zu seiner Ausreise schildert sie als eine intensive Vater-Tochter-Beziehung. Sie ist stolz darauf, eine wichtige Rolle in seinem Leben gespielt und täglich viel Zeit mit ihm verbracht zu haben: »... und ich hab das auch sehr genossen, er war ja dann noch vier Wochen da und ich hab ihn überall hin begleitet« (Z. 211 f.). Auch die tägliche Pflichtmeldung bei der Polizei absolvierten sie gemeinsam. Hier mag die Tochter nicht nur als psychische Unterstützung hilfreich gewesen sein, sondern hat möglicherweise durch ihre Anwesenheit dem Vater auch einen gewissen Schutz vor physischen Übergriffen geboten.

Jeden Tag, so Erika Heinrich, gönnten sich Vater und Tochter den Luxus von Cafébesuchen, die bleibende Spuren in Form einer »Kaffeesucht« (Z. 219) bei ihr hinterlassen haben. Während der Vater als zugewandt und sanftmütig beschrieben wird, präsentiert die Interviewte ihre Mutter als Frau, die auf ihren armen und leidenden Mann »einredet« (Z. 230). Jedenfalls sind es die Jugendliche Erika und ihr Vater, die gemeinsam die für die Emigration notwendigen Dinge besorgen, während die Mutter für den Lebensunterhalt der Familie Sorge trägt. Die bedrückende Stimmung, die damals bei Familie Heinrich geherrscht haben muss, wird von der Interviewten nicht betont. Gefühle von Wut oder Traurigkeit benennt sie nicht, sondern sie überdeckt besonders traurige Momente mit einem Lachen.[163] Insgesamt

---

163 Das Lachen im Interview mit Erika Heinrich ist ein Indiz für eine Traumatisierung in der Kindheit, bei der das Lachen die dissoziierten bedrohlichen, traurigen und negativen Gefühle des einstigen Erlebens ausdrückt. Nur durch die damalige Abspaltung der Gefühle war es der Interviewten möglich, die schwierige Situation zu bestehen und die

erhält ihre Schilderung den Charakter einer Aufbruchsstimmung: »Und dann sind wir jeden Tag beide losmarschiert ...« (Z. 231).

Wie schon in der Zeit zuvor, kümmert sich die Tochter auch am Abfahrtstag um ihren Vater. Erika Heinrich schildert es als Privileg, den Vater zum Zug begleitet zu haben, und betont ihre offensichtlich selbstverständliche Bevorzugung und ihr Überlegenheitsgefühl gegenüber der Mutter: »Meine Mutter natürlich nicht, ...« (Z. 233).

Ausschnitt 3

1983   S. G.: *Wie war das denn für Sie, als Sie erfahren haben, so jetzt ist mein Vater noch vier Wochen hier*
1984   *und dann diese, diese (...)?*
1985   E. H.: Na ja. Also es war ja zunächst auch spannend, weil ich ja den ganzen Tag mit ihm zusammen war.
1986   *Mhm.* Ich bin früh, bin ich da hingegangen, wo er da wohnt *Ja* und dann ist er zur Polizei gegangen,
1987   musste er sich melden und ich immer dabei. Also ich war ... Da war ich zehn Jahre. Und dann ja, sind wir
1988   einkaufen gegangen. Hab ich ihn beraten. Was er für Schlipse nehmen soll und so und dann in die
1989   Konditorei. Und da hab ich versucht, ihn aufzuheitern, ja. Ich hab ihm denn Geschichten erzählt @konnt
1990   ich schon immer gut@ und dann ... Na ja, das hat er ja auch gemerkt, nicht.

In dieser Passage, die sich im Nachfrageteil des Interviews findet, beschreibt Erika Heinrich noch einmal das Zusammensein mit ihrem Vater, der sie vor seiner Emigration in all seine Aktivitäten einband. Ihr Schulbesuch, der einen großen Teil ihrer täglichen Zeit in Anspruch genommen haben muss, scheint im Nachhinein nicht bedeutsam gewesen zu sein.[164] Diese Auslassung verdeutlicht ihren (heutigen) Wunsch nach väterlicher Nähe und zeigt die immense Bedeutung, die die tägliche gemeinsame Zeit für sie hatte.

Wie bereits zuvor erwähnt Erika Heinrich die täglichen Besuche auf der Polizeiwache. Damit veranschaulicht sie den nachhaltigen Eindruck, den diese auf die damals Zehn- oder Elfjährige hatten. Im nächsten Satz wirkt Frau Heinrich der bedrohlichen Situation sprachlich entgegen und beschreibt eine scheinbar unbeschwerte Szene. Der Begriff des ›Einkaufens‹ verstärkt den Eindruck von Normalität. Erneut hebt die Interviewte ihre eigene Bedeutsamkeit, nun als Modeberaterin des Vaters, hervor. Die vermeintliche Leichtigkeit und Harmlosigkeit der Situation wird zusätzlich durch das Aussuchen von *Krawatten*, also für die Emigration nutzloser modischer Accessoires, betont. Ihre Darstellung der Normalität für

---

an sie gestellten Anforderungen der Umgebung zu erfüllen (siehe hierzu ausführlich Loch 2008, S. 4–7).

164 In dieser Hinsicht unterscheidet sich Erika Heinrich von den anderen Interviewten. Schildern alle entweder negative und/oder positive schulische Episoden, erwähnt Frau Heinrich das Thema ›Schule in der NS-Zeit‹ mit keinem Wort.

diese schmerzhafte Phase ihres Lebens lässt sich als Versuch der erwachsenen Erika Heinrich verstehen, den Schmerz über den Verlust des Vaters und ihre eigenen gescheiterten Emigrationspläne, die sich als Illusion herausstellten, zu lindern.

Es wird deutlich, dass Erika Heinrichs *kindlichem* Schmerz kein Platz eingeräumt wurde. Stattdessen fühlte sich dafür verantwortlich, ihren Vater durch das Erzählen von Geschichten »aufzuheitern« (Z. 1989). Dadurch wurde sie von ihm mit Anerkennung – ob für ihren *Versuch* oder für ihr *Talent* bleibt unklar – belohnt: »Na ja, das hat er ja auch gemerkt, nicht« (Z. 1990). Ihr ›Weglachen‹ trauriger Gefühle zeigt, dass sie sich auch heute noch immer kein Leid zugesteht.

Ausschnitt 4

296   Und er schrieb dann, er

297   durfte ja nur an mich noch schreiben, also da hab ich noch viele Briefe oder mehrere. Erst wollte

298   er ... Er hat ein Telegramm geschickt:»Kommt sofort nach!« Also ick glaube, ihm ist det erst klar

299   jeworden, ging ja alles in vier Wochen, ne. Und ... Und dann schrieb er aber an mich:»Kommt mal

300   noch nicht nach, es ist also ... Schreckliches Klima, ich hab keine Arbeit und hier sind Ratten, so

301   groß wie Kaninchen.« Alles war schon sehr schlimm und er war in so einem Lager erst mal, ne. Und dann,

302   na ja, ist der Handel noch so klein, jedenfalls schrieb er dann an mich, konnte er ja immer nur

303   schreiben, ich solle ihm doch Bücher schicken. Ich wusste ja wo die waren, ne.

Ausschnitt 5

320   Bis ´41 konnte er noch an mich schreiben. Und hat mir sogar noch einen

321   Kimono geschickt, also dann immer Tante Elfriede grüßen lassen. Das war natürlich meine Mutter, nicht

322   und das war also schon noch ... Ich war da das Bindeglied zwischen den beiden und ich wollte mit

323   nach Shanghai.

Erika Heinrich stellt in den Ausschnitten 4 und 5 ihre überaus wichtige Funktion als Vermittlerin zwischen Mutter und Vater heraus. Ohne sie hätte es während der väterlichen Emigration keine Kommunikation zwischen den beiden geben können: »Ich war da das Bindeglied zwischen den beiden und ich wollte mit nach Shanghai« (Z. 322f.). Die Aussage beinhaltet möglicherweise das Verlangen der Interviewten, die vermittelnde Funktion zwischen den Eltern nicht mehr erfüllen zu wollen. Ihr Wunsch, gemeinsam mit dem Vater auszuwandern, lässt sich als eindeutiges Bekenntnis zum Vater lesen. Ob es auch von mütterlicher Seite den Wunsch gegeben haben mag, gemeinsam mit dem (Ex-)Ehemann zu emigrieren, bleibt unklar.[165]

---

[165] Man erfährt von Erika Heinrich an anderer Stelle von einer Suiziddrohung des mütterlichen Großvaters, sollte Frau Heinrichs Mutter mit ihrer Tochter ebenfalls nach Shanghai auswandern. Dies mag Einfluss auf die Entscheidung der Mutter gehabt haben.

Insgesamt betont Erika Heinrich fünf Mal, dass es ihrem Vater in der Emigration nur (noch) erlaubt war, an sie, seine Tochter, zu schreiben, womit sie einerseits die enge Verbundenheit zu ihrem Vater her- und darstellt, und andererseits eine Benachteiligung und sprachliche Herabsetzung ihrer Mutter verdeutlicht. Die Abwertung der Mutter wird weiterhin in der Tatsache, dass wohl (nur) das Kind Erika in das Bücherversteck des Vaters eingeweiht war, offensichtlich. Und in Ausschnitt 5 stuft die Interviewte die Mutter erneut und überdies doppelt herab: Nunmehr zu »Tante Elfriede«, die lediglich einen Gruß ihres Ehemanns ausgerichtet bekommt, degradiert, schickt der Vater seiner Tochter, und nicht seiner Ehefrau, aus dem fernen China ein Geschenk.

Ausschnitt 6

158   Na ja, und dann hatte

159   sie einen unglaublichen Instinkt dafür, den ich heute noch bewundere, wem sie was erzählen konnte.

160   Denn es war hoch gefährlich, ja. *Ja.* Es wurde immer gefährlicher natürlich, aber ΄38 ging das mal

161   gerade noch so und @meine Mutter@ war eine sehr attraktive Frau und da gab's einen Mann, der

162   hatte das Parteiabzeichen, wir nannten das immer den Bonbon, hier dran und dann ... ((Lachen)) Der kam

163   immer zu ihr und ich konnte den Kerl nicht leiden, ja, weil ich ja schon ahnte, der will was von meiner

164   Mutter und müssen Sie sich vorstellen, da war so'n Ladentisch und ich hab da kaum drüber

165   geguckt, ne. Also ... Und dann hat er immer jesagt: »Na, du kleine Krabbe, guckst ja kaum über'n

166   Ladentisch, ist auch besser, kannst du leichter verschwinden!« Ne. Das sind dann so so ... Wie soll ich

167   sagen, so Andeutungen, und die machen einen ja erst richtig kribbelig, ne. Na ja, also der verschwand

168   dann immer ... Er seinerseits verschwand mit meiner Mutter und ich war wütend und hab jesagt:

169   ((Mädchenstimme)) »Was will der denn von uns? Unser Papa ist im KZ!« Und dann hat sie gesagt: »Du

170   lass das mal, der hilft uns.« Und das war auch wirklich so.

Die Mutter wird von Erika Heinrich jedoch nicht ausschließlich unvorteilhaft dargestellt. Im vorliegenden Textausschnitt ist von ihrem »unglaublichen Instinkt, den ich heute noch bewundere« (Z. 159) die Rede. Die Entscheidungen, die die Mutter diesem Instinkt folgend traf, heißt die Interviewte jedoch nicht gut. Dass die Mutter mit einem *NSDAP*-Parteimitglied, das versteckt Drohungen gegen Erika Heinrich aussprach und so ein Gegenbild des Vaters repräsentiert, »verschwand«, riefen in der Jugendlichen eine große Wut hervor, die noch heute aktuell ist.

Ausschnitt 7

411   Ich hatte ja sonst niemanden. Meine

412   Mutter wollte ich nicht noch mehr aufregen, die hab ich ja auch kaum mal gesehen, ja. Also ich

413   war seit (4) Juni ΄44 dann im Versteck und wie es dazu gekommen ist, kann da ich gleich erzählen.

414   Meine Mutter hatte wieder mal einen untrüglichen Instinkt. Wie gesagt, es kamen ganz viele Männer in

415   ihr Geschäft und dieser Mann, der hatte auch den Bonbon dran ja, also war natürlich in der Partei, aber

416   irgendwie hat sie gespürt durch das Gespräch, dem kann sie was erzählen. Und sie hat sich jetzt wirklich
417   große Sorgen um mich gemacht und da hat der gesagt:»Wissen Sie, (.) ich versteck Ihre Tochter bei
418   mir.«

Erneut bescheinigt Erika Heinrich ihrer Mutter den »untrüglichen Instinkt« (Z. 414), der ihr ermöglichte, sich einem weiteren *NSDAP*-Mitglied anzuvertrauen, um das Untertauchen ihrer Tochter Erika zu arrangieren. Frau Heinrich stellt damit klar, dass ihre Mutter sich um sie sorgte. Doch erneut wird das positive Bild gebrochen: In der Formulierung »…, es kamen ganz viele Männer in ihr Geschäft …« (Z. 414f.), also Personen, die offensichtlich in der Nachfolge des ersten Helfers den mütterlichen Tabakwarenladen aufsuchten, liegt ein implizierter Vorwurf an die Mutter, Verrat an ihrem Ehemann begangen zu haben. Zum einen legt Frau Heinrich hier die Betonung auf ›Männer‹ im Gegensatz zu ›Kunden‹. Zum anderen korrespondiert diese Aussage mit der Attraktivität der Mutter, die Frau Heinrich in Ausschnitt 6 hervorstellt: »… und @meine Mutter@ war eine sehr attraktive Frau …« (Z. 161).

Ausschnitt 8

2013   E. H.: Ja. Ja ja. Das war … Na ja … Meine Mutter war och ne große Lebenskünstlerin, auch
2014   Verdrängerin vor dem Herrn. Das war nämlich so, dass sie an diesem Abend … Gab's irgendein Konzert
2015   oder was und wir hatten da Karten. Und dann kam diese Todesnachricht und da is se trotzdem dahin
2016   jegangen. Ich sollte auch mitkommen. Damit … So. Dazu fällt mir jetzt noch ne Jeschichte ein. Wir …
2017   War ja denn die Zeit der großen Operetten so, das war ja dann auch so, das das war ja Ablenkung
2018   vom … Also das war noch im Krieg, was ich jetzt erzählen will. Da gab's den »Zarewitsch«. Und denn gibt
2019   es ein Lied: »Hast Du vergessen dort oben auf mich?« Also der Zarewitsch, der ist ja so einsam. »Sag
2020   doch den Engeln, schick doch ein Engel zu mir!« Und ick hab jeheult, ganz laut, ick hab an mein'
2021   Papa jedacht. Da hat se mich rausgezerrt und hat mir eine geklebt draußen, warum ick da so'n
2022   Aufstand mache. Und ich hab doch an mein' Papa jedacht, ja. Mal sehen. ((E. H. summt die Melodie
2023   des Liedes)) Ja. »Hast Du vergessen dort oben auf mich, Du hast so viel Engel bei dir, schick doch
2024   einen zu mir.« Ne, singt der Zarewitsch. Der ist so einsam, ne. Und da dacht ick »So jeht's mein' Papa
2025   jetzt.«

Die von Erika Heinrich hier beschriebene Episode charakterisiert die Mutter in besonderer Weise negativ. Wird sie zunächst noch als »Lebenskünstlerin« (Z. 2013), ein Begriff, der sowohl positive als auch negative Aspekte in sich vereint, tituliert, wählt Frau Heinrich anschließend den Begriff »Verdrängerin« (Z. 2014). Diese Zuschreibung führt sie in einem Beispiel aus. Trotz der Nachricht über den Tod des Ehemanns hat die Mutter den Anspruch, gemeinsam mit ihrer Tochter eine kulturelle Veranstaltung zu besuchen. Erika Heinrichs Erinnerung daran bricht im Interview abrupt ab. Gleich darauf belegt sie die von ihr empfundene mütterliche Unerbittlichkeit aufs Neue. Weil sie als Jugendliche wegen des Verlusts ihres Vaters weinte, strafte und demütigte die Mutter ihre Tochter öffentlich.

Nachdem zunächst Erika Heinrichs Bezugnahme auf ihre beiden Elternteile in den Vordergrund gestellt wurde, soll nun ein weiterer Aspekt hinsichtlich ihrer Zugehörigkeit und Nicht-Zugehörigkeit dargelegt werden. Er betrifft Frau Heinrichs religiöse bzw. eine hiermit zusammenhängende noch zu zeigende geografische Verortung.

Ausschnitt 9

387   Und ((Auflachen)) mir liegt ja
388   immer daran, von den guten Menschen zu erzählen, also sie hat dann in ihrer Verzweiflung zunächst
389   erst noch mal einem Pastor was erzählt, der ganz erschüttert war, dass ich nun gar nichts war. Weder
390   Jud noch Christe, ja. Weil mein Vater war auch kein frommer Jude, wir sind einmal im Jahr, Yom Kippur
391   natürlich, in die Synagoge gegangen. Das fand ich immer hoch spannend, aber nun war er ja och weg,
392   aber ich war auch nicht getauft, ich war auch keine Christin, ne. Und meine Mutter hat also dem Pastor
393   det so in ihrer Verzweiflung erzählt. Also der: »Das ist ... Das kann doch nicht sein, ein Kind was gar nichts
394   von Jesus geh-, nein, das geht doch nicht. Also wissen Sie was, die schmuggle ich in mei- unseren
395   Mädchen-Bibelkreis.« Das hat er och jemacht. Und zwar, es war dann `42 muss jewesen sein,
396   also ich war so 14, im Konfirmationsalter, ne. Da war ich Erika, ken Mensch mit Kahn oder was.
397   Mädchen-Bibelkreis. Da hab ich die Bibel kennengelernt und der hat mich auch konfirmiert heimlich,
398   stellen Sie sich das vor. Der hat einfach ... Ich war da, war im Mädchen-Bibelkreis, das Einzige was nicht
399   möglich war, ich konnte kene Bibel kriegen wie die ander'n alle. Weil das ging ja nicht, ich war ja ... Mich
400   gab's ja eigentlich @gar nicht@. Aber er hat mir dann doch die Hand auf den Kopf gelegt und gesagt: »Ich
401   will dich segnen und du sollst ein Segen sein!«

Nachdem Erika Heinrich in ihrer bisherigen Kindheit und Jugend »gar nichts war« (Z. 389), also weder als jüdisch noch als christlich galt, berichtet sie im vorliegenden Textausschnitt über den Prozess des ›Evangelisch-Machens‹. Es unklar, auf welche Person bzw. Instanz die Etikettierung ihres ›Nicht-Seins‹ zurückgeht. Die Herabwürdigung, die in diesem Ausdruck steckt, könnte ebenso gut eine Eigenzuschreibung, wie auch eine Zuordnung von außen sein bzw. das Spannungsfeld dieser beiden Faktoren von Selbst- und Fremdzuschreibung verdeutlichen. Der evangelische Pfarrer trug in der Darstellung von Frau Heinrich jedenfalls zur Verfestigung ihres Selbstbilds, ›nichts zu sein‹, bei, auch wenn diese Lesart von der Interviewten nicht beabsichtigt zu sein scheint.

Die Gründe, die jugendliche Erika Heinrich der evangelischen Konfession zuzuführen und sie zu konfirmieren, sind unklar. Man erfährt lediglich, dass das Anliegen wohl auf ihre Mutter zurückging, die »in ihrer Verzweiflung erst noch mal einem Pastor was erzählt« hat (Z. 388f.). Das Evangelisch-Werden war zunächst ein formaler Akt, an den eine bestimmte Bedingung, der Besuch des Bibelkreises, geknüpft war.[166] Dahinein »schmuggelt« (Z. 394) sie, gleich eines subversiven Akts, der Pfarrer. Dort fühlte sie sich als ›Gleiche unter Gleichen‹, denn niemand war über ihren (jüdischen) Nachnamen informiert.[167] Das exkludierende Moment in diesem Prozess, also die *heimliche* Konfirmation und die Verweigerung des Pastors, ihr das übliche Geschenk in Form einer Bibel zu überreichen, wird von der Interviewten in der Gegenwart nicht wahrgenommen.[168] Dies zeigt sich in der Art der Beschreibung der gesamten Szene, die Frau Heinrich sprachlich rahmt, indem sie den Geistlichen mit positiven Worten in das Geschehen einführt: »Und ((Auflachen)) mir liegt ja immer daran, von den guten Menschen zu erzählen« (Z. 387f.). Die Tat des Pfarrers wird von ihr als heroischer Akt dargestellt: »… und der hat mich auch konfirmiert heimlich, stellen Sie sich das vor. Der hat einfach …« (Z. 397f.). Noch einmal wiederholt sie die vermeintliche Tatsache, dass es sie »eigentlich nicht gab« (Z. 400). Trotzdem habe der Pfarrer an ihr »dann doch« (ebd.) den religiös bedeutsamen Akt der Segnung vollzogen, und ihr die für sie offensichtlich gewichtige Geste des Handauflegens, die als Zeichen der Anerkennung und Aufnahme in die Gemeinschaft der Christinnen und Christen zu lesen ist, nicht vorenthalten. Am Ende des Prozesses, evangelisch zu werden bzw. gemacht worden zu sein, war Erika Heinrich nun zumindest formal, wenn auch nicht öffentlich erkennbar, zugehörig zur Evangelischen Kirche. Für sie war dies insofern von Belang, als dass sie dadurch erste Kenntnis über biblische Geschichte erhielt: »Da hab ich die Bibel kennengelernt« (Z. 397). Ihre Formulierung lässt darauf schließen, dass damit ein wichtiger Grundstein ihres Lebens gelegt wurde.

---

166 Vermutlich meint Frau Heinrich hier den Besuch des Konfirmationsunterrichts, der vor der Konfirmation üblich ist. Die Bedingung für die Konfirmation ist in der protestantischen Kirchenordnung die Taufe. Laut eigener Aussage war Erika Heinrich allerdings nicht getauft. Sollte es sich um eine ›echte‹ Konfirmation vor der Gemeinde gehandelt haben, ist vorstellbar, dass der Pfarrer ihre Taufe kurz vor der Segnung vorgenommen hat, dies von Frau Heinrich aber nicht erinnert bzw. erwähnt wird. Denkbar ist auch, dass es sich um einen heimlichen Akt gehandelt haben mag, der unter Ausschluss der Öffentlichkeit vollzogen wurde, dass die Segnung vom Pfarrer nicht als ›vollwertige‹ Konfirmation beabsichtigt war und eine Taufe daher nicht zur Bedingung gemacht wurde. Allerdings ist auch möglich, wenn auch eher unwahrscheinlich, dass der Pfarrer Erika Heinrich, ohne sie zu taufen, konfirmiert hat.

167 Dass ihr eindeutig jüdischer Nachname sich in der Zeit des Bibelkreisbesuchs nicht herumsprach und sie bis zur Konfirmation ›unentdeckt‹ blieb, klingt fragwürdig.

168 Möglicherweise meint die Interviewte mit »heimlich« auch die Konfirmation, die zwar öffentlich gemeinsam mit den anderen stattfand, jedoch ohne dass der Pfarrer dabei ihren Nachnamen und damit ihre Herkunft öffentlich gemacht hätte. Diese Lesart ist eher unwahrscheinlich, da durch die Verweigerung der Bibelübergabe die Ungleichstellung Erika Heinrichs gegenüber den anderen aufgefallen wäre.

Die vorliegende Erzählung veranschaulicht Erika Heinrichs Minderwertig-keitsgefühl, das sich durch die Zeit der Herabsetzung und Entrechtung bereits stark ausgeprägt hatte. Dies wird bereits zu Beginn der Sequenz deutlich. Wie dargestellt, spricht sie nicht etwa von ihrer kirchlichen Nicht-Zugehörigkeit oder ähnlichem, sondern beschreibt sich als Person, die »nun gar nichts war« (Z. 389). Dies bekräftigt sie kurze Zeit später in leicht abgewandelter Form, begleitet von einem Lachen, noch einmal: »Mich gab's ja eigentlich @gar nicht@« (Z. 399f.). Einmal mehr wird Erika Heinrichs seelische Verletztheit, nirgends zugehörig bzw. in gewisser Weise gar nicht existent gewesen zu sein, erkennbar.

Ausschnitt 10

744   @Aber@ das war dann so, dass ich also dann irgendwann
745   katholisch geworden bin, also diesen Weg will ich mal lieber nicht erzählen, wie @das kompliziert war@,
746   weil ich, ich hab diesem Konvertiten-Menschen da ... Man muss ja en richt'jen Konvertiten-Kurs
747   machen, dem hab ich alles ab- alles abjeschwatzt, wat mir nicht passte, ja. Der hat nachher
748   gesagt, er hat noch bei keinem Kurs so viel jelacht wie mit mir ((Lachen)). So'n paar Sachen musste ich
749   dann doch glauben, na gut. Denn hab ich mir ja jesagt, ich hab ja bei der kirchlichen Trauung
750   versprechen müssen, det ick die Kinder katholisch erziehe. Das war ... Ist heute immer noch so. Mhm.
751   Na ja. Oder eben wenigstens christlich. Ökumenisch kann man auch aber, na ja. Hab ich mir dann
752   wirklich gedacht, wie willst du denn Kinder katholisch erziehen, wenn wenn du den Glauben gar nicht
753   kennst, ja. Also hilft nichts. Musste eben ... Na ja. Ja, ich bin eine sehr kritische Katholikin geworden, aber
754   damals hatte das ja auch sein Gutes. Man ging jeden Sonntag in die Kirche mit den Kindern, hinterher
755   kam man zurück, dann wurde die Predigt ausenander jenommen, also als se dann schon en bisschen
756   größer waren ... Es war auch ein Stück Geborgenheit, ja! Das kann ich gar nicht anders sagen.

Nun beschreibt Erika Heinrich ihr ›Katholisch-Werden‹. Im Gegensatz zur An-nahme der evangelischen Konfession wird dieser Prozess von ihr als weitaus we-niger ernsthafter Akt beschrieben. Wie auch beim ›Evangelisch-Werden‹ ging der Impuls zu ihrer religiösen Neu-Verortung nicht von ihr selbst aus, sondern die Mitgliedschaft in der Katholischen Kirche war Bedingung für eine Hochzeit nach katholischem Ritus. Voraussetzung für die Konversion war eine Unterweisung in den Katholizismus durch einen Geistlichen. Aus ironischer Distanz berichtet Frau Heinrich über den »Konvertiten-Menschen« (Z. 746) und stellt sich als amüsante Unterhaltungspartnerin für ihn dar. Im Gegensatz zur Konfirmations-Szene, in der Frau Heinrich aufgrund der politischen Gegebenheiten und ihres jugendlichen Alters den Gegebenheiten machtlos gegenüberstand, versucht sie in der vorlie-genden Passage, wenigstens einen Teil ihrer damaligen Autonomie in den Vor-dergrund zu stellen: »... dem hab ich alles ab- alles abjeschwatzt, wat mir nicht passte, ja« (Z. 747). Doch gerade durch ihren Versuch, eine Form von Selbstbe-stimmung in den Prozess der Katholisierung zu bringen, wird der äußere Zwang, der auf Erika Heinrich ausgeübt wurde, offenkundig. Dieser Eindruck wird verstärkt durch die wiederholte Verwendung des Modalverbs ›müssen‹: Frau Heinrich *musste* den Konvertiten-Kurs belegen (Z. 746), *musste* an einige christliche Elemente glauben (Z. 748f.) und *musste* bei ihrer Trauung versprechen, ihre Kinder katholisch zu erziehen (Z. 749f.) Und resigniert stellt sie dann fest: »Also hilft nichts. Musste eben ... Na ja« (Z. 753).

Ungeachtet des Zwangs und der Zweckgebundenheit ihrer Konvertierung verortet sich Frau Heinrich in der Gegenwart als Katholikin, wobei die Betonung, dem Katholizismus kritisch gegenüber zu stehen, ihr wichtig ist. Trotz allem sieht sie für sich die aus der katholischen Religion bzw. ihrer Religiosität erwachsenen positiven Gesichtspunkte. So bot der sonntägliche gemeinsame Besuch der Messe für die Familie Heinrich einen Anlass zum familiären Austausch. Auf diese Weise stiftete der Katholizismus in der Wahrnehmung der Interviewten ein Zusammengehörigkeitsgefühl innerhalb der Familie: »Es war auch ein Stück Geborgenheit, ja« (Z. 756).

Ausschnitt 11

2114   Also ich, mich interessiert wirklich ... Von meinem Gefühl her damals dieses ...
2115   Wie soll ick sagen? Dieses Überleben, ja, dass ich nicht mehr so einsam mehr war, einen inneren
2116   Gesprächspartner hatte. Bis auf den heutigen Tag, ne. Also die Liturgie in der Kirche, na... Aber gibt
2117   schon auch noch Priester, die es anders machen, ja. Da, wo ich nach R-Ort fahre, da dauert die Messe
2118   eine halbe Stunde und dieser Priester predigt sehr gut, der war mal (....) in der Offenen Tür, der lässt
2119   (.....), also (...............) Alles andere, Evangelium lesen, (......). Ja, der ist eben ein sehr Moderner,
2120   obgleich er über 75, aber (...). Da fühl ick mich auch wohl. (........) große Terrasse, der See, die
2121   Berge, da fühl ich mich der Schöpfung ganz nah. Da kann ick och fromme Lieder singen, @stört mich
2122   überhaupt nicht@ aber hier in unserer Kirche, die Liturgie, na ja. Dann soll ich beten, ich glaube an die
2123   heilige katholische Kirche. Da bet ick einfach gar nich mit, weil ich an die nich glaube. Ja. Institution. Aber
2124   das muss ich ja.

In der vorliegenden Sequenz unterscheidet Erika Heinrich zwischen ihrer eigenen Religiosität bzw. ihrem Verhältnis zur christlichen Religion und einer kirchlichen, also institutionalisierten Religiosität. Wie auch schon zuvor, bekräftigt sie den Stellenwert Jesu für ihr Leben, der ihr als »innerer Gesprächspartner« (Z. 2115; vgl. auch Ausschn. 17) über die Einsamkeit während der Verfolgungszeit hinweghalf und bis heute wichtig für sie ist. Ein weiterer Zugang zu Religion bietet sich ihr über die Natur als Schöpfung Gottes. Demgegenüber lehnt sie die Kirche als Institution ab, wobei besonders die katholische Liturgie, also der Ablauf der Gottesdienste, kaum Gefallen bei ihr findet.

Erneut hebt sie den Zwangscharakter der Institution Katholische Kirche hervor: »Dann soll ich beten, ich glaube an die heilige katholische Kirche. Da bet ick einfach gar nich mit, weil ich an die nich glaube. *Ja*. Institution. Aber das musst ich ja« (Z. 2122ff.).

Thematisiert Erika Heinrich in den Textausschnitten 9 bis 11 die *christlichen* Religionen und die verschiedenen Facetten ihrer Zugehörigkeit zum Protestantismus und Katholizismus, verweisen die folgenden Passagen auf ihre Beziehung zu *Judentum* und Jüdischsein.

Ausschnitt 12

1770 Un
1771 denn sind wir so in's Gespräch gekommen und dann sagt er, ja ja, er ist sowieso ... Er hatte ... Sein
1772 Vater war ein abgefallener Priester und seine Mutter Jüdin. Und dann hab ich gesagt:»Wissen Sie, mein
1773 Vater war Jude und ick hab en nicht abjefallenen Priester-Sohn.«[169] Worauf er dann sagte:»Wir sind schon
1774 en mischigennes Volk. ((Lachen))

Durch die Städtepartnerschaft mit Israel kam Erika Heinrich über lange Jahre immer wieder mit den dort lebenden Einwohnerinnen und Einwohnern in Kontakt. Hier präsentiert sie einen israelischen Mann, der in einem Gespräch mit ihr zu erkennen gibt, einen nicht-jüdischen Elternteil zu haben. Trotz der biografischen und innerfamiliären Unterschiede nimmt Frau Heinrich dies zum Anlass, eine Analogie zwischen sich und ihm herzustellen: Sie beide haben einen jüdischen Elternteil und der Katholizismus spielt in beiden Familien eine Rolle. Nachdem Frau Heinrich sich zu ihrem »nicht abjefallenen Priestersohn« (Z. 1773) bekennt, konstruiert sie einen sprachlichen Einschluss. Diesen Akt lässt sie ihr Gegenüber vollziehen: »Wir sind schon en mischigennes Volk« (Z. 1773f.). Die Inklusion in die Gemeinschaft der Jüdinnen und Juden und ihre Anerkennung als jüdisch durch einen halachischen Juden verdeutlicht die Interviewte auf doppelte Weise: zum einen durch das inkludierende »Wir« (Z. 1773) und zum anderen durch den Gebrauch des jiddischen Ausdrucks »mischigennes« (Z. 1774).

Diese Szene dient vor allem dazu, die Anerkennung von Erika Heinrichs ›Jüdischkeit‹ durch eine autorisierte Person, sprich einem ›echten‹ Juden, der in Israel ansässig und mütterlich jüdischstämmig ist, zu betonen. Wenn man da-

---

169 In den durchgeführten Interviews mit Kindern von Frau Heinrich zeigt sich, dass deren Zugänge zu Religion und Glaube sehr variieren. Ein Sohn von Erika Heinrich ist Priester geworden und folgt damit der religiösen Linie väterlicherseits. Sein Gegenbild ist einer seiner Brüder, der seinen Austritt aus der Kirche schon vor vielen Jahren bekundete und vehementer Kirchen- bzw. Religionskritiker ist. Man könnte davon sprechen, dass die die Religion betreffenden ambivalenten Anteile von Frau Heinrich sich in der religiösen Positionierung ihrer Kinder in eindeutigerer Form manifestiert haben.

nach fragt, was die Tatsache, dass beide, Frau Heinrich und ihr Gesprächspartner, nicht ausschließlich jüdische Wurzeln haben, für eine Rolle spielt, dann erfüllt die erzählte Szene folgende Funktion: Sie dient dem Selbsteinschluss Frau Heinrichs in das Judentum und soll verdeutlichen, dass es trotz eines familiär religiös gemischten Hintergrunds zulässig ist, sich als zugehörig zum jüdischen Kollektiv zu definieren.

Ausschnitt 13

1835 E. H.: In Israel. Die waren alle, jeder so ein Original. Und auch die Busfahrer ja. Wir hatten auch mal
1836 einen, der kam aus Lemberg, also jetzt Lwów. ((Lachen)). Der hat dann ... Guckte mich so an und
1837 sagt: »Bist du scheen (...) von unsere Leut.« ((Lachen)) *((Lachen))*. Das war Jiddisch, nicht.
1838 *S. G.: Ja. Und Sie verstehen Jiddisch auch?*
1839 E. H.: Ja, ja. Jiddisch versteh ich auch. Ich ver... Also Hebr- Iwrit ist eine furchtbare Sprache, also ick ...
1840 Also ich kann ein bisschen, ja. Toda raba.

Die Textpassage 13 unterstreicht die Interpretation des vorherigen Ausschnitts. Erneut erkennt ein jüdischer Israeli Erika Heinrich als jüdisch an: »Bist du scheen (...) von unsere Leut« (Z. 1837). Noch deutlicher wird die in den Worten des Mannes hergestellte Zugehörigkeit durch die Erläuterung der Interviewten, die die Interviewerin kenntnisreich aufklärt: »Das war Jiddisch, nicht« (Z. 1837). Auf der einen Seite fühlt sich Frau Heinrich also dem jüdischen Kollektiv zugehörig, was verstärkt wird durch ihre Kenntnis des Jiddischen, einer so gut wie nicht mehr existenten Sprache. Demgegenüber grenzt sie sich vom *Hebräischen* ab: »Iwrit ist eine furchtbare Sprache, also ick ...« (Z. 1839). Es ist die Sprache der heutigen israelischen Jüdinnen und Juden, mit der sie nichts gemein hat. Ihre Zugehörigkeit zum Jüdischsein beruht auf einem anderen Hintergrund bzw. einem ›alten‹ Wissensbestand und speist sich nicht aus der jungen Geschichte des Landes Israel.

Ausschnitt 14

2064 *S. G.: Dann ... Sie sind nicht getauft worden, sind einmal im Jahr in die Synagoge gegangen und dann*
2065 *sind Sie da plötzlich in diesen christlichen Kreis rein gekommen.*
2066 E. H.: Ja, mhm.
2067 *S. G.: (..........)*
2068 E. H.:   Und da wurde richtig Bibel- auch so eine Bibelstunde gemacht.
2069 *S. G.: Ja.*
2070 E. H.: Das machen die Katholiken ja gar nicht. Die (....) das gar nicht. Und da hab ich die Bibel kennengelernt.
2071 Jesus. Die Geschichten von Jesus. Der auch Jude war, ne.

In diesem Ausschnitt schafft Erika Heinrich nun eine Verbindung zwischen Judentum und Christentum. Im *jüdischen* Jesus, der später zum *Christus* wurde, lässt sie beide Religionen miteinander verschmelzen: »Der auch Jude war, ne« (Z. 2071). Dies kann man als Versuch lesen, den sie prägenden religiösen un-überbrückbaren Gegensätzen entgegenzuwirken und sie in eine Einheit und damit Eindeutigkeit zu überführen. Und daraus folgend lautet ihre nicht expli-zierte Eigenzuschreibung: Ich bin jüdisch und christlich zugleich. In diesem Versuch einer Synthese zeigt sich ihre Tendenz in Richtung Jüdischsein: Jesus war *auch* jüdisch, gerade so wie sie.

Wie bereits in einigen Interviewpassagen angeklungen ist, hat nicht nur das Jüdischsein, sondern auch das Land Israel eine spezielle Bedeutung für Erika Heinrich. In den folgenden Ausschnitten wird herausgearbeitet, in welcher Weise sie sich Israel zugehörig bzw. nicht-zugehörig fühlt.

Ausschnitt 15

1014   Das war ein Stück Versöhnung, ja. Weil

1015   wir uns beide gesagt haben: Wenn die ewig Gestrigen ... Das sieht man ja bis heute, ne. Die ((Auspusten)) kann

1016   man nicht ändern, die Jugend muss es machen, ne. Die Jugend muss einander kennenlernen und so

1017   war's dann auch, bis mein Mann gestorben ist. [...] Wir sind jedes Jahr mit rüber gefahren und dann waren die

1018   Kinder auch bei uns und lernte man die Eltern kennen und also es war schon ... Für mich jedenfalls ein

1019   Stück Versöhnung, ja. Dass ich mir gesagt habe, nur so kann's gehen und damals war das in Israel

1020   auch noch ... Hatte man ja immer noch das Gefühl, (.) dass sich da was lösen lässt.

Eingebettet in den Gesamtkontext des Interviews ist diese Sequenz Teil ei-ner längeren Passage, in der Erika Heinrich die Schüleraustausche zwischen Deutschland und Israel, die von ihr und ihrem Mann initiiert wurden, näher erläutert. Dem Blickwinkel der ›Versöhnung‹/›Aussöhnung‹, den sie in vie-lerlei Hinsicht betont, misst die Interviewte in diesem Ausschnitt besondere Bedeutung zu. Der *erste* damit zusammenhängende Aspekt betrifft die ›Ver-söhnung der Kulturen‹. Er umfasst den Inhalt der Zeilen 1014–1018, in denen Frau Heinrich jugendliche jüdische Israelis und nicht-jüdische Deut-sche in den Mittelpunkt stellt. Die Aufgabe der beiden nationalen Gruppie-rungen soll es sein, den Ressentiments der »ewig Gestrigen« (Z. 1015) – vermutlich sind damit Nazi-Anhängerinnen und -Anhänger gemeint – durch das gegenseitige Kennenlernen entgegenzutreten. Der *zweite* Gesichtspunkt von ›Versöhnung‹ betrifft Frau Heinrichs Aussöhnung mit sich und ihrer Lebensgeschichte: »... Für mich jedenfalls ein Stück Versöhnung, ja« (Z. 1018f.). Im Zusammentreffen von Judentum und Christentum in Gestalt der Jugendlichen berühren sich die beiden Frau Heinrich prägenden gegen-sätzlichen Religionen. Die Interviewte lässt die sonst unverbundenen Ein-zelaspekte miteinander verschmelzen, die in ihr verankerten und bislang ge-spaltenen Pole werden zu einer inneren Einheit. Man kann also sagen, dass die Schüleraustausche dazu beitragen, Frau Heinrichs innere Zerrissenheit zu reduzieren und ihre Ambivalenzgefühle zu verringern. Der *dritte* Aspekt von ›Versöhnung‹, den die Interviewte thematisiert, bezieht sich auf den innerisraelischen Konflikt. Abweichend von der Darstellung der zuvor genannten Aspekte wird dieser von ihr nicht explizit mit dem Begriff ›Versöhnung‹ eingeführt, sondern, allein inhaltlich mit dem Versöhnungsbegriff übereinstimmend, umschrieben: »Hatte man ja immer noch das Gefühl, (.) dass sich da was lösen lässt« (Z. 1020).

Zusammenfassend lässt sich in Bezug auf die Schüleraustausche festhalten, dass der Fokus von Frau Heinrichs Engagement in mehrfacher Hinsicht ›Versöhnung‹ war. Für sie waren sie in erster Linie hinsichtlich ihrer Versöhnung mit der Verfolgungsvergangenheit belangvoll. Darüber hinaus ermöglichte ihr das damalige Engagement, die Anteile ihrer inneren Zerrissenheit miteinander in Einklang zu bringen.

Noch einmal thematisiert die Interviewte in der folgenden Textpassage ihre Beziehung zu Israel.

Ausschnitt 16

1743   Aber wir haben da sehr viel mitjekriegt, auch
1744   innerhalb der Familie, auch zwischen den ... Darum versteh ick die jungen Leute heute auch da, die
1745   Israelis, weil diese andere Generation hat ja den Eltern, hat die ja ausgeschimpft: »Wie die Lämmer habt
1746   ihr Euch zur Opferbank führen lassen. Wir nicht. Wir kämpfen, ja.« Und dass sie nun über's Ziel hinaus
1747   schießen ... Aber das versteh ich sehr gut, ja, wenn man so einen (....) ... Mhm. Offenbar waren Sie
1748   schon mal da, nicht?
1749   S. G.: Ja, ich war da.
1750   E. H.: Denn wissen Se, dat kleene Ding da. Und da gibt's ja so einen schönen Witz: Moses hat doch
1751   gestottert, ne. ((Lachen)) Und der Herr hat ihm ja nu jesagt, wie er sein Volk führen soll und wissen Se,
1752   wo er hin wollte? Er hat immer gesagt: Na Ka, Ka, nach Kalifornien wollt er. Nicht nach Kanaan.
1753   ((Lachen)) Hübsch, nicht. Da gibt's noch einen andern schönen. Mach heute mal ne Fahrt durch's Land. Und
1754   dann sagt der andere: Und wat machste nachmittags? ((Lachen))

Hier akzentuiert Erika Heinrich ihre Solidarität mit Israel, genauer gesagt, mit der dort lebenden ›Zweiten Generation‹, die sich durch ihre Bereitschaft, für ihre Belange zu kämpfen, von ihren einst zu Opfern gewordenen Eltern absetzt. Interessant ist, dass die Interviewte in ihrer Erzählung einen religiösen Zusammenhang konstruiert, und die religiös aufgeladene Metapher ›Opferbank‹, statt des üblicherweise in diesem Zusammenhang stehenden Begriffs ›Schlachtbank‹, benutzt. In ihrer Solidarisierung mit der israelischen ›Zweiten Generation‹, die harte innerfamiläre Auseinandersetzungen geführt habe, mag ein impliziter Vorwurf gegen Erika Heinrichs Eltern, vor allem gegen ihren jüdischen

Vater, stecken. So könnte man das Verhalten ihres Vaters, der sich dem Druck der Nazis beugte, nach Shanghai emigrierte und schließlich dort verstarb, als ›Zur-Opferbank-Führen-Lassen‹ interpretieren.

Psychologisch bedeutsam ist die Tatsache, dass Erika Heinrichs Ausführungen jäh abbrechen und sie einen Themenwechsel vornimmt. Die vorangestellte ernste und schwerwiegende Thematik kontrastiert sie nun mit ›Israel-Witzen‹ und bemüht sich, die Interview-Atmosphäre durch ›Heiterkeit‹ aufzulockern. Das Erzählen von Witzen und die Demonstration ihres ›jüdischen Humors‹ haben wiederum die Funktion, ihre Zugehörigkeit zum Judentum hervorzuheben, genauer gesagt, ihre Mitgliedschaft im Kollektiv der Jüdinnen und Juden zu bestätigen.

Auch in der folgenden Passage thematisiert Frau Heinrich die Frage nach den Religionen bzw. ihre religiöse Verortung und benennt ihren diesbezüglichen ambivalenten Zustand.

Ausschnitt 17

2077   S. G.: *Was mich interessiert ... Also was hat das für einen Einfluss auf eine Identität? Identitätsentwicklung?*

2078   E. H.: Ja, ist eine gute Frage. Das ist eine gute Frage. Also ich kann dazu nur sagen, meine Identität ist

2079   die Zerrissenheit. (.....) *Mhm.* Nach langen Jahren, ich hab ja auch Therapie natürlich gemacht und die

2080   Ausbildung, immer wieder Selbsterfahrung, Selbsterfahrung bis zum Geht nicht mehr ((Lachen)). Und

2081   dann ist dabei rausgekommen, dass ich also wirklich oft nich so richtig wusste, wo ich nun

2082   eigentlich hingehöre. Und mich damit nachher dann nicht ... Dann nicht mehr nachher gehadert habe.

2083   Habe mir gesagt: »Ja, so ist das jetzt!« (...) rechts, (...) links, das (.......) liegt in der Mitte. *Mhm.* Mal

2084   zieht's mich dahin, mal zieht's mich dahin. Un det is einfach ... Jetzt zieht's mich eigentlich mehr in die

2085   jüdische Ecke, aber aus (...) anderen Gründen, also mehr aus Solidarität zu Israel. Das hat ja mit

2086   Religion nichts zu tun. Und andererseits (2) fühl ich mich schon auch aus Dankbarkeit als Christin,

2087   weil det damals mir zum Überleben verholfen hat. *Mhm.* Diese inneren Gespräche mit Jesus. Ja, und

2088   nun war ich ja viele, viele Male in Jerusalem und hab mir det immer so anjeschaut und die Bilder, die

2089   Bilder des Neuen Testaments, die sieht man ja da. Ging ein Mann von Jerusalem nach Jericho und fiel

2090   unter die Räuber. Wenn man sich det anguckt, ja ja, da kamen also die Räuber. Oder die Sache mit

2091   dem Nadelöhr, die man nie begreift. Eher geht ein Kamel durch's Nadelöhr. Man muss aber wissen, was

2092   ein Nadelöhr ist. Wissen See das? Das ist eine Karawanserei. *Mhm.* Und da müssen die Händler mit dem

2093   Kamel durch's Nadelöhr. Nadelöhr ist denn ein, eine solche äh (...) und dann geht das Kamel in die Hocke

2094   und dann kommt das Kamel durch's Nadelöhr. Das ist die Sprache der damaligen Zeit. Ja. So spricht die

2095   Bibel, nicht. Ja. Und das muss man wissen, wenn man ... Wenn man viele Male da war, dann versteht man's.

2096   *Mhm.* Jericho und all die Sachen und ... Oder der Garten Gethsemane. Wenn ich diese wundervollen

2097   Ölbäume sehe, die da wirklich 2000 Jahre alt oder noch älter, ja dann ...

Eindringlich bringt Erika Heinrich die ihr Leben lang gefühlte Ambivalenz nun auf den Punkt: »..., meine Identität ist die Zerrissenheit« (Z. 2078f.). Nach vielen Jahren therapeutischer Begleitung habe sie für sich nun aber beschlossen, nicht mehr mit ihrer Hin- und Hergerissenheit zu hadern, sondern zu akzeptieren, zu unterschiedlichen Zeiten in ihrem Leben unterschiedliche Zugehörigkeiten zu empfinden. In dieser Hinsicht betont sie ihre zum Zeitpunkt des Interviews gefühlte Zugehörigkeit zur »jüdische[n] Ecke« (Z. 2085). Bezeichnenderweise vermeidet sie die Begriffe ›Judentum‹ oder ›Juden‹, die vor allem eine religiöse Zuordnung verdeutlichen würden. Dass ihre ›jüdische Verortung‹ sich weniger auf das Judentum als Religion bezieht, sondern mit dem Staat Israel verbunden ist, ist ihr durchaus bewusst und kommt in ihren Worten zum Ausdruck: »…, also mehr aus Solidarität zu Israel« (Z. 2085). Im Anschluss an dieses ›Bekenntnis‹ führt sie auch die andere Seite ihrer Ambivalenz, nämlich ihre Verbundenheit mit dem Christentum, aus. Die christliche Religion mit ihrer zentralen Figur Jesus ist für sie insofern bedeutsam, als dass die »inneren Gespräche mit Jesus« (Z. 2087) Frau Heinrich in der NS-Zeit Trost gaben und ihr ermöglichten, die Verfolgungszeit zu überstehen.

Mit Jesus verknüpft ist in Erika Heinrichs Erzählung die Stadt Jerusalem als Schauplatz des Neuen Testaments. Religionsgeschichtlich vereinen sich in Israel als Ort der biblischen Geschichte, und diesbezüglich insbesondere in Jerusalem, Judentum und Christentum. In jener Stadt ist es Frau Heinrich möglich, eine Verbindung zu Jesu Leben und Wirken herzustellen. Als narrative Bindeglieder fungieren dabei die Jahrtausende alten Ölbäume, die für die authentische Zeugenschaft der Wirklichkeit und Anwesenheit Jesu stehen. Erika Heinrichs Zugehörigkeit zur »jüdischen Ecke« beruht nicht zuletzt und neben ihrer *politischen* Solidarität zur Nation Israel auch auf der Tatsache, dass das Land Israel die *Wirkstätte Jesu* war. In diesem Sinne ist Israel das Symbol der Synthese von Frau Heinrichs innerem Zwiespalt zwischen Judentum und Christentum und ist gerade deshalb besonders bedeutsam für sie.

6.5.3 Zusammenfassung

Wie in der Analyse dargelegt, bezieht sich die Frage von Zugehörigkeit bzw. Nicht-Zugehörigkeit im Fall von Erika Heinrich auf zwei Aspekte: Zum einen hat sie mit ihrer Positionierung im innerfamiliären Kontext zu tun, also vor allem mit ihrer Schwierigkeit, sich emotional in Bezug zu ihrer Mutter zu verorten. Zum anderen betrifft sie Frau Heinrichs religiöse Positionierung.

In den Textausschnitten 1 bis 8 wird Erika Heinrichs Beziehung zu ihren Eltern deutlich. Es zeigt sich ihre hohe Identifikation mit ihrem Vater, der von ihr ausschließlich positiv beschrieben wird. Ihr Verhältnis zu ihm scheint eindeutig, ihre Rolle ihm gegenüber war klar: Sie war Trösterin, Begleiterin, Vertraute und im Leben ihres Vaters unersetzlich. Ihre ungebrochene Treue zu ihm wird nicht von Wutgefühlen getrübt. Diese wären im Hinblick darauf, dass der Vater Tochter und Ehefrau ›verlassen‹ hat, nachvollziehbar und verständlich. Nur an einer Stelle im Interview, im Ausschnitt 16, lässt sich eine latente Anklage an den Vater, das Opfer auf der Opferbank, vermuten. Dass der Vater hinsichtlich negativer Gefühle jedoch weitgehend ›unangetastet‹ bleibt, zeigt sich auch darin, dass Frau Heinrich nicht reflektiert, dass ein zehn- oder elfjähriges Mädchen möglicherweise überfordert gewesen sein könnte, vor allem vom Vater (und ebenfalls der Mutter) in eine Erwachsenenrolle bzw. in die Rolle einer Ehefrau gedrängt worden zu sein. Stattdessen erfüllt sie dies mit Stolz, sie ist in dieser Hinsicht auch heute noch von einem gewissen Überlegenheitsgefühl gegenüber ihrer Mutter durchdrungen. Erika Heinrichs Schilderung der zurückliegenden Ereignisse der vier letzten gemeinsamen Wochen mit ihrem Vater ist vor allem durch die Darstellung von Aktionismus und täglicher Betriebsamkeit geprägt. Mit ihrer Beschreibung vermittelt sie den Anschein, dass das damalige Geschehen einem steten Abenteuer gleichkam. In diesem Kontext vermeidet sie Gefühle von Schmerz, Trauer und Wut.

Stellt Erika Heinrich ihre emotionale Beziehung zum Vater als eindeutig dar, ist die Bezugnahme auf ihre Mutter, vor allem in der Darstellung der Zeit nach der väterlichen Emigration, höchst ambivalent. Neben explizit negativ geschilderten Szenen, wie der ›Operettenszene‹, charakterisiert sie die Mutter in anderer Hinsicht durchaus positiv. Sie thematisiert unter anderem die mütterliche Trauer über die Scheidung (Z. 210) und die Bemühungen, für ihre Tochter ein Versteck zu finden (Z. 411–418). Wohl ist sie ihrer Mutter heute dankbar, in bestimmter Weise Vorkehrungen für die Tochter getroffen zu haben. Doch es wird deutlich, und dies lässt sich als unterschwelliger Vorwurf an die Mutter deuten, dass Frau Heinrich sich in Bezug auf ihr psychisches Wohl vernachlässigt fühlte. Diesbezüglich beschreibt Erika Heinrich eine Rollenumkehr: Statt Zuspruch von ihrer erwachsenen Mutter zu bekommen, fühlte sie sich als Kind bzw. Jugendliche verantwortlich dafür, die Mutter zu schonen: »Meine Mutter wollte ich nicht noch mehr aufregen, die hab ich ja auch kaum mal gesehen, ja« (Z. 412). Wiederum positiv beschreibt Frau Heinrich den ›mütterlichen Instinkt‹, dem sie Anerkennung zollt (Z. 159 u. 414). Gerade an diesem ›Instinkt‹ macht sich allerdings die Zwiegespaltenheit von Frau Heinrich in besonderer Weise fest, denn erst durch dessen Vorhandensein ließen sich die Männerbeziehungen der Mutter legitimieren. Die in Frau Heinrich hervorgerufene Wut (Z. 168) fand damals keine mütterliche Anerkennung und wurde mit dem Argument, die Bekanntschaft gewähre ihnen Hilfe und Unterstützung, abgewiegelt. In der Gegenwart bestätigt Frau Heinrich das Verhalten der Mutter: »Und das war auch wirklich so« (Z. 170). Die Zeilen 411 bis 418 unterstreichen Erika

Heinrichs Bemühen, die Männerbekanntschaften ihrer Mutter nicht mit einem negativen Urteil zu versehen, bedeuteten diese tatsächlich einen gewissen Schutz für Mutter und Tochter. Hier offenbart sich ihr innerer Konflikt: die Verhaltensweise ihrer Mutter in puncto Männerfreundschaften wegen der positiven Konsequenzen nicht in Gänze verurteilen zu können, obwohl sie das mütterliche Vorgehen als Verrat an ihrem Vater empfindet.

Erika Heinrichs Problematik ihrer religiösen Verortung ist der zweite bedeutsame Aspekt von Zugehörigkeit bzw. Nicht-Zugehörigkeit. Er bezieht sich einerseits auf die christlichen Religionen Protestantismus-Katholizismus und andererseits auf das Spannungsfeld von Judentum-Christentum.

Als Kind ließen die Eltern Frau Heinrich weder taufen, noch wurde sie in der Jüdischen Gemeinde angemeldet. Ihre religiöse Erziehung beschränkte sich laut ihrer Aussage auf einen jährlichen Synagogenbesuch am höchsten jüdischen Feiertag Yom Kippur gemeinsam mit ihrem Vater. Nach dessen Emigration, und vermutlich unter dem steigenden Druck der Verfolgung, sorgte Frau Heinrichs Mutter für die Konfirmation ihrer Tochter bzw. zunächst für die Aufnahme in den dafür notwendigen Bibelkreis. Als bedeutsam für sich schildert die Interviewte in dieser Hinsicht ihre Hinwendung zu Jesus als Gesprächspartner in der Zeit seelischer Not und Einsamkeit.

Einige Jahre später war die Konvertierung zum Katholizismus für Erika Heinrich Bedingung dafür, ihren katholischen Mann heiraten zu können. Erneut wurde ihr, mehr oder weniger von außen, auferlegt, eine Konfession anzunehmen. Und noch einmal stellte sie sich einem religiösen Auseinandersetzungsprozess, nunmehr auf den katholischen Glauben und die Katholische Kirche bezogen. Obwohl sie dem institutionalisierten Katholizismus nicht unbedingt positiv gegenüberstand, war sie in der Zeit als Mutter Mitglied in der katholischen Gemeinde ihres Heimatorts und besuchte die sonntäglichen Messen. Die Kirchenbesuche dienten als gemeinsames familiäres Ritual, das die familiären Bindungen untereinander stärkte und für Frau Heinrich auch heute noch von großer Bedeutung ist. Frau Heinrichs ambivalente Gefühle hinsichtlich ihres ehemaligen Evangelisch- und heutigen Katholischseins fließen in der Person Jesu ineinander. In dieser Hinsicht fühlt sie sich weder als Protestantin, noch als Katholikin, sondern als *Christin*.

Im Gegensatz zur Mitgliedschaft in den christlichen Gemeinden war Erika Heinrich, wie bereits ausgeführt, religiös kaum jüdisch geprägt. Dennoch setzte sie sich in ihrem Leben auch mir ihren ›jüdischen Anteilen‹ auseinander und in späteren Jahren ihres Erwachsenenlebens wurde Jüdischsein vor allem in der Gestalt Israels bedeutsam für sie. Dies beruhte und beruht nicht allein auf ihrer Solidarität mit den jungen, verteidigungsbereiten Israelis. Vor allem steht das *geografische* Israel der biblischen Geschichte und der Spuren Jesu, der für das

Leben der Interviewten bis heute eine wichtige Person ist, im Vordergrund. In der Gestalt Jesu vereinen sich bei Frau Heinrich also nicht nur die beiden *christlichen* Religionen, sondern ebenso und insbesondere in Jerusalem die beiden Religionen *Christentum und Judentum*. So wirken die Person Jesu und Jerusalem als wichtige ambivalenzlösende Faktoren, mit denen die Gegensätze Christlichsein-Jüdischsein zu einer inneren Einheit verschmelzen.

6.6 Frank Stein

> »Zurück in die USA? Bereut? Na ja, man fragt sich,
> was gewesen ... Wie's gewesen wäre.«

6.6.1 Kurzbiografie

Frank Stein und sein Zwillingsbruder Gerd wurden am 24. Januar 1934 in Berlin geboren. Der väterliche jüdische Zweig der Familie war traditionell sozialdemokratisch geprägt. Die politische Orientierung des Großvaters führte bereits im Jahr 1900 dazu, dass der bekannte Physiker seinen Dozentenposten an der Berliner Friedrich-Wilhelms-Universität verlor. Er engagierte sich in der Gewerkschaftsbewegung und trat 1890 aus der Jüdischen Gemeinde aus. Die Großmutter erklärte erst 1925 ihren Austritt, um daraufhin Mitglied der Evangelischen Kirche zu werden. Frank Steins Vater, der 1889 geboren wurde, nahm als Freiwilliger am Ersten Weltkrieg teil, promovierte anschließend und machte Karriere bei einer Gewerkschaft. Dort lernte er seine spätere Frau kennen, die als Sekretärin angestellt war, auch sie stammte aus einer Familie aktiver Gewerkschafter. Bereits 1920 hatte der Vater seinen Austritt aus der Jüdischen Gemeinde bekundet und 1932 heiratete er seine damalige Verlobte. Im Frühjahr 1933 wurden Frank Steins Großvater väterlicherseits und sein Vater verhaftet und durch die Zerschlagung der Gewerkschaftsbewegung verloren die beiden, sowie auch der Großvater mütterlicherseits, ihre Anstellung. Daraufhin eröffnete der mütterliche Großvater eine Gärtnerei, die er fortan gemeinsam mit seinem Schwiegersohn betrieb. Dort, am Rande von Berlin, wuchsen Frank Stein und sein Bruder in ihren ersten Lebensjahren auf.

Im September 1938 beendete Frank Steins jüdische Großmutter ihr Leben, vermutlich nahm sie ein Gift ein, das einer ihrer Söhne für sie besorgt hatte.

In der ›Pogromnacht‹ 1938 verhafteten die Nazis Frank Steins Vater und inhaftierten ihn bis zum 21. Dezember 1938 im *KZ Sachsenhausen*. Die politische Situation in Deutschland veranlasste die Familie Stein dazu, Deutschland zu verlassen und im Juli 1939 emigrierten Frank und Gerd Stein mit ihren Eltern nach Chile. Das Gepäck der Familie mit sämtlichen Gartengeräten, die für einen beruflichen Neuanfang in der Fremde gedacht waren, ging auf der Reise verloren. In Chile versuchten die Eltern Stein einen landwirtschaftlichen Betrieb aufzubauen, was allerdings misslang. Im Mai 1941 übersiedelte die Familie schließlich in die USA in den Staat Delaware, um bereits im Herbst 1941 wiederum nach Massachusetts weiterzuziehen, wo Frank Steins Eltern Arbeit gefunden hatten. Ende 1941 zogen sie nach New York und beide Eltern arbeiteten nun für die amerikanische Kriegsindustrie. Schließlich, im Herbst 1943, fand Frank Steins Vater in einer Fachgewerkschaft in Kentucky eine Anstellung in seinem eigentlichen Beruf, was einen erneuten Umzug für die Familie bedeutete. Weitere Umzüge folgten 1946 und 1948. 1947 erhielt die Familie die amerikanische Staatsbürgerschaft. In dieser Zeit in den USA nahm die Familie an Gottesdiensten in der Lutherischen Gemeinde und bei den Presbyterianern teil.

Im März 1949 verstarb plötzlich und unerwartet Frank Steins Vater, was ein großer Schock für die Familie war. Aus finanziellen Gründen wurden die Söhne zunächst bei einem Verwandten in der Nähe von New York untergebracht, ihre Mutter bezog eine kleine Wohnung innerhalb der Stadt. Weil sie keine Möglichkeit sah, sich und ihre Söhne zu ernähren, kehrten Frank, Gerd und ihre Mutter im Frühjahr 1950 nach Berlin zurück. Die Rückkehr nach Deutschland erwies sich nicht zuletzt in sprachlicher Hinsicht für Frank Stein und seinen Bruder als überaus schwierig. Da beide kein Deutsch mehr sprachen, mussten sie dies erst wieder mühsam erlernen. Auch die schulischen Anforderungen waren, bedingt durch ihre mangelnde Sprachkenntnis, überaus hoch.

Nachdem er erfahren hatte, dass Amerikaner, die in Europa leben, sich freiwillig zur US-Army melden konnten, verpflichtete Frank Stein sich dort für zwei Jahre. Nach der Grundausbildung in Deutschland wurde er in die USA verschickt, um nach einiger Zeit und einer Dolmetscher-Prüfung wieder nach Deutschland zurückzukehren. Nach einem mehrmonatigen Frankreich-Aufenthalt ging Frank Stein im Sommer 1954 zurück in die USA und verließ die Armee. Anschließend absolvierte er das College und ein Ingenieursstudium, was er 1958 beendete. In dieser Zeit schloss er sich den Methodisten an. Anschließend setzte er seine Studien in Deutschland fort, um diese zwischen Herbst 1959 und 1963 wiederum in den USA weiterzuverfolgen. Während dieser Zeit feierte Frank Stein in sportlicher Hinsicht einige Erfolge, sowohl im Boxen als auch im Langstreckenlauf. 1963 kehrte er wieder nach Deutschland zurück, studierte weiter und wurde politisiert. Er engagierte sich im SDS und weiteren politisch linksorientierten Gruppierungen. 1966 heiratete er seine Frau und es folgten die Geburten seiner drei Söhne in den 1970er Jahren. Frank Steins Zwillingsbruder Gerd, der seit den 1970er Jahren als Arzt und Psychiater in den USA gelebt hatte, starb 1990. Bis heute ist Frank Stein nicht wieder in den

USA ansässig geworden. Er lebt als Rentner in der Nähe von Frankfurt und ist politisch äußerst aktiv.

6.6.2 Zugehörigkeit – Nicht-Zugehörigkeit

Nachdem Frank Stein in der Eingangssequenz des Interviews einen sehr knappen Abriss über die Jahre 1939 bis 1950, also von Emigrationsbeginn bis zu seiner Rückkehr nach Deutschland, gibt, geht er anschließend detailliert auf die Emigrationsgeschichte seiner Familie ein.

Ausschnitt 1

57	Zum Vater hatten wir wenig Kontakt eigentlich. Er war sehr beschäftigt,
58	also nachdem er aus Deutschland wegging. Er ... Haben ja hier so haben auch ihr ganzes
59	Gepäck verlor'n auf dem Weg nach den USA äh nach Chile. Und hat uns also so gut wie gar nicht ...
60	Mussten nun schwer arbeiten, um den Lebensunterhalt zu verdienen. Haben auch verschiedene
61	Sachen probiert von Gärtner, Bäckerei, als Butler tätig, als ((Räuspern)) Dreher an so Drehbank.
62	Bis er wieder denn in Kentucky, da hat er wieder eine Stellung gefunden, die ähnlich oder etwas dem war,
63	was er in Deutschland getan hat. *Mhm.* Und denn war er noch bei Gewerkschaft da,
64	Druckergewerkschaft beschäftigt und als Statistiker. Ja. Aber wie gesagt, der ha... der war ... hatte viel
65	zu tun und wir hatten also nnnn nicht viel ... viel mit Vater zu tun in der Hinsicht. (3) Naja, eher mit meiner
66	Mutter (...).

Ausschnitt 2

70	F. ST.: [...] Ich habe da einige Briefeee, also gefunden, also gut, die waren in Chile
71	überhaupt ... Die kamen mit der Mentalität der Leute da überhaupt nicht zurande. War'n natürlich isoliert.
72	Und waren denn froh, als sie dann nach USA einreisen konnten. *Mhm.* (4) Aber auch hier hatten sie
73	Schwie... Hatten sie ja in USA Schwierigkeiten, weil ääähhhmm die Pläne, die ... Was sie da machen
74	sollten also ursprünglich das hat sich alles zerschlagen. Das hat alles nicht so funktioniert. *Mhm.*
75	Mussten ja auch verschiedene Berufe dann au... ausprobier'n. Sind se da nach Kent... in Kentucky nach
76	Kentucky gefahren, wo mein Vater denn mal ne Stellung bei Drucker-Gewerkschaft äähhh ((Räuspern))
77	gefunden hat. Das war natürlich ganz fremd.

Ausschnitt 3

176	Ist das eigentlich recht eindeutig, dass dieser Amerikaner
177	eigentlich nur meinen Vater ausnutzen wollte und jedenfalls das hat denn nicht geklappt und dann haben
178	sie nach weiß nicht wie viel Monaten, halbes Jahr sind s... haben sie das aufgegeben und dann sind sie
179	erst zu kleinen Ort gezogen nicht, nicht so (...) von diesen ... (.) dieser ... (.) na, Bauernhof oder eigentlich
180	Farm. Das war in der Nähe von einem Vulkan, das hieß auch El Vulcano, der da in der Nähe war und
181	denn sind wir in diesen kleinen Stadt äh... Dorf eigentlich ge- äh zuerst hingezogen und versucht, dort

182   eine Gärtnerei ... Dann sind zur äh nächstgrößeren Stadt gezogen und waren dann ... Ja, versuchten
183   sie's mit der Bäckerei und irgendwo ...

Diese drei Textausschnitte stehen exemplarisch für die Passagen, in denen Frank Stein die Themen der familiären Emigration und Migration anspricht. Thematisiert er in einer kurzen Sequenz die Auswanderung zu Interviewbeginn als familiär gemeinsamen Akt, präsentiert er die Emigrationsgeschichte in den vorangestellten Passagen vor allem als Geschichte seiner *Eltern*, während er sich und seinen Bruder als Beteiligte nahezu ausklammert. Eine mögliche Erklärung dafür mag sein junges Alter zum Emigrationszeitpunkt sein. Sämtliche Entscheidungen, offensichtlich auch jene über die späteren Familien-Umzüge innerhalb Amerikas, wurden ohne den Fünfjährigen getroffen und entzogen sich demgemäß seinem Einfluss. Dies schlägt sich in der Gegenwart in der sprachlichen Ausblendung seiner eigenen Person nieder. Die damit von ihm geschaffene Distanzierung zum damaligen Geschehen zeigt die Ohnmacht des Kindes seiner Umwelt gegenüber und deutet sowohl auf die einstige als auch die gegenwärtige enorme psychische Belastung, die die zahlreichen Umzüge und die damit verbundenen immer wiederkehrenden Veränderungen des sozialen Umfelds bei Frank Stein bewirkt haben, hin. Die emotionale Distanzierung von den *Ereignissen* korrespondiert in den vorliegenden Passagen mit Frank Steins Distanzierung von seinen *Eltern*. Er vermeidet es, eine emotionale Verbundenheit mit ihnen herzustellen, indem er die entsprechenden Possessivpronomina ›mein‹/›unsere‹ kaum benutzt. Die beiden werden lediglich als »Vater« bzw. »Mutter« bezeichnet.

An den ausgewählten Textpassagen werden also zwei Aspekte von Nicht-Zugehörigkeit deutlich: Zum einen verdeutlicht Frank Stein eine Nicht-Zugehörigkeit zu seinen Eltern und zum anderen nimmt er seine Person von der Emigrations- und Migrationsgeschichte seiner Familie aus.

Im folgenden Ausschnitt wird nun Frank Steins Verhältnis zu den USA betrachtet und danach gefragt, woran eine Zugehörigkeit bzw. Nicht-Zugehörigkeit zu diesem Land deutlich wird.

Ausschnitt 4
799   S. G.: *Und zieht es Sie heute noch in die USA?*
800   F. ST.: Mhm. Der Landschaft wegen. Mhm. USA ist ein schönes Land, wenn es nur keine Menschen dort
801   geben würde.
802   S. G.: *((Lachen))*
803   F. ST.: Ah, ich hab ein paar Bekannte da, Freunde dort, aber wie gesagt, im Großen und Ganzen ...
804   S. G.: *... Ist das hier Ihre Heimat.*

805 F. ST.: Ja. ((Lachen)) Wenn man so sagen will. Der Begriff Heimat ist für mich eh etwas äh... Ich sag,
806 da wo ich bin, wo ich w- wohne und da, wo ich lebe, wo ich denn Freund und dergleichen habe, das ist
807 für mich äh... Ja. Die Heimat oder ähhhh oder der ... Heimat, ist ein ... Begriff ist mir doch etwas ... Weiß
808 ich nicht ... Weil da, da hängt zuviel mit drin, da müsste es man es lange ausdiskutieren, was man
809 darunter versteht und so, also ... (2) ((Räuspern)) (5) Ach, ich hab schon mal Sehnsucht oder ähhh
810 Interesse mal zu sehen, wie wie es da ist, also ... In (...), wo ich mal gewohnt hab. Aber ich mein, ich war
811 schon mal da und das war, nachdem mein Bruder gestorben ist. Da war ich mal ... Ja, das war ´83
812 war das, wo mein ... (......) Da hab ich mal äh dieses diesen Ort noch mal ge- gesucht und das hat sich
813 so geändert. *Mhm.* In meiner Erinnerung, die Entfernung. Das waren riesen Entfernungen, das war
814 allessss doch viel kleiner und so, aber die haben auch alles zugebaut. Unglaublich, ich habe gedacht,
815 dass kann doch nicht wahr sein. Haben die eine Umgehungsstraße rumrum gebaut. Da hörste dauernd du
816 diesen Krach. Uhhhhh. Nee, da ...
817 *S. G.: Da irgendwie auch nicht mehr.*
818 F. ST.: Denn hab ich da ein paar Leute ge- getroffen, also so. Ja, die hat man seit ... Hatt ich damals seit
819 fffff fuffzehn oder so Jahren nicht mehr gesehen. Hab mal »Hallo« gesagt und »Wie geht's« und und das
820 war`s ungefähr. *Mhm.* Kein, kein g-. Ich denk, da muss doch irgendwo ein (.....) war das doch irgendwie
821 politisch da. Hätt ich gesagt »Ich bin jetzt ein Linker« oder so ((Lachen)).

In dieser Sequenz wird ersichtlich, dass Frank Stein noch immer Sehnsucht (Z. 809) nach seinem ehemaligen Wohnort in den USA hat. Doch dort hat in der Zwischenzeit ein Wandel stattgefunden. Dieser ist zum einen den baulichen Veränderungen der Stadt geschuldet, was bedeutet, dass es so gut wie keine Wiedererkennungspunkte für Herrn Stein mehr gibt. Zum anderen empfindet er eine Fremdheit zwischen ihm und seinen einstigen Weggefährten. Ein Gespräch mit einem damaligen Bekannten während eines USA-Besuchs erweist sich als schwierig und geht über übliche ›Small-Talk-Floskeln‹ nicht hinaus. Frank Stein hat sich inzwischen verändert und vertritt nun eine gänzlich andere politische Position als sein Gegenüber. In den USA an einstige soziale Bindungen anzuknüpfen, so zeigte sein Besuch, schien nicht mehr möglich. Gänzlich zuhause scheint sich Frank Stein auch in Deutschland nicht zu fühlen, sein Geburtsland hat für ihn bis heute nicht zur Heimat werden können: »Der Begriff Heimat ist für mich eh etwas äh... Ich sag, da wo ich bin, wo ich w- wohne und da, wo ich lebe, wo ich denn Freund und dergleichen habe, das ist für mich äh... Ja. Die Heimat oder ähhhh oder der ... Heimat, ist ein ... Begriff ist mir doch etwas ... Weiß ich nicht ...« (Z. 805–808).

Aus seinen Äußerungen wird ersichtlich, dass die in frühem Alter stattgefundene Emigration eine Uneindeutigkeit bezüglich seiner nationalen Verortung bewirkt hat. Generell war es in den Jahren der Emigration für Herrn Stein kaum möglich, längerfristige freundschaftliche Bindungen einzugehen, denn immer aufs Neue stattfindende Entwurzelungen prägten seine Kindheit und Ju-

gend. Gefragt nach seiner schrecklichsten Kindheitserinnerung berichtet Frank
Stein ein Freunde-Verlust-Erlebnis:

Ausschnitt 5

1028 Die schrecklichsten Erinnerungen sind von mir meine ... die äh das äh die Zeit in

1029 Kentucky. *Mhm.* Weil es war ja erst schwierig. New York hatte ich meine Freunde. Auf einmal wieder ...

1030 Schon mehrmals ge- gewechselt. Chile und New York und und jetzt auch in New York weg, wo ich

1031 wirklich ein paar ganz gute für mich sehr gute Freunde hatte, also, richtig Kumpels. Und denn hier

1032 nach Kentucky und da wurde ich auch erst ne lange Zeit äh... Hatte ich Schwierigkeiten, da Kontakt zu

1033 machen.

1034 *S. G.: Das war ja auch Provinz.*

1035 F. ST.: Aber ich hab auch erfahren, dass die so ... Dass ich vorher ´n ganz kleiner schmächtiger Kerl war,

1036 ich wollte anfassen als Deu- äh Deutscher. Mein bester Freund, den ich da kennen gelernt, hat zu mir

1037 gesagt, als er mal aus Neugierde mal ´rüberkam, haben ihn die Eltern gesagt:»Pass auch, die die die

1038 fressen kleine Kinder. Die kochen sie @und fressen Kinder@. Da hat niemand mitgekriegt, dass wir

1039 geflüchtet sind oder so ... Auch die amerikanische Regierung hat ja alle Ausländer, egal, ob Jude

1040 oder was, als Aliens angesehen. Ausländer. Die Eltern mussten ein- ´41 die Kamera abgeben und

1041 mussten sich eben auch melden, wenn sie umziehen und was. Da war ... Verschiedene Sachen waren

1042 verboten. *Mhm.* Bis die denn ´47 erst Staatsangehörigkeit erhalten haben.

In dieser Textpassage berichtet der Interviewte über die Ressentiments einzelner Amerikaner der deutschen Familie Stein gegenüber und thematisiert die staatlichen Repressionen, denen die Familie in den USA ausgesetzt war. Ein *eindeutig* positives Verhältnis und eine Zugehörigkeit zu den USA aufzubauen scheint Frank Stein aus diesen Gründen nicht möglich gewesen zu sein. Doch nicht nur seine Beziehung zu seinem einstigen Zufluchts- und Wohnort USA ist gespalten. In der folgenden Textpassage kommt erneut zum Ausdruck, dass auch Frank Steins Verhältnis zu Deutschland unklar ist.

Ausschnitt 6

1048 *S. G.: Und wie würden Sie Ihr Verhältnis zu Deutschland beschreiben?*

1049 F. ST.: Das sind Fragen. ((Lachen und Einatmen)) Ach, das ist so. Ist alles ambivalent irgendwie. Also

1050 ich ähh kann dieses Wetter hier schwer ertragen, jetzt wo es erstmal war ist es wunderbar. Ich liebe

1051 Sonne, das wäre auch ambivalent, meine Frau überhaupt nicht ((Lachen)), die hat Schwierigkeiten,

1052 wenn es warm wird. *Mhm.* Die würde am liebsten in den Norden fahr'n, ich würde am liebsten in die

1053 Hitze, in den Süden. Deutsch ja, aber ich ffffff ((Ausatmen)) find relativ Deutschland ... Es isssss

1054 demokratischste Land der demokratischen Ländern, die ich, die ich kenne. Was ich als noch positiv ...

1055 Obwohl die immer mehr abgebaut werden diese Grundrechte. *Mhm.* Aber wenn man sieht, was in USA

1056 da abläuft äh Guantanamo und so. *Mhm.* Ich meine, war früher ... War in USA immer ähhh schon fr-

1057 solche Sachen gab's schon früher in USA. Aber hier wird das ganz offiziell jetzt gemacht, ne ((Lachen)).

Die Entscheidung, in Deutschland zu wohnen, so könnte man aus dieser Passage lesen, war und ist möglicherweise für Frank Stein eine politisch motivierte. Ein anderer Grund, nicht in die USA zurückzukehren, mag in der Abneigung seiner Frau begründet sein. Desgleichen betont er im Interview, dass er nach der Hochzeit seiner Frau zuliebe in Deutschland sesshaft geworden sei.

Im folgenden Ausschnitt nimmt der Interviewte erneut eine USA-kritische Haltung ein. Nun bezieht sie sich auf die beschränkende Zuwanderungspolitik gegenüber den deutschen Jüdinnen und Juden in der NS-Zeit.

Ausschnitt 7

196 Es war ja so, die amerikanische
197 Regierung hat ja k... Leute ähhh nicht 'reingelassen, Juden oder so. Die haben ja ... Waren ja sehr
198 retres... restriktiv. Ich glaub' die wenigsten Leuten wissen das, dass in der ganzen Zeit ich glaube, '43
199 haben die mal 1000 Juden reingelassen. Nur unter schwersten Bedingungen, die mussten eigentlich
200 gleich wieder weggehen. Alle Juden ... Die Juden, die eingewandert sind, sind privat einge... äh konnten
201 privat ... Dann musste jemand dafür bürgen oder so ... Also ich erwähne das mal ausführlich, weil es
202 mir immer wieder (...), wenn die immer sagen, was die amerikanische Regierung so für Juden getan
203 hat, das ist Blödsinn, aber ist eine andere Geschichte. Jedenfalls da war irgend so ein so ein
204 Menschenfreund kann man sagen ... Der also wollte dieeeee Migranten, die äh äh, besonders Juden
205 oder so, die verstreut waren entweder von Deutschland kamen oder von irgendwo anders waren,
206 reinbringen in USA, um so eine landwirtschaftliche Kooperative aufzub- zu stellen.

In dieser Passage ist auffällig, dass Frank Stein die Bezeichnung ›Juden‹ zu vermeiden sucht und die Personen, denen der Zutritt in die USA verwehrt wurde, zunächst als »Leute« (Z. 197) bezeichnet, die anschließend als »Juden oder so« präzisiert werden (ebd.). Desgleichen findet sich in Z. 204f.: Hier spricht er zunächst von »Migranten«, unter die er anschließend »Juden oder so« subsumiert. Jüdinnen und Juden werden demgemäß als eine Teilmenge von Auswandernden im Allgemeinen eingeführt. In seinem sprachlichen Bemühen wird offenbar, wie sehr Frank Stein darum bemüht ist, den Jüdinnen und Juden keine herausgestellte Position gegenüber anderen Emigrierten zuzuweisen.

Zudem thematisiert der Interviewte jüdische Personen in der vorliegenden Passage als allgemeine, abstrakte Gruppe »Alle Juden ... Die Juden« (Z. 200) und stellt keinen Bezug zwischen ihnen und dem jüdischen Teil seiner Familie bzw. seinem Vater oder sich selbst her. Damit drückt er seine Form von Nicht-Zugehörigkeit zu einem jüdischen Kollektiv aus. Ebenso schließt er sich in die anderen von ihm erwähnten Gruppierungen, den »Leuten« bzw. den »Migranten«, nicht ein. Frank Steins Schwierigkeit, sich zu verorten, ist bereits in vorherigen Textpassagen deutlich geworden. In der vorliegenden Sequenz zeigt sich erneut, wie sehr der Interviewte darum bemüht ist, kein Zugehörigkeitsverhältnis zwischen sich und den in seiner Erzählung erwähnten Personen herzustellen.

Ausschnitt 8

348   F. ST.: (4) Die dagebliebenen Verwandten, das waren ja alle ... Also nicht, Nicht-Arier. Äh waren ja alle
349   die anderen Verwandten, die sind, äh sind nur sehr wenige entfernte Verwandte, die äh (........) dann
350   später natürlich äh umgebracht wurden. ((Murmeln)) Entfernte Verwandte, sehr entfernte Verwandte.
351   *Mhm.* Die näheren Verwandte, die äh... Manchen sind schon gleich ´33 weg.

In diesem Ausschnitt rückt Frank Stein nun seine jüdische Verwandtschaft in den Mittelpunkt. Zunächst fällt auf, dass er sie mit der Verwendung des distanzschaffenden Artikels »Die« (Z. 348) einführt. Einmal mehr vermeidet er die Termini Jüdinnen bzw. Juden. Indem er seine Familienmitglieder als »Nicht-Arier« (Z. 348) bezeichnet, übernimmt er die rassistische Logik der Nationalsozialisten.

Sehr nachdrücklich betont er in der vorliegenden Passage die Ermordung lediglich *entfernter* Familienmitglieder, deren Zahl er als gering ansetzt, Opfer wurden »nur sehr wenige« (Z. 349). Diesbezüglich ist es ihm wichtig, den familiären Abstand zwischen ihnen und sich selbst klarzumachen: »Entfernte Verwandte, sehr entfernte Verwandte« (Z. 350). Die Angehörigen des *engeren* Familienkreises hingegen konnten wohl bereits 1933 emigrieren und blieben daher von der Vernichtung verschont. Damit wird offensichtlich, dass Frank Stein sich von dem Personenkreis, der von der Ausrottungspolitik der Nationalsozialisten betroffen war, abgrenzt.

Obwohl er mit der erzwungenen Emigration und den damit verbundenen noch heute wirkmächtigen Folgen selbst Opfer der antijüdischen Politik wurde, sein Vater für einige Wochen in ein KZ verschleppt wurde und seine Großmutter in der NS-Zeit Suizid verübte, distanziert sich Herr Stein in vorliegenden Interviewausschnitt von einem Status als Opfer. In besonderer Weise wird in seinen Formulierungen sein Schutzbedürfnis sichtbar: Nur indem er ein lediglich *weitläufiges* Verwandtschaftsverhältnisses zu den Ermordeten betont, vermag er sich gegen seine mögliche Betroffenheit verwahren.

Bezogen sich die Ausschnitte 1 bis 7 auf Exklusionserfahrungen bzw. Frank Steins Wahrnehmung von Nicht-Zugehörigkeit, so thematisiert er in den folgenden Passagen Erfahrungen und Erlebnisse von Zugehörigkeit zu bestimmten Gruppen.

Ausschnitt 9

189   Ich weiß jetzt nich, ob wir da schon auf ins ... in die Schule gingen in
190   Chile oder erst in Santiago. Jedenfalls h irgendwann fingen wir da an mit der Schule 1940 und da
191   haben wir auch ein paar Freunde ge- gemacht und so und da kann ich mich an so ein paar ähhh ja,
192   Erlebnisse erinnern, was dort in der Schule passierte und das war ... ((Lachen)). *Mhm.*

193   S. G.: *Haben Sie denn irgendwas ... Ein Gefühl oder so, was da zurückgeblieben ist? Also, Sie sind ja*
194   *total entwurzelt worden.*
195   F. ST.: Tja. Mmmh. (...) ((leichtes Auspusten)) Wir hatten keine Probleme in Chile, also mein Bruder und
196   ich und haben auch sehr schnell wohl Spanisch gelernt.

Die Schulzeit in Santiago scheint für Frank Stein eine positive Erfahrung gewesen zu sein. Er und sein Bruder lernten Freunde kennen, die sie in ihren Kreis aufnahmen. Und auch die sprachlichen Schwierigkeiten meisterten die beiden. Diese wenigen Sätze sind jedoch die einzige positive Bezugnahme des Interviewten auf seine schulischen Erlebnisse. Einige Zeit später kommt er auf sein politisches Engagement zu sprechen.

Ausschnitt 10
762   F. ST.: Ja, ja. Ich war ja hier in F-Stadt ... beim SDS.
763   S. G.: *Ach so.*
764   F. ST.: In den Sechziger Jahren. ((Räuspern)) War recht aktiv, bis wir denn, bis ich denn zur Ingenieur-
765   Schule '67, also '67.

Ausschnitt 11
778   Auch bei Siemens war ich nachher
779   gewerkschaftlich tätig. Sehr, sehr aktiv in Ge... War Ge- Gewerkschafter. ((Räuspern)) War auch
780   in so einer ... Zeitlang in so einer Basisgruppe. Hab bei der Basisgruppe, also ganz linke, bis sie sich auf
781   der Mao-Linie einge- eingeschwenkt haben, da bin ich ausgetreten

Aus den vorangestellten Textpassagen erfährt man, dass Frank Stein »recht aktiv« (Z. 764) bzw. »sehr aktiv« (Z. 779) in zwei politischen Gruppierungen Mitglied war.

Der folgende Ausschnitt 11 als singuläre Passage im Gesamtinterview unterscheidet sich insofern von den drei vorherigen, als dass Frank Steins Darstellung von Zugehörigkeit nicht nur einen rein formalen Charakter zu haben schien. Die von ihm thematisierte Grundausbildung zu Beginn der Armeezeit stellte für ihn eine erfüllende Lebensphase dar:

Ausschnitt 12
446   Wir waren ja ganz kleine Gruppe, waren ja nicht
447   sehr viele in Europa. Wir ha... @wirklich toll, was weiß ich, für tolles Leben gehabt@, wenn man so
448   bedenkt ((Räuspern)).

Die Erwähnung der »ganz kleinen Gruppe« (Z. 446), dessen Teil auch Frank Stein war, verdeutlicht die Eingeschworenheit ihrer Mitglieder und hebt den hohen Stellenwert, den sie für den Interviewten gehabt hat, hervor.

6.6.3 Zusammenfassung

Gewichtet man die Textpassagen, die sich im Interview mit Frank Stein auf die Phänomene von Nicht-Zugehörigkeit bzw. Zugehörigkeit beziehen, in quantitativer Hinsicht, dann wird deutlich, dass Aspekte von Nicht-Zugehörigkeit in seinem erzählten Leben deutlich überwiegen. Anders als bei den meisten für die vorliegende Arbeit interviewten Personen war Frank Stein als Kind von der Zuschreibung ›des Halben‹ insofern nicht betroffen, als das der ihm zugewiesene Status ›Halbjude‹ in *Deutschland* für ihn nicht mit politischen und gesellschaftlichen Konsequenzen verbunden war. Durch die Emigration im Alter von fünf Jahren blieben ihm Diskriminierungs- und Verfolgungserfahrungen erspart. Doch die frühe Emigration nach Südamerika und die anschließende Umsiedlung in die USA, die sich aus der politischen und ›rassischen‹ Verfolgung der Familie Stein ergab, hat Frank Stein in besonderer Weise geprägt. Das Erleben von Ambivalenz ist bei ihm keine *direkte Folge* der rassistischen Zuschreibung, sondern vielmehr kann man bei ihm von einer Ambivalenz als *sekundäre* Folge der NS-Klassifikationslogik sprechen. Die Konsequenzen aus der Zuweisung ›halbjüdisch‹ – ein Begriff, den er auf sich nicht anwendet –, die auf der Zuweisung der väterlichen Linie als ›jüdisch‹ beruhen, haben ihn zu einem Heimatlosen, zu einem Halb-Deutschen und Halb-Amerikaner gemacht. Ambivalenzerzeugend war und ist also nicht ein übergestülpter ›halbjüdischer‹ Status, sondern die Entwurzelung aus Deutschland und die durch die zahlreichen Umzüge bedingten mangelnden Integrations- und Identifikationsmöglichkeiten in den Emigrationsländern.[170]

In welcher Form sich Frank Steins Ambivalenzen im Einzelnen ausprägen wird vor allem an den von ihm thematisierten Nicht-Zugehörigkeiten deutlich, denen er nur vereinzelte Aspekte von Zugehörigkeit entgegensetzt. Erstere finden ihren Ausdruck vor allem in der Distanzierung von seinen Eltern in Bezug auf die gemeinsame Emigrations-/Migrationsgeschichte. Ferner grenzt sich Frank Stein vom Judentum ab und identifiziert sich in diesem Zusammenhang auch nicht mit dem Kollektiv der NS-Verfolgten bzw. -Opfern oder Shoa-Überlebenden. Als besonders gravierend in Frank Steins bisherigem Leben er-

---

170 Zu einem vergleichbaren Ergebnis kommt Rosenthal hinsichtlich ihrer Forschung zu transgenerationalen Folgen von Verfolgung: In Familien, in denen die Angehörigen zwangsemigrieren mussten, kreisen die Themen um »Emigration« und »Leben in der neuen Gesellschaft«. Demgegenüber werden die ›Überlebenden-Familien‹ von den Themen »Tod« und »Angst vor Vernichtung« beherrscht (Rosenthal 2001, S. 192).

wies sich das Hin- und Hergerissensein zwischen den USA und Deutschland. Jener Zustand von Ambivalenz wird, so ist anzunehmen, auch den Rest seines Lebens prägen.

7 Systematisierung und Kontrastierung der Fälle

7.1 Vorbemerkung

Im vorherigen Kapitel wurden sechs Fälle ausführlich vorgestellt. Insgesamt wurden für diese Studie 16 Personen biografisch-narrativ interviewt. Die Auswertung erfolgte auf der Basis der Inhaltsanalyse Philipp Mayrings, die speziell auf diese Untersuchung zugeschnitten und mit der Objektiven Hermeneutik Ulrich Oervermanns et al. kombiniert wurde (siehe Kap. 4.4). Dieses Auswertungsdesign machte es möglich, den herausgearbeiteten Fokus, die Ambivalenzen der Betroffenen, zu erfassen und zu systematisieren.

Durch den Fokus auf die Ambivalenzerfahrungen einzelner Personen haben die jeweiligen Analysen aufschlussreiche Resultate zum Verständnis der subjektiven Wahrnehmung und des individuellen Umgangs mit der rassistischen Zuschreibung ›halbjüdisch‹ aufgezeigt. War das Phänomen ›Ambivalenz‹ zu Beginn der Untersuchung als heuristisches Instrument noch recht offen, wurden entlang des sich eigens für diese Untersuchung entworfenen Kategoriensystems (siehe ebd.) die individuellen Ambivalenzausprägungen beschreib- und fassbar. Die Definition des Phänomens ›Ambivalenz‹ war zuvor auf dem Hintergrund verschiedener theoretischer Stränge der Soziologie und Psychologie entwickelt worden (siehe Kap. 5).

Dabei hatten sich im Wesentlichen die Aspekte ›Zugehörigkeit vs. Nicht-Zugehörigkeit‹ und der Komplex ›Zuschreibungen‹ (siehe Kap. 6) als ambivalenzträchtig für die Interviewten herausgestellt. Die diesbezüglichen Hin- und Hergerissenheiten wirkten sich bei den Befragten zwar jeweils individuell unterschiedlich aus, jedoch konkretisierten sich die Ausprägungen in *wiederkehrende Themenbereiche* bzw. die Interviewten *verbindende Merkmale*. Folgende dieser Merkmale wurden relevant:

> ➤ ›Opferschaft‹
> Dies betrifft das Hin- und Hergerissensein bezüglich der Problematik, sich einen Opferstatus einzuräumen/einzugestehen.

> ➤ ›Familie‹ (Herkunftsfamilie)
> Mit diesem Stichwort ist der Zwiespalt hinsichtlich der Zugehörigkeitsgefühle zu Eltern/Großeltern gemeint.

> ➤ ›Religion‹
> Dieser Aspekt bezieht sich auf die religiöse Verortung der Interview-

ten, also auf ein wahrgenommenes ›Dazwischen‹ bezüglich Judentum-Christentum bzw. Protestantismus-Katholizismus.

➤ ›Mehrheitsgesellschaft‹
Damit sind die Ambivalenzen zwischen der Integration in die damalige bzw. aktuelle Mehrheitsgesellschaft einerseits und der Zugehörigkeit zur ›Gemeinschaft der Diskriminierten‹ andererseits beschrieben.

➤ ›Nation‹
Schließlich erwies sich die Zwiegespaltenheit in puncto nationaler Zugehörigkeit bedeutsam. Diese unterscheidet sich vom Merkmal ›Mehrheitsgesellschaft‹ insofern, als dass hier dezidiert die nationale Gemeinschaft der Bezugspunkt von Ambivalenz ist. Damit ist allerdings kein Nationalbewusstsein, sondern ein »subjektive[s] Merkmal des Zusammengehörigkeitswillens oder Gemeinschaftsgefühls« (Hertz 1925, S. 23) gemeint.

Aufbauend auf diesen Erkenntnissen stellte sich die Frage, wie die voneinander unabhängigen Erfahrungen und Erfahrungsdimensionen als Differenzen in der Einheit zusammengeführt werden könnten, um die differenten Perspektiven aufeinander bezieh- und vergleichbar zu machen. Um dieses Ziel zu erreichen, wurde für die in den analysierten Fällen herauskristallisierten Ambivalenz-Merkmale ein Merkmalsraum (re)konstruiert (vgl. Kelle/Kluge 1999, S. 78).[171] Es ergab sich zunächst das Schema in Tabelle 8.

Mithilfe dieser Zusammenstellung der verschiedenen Merkmalskombinationen in Bezug auf die Interviewten allein ließ sich allerdings noch keine Systematisierung der Fälle ableiten. Für das weitere Vorgehen war es daher erforderlich, nach zusätzlichen Unterscheidungskennzeichen zu suchen. Um diese zu eruieren, wurden die Fallauswertungen noch einmal in den Blick genommen. Bei ihrer erneuten Durchsicht wurde ein markanter Unterschied hinsichtlich des individuellen Entstehungskontextes von Ambivalenzen als Folge der rassistischen Zuschreibungslogik deutlich: Bei der Hälfte der Befragten zeigte sich, dass ihre Zerrissenheit eine Folgeerscheinung der *Selbstzuschreibung* »halb« war (in der Nazi-Terminologie war damit ›halbjüdisch‹ gemeint). Das bedeutet, die Nazis haben die Übernahme der stigmatisierenden Klassifizierung ›halb‹ in das Selbstbild der Betroffenen erreicht. In Bezug auf die anderen drei Inter-

---

171 Hier sei noch einmal betont, dass dieses Vorgehen ein rein induktives ist, da Merkmale ausschließlich aus dem vorhandenen Interviewmaterial abgeleitet und im Merkmalsraum zusammengestellt wurden. Zu den Unterschieden zwischen einem deduktiven und induktiven Vorgehen in typenbildenden Verfahren sei auf die Erläuterung von Uwe Uhlendorff verwiesen (vgl. Uhlendorff 2010, S. 317f.).

viewten wurde offensichtlich, dass bei ihnen weniger das ›Halbe‹, als vielmehr die *Zuschreibung ›jüdisch‹ an den jeweiligen Elternteil* (was von den Nazis als ›*volljüdisch‹* bezeichnet wurde) Teil ihrer Identität geworden war. Hier erfuhren die Befragten vorwiegend nicht ihr ›Halbjüdischsein‹ (bzw. ›Halbarischsein‹) als ambivalenzerzeugend, sondern die Quelle ihres ambivalenten Erlebens bildete der oktroyierte Status ›jüdisch‹ auf das eine und ›nicht-jüdisch‹ auf das andere Elternteil.

	Merkmalsausprägungen/Themenbereiche				
	Opfer-schaft	Familie	Religion	Mehr-heits-gesell-schaft	Nation
Georg Lilienthal	X			X	
Hanna Becker	X	X		X	
Bernhard Oppermann		X	X	X	
Bruno Erhardt				X	
Erika Heinrich		X	X		
Frank Stein		X			X

Tabelle 8: Merkmalsraum

Die beiden Unterscheidungskennzeichen »Selbstzuschreibung ›halb‹« und »Zuschreibung an ein Elternteil ›jüdisch‹« ermöglichten nun eine Kombinierung und Dimensionalisierung der Fälle, d.h. es konnten zwei Gruppen gebildet werden (vgl. Kelle/Kluge 1999, S. 78)[172]. So ergab sich ein differenzierterer Merkmalsraum, innerhalb dessen der Entstehungskontext/der Bezugspunkt der Ambivalenzen der einen und die Ambivalenz-Merkmalsausprägungen der anderen Achse zugeordnet werden konnten (vgl. ebd., S. 79). Dabei bildete die

---

172 Kelle/Kluge weisen in diesem Zusammenhang darauf hin, dass es nicht nur um bloße *Ordnung* von Merkmalen nach ihrer Ähnlichkeit oder Differenz geht, sondern dass die »formale Einteilung von Fällen in Gruppen [...] nur Mittel zum Zweck [ist], um jene *inhaltlichen Ordnungen* bzw. ›sozialen Strukturen‹ zu beschreiben, die zur Gruppierung geführt haben. Das Zusammentreffen bestimmter Merkmalskombinationen stellt also oft die Grundlage für die Suche nach ›inneren‹ oder ›Sinnzusammenhängen‹ dar« (Kelle/Kluge 1999, S. 80. Hervorh. i.O.).

Merkmalshäufung der ersten Gruppe für die weitere Anordnung bzw. Reihenfolge der Merkmale den Bezugspunkt (Tabelle 9).

Bezugspunkt der individuellen Ambivalenzen	Merkmalsausprägungen/Themenbereiche				
	Mehrheitsgesellschaft	Opferschaft	Familie	Religion	Nation
Selbstzuschreibung ›halb‹ – Gruppe 1					
Hanna Becker	x	x	x		
Bruno Erhardt	x				
Georg Lilienthal	x	x			
Zuschreibung an die Eltern ›jüdisch‹/›nicht jüdisch‹ – Gruppe 2					
Erika Heinrich			x	x	
Bernhard Oppermann	x		x	x	
Frank Stein			x		x

Tabelle 9: Merkmalsraum nach Gruppen

Diese Systematisierung veranschaulicht nun die Merkmalshäufungen in beiden Gruppen. Sie werden in dem anschließenden methodischen Schritt, dem Fallvergleich, analysiert.

7.2   Analyse der Sinnzusammenhänge und kontrastiver Fallvergleich

Um die Fälle miteinander in Beziehung zu setzen, werden zunächst die beiden Gruppen miteinander verglichen. Ziel ist es, eine trennscharfe Abgrenzung zwischen ihnen herauszuarbeiten (Überprüfung der maximalen externen Heterogenität, vgl. ebd., S. 83). Daran anschließend werden die inhaltlichen Sinnzusammenhänge, also die Merkmalskombinationen der Fälle *innerhalb* der Gruppen, in einer vergleichenden Analyse erläutert und gegenübergestellt (Überprüfung der internen Homogenität, vgl. ebd.). Es geht darum, die Merkmalskombinationen »weitgehend zu verstehen und zu erklären« (ebd., S. 81).

Betrachtet man die Personen, die zur Gruppe 1 zusammengefasst wurden, also die Betroffenen, deren Selbstzuschreibung auf der des ›Halbseins‹ beruht, so fällt auf, dass hinsichtlich ihrer Ambivalenzgefühle vor allem *zwei* Aspekte zum Tragen kommen: Dies ist zum einen die Auseinandersetzung mit der ›Mehrheitsgesellschaft‹, also die Hin- und Hergerissenheit hinsichtlich der Abgrenzung bzw. der Teilhabe an der damaligen wie auch heutigen Mehrheitsgesellschaft, die bei *allen* Befragten der ersten Gruppe deutlich wird. Das zweite Merkmal betrifft die Thematik der ›Opferschaft‹, die immerhin für zwei der drei Befragten relevant ist. Für sie geht es also um die Frage, ob und wie sie sich im Hinblick auf andere Opfergruppen des Nationalsozialismus einen eigenen Status als Opfer zuerkennen. Darüber hinaus wird bei der Interviewten Hanna Becker ein Alleinstellungsmerkmal der ersten Gruppe, nämlich ihr innerfamiliärer Zwiespalt, ersichtlich. Im Umkehrschluss bedeuten die Befunde der ersten Gruppe: Für alle drei ihr zugehörigen Personen sind die Bereiche ›Religion‹ und ›Nation‹ nicht von einem ›Dazwischen‹ geprägt.

Das Erleben von Ambivalenzen bei den Personen der Gruppe 2, deren Zerrissenheit vornehmlich auf der elterlichen Klassifizierung ›jüdisch‹ – ›nichtjüdisch‹ beruht, drückt sich vorrangig in anderen Merkmalen aus. Auffällig ist die ambivalente Haltung aller Interviewten ihrer Herkunftsfamilie gegenüber. Kennzeichnend für die zweite Gruppe ist zudem die offensichtliche Klarheit bezüglich eines eigenen Opferstatus. Ein Dilemma hinsichtlich des Themas ›Opferschaft‹, das in der ersten Gruppe für zwei Personen besteht, existiert für keine Person der zweiten Gruppe. Ein weiteres verbindendes Merkmal ist die religiöse Zwiegespaltenheit, die zwei Befragte der Gruppe 2 im Interview thematisieren. Betrifft die Ambivalenz gegenüber der Mehrheitsgesellschaft in der ersten Gruppe alle drei Personen, bedeutet dieser Aspekt für nur einen Interviewten der zweiten Gruppe, Bernhard Oppermann, einen Konflikt. Überdies findet sich in Gruppe 2 ein Alleinstellungsmerkmal aller sechs Fälle, nämlich die Hin- und Hergerissenheit Frank Steins in puncto seiner nationalen Identität/Verortung.

Analytisch stellt sich nun die Frage, wie die unterschiedlichen Merkmalshäufungen der beiden Gruppen zu erklären bzw. zu deuten sind. Der Grund für die differenten Ausprägungen liegt vor allem darin, dass die Angehörigen der beiden Gruppen jeweils zu zwei unterschiedlichen Alterskohorten gehören, die wiederum ein spezifisches gemeinsames Schicksal verbindet. Kontrastiert man also die Geburtsjahrgänge der sechs Interviewten miteinander, dann fällt auf, dass alle Angehörigen der ersten Gruppe, geboren zwischen 1924 und 1929, während der NS-Zeit bereits ein Alter erreicht hatten, in dem sie nicht ›nur‹

durch die ihre Eltern betreffenden Gesetze und informellen Diskriminierungs-
maßnahmen eingeschränkt wurden, sondern auch unter den eigens für die
›Mischlinge‹ erlassenen administrativen Maßnahmen zu leiden hatten (siehe
Kap. 4.1.3). Das Stigma der Zuschreibung konnte daher ›ungehindert‹ Teil des
Selbstkonzepts der Betroffenen werden. Eine Ausnahme bildet die Interviewte
Erika Heinrich, die trotz ihres Geburtsjahrs 1928 Angehörige der zweiten
Gruppe ist. Dies ist darin begründet, dass ihre eigenen Erlebnisse von Verfolgung und Benachteiligung im Interview so gut wie nicht thematisiert werden,
sondern das Leid der Interviewten vor allem mittels der Verfolgungsgeschichte
des Vaters zum Ausdruck kommt. Ihr Status als ›Halbe‹ spielt in ihrer Erzählung nur eine äußerst marginale Rolle. Die beiden anderen Interviewten der
Gruppe 2 entstammen den Geburtsjahren 1934 bzw. 1935. Sie waren den nationalsozialistischen Verordnungen und Gesetzen nicht unmittelbar unterworfen,
sondern wurden vor allem durch die *familiäre* Verfolgung geprägt. Frank Stein
stellt in dieser Hinsicht eine zusätzliche Besonderheit dar, denn er emigrierte im
Alter von fünf Jahren mit seiner Familie nach Südamerika. Er war demnach vor
der Auswanderung zu jung, um in Deutschland genauso nachhaltig wie die anderen Betroffenen seines Jahrgangs unter der Verfolgung seiner Familie zu leiden.[173]

Zusammenfassend war und ist also das Ambivalenzerleben der für diese
Studie Interviewten von den gesellschaftlichen und politischen Rahmenbedin-
gungen in Bezug auf ihr Alter geprägt. Hinsichtlich der Merkmalsausprägungen
der beiden Gruppen liefert diese Grundannahme folgende Ergebnisse: Bewegten sich die Angehörigen der ersten Gruppe in der NS-Zeit als *Jugendliche bzw.
junge Erwachsene* im Spannungsfeld dominanzgesellschaftlicher Zugehörigkeit
– dominanzgesellschaftlicher Ausschluss, so ist nachvollziehbar, dass ihr Ambivalenzerleben sich auf eben jene Mehrheitsgesellschaft bezieht. Darüber hinaus sind die Personen der ersten Gruppe, wie beschrieben, selbst Betroffene
massiver Benachteiligung und Verfolgung geworden, was die zweite Merkmalshäufung, ihre Hin- und Hergerissenheit in puncto Opferschaft, erklärt.

Im Gegensatz zu den Personen der Gruppe 1 waren zwei Befragte der
Gruppe 2 in der Zeit der Verfolgung noch Kinder. Folgerichtig waren sie stärker in ihre Familien eingebunden, was sich bei ihnen (und ebenso bei der dritten Interviewten Erika Heinrich, die sich allerdings von ihnen durch ihr frühe-
res Geburtsjahr unterschied) als innerlich konflikthaft herausstellte.

Anders als die drei Themenbereiche ›Mehrheitsgesellschaft‹, ›Opferschaft‹
und ›Familie‹, die mit den Geburtsjahrgängen der Interviewten erklärt werden

---

173 Was allerdings nicht unbedingt heißen muss, dass seine seelische Beschädigung damit geringer ist.

können, ist die religiöse Ambivalenz nicht auf die unterschiedlichen Geburtsjahrgänge der Interviewten zurückzuführen, sondern hat sich davon unabhängig
individuell ausgeprägt. Die diesbezügliche Merkmalshäufung in Gruppe 2 bzw.
das nicht-vorhandene Ambivalenzgefühl bei sämtlichen Befragten der Gruppe 1
wird daher als zufällig angesehen. Dies bestätigen die Auswertungen der übrigen im Rahmen dieser Studie geführten Interviews. Würde man dem Merkmalsraum also weitere Personen zuordnen, dann zeigte sich, dass es keine
Merkmalshäufungen bezüglich des Merkmals ›Religion‹ in der einen oder anderen Gruppe gäbe. Die religiösen Ambivalenzen müssen daher für jede Person
einzeln erklärt werden.

Dies geschieht nun im Folgenden, indem die Mitglieder der beiden Gruppen
bezüglich ihrer individuellen Varianzen miteinander kontrastiert werden.

7.2.1 Ambivalenzausprägungen in Gruppe 1

Zur ersten Gruppe, die nun in den Blick genommen wird, gehören Hanna Becker, geb. 1926, Bruno Erhardt, geb. 1929, und Georg Lilienthal, geb. 1924.
Wie bereits festgestellt, verbindet diese drei Personen mit unterschiedlichen individuellen Schwerpunkten vor allem das Vorhandensein von Ambivalenzge-
fühlen in Bezug auf die Mehrheitsgesellschaft.

Bei Gerhard Lilienthal drückt sich dies in besonderer Weise durch seinen
sprachlichen Versuch einer Selbstaufwertung zum ›Halb*arier*‹ aus. Hinzu
kommt sein Bemühen, sich nicht nur als Teil der Mehrheitsgesellschaft, sondern als ihr *besonders wertvolles Mitglied,* trotz steter gesellschaftlicher Deklassierung, hervorzustellen. Im Interview kommt zum Tragen, welche Mühen
er, hin- und hergerissen zwischen Exklusion und Herabwürdigung einerseits
und dem Wunsch nach Akzeptanz durch die ihn ausgrenzende Gesellschaft andererseits, auf sich nehmen musste.

Wie auch bei Gerhard Lilienthal, so zeigt sich im Gespräch mit Hanna Becker ihr Bedürfnis, akzeptiertes Mitglied der Gesellschaft zu sein. Dies bezieht
sich nicht nur auf die damalige, sondern auch auf die gegenwärtige Mehrheitsgesellschaft. Entsprechend ist dies bei Herrn Lilienthal der Fall. Er lebte zum
Zeitpunkt des Interviews zwar bereits seit vielen Jahrzehnten in den USA, legte
jedoch großen Wert auf den Kontakt zu alten Schulkameraden und darauf, von
ihnen als ›Gleicher‹ akzeptiert zu sein. Bei Hanna Becker ist das Ambivalenzerleben bezüglich ihres heutigen Wunsches nach Zugehörigkeit stärker als bei
ihm ausgeprägt. In dieser Hinsicht möchte sie einerseits ›dazugehören‹, fühlt
andererseits jedoch eine große Distanz, vor allem zu gleichaltrigen Nicht-
Verfolgten, die Frau Beckers Erfahrungen der NS-Zeit weder teilen, noch bereit

sind, diese anzuerkennen. Die NS-Zeit war für Frau Becker jedoch nicht ausschließlich von Ausgrenzung und Diskriminierung geprägt, sondern im Interview wird auch ihr privilegierter Status gegenüber den ›volljüdischen‹ Personen
deutlich. Wie Herr Lilienthal drückt auch sie ihr Bedürfnis, Gleiche unter Gleichen gewesen sein zu wollen, aus. So verzichtete sie nicht auf gesellschaftliche
Vergnügungen wie Cafébesuche und ›Männerbekanntschaften‹ und genoss es,
sich an ihrem Arbeitsplatz als Teil der Büro-Gemeinschaft zu begreifen. Dabei
war ihr dennoch stets bewusst, dass ihre Zugehörigkeit nur um den Preis der
Verschleierung ihrer teiljüdischen Identität zu haben war.

Die ›Taktik‹ der Verschleierung war auch für den dritten Interviewten der
ersten Gruppe, Bruno Erhardt, bedeutsam, wenn nicht gar lebensnotwendig.
Bedingt durch die an ihn gestellten Anforderungen der NS-Politik musste sie in
späteren Jahren der Verfolgungszeit sogar zu einer Selbst*verleugnung* werden.
In dieser Hinsicht fungierte er, unerkannt in seiner teiljüdischen Herkunft, während seiner Zeit im KLV-Lager als Schutzschild für seine in der Heimat verfolgte Familie. Diesbezüglich ist erstaunlich, dass er keine innerfamiliäre Ambivalenz im Interview beschreibt. Sukzessive wurde Herr Erhardt in das nationalsozialistische System in Form von Mitläuferschaft/Täterschaft einbezogen,
was, anders als bei Hanna Becker, mitnichten auf Freiwilligkeit bzw. einer eigenen Entscheidung beruhte. Wie Gerhard Lilienthal und Hanna Becker, hegte
auch Bruno Erhardt, und dies, obgleich sein sozialer Ausschluss immer weiter
vorangetrieben wurde, den Wunsch nach gesellschaftlicher Anerkennung. Letztere versuchte er vor allem durch seinen enormen Anpassungswillen, die Her-
ausstellung des väterlichen Bildungsstatus und durch seine hervorragenden
schulischen Leistungen zu erreichen. Dies kommt jedoch im Interview, anders
als bei Hanna Becker und Georg Lilienthal, nicht als innere Zerrissenheit hinsichtlich seiner Eigenpositionierung als Opfer zum Ausdruck. Er fühlt sich eindeutig als Opfer des Nationalsozialismus. Zudem wird im Interview mit Bruno
Erhardt ein weiteres Opfer-Narrativ, nämlich seine Identifikation mit der Gruppe ›Deutsche als Opfer‹, offenbar. Diese Chiffre umschreibt kollektive Lei-
denserfahrungen der deutschen Mehrheitsgesellschaft während der NS-Zeit,
speziell während des Krieges. Im Gegensatz zur Gruppe der Verfolgten setzt
diese spezielle Art des Opfer-Kollektivs sich aus Mitgliedern der Mehrheitsgesellschaft zusammen und besteht in verschiedenen Abstufungen (auch) aus Mit-
läuferinnen/Mitläufern, Zuschauerinnen/Zuschauern und ebenso Täterin-
nen/Tätern. Bruno Erhardt fühlt sich also nicht nur den Verfolgten, sondern
gleichzeitig auch der Gruppe von Mehrheitsdeutschen zugehörig. Dies wird
nicht zuletzt durch sein Zeitzeugen-Engagement mit dem Schwerpunkt ›Krieg
und Nachkriegszeit‹ (und eben nicht mit dem der Verfolgungszeit) deutlich. Die
von ihm konstruierten Zugehörigkeiten zu zwei unterschiedlichen Opfer-

Narrativen lösen indes keine ambivalenten Gefühle in ihm aus, sondern existieren parallel zueinander.

Betrachtet man die Ergebnisse aus den Interviews mit Hanna Becker und Georg Lilienthal, für die sich die Frage hinsichtlich ihrer Eigenverortung in puncto ›Opferschaft‹ als Dilemma erweist, zeigen sich grundlegende Unterschiede. Hanna Beckers Schwierigkeiten, sich einen Status als Opfer zuzubilligen, betrifft vor allem zwei Aspekte. Zum einen weiß sie sich im Kontrast mit den weitaus schlimmer verfolgten bzw. deportierten und ermordeten Jüdinnen und Juden keinen Platz in der Gemeinschaft der Opfer zuzuweisen. Zu den ›legitimen‹ Opfern der ›Judenverfolgung‹ zählt sie auch ihren Bruder Siegfried, der im *KZ Auschwitz* inhaftiert war. Ebenso klassifiziert sie ihren Bruder Paul, der als ›Mischling‹ zur Wehrmacht eingezogen wurde und der im Feldzug gegen Russland starb, als Opfer. Ihn erhebt sie zu einem Märtyrer und interpretiert seinen Tod, mindestens für ihren Bruder Paul, wenn nicht gar als Rettung für die gesamte Familie. So verquickt sie das Schicksal der beiden im Ausland und in Lebensgefahr befindlichen Brüder miteinander, wobei sie als Schwester durch ihren relativ sicheren Alltag unter der Verfolgung in Deutschland außen vor bleibt. Die Unmöglichkeit der Teilhabe an den extremen Erfahrungen ihrer Brüder erlebt sie als etwas Trennendes. Damit ist die Frage nach Opferschaft für sie nicht nur im Hinblick auf ihren einstigen gesellschaftlichen ›halbjüdischen‹ Status relevant, sondern es ergibt sich für sie als einzige Person der ersten Gruppe eine innerfamiliäre Problematik (Merkmal ›Familie‹). Ihre Schwierigkeit, sich zu positionieren, ist vor allem durch den ›Riss‹ bedingt, den die Nationalsozialisten durch ihre absurde Gesetzgebung innerhalb der Familie Becker schufen. Bei Hanna Becker und ebenso bei Bruno Erhardt wird damit nicht nur eine individuelle Schwierigkeit, sich zwischen Opferschaft und Nicht-Opferschaft einzuordnen, erkennbar, sondern ebenso zeigt sich die überindividuelle Problematik, nämlich das Spannungsfeld Opferschaft – Täterschaft, also die Grauzone zwischen Ausschluss und Einschluss in die ›Volksgemeinschaft‹, in dem die ›Mischlinge‹ sich befanden. Dass Hanna Becker selbst möglicherweise, wenn nicht zu einer Mittäterin, so doch punktuell zu einer Mitläuferin (Möglichkeit der Bereicherung an jüdischem Eigentum) geworden sein könnte, empfindet sie nicht als inneren Konflikt.

Im Interview mit Georg Lilienthal zeigt sich vor allem, dass er sich und den anderen ›Halbjüdinnen‹ und ›Halbjuden‹ keinen generellen Opferstatus zubilligt. Im Unterschied zu Hanna Becker, die aufgrund ihrer eigenen erlebten Diskriminierung allerdings damit hadert, für sich keinen Opferstatus reklamieren zu können, scheint dies bei Herrn Lilienthal keinen Zwiespalt auszulösen. Für ihn waren die ›Mischlinge‹ Opfer unter vielen, zu denen er auch politisch verfolgte nicht-jüdische Personen zählt. Die Shoa-Opfer der eigenen Familie finden bei ihm keine Erwähnung. Seine eigene gesellschaftliche Benachteiligung wird im Interview auf vielerlei Weise deutlich und spätestens in der Beschreibung seines Rücktransports aus dem Zwangsarbeitslager offenbart sich seine Ambivalenz, sich im Kontext von Opferschaft zu positionieren. Seine Eigenzuschreibung, die Wortschöpfung ›Überbliebener‹, verdeutlicht exemplarisch sein Problem, sich zwischen den ›Überlebenden‹ und den ›Übriggebliebenen‹, beides Kategorien, die ein ›Opferdasein‹ beschreiben, zu verorten. Mit der Zurückweisung seiner Position als Opfer hängt bei Georg Lilienthal wiederum das Spannungsverhältnis zwischen Inklusion und Exklusion in Bezug auf das bereits ausgeführte Merkmal ›Mehrheitsgesellschaft‹ zusammen. Um jeden Preis versucht er sprachlich eine Opferschaft zu vermeiden und seine Zugehörigkeit zur ›Volksgemeinschaft‹ immer wieder neu zu belegen. Und auch heute wünscht er, in dieser Hinsicht keinen außergewöhnlichen Status einzunehmen.

7.2.2 Ambivalenzausprägungen in Gruppe 2

In der zweiten Gruppe, die sich aus Erika Heinrich, geb. 1928, Bernhard Oppermann, geb. 1935, und Frank Stein, geb. 1934, zusammensetzt, ist besonders das Merkmal der Ambivalenz hinsichtlich ihrer Herkunftsfamilie bedeutsam. Dies eint alle drei Interviewten.

In diesem Kontext fallen bei der Interviewten Erika Heinrich vor allem ihr ambivalentes Verhältnis zu ihrer Mutter und gleichzeitig eine hohe Identifikation mit dem Vater auf. Während ihre Bezugnahme auf den Vater ausschließlich positiv ist und nur in einer kurzen Sequenz latent ein Vorwurf ob seiner Emigration zum Ausdruck kommt, verdeutlicht ihre Beschreibung der Mutter ihren inneren Zwiespalt. Sie resultiert aus der Tatsache, dass die nicht-jüdische Mutter einerseits als Rettung ihres jüdischen Ehemanns und als Schutz für ihre ›halbjüdische‹ Tochter fungierte, aus Sicht der Tochter dafür allerdings ihren Ehemann verleugnete. So pflegte die Mutter Bekanntschaften zu politisch einflussreichen Männern, sowohl um die Emigration ihres Mannes in die Wege zu leiten, als auch in späteren Jahren der NS-Zeit ihrer Tochter ein Untertauchen zu ermöglichen. Latent klingt im Interview auch ein sexuelles Verhältnis zu ihnen an, was aus Sicht der Tochter einen Betrug ihrer Mutter an ihrem Vater darstellen muss. Insgesamt bedeutet dies alles für Erika Heinrich einerseits, ihrer Mutter zu Dank verpflichtet sein zu müssen/zu wollen, dies andererseits jedoch nicht zu können. Gänzlich unverständlich ist für die Interviewte darüber hinaus die mütterliche Erwartung an ihre Tochter, ihre Trauer über den Tod des Vaters, der während der Emigration in Shanghai verstarb, zu unterdrücken. Dies erschwerte Erika Heinrichs Verhältnis zu ihrer Mutter in der Verfolgungszeit zusätzlich.

Auch Bernhard Oppermann beschäftigt sich im Interview mit dem Verhalten und den Aktivitäten seiner engsten Familienangehörigen in der NS-Zeit. Wie bei Erika Heinrich geht es auch bei ihm um die Problematik einer familiären Verstrickung in das politische System/die politischen Gegebenheiten. Dies betrifft hingegen nicht nur ein Familienmitglied, sondern seine komplette Herkunftsfamilie. In diesem Zusammenhang stellt sich Herr Oppermann bezogen auf seinen nicht-jüdischen Vater die Frage, ob dieser nicht gar die Politik der Nazis in gewisser Weise befürwortete. Und ebenso setzt er sich mit seinem Großvater auseinander, der aus der Sicht des Interviewten durch die Gründung der Evangelischen Gemeinde im *Ghetto Theresienstadt* möglicherweise sein Jüdischsein, das er allerdings viele Jahre zuvor schon abgelegt hatte, verleugnete. Desgleichen hin- und hergerissen ist er in der Beurteilung seiner Großmutter, von der er sich als Ersatz für ihre in die Emigration geschickten Söhne missbraucht sah. Auch die Mutter ist bei Herrn Oppermann nicht eindeutig positiv besetzt, sondern wird als Frau geschildert, die für seine kindlichen Ängste und Bedürfnisse kein Verständnis zeigte. Im Gegensatz zu seiner Familie, die Herrn Oppermann zufolge die NS-Zeit nicht vordringlich als Leidenszeit einordnete, war für ihn selbst die Zeit der familiären Verfolgung vor allem eine Zeit seelischer Nöte. Sie hing weniger mit der Diskriminierung seiner Person, als vielmehr mit den gegen die Familie gerichteten Repressalien und der gesellschaftlichen Deklassierung zusammen. Insgesamt, so wird im Interview deutlich, ergab sich zwischen Bernhard Oppermann und ›den anderen‹ seiner Familie eine Kluft bezüglich der Wahrnehmung und Beurteilung der Ereignisse der NS-Zeit, die auch nach 1945 weiterhin fortbestand. In diesem Zusammenhang ist es ihm noch heute unverständlich, wieso das Kriegsende von seiner Mutter, so seine Interpretation, nicht als Befreiung wahrgenommen wurde, und die Verurteilung der Nazi-Größen in den ›Nürnberger Prozessen‹ nicht auf ein eindeutig positives Echo bei Vater und Großvater stieß.

Bei Frank Stein kommt die Ambivalenz in Bezug auf seine Familie vor allem in seiner sprachlichen Distanzierung von seinen Eltern zum Ausdruck. So verwendet er im Interview in der Erzählung über sie, vor allem in Bezug auf seinen Vater, nur selten innere Verbindung zeigende bzw. schaffende Personalpronomina (›Vater‹ vs. ›Mein Vater‹). Zudem wird offensichtlich, dass er sich und seinen Bruder als Unbeteiligte an der Auswanderung, die die gesamte Familie vollzog, darstellt. In seiner Beschreibung der gemeinsamen Emigrationsgeschichte kommen er und sein Zwillingsbruder weder als Subjekte/Teil der Familiengemeinschaft der Auswandernden, noch gar als *einflussnehmende* Personen vor.

Neben den verschiedenen Ambivalenzausprägungen in Bezug auf ihre Familien gibt es für die Angehörigen der zweiten Gruppe eine Merkmalshäufung in Bezug auf ›Religion‹. Dieses Thema, das in der ersten Gruppe keine Person betrifft, umfasst die Schwierigkeiten von Erika Heinrich und Bernhard Oppermann, sich in religiöser Hinsicht einen Platz zu geben. Während Herrn Oppermanns Überlegungen im Laufe seines Lebens um die Frage kreisten, trotz seiner protestantischen Erziehung nicht vielleicht doch jüdisch zu sein, fand er schließlich einen Weg bzw. eine ›Formel‹, beide Religionen in sich zu vereinen. So bezeichnet er sich als protestantisch erzogenen Deutschen jüdischer Herkunft. Im Unterschied zu der Interviewten Erika Heinrich wurde er bereits von Kindesbeinen an protestantisch religiös sozialisiert, sodass seine Ambivalenz erst durch die *Verleugnung* des jüdischen Teils der mütterlichen Familie ausgelöst wurde.

Bei Erika Heinrich ist die religiöse Ambivalenzproblematik nicht nur von zwei Religionen, der christlichen und der jüdischen, geprägt, sondern ebenso spielen für ihre ›christliche Identität‹ Protestantismus einerseits und Katholizismus andererseits eine Rolle. Beide christlichen Konfessionen wurden ihr im Laufe ihres Lebens übergestülpt. Zunächst wurde ihr im jugendlichen Alter mit ihrer Konfirmation auferlegt, evangelisch zu werden. Dies war als Schutz- bzw. Vorsichtsmaßnahme im Zuge der zunehmenden Verfolgung gedacht. Nach dem Krieg war ihre Konvertierung zum Katholizismus die Voraussetzung dafür, ihren katholischen Mann heiraten zu können. In der Verfolgungszeit bedeuteten die Gebete zu (dem »christlichen«) Jesus ihren seelischen Halt und ihre Stütze.

Nach ihrer unfreiwilligen Konvertierung zum Katholizismus, der jedoch aufgrund der in späteren Jahren gemeinsam mit Mann und Kindern besuchten Gottesdienste auch einen Aspekt von Geborgenheit für Frau Heinrich beinhaltete, fungierte die Gestalt Jesu als Bindeglied zwischen den beiden christlichen Konfessionen. Auf der anderen Seite mochte und möchte die Interviewte auch ihre jüdischen Anteile nicht verleugnen. Im Gegensatz zu ihrem zweimaligen ›Christlichmachen‹ beruhte ihre Beschäftigung mit dem Judentum auf freiwilliger Basis. Diese innere Auseinandersetzung führte sie vor allem als erwachsene Frau, angestoßen durch eine Städtepartnerschaft mit Israel. In dieser Hinsicht kommt zum Ausdruck, dass weniger das religiöse Judentum als vielmehr ihr Jüdischsein für sie bedeutsam ist. So thematisiert Frau Heinrich im Interview die Anerkennung ihres Jüdischseins durch jüdische Israelis und bezeugt damit ihr Zugehörigkeitsgefühl zur Gemeinschaft der Jüdinnen und Juden. Auch diesbezüglich spielt Jesus, nun in ›jüdischer Gestalt‹, eine wichtige Rolle für sie. Zusammen mit der Stadt Jerusalem, in der sich die beiden Religionen Christentum und Judentum vereinen, ist die Figur Jesus die Projektionsfläche, auf der sich Frau Heinrichs Ambivalenzen aufzulösen scheinen. ›Der Erlöser‹ fungiert sowohl als Brücke zwischen den beiden christlichen Religionen als auch zwischen Jüdischsein und Christlichsein.

Die letzten beiden Themenbereiche des Merkmalsraums, die jeweils für eine Person der Gruppe 2 wesentlich sind, sind die Auseinandersetzung mit der ›Mehrheitsgesellschaft‹ und die Frage nach nationaler Identität. Für Bernhard Oppermann, der heute in Deutschland lebt und dort aufgewachsen ist, erweist sich gegenwärtig die Zugehörigkeit zum Kollektiv ›der Deutschen‹, also der Mehrheitsgesellschaft, als schwierig. Im Interview wird offensichtlich, dass er eine Zuordnung zu dieser Gemeinschaft einerseits abwehrt, gleichzeitig sich aber innerpsychisch nicht von ihr abwenden kann, da sie qua Geburt bestimmt wurde. Damit unterscheidet er sich hinsichtlich des Merkmals ›Mehrheitsgesellschaft‹ von den Interviewten der Gruppe 1 insofern, als dass für ihn die Frage nach Zugehörigkeit ausschließlich eine aktuelle ist und sich nicht auf die NS-Zeit bezieht.

Auch der 1939 als Fünfjähriger emigrierte Frank Stein vermag sich nicht im Kollektiv der Deutschen verorten. Seit seiner Auswanderung und bis zum Ende der 1960er Jahre war sein Leben geprägt von ständigen Wohn- und Lebensmittelpunktwechseln zwischen den USA und Deutschland. Wirklich heimisch geworden scheint er in keinem der beiden Länder geworden zu sein. Damit unterscheidet er sich von Gerhard Lilienthal aus der ersten Gruppe, der zwar auch in die USA emigrierte, aber keine Ambivalenzgefühle ob seiner nationalen Zugehörigkeit empfindet. Dies mag damit zusammenhängen, dass Gerhard Lilienthal im Gegensatz zu Frank Stein als erwachsener Mann die bewusste selbstständige Entscheidung zur Emigration traf, um seiner Stiefmutter, seinem Vater und seiner Halbschwester zu folgen. Die Tatsache, dass er als Jugendlicher während der Verfolgungszeit alleine in Berlin, seiner Heimatstadt, zurückgelassen wurde, während seine Eltern und Stiefschwester sich in Sicherheit befanden und seine leibliche Schwester in einem Internat in Holland untergetaucht war, kommt im Interview nicht als ambivalenzträchtig zum Ausdruck.

Wie anhand der Kontrastierung der Fälle deutlich wurde, haben sich die Ambivalenzen der Interviewten innerhalb eines Merkmalraums zu zwei deutlich unterscheidbaren Gruppen verdichtet – trotz individueller Merkmalsausprägungen. Wichtig ist, in diesem Zusammenhang noch einmal hervorzuheben, dass sich das herausgearbeitete Ambivalenzempfinden der ›Halbjüdinnen‹ und ›Halbjuden‹ ausschließlich aufgrund der rassistischen Zuschreibungen seitens der Dominanzgesellschaft der NS-Zeit ausgebildet hat und bis heute wirkmächtig ist.

8   Schlussbemerkung

In der vorliegenden Studie wurden die Auswirkungen der nationalsozialistischen Zuschreibung ›halbjüdisch‹ bzw. ›Mischling ersten Grades‹ auf die betroffenen Personen untersucht. Diese hatten einen jüdischen und einen nichtjüdischen Elternteil und die meisten von ihnen, so auch die in der Untersuchung vorgestellten Fälle, waren vor der NS-Zeit weniger in ein jüdisches, als vielmehr in ein nicht-jüdisches Umfeld eingebunden. Das änderte sich mit der ›Machtübertragung‹ im Januar 1933. Ab diesem Zeitpunkt wurden sie sukzessive aus der Mehrheitsgesellschaft, die nun zur ›rassisch‹ definierten deutschen ›Volksgemeinschaft‹ umcodiert wurde, ausgeschlossen. Mit den *Nürnberger Gesetzen* im Herbst 1935 stülpte man ihnen das bis dato nicht existente Konstrukt ›halbjüdisch‹ bzw. ›Mischling‹, und damit einen neuen Status über. Die in den Folgejahren für sie erlassenen Gesetze und Verordnungen schränkten das alltägliche Leben der Klassifizierten zusehends ein (siehe ›Historische Exkurse‹ 1 bis 8). Ihre in ›Mischehe‹ lebenden jüdischen Elternteile bzw. ihre Großeltern, von denen sich viele längst von ihrem (praktizierten) Judentum abgewandt hatten, wurden von den Nationalsozialistinnen und Nationalsozialisten wieder zu Jüdinnen und Juden erklärt. Sie hatten seit ihrem Bruch mit dem Judentum schon lange vor der NS-Zeit ihren Anpassungswillen permanent unter Beweis stellen und um den Preis ihrer Zugehörigkeit zur deutschen Mehrheitsgesellschaft innere Konflikte ausfechten müssen.[174] Ihre Assimilation wurde von nicht-jüdischer Seite zwar einerseits eingefordert, andererseits zeigte man sich nicht bereit, sie als gesellschaftlich vollwertige Mitglieder anzuerkennen (siehe Kap. ›Einleitung und Forschungsstand‹; Kap. 5.1.4). So haftete das Stigma ›jüdisch‹ oder ›jüdischstämmig‹ den vom Judentum Abgekehrten und ihren Nachkommen schon längst bevor die Nationalsozialisten den Ende des 19. Jahrhunderts aufkommenden rassenbiologischen Diskurs in Gestalt der ›Endlösung‹ radikalisierten, an.

In den bisherigen Forschungen über die Personengruppen ›jüdische Mischlinge‹ und ihre in ›Mischehe‹ lebenden Eltern wurden vor allem die aus der Klassifizierung resultierenden rechtlichen Konsequenzen für die Betroffenen dargelegt. Nur einige wenige Untersuchungen beschäftigten sich mit der Erfahrungsgeschichte, also der Innensicht dieser Verfolgtengruppen. Den ›Halbjüdinnen‹ und ›Halbjuden‹ als Subjekten galt daher das Hauptaugenmerk der vor-

---

174 Zur Geschichte der Jüdinnen und Juden in Deutschland siehe exemplarisch den Band von Kaplan/Meyer 2005 und Hertz 2010.

liegenden Arbeit. Anhand der mit ihnen geführten Interviews konnte gezeigt werden, in welch besonderer Weise sie ihr Leben unter den Benachteiligungen und gesetzlichen Bestimmungen einrichten mussten. Vor allem wurde dezidiert die Frage nach den Auswirkungen der Klassifizierung für die Betroffenen untersucht und systematisch erschlossen.

Die Zuordnung ›halbjüdisch‹ für die Kinder aus ›Mischehen‹, bzw. die Zuweisung ›jüdisch‹ auf ihre Elternteile, so zeigt die vorliegende Untersuchung, löste bei den betroffenen ›Mischlingen‹ innere Zerrissenheit, Zwiegespaltenheit, ein Gefühl des ›Dazwischen‹, kurz: Ambivalenz in vielerlei Hinsicht aus (siehe Kap. 4.4.1; Kap. 7). Diese Studie ergab, dass die Ambivalenzen allein durch das Klassifizierungsstreben der Nationalsozialisten und ihren Versuch, gesellschaftliche Ordnung herzustellen, erzeugt wurden (siehe Kap. 5.2). In dieser Hinsicht wurde die Ambivalenzproblematik nicht als pathologisches Phänomen erforscht, sondern als folgerichtige Reaktion auf ambivalenzerzeugende Strukturen verstanden (siehe ebd.).

Im Laufe der Untersuchung stellte sich schließlich heraus, dass sich bei einem Teil der Interviewten die Zuordnung ›halbjüdisch‹ als ambivalenzerzeugend erwies. Bei den übrigen Befragten löste die äußere Zuschreibung ›jüdisch‹ an den einen, bei gleichzeitiger Zuweisung des anderen Elternteils als ›nicht-jüdisch‹, ein gefühltes ›Dazwischen‹ aus. Im Anschluss an dieses Forschungsergebnis ließen sich zwei Gruppen bilden, die sich im Wesentlichen durch die Geburtsjahrgänge der Gruppenmitglieder unterschieden. Bei den für den Vergleich ausgewählten Fällen handelt es sich bei der ersten Gruppe um die Geburtsjahrgänge zwischen 1924 und 1929 (Ambivalenz aufgrund der Zuschreibung ›halbjüdisch‹) und bei der zweiten Gruppe um die Jahrgänge zwischen 1928 und 1935 (Ambivalenz aufgrund der elterlichen Zuschreibung ›jüdisch‹ bzw. ›nicht-jüdisch‹, siehe Kap. 7.1). In jeder Gruppe, so wurde anhand einer erstellten Systematik (Merkmalsraum) deutlich, häuften sich bestimmte Aspekte von Ambivalenz, die anschließend untereinander kontrastiert wurden (siehe Kap. 7.1.1; 7.1.2). Die strukturelle Ambivalenzerzeugung in der NS-Zeit, so hat diese Arbeit gezeigt, führte nicht dazu, dass sich bei allen Verfolgten dieselben bzw. sämtliche Ambivalenzmerkmale *ausprägten*. In machen Zusammenhängen kann man auch von einer *Ambivalenzunterdrückung* ausgehen. An vielen Stellen der Interviews verbirgt sich ›hinter dem Text‹ das ausgeprägte Ringen der Befragten darum, einen Teil ihrer Zerrissenheiten nicht aufkommen zu lassen. Dies ist soziologisch mit Erving Goffman gesprochen Teil ihres »Stigma-Managements« (Goffman 1967/1977)[175], sozialpsychologisch nach Leon Fe-

---

175 Die ›Strategie‹ des Stigma-Managements besteht darin, das Stigma der Umwelt gegenüber soweit wie möglich geheim zu halten (vgl. Goffman 1967/1977).

stinger ein Hinweis auf ihre Vermeidung der entstehenden »kognitiven Dissonanz« (Festinger 1957/1978, siehe diesbezüglich auch Kap. 6.1.3) und narrationstheoretisch im Anschluss an Donald E. Polkinhorne als »narrative Glättung« (Polkingthorne 1998)[176] zu interpretieren.

Insgesamt hat diese Untersuchung sowohl Einsichten in die Personengruppe der ›jüdischen Mischlinge‹ als auch grundsätzlich in die Verarbeitung von stigmatisierenden Zuschreibungen gebracht. Darüber hinaus hat sie auf dem Gebiet der Ambivalenzforschung neue Erkenntnisse geliefert. Die Ergebnisse weisen vor allem in *zwei Richtungen*: Zum *einen* hat die Frage nach den Auswirkungen äußerer Zuordnungen im Kontext von kulturellen Identitäten zurzeit in Deutschland innerhalb der Migrationsforschung eine hohe Aktualität.[177] Kulturelle Zuschreibungen seitens der Mehrheitsgesellschaft werden in der Migrationsforschung vor allem im Zusammenhang mit der zweiten oder dritten Migrantinnen- und Migrantengeneration erforscht (vgl. Hein 2006, S. 85). Dabei geht es um die Sozialisation in mehreren unterschiedlichen kulturellen Kontexten. Diesbezüglich werden Fragen nach der Selbstverortung von Jugendlichen mit ›Migrationshintergrund‹ untersucht (vgl. Riegel/Geisen 2010) und auch der Fokus auf ein ›Dazwischen‹[178] gelenkt. Dabei wird dieser Status zwischen zwei Kulturen mitt-

---

176 Polkingthorne geht davon aus, dass Uneindeutigkeiten und Zwischenpositionen sprachlich geglättet und so minimiert werden, dass Selbstnarrationen auf Synthetisierungsprozessen beruhen, die ohne Vereinfachung, also narrative Glättung, unmöglich wären: »Im Zuge der narrativen Gestaltung einer ›Lebensepisode‹ lassen Erzählungen häufig Details aus und verdichten Teile (Kondensierung, *flattening*), andere elaborieren und übertreiben sie (Überhöhung, Detaillierung, *sharpening*), wieder andere Teile machen sie kompakter und konsistenter (Rationalisierung), um eine kohärente und verständliche Erklärung zu liefern« (Polkingthorne 1998., S. 25. Hervorh. i.O.).

177 Exemplarisch hierzu die Vielfalt der Beiträge in: Hamburger et al. 2003, 2005.

178 Eine Identität ›Dazwischen‹ wird auch als ›hybride Identität‹ bezeichnet. Sie kann ein Kulturkonflikt für Menschen sein, die sich zu mehreren Kulturen zugehörig fühlen oder kann alternativ als ein »Möglichkeitsraum« angesehen werden, indem »die Chance zu einer selbstbestimmten ›kulturellen Navigation‹« (Hein 2006, S. 13) entstehen kann. Nach Hein ist ›Hybridität‹ daher »eine Strategie der Auseinandersetzung mit kulturellen Differenzen« (ebd., S. 86). Einer der Ersten, der den Begriff im politischen Diskurs verwendete, war der Literaturtheoretiker Homi K. Bhabha (Bhabha 2000). Siehe ihm nachfolgend: Mecheril 2003.

lerweile nicht mehr mit einem defizitären oder integrationshemmenden Blick betrachtet, sondern als individuelle Ressource angesehen (vgl. Badawia 2005, S. 211; Boos-Nünning/Karakaşoğlu 2006). Die Ergebnisse der Migrationsforschung werden in der Erziehungswissenschaft vor allem in der Interkulturellen Pädagogik genutzt.[179]

Bei einem möglichen Transfer der Ergebnisse dieser Arbeit in die Migrationsforschung ist jedoch zu beachten, dass die ›Halbjüdinnen‹ und ›Halbjuden‹, anders als die Nachkommen von migrierten Personen, *plötzlich* mit einem Stigma behaftet wurden (siehe Kapitel ›Einleitung und Forschungsstand‹).[180] Es wurde mit einem Mal eine künstliche Gruppe, ausschließlich mit dem Ziel, diese von der Mehrheitsgesellschaft abzusondern und sie verfolgen zu können, geschaffen. In einem intentionalistischen Akt kreierten die Nationalsozialisten qua ordnungsstaatlichem Prinzip diese Gruppe der ›Fremden‹ (vgl. Bauman; siehe Kap. 5.1.4), und machten sie erst damit zu Trägerinnen und Trägern von Ambivalenz. Trotzdem die ›Mischlinge‹ bzw. ihre Situation somit eine Besonderheit bzw. ein Extrem darstellen, ist das Prinzip des »Othering« (Spivak 1985) strukturell homolog zu Personen gemischt-kultureller Herkunft.

Der *andere Anknüpfungspunkt* zu den vorliegenden Ergebnissen betrifft die Frage der transgenerationalen Übertragung von Ambivalenzerfahrungen. Hinsichtlich der ›Mischlinge‹ werden weitere Forschungen zu zeigen haben, inwieweit es eine Übertragung von Ambivalenzen dieser speziellen Verfolgtengruppe auf die eigenen Kinder und Enkelkinder gab bzw. wie sich diese bei ihnen ausgewirkt haben. Dafür müsste man klären, welche dieser Ambivalenzphänomene Gegenstand einer transgenerationalen Übertragung sind und welche nicht. Es bedarf also einer qualitativen Untersuchung der Kinder- und Enkelgeneration von ›teiljüdischen‹ Personen.

Trotz diverser wissenschaftlicher Publikationen zum Thema ›Mischlinge‹ im NS-Staat‹ und der filmisch-belletristischen Aufarbeitung der Problematik ihrer in ›Mischehe‹ lebenden Eltern sind diese beiden Opfergruppen im öffentlichen Gedächtnis noch vergleichsweise wenig präsent. Dies ist gerade vor dem Hintergrund der momentan in Deutschland populären medialen Verarbeitung des Zweiten Weltkriegs besonders problematisch. In dieser kommen, wie Nor-

---

179 In diesem Zusammenhang sei vor allem auf die Veröffentlichungen von Georg Auernheimer verwiesen. Exemplarisch: Auernheimer 2010. Sehr aufschlussreich auch: Karakaşoğlu/Lüddecke 2004.

180 Zudem müssten die kulturellen Komponenten von Jüdischsein/des Judentums (›Cultural Judaism‹) bzw. damit auch die soziokulturellen, religiösen und sprachlichen Unterschiede der in Deutschland über Jahrhunderte sesshaft gewordenen ›Ostjuden‹ und ›Westjuden‹ mit anderen kulturellen Kontexten kontrastiert werden.

bert Frei vor wenigen Jahren bemängelte,»vielfach erstaunlich unpolitische Töne einer privatistischen Geschichtsbetrachtung« zum Ausdruck,»in der sich die Unterschiede zwischen Tätern, Opfern und Mitläufern verwischen« (Frei 2005, S. 14). In dem Bemühen, auch noch den letzten Zeitzeuginnen und Zeitzeugen des Zweiten Weltkriegs Gehör zu schenken, habe sich eine »Umcodierung der Vergangenheit« (ebd., S. 17) vollzogen, bei der sich die Deutschen (wieder einmal) zu Opfern stilisieren. Auffällig ist hierbei, dass diese Tendenz zur Selbstviktimisierung mit einer mangelnden Reflexion über die Beteiligung der eigenen Familie an NS-Verbrechen oder an Verfolgungsmaßnahmen einhergeht. Die neueren Forschungen, so auch die vorliegende Untersuchung, zeigen hingegen, dass der Terror im NS-Staat auch plebiszitäre Züge trug und die Ausgrenzung der stigmatisierten Gruppen nicht nur mehrheitlich gebilligt, sondern durch einen Großteil der Bevölkerung aktiv vorangetrieben wurde. Es ist also nicht unwahrscheinlich, dass dieselben Personen, die seit nunmehr 60 Jahren vehement ihren Opferstatus beklagen, selbst in der einen oder anderen Form Täterin bzw. Täter waren. Deshalb ist es wichtig, auf den ersten Blick selbst so marginale Opfergruppen wie die ›Mischlinge‹ im Blick zu behalten. Selbst wenn es so scheint, als sei ihr gesellschaftlicher Ausschluss nach zwölf Jahren beendet gewesen, lässt sich anhand ihrer Verfolgungsgeschichte zeigen, dass sie die Bürde der Diskriminierung ihr gesamtes Leben tragen. Darüber hinaus wird an ihnen deutlich, wie die NS-Volksgemeinschaft die vor 1933 gültigen Standards des menschlichen Zusammenlebens immer weiter suspendierte. Dieser Abbau aller moralischen Standards führte letztlich zum Holocaust, einem der größten Verbrechen in der Geschichte der Menschheit.

Quellen und Literatur

Mündliche Quellen

Hanna Becker, geb. 1926, Interview vom 3. Mai 2005.
Bruno Erhardt, geb. 1929, Interview vom 22. Februar 2007.
Erika Heinrich, geb. 1928, Interview vom 1. Mai 2007.
Gerhard Lilienthal, geb. 1924, Interview vom 23. August 2007.
Bernhard Oppermann, geb. 1935, Interview vom 19. Februar 2007.
Frank Stein, geb. 1934, Interview vom 21. Juni 2007.

Archivarische Quellen

Hauptstaatsarchiv Düsseldorf (HStAD):
–   Innenministerium NRW (NW 114)
–   Gestapo-Personenakten (RW 58)
Stadtarchiv Wuppertal:
–   Bestand Amt für Wiedergutmachung (AfW)

Literatur

Absolon, Rudolf (1995): Die Wehrmacht im Dritten Reich. Bd. 6. 19. Dezember 1941 bis 9. Mai 1945. Boppard am Rhein (Boldt).
Adam, Uwe-Dietrich (1972/2003): Judenpolitik im Dritten Reich. Düsseldorf (Droste).
Adler, Hans Günther (1974): Der verwaltete Mensch. Studien zur Deportation der Juden aus Deutschland. Tübingen (Mohr).
Alenfeld, Irène (2007): Warum seid Ihr nicht ausgewandert? Überleben in Berlin 1933 bis 1945. Berlin (Verlag für Berlin-Brandenburg).
Apel, Linde (2003) Jüdische Frauen im Konzentrationslager Ravensbrück 1939–1945. Berlin (Metropol).
Assmann, Jan (1988): Kollektives Gedächtnis und kulturelle Identität. In: Assmann, Jan & Hölscher, Tonio (Hg.): Kultur und Gedächtnis. Frankfurt/M. (Suhrkamp), S. 9–19.
Assmann, Aleida & Frevert, Ute (1999): Geschichtsvergessenheit – Geschichtsversessenheit: vom Umgang mit deutschen Vergangenheiten. Stuttgart (DVA).
Auernheimer, Georg (Hg.) (2010): Interkulturelle Kompetenz und pädagogische Professionalität. Wiesbaden (VS Verlag für Sozialwissenschaften).
Badawia, Tarek (2005): »Am Anfang ist man auf jeden Fall zwischen zwei Kulturen« – Interkulturelle Bildung durch Identitätstransformation. In: Hamburger, Franz; Badawia, Tarek & Hummelreich, Merle (Hg.): Migration und Bildung. Über das Ver-

hältnis von Anerkennung und Zumutung in der Einwanderungsgesellschaft. Wiesbaden (VS Verlag für Sozialwissenschaften), S. 205–220.

Barkai, Avraham (2000a): Organisation und Zusammenschluss. In: Barkai, Avraham; Mendes-Flohr, Paul & Lowenstein, Steven M. (Hg.): Deutsch-jüdische Geschichte in der Neuzeit. Bd. 4: 1918- 1945. München (C.H. Beck), S. 249–271.

Barkai, Avraham (2000b): Im mauerlosen Ghetto. In: Barkai, Avraham; Mendes-Flohr, Paul & Lowenstein, Steven M. (Hg.): Deutsch-jüdische Geschichte in der Neuzeit. Bd. 4: 1918–1945. München (C.H. Beck), S. 319–342.

Bar-On, Dan (1996): Ethical Issues in Biographical Interviews and Analysis. In: Josselson, Ruthellen (Hg.): Ethics and Process in the Narrative Study of Lives. Thousand Oakes (Sage), S. 9–21.

Bauman, Zygmunt (1995/2005): Moderne und Ambivalenz. Das Ende der Eindeutigkeit. Hamburg (HIS).

Bauman, Zygmunt (1989): Modernity and the Holocaust. Ithaka (Cornel University Press).

Bavaj, Riccardo (2003): Die Ambivalenz der Moderne im Nationalsozialismus. Eine Bilanz der Forschung. München (Oldenbourg).

Becker, David (1997): Prüfstempel PTSD – Einwände gegen das herrschende »Trauma«-Konzept. In: Medico International e.V. (Hg.): Medico Report 20. Schnelle Eingreiftruppe Seele. Auf dem Weg in eine therapeutische Weggesellschaft. Texte für eine kritische Traumaarbeit. Frankfurt/M. (Medico International), S. 25–47.

Becker, David (Hg.) (2003): Flüchtlinge und Trauma. In: Projekttutorien »Lebenswirklichkeiten von Flüchtlingen in Berlin«/»Behörden und Migration«. Verwaltet, entrechtet, abgestempelt – wo bleiben die Menschen? Einblicke in das Leben von Flüchtlingen in Berlin. Berlin (o.V.), S. 67–73.

Becker, David (2005): Auswirkungen organisierter Gewalt. Trauma(arbeit) zwischen individuellem und gesamtgesellschaftlichem Prozess. In: Medico International e.V. (Hg.): Medico Report 26. Im Inneren der Globalisierung. Psychosoziale Arbeit in Gewaltkontexten. Frankfurt/M. (Medico International), S. 148–161.

Benz, Wolfgang; Graml, Hermann & Weiß, Hermann (Hg.) (1997): Enzyklopädie des Nationalsozialismus. Stuttgart (Klett-Cotta).

Benz, Wolfgang (2003): Kitsch, Klamotte, Klitterei. In: Süddeutsche Zeitung vom 18.09.2003.

Benz, Wolfgang (2007): Die 101 wichtigsten Fragen. Das Dritte Reich. München (C. H. Beck).

Berschel, Holger (2001): Bürokratie und Terror. Das Judenreferat der Gestapo Düsseldorf 1935–1945. Essen (Klartext).

Bhabha, Homi K. (2000): Die Verortung der Kultur. Tübingen (Stauffenburg).

Bibliographisch-biographisches Kirchenlexikon. Nordhausen (Traugott Beltz).

Blau, Bruno (1948): Die Mischehe im Nazireich. Judaica 4, 46–57.

Blau, Bruno (1949): Die Christen jüdischer und gemischter Abkunft in Deutschland und Österreich im Jahr 1939. Judaica 5, 272–288.

Blau, Bruno (1951): Die Juden in Deutschland von 1939–1945. Judaica 7, 270–284.

Blau, Bruno (1954/1965): Das Ausnahmerecht für die Juden in Deutschland 1933–1945. Düsseldorf (Verlag Allgemeine Wochenzeitung der Juden in Deutschland).

Bleuler, Eugen (1910): Zur Theorie des schizophrenen Negativismus. In: Psychiatrisch-Neurologische Wochenschrift 12(18) 171–176; 12(19), 184–187; 12(20), 189–191; 12(21), 195–198.

Bleuler, Eugen (1911/1988): Dementia praecox oder Gruppe der Schizophrenien. Tübingen (Ed. diskord).

Blumer, Herbert (1954): What is wrong with Social Theory? American Sociological Review 19(1), 3–10.

Bohnsack, Ralf; Nentwig-Gesemann, Iris & Nohl, Arnd-Michael (Hg.) (2007): Die dokumentarische Methode und ihre Forschungspraxis. Grundlagen qualitativer Sozialforschung. Wiesbaden (VS Verlag für Sozialwissenschaften).

Bohnsack, Ralf (2007): Rekonstruktive Sozialforschung. Einführung in qualitative Methoden. Opladen u. Farmington Hills (Barbara Budrich).

Boos-Nünning, Ursula & Karakaşoğlu, Yasemin (2006): Viele Welten leben. Zur Lebenssituation von Mädchen und jungen Frauen mit Migrationshintergrund. Münster (Waxmann).

Breckner, Roswitha (2005): Migrationserfahrung – Fremdheit – Biografie. Zum Umgang mit polarisierten Welten in Ost-West-Europa. Wiesbaden (VS Verlag für Sozialwissenschaften).

Brock, Ditmar (2002): Soziologische Theorien von Auguste Comte bis Talcott Parsons. München u. Wien (Oldenbourg).

Browning, Christopher R. (1992): Ordinary Men. Reserve Police Battalion 101 and the Final Solution in Poland. New York (HarperCollins).

Büttner, Ursula (1988): Die Not der Juden teilen. Christlich-jüdische Familien im Dritten Reich. Beispiel und Zeugnis des Schriftstellers Robert Brendel. Hamburg (Christians).

Büttner, Ursula (1993): Bollwerk Familie. Die Rettung der Juden in »Mischehen«. In: Ginzel Günther B. & Silbermann, Alphons (Hg.): Mut zur Menschlichkeit. Köln (Rheinland-Verlag), S. 59–77.

Büttner, Ursula (1998): Von der Kirche verlassen: Die deutschen Protestanten und die Verfolgung der Juden und Christen jüdischer Herkunft im »Dritten Reich«. In: Büttner, Ursula & Greschat, Martin: Die verlassenen Kinder der Kirche. Der Umgang mit Christen jüdischer Herkunft im »Dritten Reich«. Göttingen (Vandenhoeck & Ruprecht), S. 15–69.

Burkhardt, Amelie (2002): Die Bedeutung des Begriffs »Ambivalenz« im Diskurs und Handlungsfeld von Psychotherapeuten. Universität Konstanz: Konstanzer Arbeitspapier 41.

Buss, Hansjörg (2003): »Entjudung der Kirche«. Ein Kircheninstitut und die schleswig-holsteinische Landeskirche. In: Göhrens, Annette; Linck, Stephan & Liß-Walther, Joachim (Hg.): Als Jesus »arisch« wurde. Kirche, Christen und Juden in Nordelbien 1933–1945. Bremen (Edition Temmen), S. 162–186.

Buxbaum, Elisabeth (2008): Transit Shanghai. Ein Leben im Exil. Wien (Edition Steinhauer).

Cros, Pierre (2001): Saint-Cyprien de 1939 à 1945. Le village, le camp, la guerre. Canet (Editions Trabucaire).

Dietrich, Walter; Lüscher, Kurt & Müller, Christoph (2009): Ambivalenzen erkennen, aushalten und gestalten. Zürich (Theologischer Verlag).

Dipper, Christoph (1996): Schwierigkeiten mit der Resistenz. Geschichte und Gesellschaft 22(3), 409–416.

Dische, Irene (2005): Großmama packt aus. Hamburg (Hoffmann und Campe).

Edvardson, Cordelia (1986): Gebranntes Kind sucht das Feuer. München u. Wien (Hanser).

Elkin, Rivka (1993): Das Jüdische Krankenhaus in Berlin zwischen 1938 und 1945. Berlin (Edition Hentrich).

Fahlbusch, Erwin; Lochmann, Jan M. & Mbiti, John S. (Hg.) (1996): Evangelisches Kirchenlexikon. Internationale theologische Enzyklopädie. Göttingen (Vandenhoeck & Ruprecht).

Feder, Gottfried (1933): Das Programm der N.S.D.A.P. und seine weltanschaulichen Grundlagen. München (o.V.).

Festinger, Leon: (1957/1978): Theorie der kognitiven Dissonanz. Bern (Huber).

Feyen, Martin (2003): Verbotene Liebe. Die Verfolgung von Rassenschande im Ruhrgebiet 1933–1945. JuniorRUBIN. Sonderausgabe des RUB-Wissenschaftsmagazins, 6–9.

Fischer-Hübner, Helga & Fischer-Hübner, Hermann (Hg.) (1990): Die Kehrseite der »Wiedergutmachung«. Das Leiden der NS-Verfolgten in den Entschädigungsverfahren. Gerlingen (Bleicher).

Fischer-Rosenthal, Wolfgang (1996): Strukturale Analyse biographischer Texte. In: Brähler, Elmar & Adler, Corinne (Hg.): Quantitative Einzelfallanalysen und qualitative Verfahren. Gießen (Psychosozial), S. 147–208.

Foucault, Michel (1996): Der Mensch ist ein Erfahrungstier. Frankfurt/M. (Suhrkamp).

Fraenkel, Ernst (1974): Der Doppelstaat. Frankfurt/M. (Europäische Verlagsanstalt).

Frei, Norbert & Steinbacher, Sybille (Hg.) (2001): Beschweigen und Bekennen. Die deutsche Nachkriegsgesellschaft und der Holocaust. Göttingen (Wallstein).

Frei, Norbert (2005): 1945 und wir. Das Dritte Reich im Bewusstsein der Deutschen. München (C.H. Beck).

Freud, Sigmund (1909/1966): Bemerkungen über einen Fall von Zwangsneurose. In: Freud, Sigmund: Gesammelte Werke. Bd. 7. Frankfurt/M. (Fischer), S. 384–463.

Freud, Sigmund (1912a/1964): Zur Dynamik der Übertragung. In: Freud, Sigmund: Gesammelte Werke. Bd. 8. Frankfurt/M. (Fischer), S. 364–374.

Freud, Sigmund (1912b/1986): Totem und Tabu. Einige Übereinstimmungen im Seelenleben der Wilden und der Neurotiker. Frankfurt/M. (Fischer).

Freyeisen, Astrid (2000): Shanghai und die Politik des Dritten Reiches. Würzburg (Königshausen und Neumann).

Friedlander, Harry (1989): Jüdische Anstaltspatienten im NS-Deutschland. In: Aly, Götz (Hg.) Aktion T4 1939–1945. Die »Euthanasie«-Zentrale in der Tiergartenstraße 4. Berlin (Edition Hentrich), S. 34–44.

Frisby, David P. (1984): Georg Simmels Theorie der Moderne. In: Dahme, Heinz-Jürgen & Rammstedt, Otthein (Hg.): Georg Simmel und die Moderne. Neue Interpretationen und Materialien. Frankfurt/M. (Suhrkamp), S. 9–79.

Fuchs-Heinritz, Werner; Lautmann, Rüdiger; Rammstedt, Otthein & Wienold, Hanns (Hg.) (1994): Lexikon zur Soziologie. Opladen (Westdeutscher Verlag).

Gaertner, Bernd (2003): Zwischen Anpassung und Widerstand. Katholische Kirche und Nationalsozialismus 1933–1945. In: Göhrens, Annette; Linck, Stephan & Liß-

Walther, Joachim (Hg.): Als Jesus »arisch« wurde. Kirche, Christen und Juden in Nordelbien 1933- 1945. Bremen (Edition Temmen), S. 203–228.

Geiger, Theodor (1932/1967): Die soziale Schichtung des deutschen Volkes. Soziographischer Versuch auf statistischer Grundlage. Stuttgart (Enke).

Gelbin, Cathy (1998): Zwischen Verfolgung und Anpassung: Die Lebensgeschichte eines ehemaligen »jüdischen Mischlings«. In: Gelbin, Cathy, & Lezzi, Eva (Hg.): Archiv der Erinnerung. Interviews mit Überlebenden der Shoah. Videographierte Lebenserzählung und ihre Interpretationen. Bd. 1. Potsdam (Verl. für Berlin-Brandenburg).

Gellately, Robert (1992): Gestapo und Terror. Perspektiven auf die Sozialgeschichte des nationalsozialistischen Herrschaftssystems. In: Lüdtke, Alf (Hg.): »Sicherheit« und »Wohlfahrt«. Polizei, Gesellschaft und Herrschaft im 19. und 20. Jahrhundert. Frankfurt/M. (Suhrkamp), S. 371–392.

Giordano, Ralph (2007): Erinnerungen eines Davongekommenen. Köln (Kiepenheuer & Witsch).

Glaser, Barney G. & Strauss, Anselm L. (1979): Die Entdeckung gegenstandsbezogener Theorie: Eine Grundstrategie qualitativer Sozialforschung. In: Hopf, Christel & Weingarten, Elmar (Hg.): Qualitative Sozialforschung. S. 91–111. Stuttgart (Klett).

Glaser, Barney G. & Strauss, Anselm L. (1998): Grounded Theory. Strategien qualitativer Forschung. Bern (Hans Huber).

Goffman, Erving (1967/1977): Stigma. Über Techniken der Bewältigung beschädigter Identität. Frankfurt/M. (Suhrkamp).

Goldhagen, Daniel Jonah (1996): Hitler's Willing Executionors. Ordinary Germans and the Holocaust. London (Little Brown Company).

Goldschmidt, Lazarus (Hg.) (1966): Der babylonische Talmud. Berlin (Jüdischer Verlag).

Goschler, Constantin (2005): Versöhnung und Viktimisierung. Die Vertriebenen und der Opferdiskurs. ZfG 53(10), 873–884.

Grabowsky, Sonja (2005): Rassenpolitik und Verfolgungserfahrungen im Nationalsozialismus. »Mischehen« und »jüdische Mischlinge« in Wuppertal. Bergische Universität Wuppertal. Unveröffentlichte Diplomarbeit.

Gensch, Brigitte (2007): 1945: Spiegelachse kirchlicher Schuld. Vortrag im Rahmen der Veranstaltung »Sag bloß nicht, dass du jüdisch bist« am 21.05.2007 in der Begegnungsstätte Alte Synagoge in Wuppertal. Unveröffentlichtes Manuskript.

Gensch, Brigitte & Grabowsky, Sonja (2010): Der halbe Stern. Verfolgungsgeschichte und Identitätsproblematik von Personen und Familien teiljüdischer Herkunft. Gießen (Psychosozial).

Goethe, Johann Wolfgang von (1806/1986): Faust. Der Tragödie erster Teil. Stuttgart (Reclam).

Graml, Hermann (1958): Mischlinge und Mischehen. In: Gutachten des Instituts für Zeitgeschichte. Bd. 1. München (o.V.), S. 52–58.

Graml, Hermann (1958): Die Behandlung der an Fällen von sogenannter Rassenschande beteiligten »deutschblütigen« Personen. In: Gutachten des Instituts für Zeitgeschichte. Bd. 1. München (o.V.), S. 72–76.

Grenville, John A. S. (1986): Die »Endlösung« und die »Judenmischlinge« im Dritten Reich. In: Büttner, Ursula (Hg.): Das Unrechtsregime. Bd. 2. Hamburg (Christians), S. 91–121.

Grünberg, Kurt (2001): Vom Banalisieren des Traumas in Deutschland. Ein Bericht über die Tradierung des Traumas der nationalsozialistischen Judenvernichtung und über Strategien der Verleugnung und Rationalisierung der Shoah im Land der Täter. In: Grünberg Kurt & Straub, Jürgen (Hg.): Unverlierbare Zeit. Psychosoziale Spätfolgen des Nationalsozialismus bei Nachkommen von Opfern und Tätern. Tübingen (Ed. diskord), S. 181–221.

Grundmann, Matthias & Hoffmeister, Dieter (2007): Ambivalente Kriegskindheiten. Eine soziologische Analyseperspektive. In: Lettke, Frank & Lange, Andreas (Hg.): Generationen und Familien. Analyse – Konzepte – gesellschaftliche Spannungsfelder. Frankfurt/M. (Suhrkamp), S. 270–294.

Gruner, Wolf (1997): Der geschlossene Arbeitseinsatz deutscher Juden. Zur Zwangsarbeit als Element der Verfolgung 1938–1943. Berlin (Metropol).

Gruner, Wolf (2000): Die NS-Führung und die Zwangsarbeit für sogenannte jüdische Mischlinge. Ein Einblick in Planung und Praxis antijüdischer Politik in den Jahren 1942 bis 1944. In: Weißbecker, Manfred & Kühnl, Reinhard (Hg.): Rassismus, Faschismus, Antifaschismus. Forschungen und Betrachtungen. Köln (Papyrossa), S. 63–79.

Gruner, Wolf (2002a): Die Fabrik-Aktion und die Ereignisse in der Berliner Rosenstraße. Fakten und Fiktion um den 27. Februar 1943. In: Jahrbuch für Antisemitismusforschung. Berlin (Metropol), S. 137–177.

Gruner, Wolf (2002b): Öffentliche Wohlfahrt und Judenverfolgung. Wechselwirkung lokaler und zentraler Politik im NS-Staat (1933 bis 1942). München (Oldenbourg).

Gruner, Wolf (2004): Ein Historikerstreit? Die Internierung der Juden aus Mischehen in der Rosenstraße 1943. Das Ereignis, seine Diskussion und seine Geschichte. ZfG 52(1), 5–22.

Gruner, Wolf (2005): Widerstand in der Rosenstraße. Die Fabrik-Aktion und Verfolgung der »Mischehen« 1943. Frankfurt/M. (Fischer).

Häcker, Hartmut (2004): Friedrich Dorsch. Psychologisches Wörterbuch: Bern (Hans Huber).

Hall, Stuart (2008): Rassismus und kulturelle Identität. In: Hall, Stewart: Ausgewählte Schriften 2. Hamburg (Argument).

Hambrock, Matthias (2003): Die Etablierung der Außenseiter. Der Verband nationaldeutscher Juden 1921–1935. Köln (Böhlau).

Hamburger, Franz; Badawia, Tarek & Hummelreich, Merle (2003) (Hg.): Wider die Ethnisierung einer Generation – Beiträge zur qualitativen Migrationsforschung. Frankfurt/M. u. London (IKO).

Hamburger, Franz; Badawia, Tarek & Hummelreich, Merle (2005) (Hg.): Migration und Bildung. Über das Verhältnis von Anerkennung und Zumutung in der Einwanderungsgesellschaft. Wiesbaden (VS Verlag für Sozialwissenschaften).

Haubl, Rolf (2003): Riskante Worte. Forschungsinterviews mit Traumatisierten. Psychosozial 26(91), 63–77.

Hein, Kerstin (2006): Hybride Identitäten. Bastelbiografien im Spannungsverhältnis zwischen Lateinamerika und Europa. Bielefeld (transcript).

Helfferich, Cornelia (2005): Die Qualität qualitativer Daten. Manual für die Durchführung qualitativer Interviews. Wiesbaden (VS Verlag für Sozialwissenschaften).

Hermle, Siegfried (1990): Evangelische Kirche und Judentum – Stationen nach 1945. Göttingen (Vandenhoeck & Ruprecht).

Hertz, Friedrich (1925): Die allgemeinen Theorien vom Nationalcharakter. In: Archiv für Sozialwissenschaft und Sozialpolitik 28(54), 1–35 u. 657–715.

Hertz, Deborah (2010): Wie Juden Deutsche wurden: Die Welt jüdischer Konvertiten vom 17. bis zum 19. Jahrhundert. Frankfurt/M. (Campus).

Hetzel, Marius (1997): Die Anfechtung der Rassenmischehe in den Jahren 1933–1939. Die Entwicklung der Rechtsprechung im Dritten Reich: Anpassung und Selbstbehauptung der Gerichte. Tübingen (Mohr).

Heydt, Maria von der (2010): Wirtschaftliche Beeinträchtigung unter der Rasseverfolgung 1933–1945 In: Gensch, Brigitte & Grabowsky, Sonja: Der halbe Stern. Verfolgungsgeschichte und Identitätsproblematik von Personen und Familien teiljüdischer Herkunft. Gießen (Psychosozial), S. 67–88.

Hilberg, Raul (1961/1982): Die Vernichtung der europäischen Juden. Berlin (Olle & Wolter).

Hilberg, Raul (1992): Täter, Opfer, Zuschauer. Die Vernichtung der Juden 1933–1945. Frankfurt/M. (Fischer).

Hildenbrand, Bruno (1999): Was ist für wen der Fall? Problemlagen bei der Weitergabe von Ergebnissen. Psychotherapie und Sozialwissenschaft, 1(4), 265–280.

Hildesheimer, Esriel (1994): Jüdische Selbstverwaltung unter dem NS-Regime. Der Existenzkampf der Reichsvertretung und Reichsvereinigung der Juden in Deutschland. Tübingen (Mohr).

Hirsch, Samson Raphael (1986): Der Pentateuch. Tel Aviv (»Sinai« Publishing).

Hitler, Adolf (1942): Mein Kampf. 2 Bände in einem Band. O.O. (o.V.)

Hoeninger, Heinrich (Hg.) (1933): Bürgerliches Gesetzbuch und Einführungsgesetz nebst Verordnung über das Erbbaurecht (Sammlung deutscher Gesetze 70). Mannheim (Bensheimer).

Hoffmann-Riem, Christel (1980): Die Sozialforschung einer interpretativen Soziologie – Der Datengewinn. Kölner Zeitschrift für Soziologie und Sozialpsychologie 32(2), 339–372.

Hopf, Christel (2005): Forschungsethik und qualitative Forschung. In: Flick, Uwe; Kardorff, Ernst von & Steinke, Iris (Hg.): Qualitative Forschung. Ein Handbuch. Reinbek (Rowohlt), S. 589–600.

Jekeli, Ina (2002): Ambivalenz und Ambivalenztoleranz. Soziologie an der Schnittstelle von Psyche und Sozialität. Osnabrück (Der Andere Verlag).

Johnson, Eric A. (2001): Der nationalsozialistische Terror. Gestapo, Juden und gewöhnliche Deutsche. München (Siedler).

Junge, Matthias (2000): Ambivalente Gesellschaftlichkeit. Die Modernisierung der Vergesellschaftung und die Ordnungen der Ambivalenzbewältigung. Opladen (Leske u. Budrich).

Junge, Matthias (2007): Ambivalenz: Eine Schlüsselkategorie der Soziologie von Zygmunt Bauman. In: Junge, Matthias & Kron, Thomas (Hg.): Zygmunt Bauman. Soziologie zwischen Ethik und Gegenwartsdiagnose. Wiesbaden (VS Verlag für Sozialwissenschaften), S. 77–94.

Kaplan, Marion (2001): Der Mut zum Überleben. Jüdische Frauen und ihre Familien in Nazideutschland. Berlin (Aufbau).

Kaplan, Marion & Meyer, Beate (2005) (Hg.): Jüdische Welten. Juden in Deutschland vom 18. Jahrhundert bis in die Gegenwart. Göttingen (Wallstein).

Karakaşoğlu, Yasemin/Lüddecke, Julian (Hg.) (2004): Migrationsforschung und Interkulturelle Pädagogik. Aktuelle Entwicklungen in Theorie, Empirie und Praxis. Münster (Waxmann).

Keilson, Hans (1979): Sequentielle Traumatisierung bei Kindern: deskriptiv-klinische und quantifizierend-statistische follow-up Untersuchung zum Schicksal der jüdischen Kriegswaisen in den Niederlanden. Stuttgart (Enke).

Kelle, Udo & Kluge, Susann (1999): Vom Einzelfall zum Typus. Fallvergleich und Fallkontrastierung in der qualitativen Sozialforschung. Opladen (Leske u. Budrich).

Kershaw, Ian (2011): »Volksgemeinschaft«. Potenzial und Grenzen eines neuen Forschungskonzepts. In: VfZ 1, 1–17.

Kettenacker, Lothar (Hg.) (2003): Ein Volk von Opfern. Die neue Debatte um den Bombenkrieg 1940- 45. Berlin (Rowohlt).

Klemperer, Victor (1947/1980): LTI. Notizbuch eines Philologen. Leipzig (Reclam).

Klemperer, Victor (1996/1999): Ich will Zeugnis ablegen bis zum letzten. Tagebücher 1933–1945. Berlin (Aufbau).

Köckeis-Stangl, Eva (1980): Methoden der Sozialisationsforschung. In: Hurrelmann, Klaus & Ulrich, Dieter (Hg.): Handbuch der Sozialisationsforschung. Weinheim u. Basel (Beltz), S. 321–370.

Kollmeier, Kathrin (2007): Ordnung und Ausgrenzung. Die Disziplinarpolitik der Hitler-Jugend. Göttingen (Vandenhoeck & Ruprecht).

Kranz, Dani (2010): Nora – Wie jüdische Identität narrativ (re-)konstruiert wird. Ein Fallbeispiel. In: Gensch, Brigitte & Grabowsky, Sonja: Der halbe Stern. Verfolgungsgeschichte und Identitätsproblematik von Personen und Familien teiljüdischer Herkunft. Gießen (Psychosozial), S. 205–222.

Kuller, Christiane (2003): Dimensionen nationalsozialistischer Verfolgung. In: Hockerts, Hans Günter & Kuller, Christiane (Hg.): Nach der Verfolgung. Wiedergutmachung nationalsozialistischen Unrechts in Deutschland? Göttingen (Wallstein), S. 35–59.

Landgrebe, Detlev (2008): Kückallee 37. Eine Kindheit am Rande des Holocaust. Rheinbach (CMZ).

Lange, Hermann (1991): Die christlich-jüdische Ehe. Ein deutscher Streit im 19. Jahrhundert. In: Menora 2, 47–80.

Legewie, Heiner (1987): Interpretation und Validierung biographischer Interviews. In: Jüttemann, Gerd & Thomae, Hans (Hg.): Biographie und Psychologie. Berlin (Springer), S. 138–149.

Leichsenring, Jana (2007): Die katholische Kirche und »ihre Juden«. Berlin (Metropol).

Lekebusch, Sigrid (1995): Not und Verfolgung der Christen jüdischer Herkunft im Rheinland 1933–1945. Darstellung und Dokumentation. Köln (Rheinland).

Lemmes, Fabian (2010): Zwangsarbeit im besetzten Europa. Die Organisation Todt in Frankreich und Italien, 1940–1945. In: Heusler, Andreas; Trischler, Helmuth & Spoerer, Mark (Hg.): Rüstung, Kriegswirtschaft und Zwangsarbeit im »Dritten Reich«. München (Oldenbourg), S. 219–252.

Lempp, Reinhart (1979): Extrembelastung im Kindes- und Jugendalter. Über psychosoziale Spätfolgen nach nationalsozialistischer Verfolgung im Kindes- und Jugendalter anhand von Aktengutachten. Bern (Hans Huber).

Lettke, Frank & Lüscher, Kurt (2002): Generationenambivalenz – Ein Beitrag zum Verständnis von Familie heute. Soziale Welt 53(4), 437–466.

Leugers, Antonia (Hg.) (2006): Berlin, Rosenstraße 2–4. Protest in der NS-Diktatur. Neue Forschungen zum Frauenprotest in der Rosenstraße 1943. Annweiler (Plöger Medien).

Levi, Primo (1990/1995): Die Untergegangenen und die Geretteten. München (DVA).

Levine, Donald N. (1985): The Flight from Ambiguity. Essays in Social and Cultural Theory. Chicago (University of Chicago Press).

Lezzi, Eva (1998): Verfolgte Kinder: Erlebnisweisen und Erzählstrukturen. Menora 9, 181–223.

Loch, Ulrike (2002): Grenzen und Chancen der narrativen Gesprächsführung bei Menschen mit traumatischen Erlebnissen in der Kindheit. In: Schaeffer, Doris & Müller-Mundt, Gabriele (Hg.): Qualitative Gesundheits- und Pflegeforschung. Bern (Hans Huber), S. 233–246.

Loch, Ulrike & Rosenthal, Gabriele (2002): Das narrative Interview. In: Schaeffer, Doris & Müller-Mundt, Gabriele (Hg.): Qualitative Gesundheits- und Pflegeforschung. Bern (Hans Huber), S. 221–232.

Loch, Ulrike (2006): Sexualisierte Gewalt in Kriegs- und Nachkriegskindheiten. Lebens- und familiengeschichtliche Verläufe. Opladen u. Farmington Hills (Barbara Budrich).

Loch, Ulrike (2008): Spuren von Traumatisierungen in narrativen Interviews. Forum: Qualiatative Sozialforschung 9(1). URL: http://www.qualitative-research.net/in dex.php/fqs/article/view/320 (Stand 30.03.2012).

Lösener, Bernhard (1961): Als Rassereferent im Reichsministerium des Inneren. VjhZG 9(3), 264–313.

Lonitz, Henri (Hg.) (1997): Theodor W. Adorno; Alban Berg. Briefwechsel 1925–1935. Bd. 2. Frankfurt/M. (Suhrkamp).

Lotfi, Gabriele (2000): KZ der Gestapo. Arbeitserziehungslager im Dritten Reich. Stuttgart u. München (DVA).

Ludwig, Hartmut (2009): An der Seite der Entrechteten und Schwachen. Zur Geschichte des »Büro Pfarrer Grüber« (1938 bis 1940) und der Ev. Hilfsstelle für ehemals Rasseverfolgte nach 1945. Berlin (Logos).

Lüscher, Kurt & Liegle, Ludwig (2003): Generationenbeziehungen in Familie und Gesellschaft. Konstanz (UVK).

Lüscher, Kurt (2005a): Ambivalenz – eine Annäherung an das Problem der Generationen. Die Aktualität der Generationenfrage. In: Jureit, Ulrike & Wildt, Michael (Hg.): Generationen. Zur Relevanz eines wissenschaftlichen Grundbegriffs. Hamburg: (Hamburger Edition), S. 53–78.

Lüscher, Kurt (2005b): Ambivalenz und Kreativität im Alter. In: Bäurle, Peter; Förstl, Hans; Hell, Daniel; Radebold, Hartmut; Riedel, Ingrid & Studer, Karl (Hg.): Spiritualität und Kreativität in der Psychotherapie mit älteren Menschen. Bern (Hans Huber), S. 64–76.

Lüscher, Kurt & Heuft, Gereon (2007): Ambivalenz – Belastung – Trauma. Psyche. Zeitschrift für Psychoanalyse und ihre Anwendungen 61(3), 218–251.

Lundholm, Anja (1987): Geordnete Verhältnisse. Köln (Lübbe).

Lundholm, Anja (1994): Ein ehrenhafter Bürger. Reinbek (Rowohlt).

Lundholm, Anja (1966/2004): Halb und halb. München (Piper).

Maier, Dieter (1994): Arbeitseinsatz und Deportation. Die Mitwirkung der Arbeitsverwaltung bei der nationalsozialistischen Judenverfolgung in den Jahren 1938–1945. Berlin (Edition Hentrich).

Marotzki, Winfried (1999): Forschungsmethoden und -methodologie der Erziehungswissenschaftlichen Biographieforschung. In: Krüger, Heinz-Hermann & Marotzki, Winfried (Hg.): Handbuch erziehungswissenschaftliche Biographieforschung. Opladen (Leske u. Budrich), S. 110–127.

Mayring, Philipp (1985): Qualitative Inhaltsanalyse. In: Jüttemann, Gerd (Hg.): Qualitative Forschung in der Psychologie. Grundfragen. Verfahrensweisen. Anwendungsfelder. Weinheim u. Basel (Beltz), S. 197–211.

Mayring, Philipp (1983/2007): Qualitative Inhaltsanalyse. Grundlagen und Techniken. Weinheim u. Basel (Beltz).

Mayring, Philipp (2008): Neuere Entwicklungen in der qualitativen Forschung und der Qualitativen Inhaltsanalyse. In: Mayring, Philipp & Gläser-Zikuda, Michaela: Die Praxis der Qualitativen Inhaltsanalyse. Weinheim u. Basel (Beltz), S. 7–19.

Mecheril, Paul (2003): Politik der Unreinheit. Ein Essay über Hybridität. Wien (Passagen Verlag).

Meiring, Kerstin (1998): Die Christlich-Jüdische Mischehe in Deutschland 1840–1933. Hamburg (Dölling und Galitz).

Menasse, Eva (2005): Vienna. Köln (Kiepenheuer & Witsch).

Merkens, Hans (1997): Stichproben bei qualitativen Studien. In: Friebertshäuser, Barbara & Prengel, Annedore (Hg.): Handbuch Qualitative Forschungsmethoden in der Erziehungswissenschaft. Weinheim u. München (Juventa), S. 97–106.

Merkens, Hans (2000): Auswahlverfahren, Sampling, Fallrekonstruktion. In: Flick, Uwe; Kardorff, Ernst von & Steinke, Iris (Hg.): Qualitative Forschung. Ein Handbuch. Reinbek (Rowohlt), S. 286- 299.

Meyer, Beate (1999): »Jüdische Mischlinge«: Rassenpolitik und Verfolgungserfahrung 1933–1945. Hamburg (Dölling und Galitz).

Meyer, Beate (2003): Wenn Spekulationen zu Tatsachen werden. Bryan Riggs Buch über jüdische Soldaten ist eine Mogelpackung. In: Die ZEIT vom 13.11.03.

Meyer, Beate (2004): Geschichte im Film: Judenverfolgung, Mischehen und der Protest in der Rosenstraße 1943. ZfG 52(1), 23–36.

Meyer, Beate (2010): Gratwanderungen.»Jüdische Mischlinge« zwischen Mehrheitsbevölkerung und Verfolgung 1933–1945. In: Gensch, Brigitte & Grabowsky, Sonja: Der halbe Stern. Verfolgungsgeschichte und Identitätsproblematik von Personen und Familien teiljüdischer Herkunft. Gießen (Psychosozial), S. 37–55.

Miethe, Ingrid & Gahleitner, Silke Birgitta (2010): Forschungsethik in der Sozialen Arbeit. In: Miethe, Ingrid & Bock, Karin: Handbuch Qualitative Methoden in der Sozialen Arbeit. Opladen u. Farmington Hills (Barbara Budrich), S. 573–582.

Münch, Ingo von (Hg.) (1994): Gesetze des NS-Staates. Dokumente eines Unrechtsystems. Paderborn (Schöningh).

Nedelmann, Brigitte (1984): Georg Simmel als Klassiker soziologischer Prozessanalysen. In: Dahme, Heinz-Jürgen & Rammstedt, Otthein (Hg.): Georg Simmel und die Moderne. Neue Interpretationen und Materialien. Frankfurt/M. (Suhrkamp), S. 91–115.

Nedelmann, Brigitte (1992): Ambivalenz als vergesellschaftendes Prinzip. Simmel Newsletter 2(1), 36–47.

Nedelmann, Brigitte (1997): Typen soziologischer Ambivalenz und Interaktionskonsequenz. In: Luthe, Heinz Otto & Wiedenmann, Rainer E. (Hg.): Ambivalenz. Studien zum kulturtheoretischen und empirischen Gehalt einer Kategorie der Erschließung des Unbestimmten. Opladen (Leske u. Budrich), S. 149–163.

Niederland, William G. (1980): Folgen der Verfolgung: Das Überlebenden-Syndrom Seelenmord. Frankfurt/M. (Suhrkamp).

Noakes, Jeremy (1986): Wohin gehören die »Judenmischlinge«? Die Entstehung der ersten Durchführungsverordnungen zu den Nürnberger Gesetzen. In: Büttner, Ursula (Hg.):Das Unrechtsregime. Internationale Forschung über den Nationalsozialismus. Bd. 2. Hamburg (Christians), S. 69–89.

Noakes, Jeremy (1989): The Development of Nazi Policy towards the German-Jewish »Mischlinge« 1933–1945. In: Leo Baeck Institute Year Book XXXIV. Tübingen (Niemeyer), S. 291–354.

Oberlaender, Franklin A. (1996): »Wir aber sind nicht Fisch und nicht Fleisch«. Christliche »Nichtarier« und ihre Kinder in Deutschland. Opladen (Leske u. Budrich).

Oevermann, Ulrich; Allert, Tillmann; Kronau, Elisabeth & Krambeck, Jürgen (1979): Die Methodologie einer »objektiven Hermeneutik« und ihre allgemeine forschungslogische Bedeutung in den Sozialwissenschaften. In: Soeffner, Hans-Georg (Hg.): Interpretative Verfahren in den Sozial- und Textwissenschaften. Stuttgart (Metzler), S. 352–434.

Olenhusen, Albrecht Götz von (1966): Die »nichtarischen« Studenten an den deutschen Hochschulen. Zur nationalsozialistischen Rassenpolitik 1933–1945. VjhZG 14(2), 175–206.

Otscheret, Elisabeth (1988): Ambivalenz. Geschichte und Interpretation der menschlichen Zwiespältigkeit. Heidelberg (Asanger).

Pätzold, Kurt & Schwarz, Erika (1992): Tagesordnung Judenmord: die Wannsee-Konferenz am 20. Januar 1942; eine Dokumentation zur Organisation der »Endlösung«. Berlin (Metropol).

Parteikanzlei der NSDAP (Hg.) (1942–1945): Verfügungen/Anordnungen/Bekanntgaben. 7 Bände. München (o.V.).

Parteikanzlei der NSDAP: Vertrauliche Informationen. In: Parteikanzlei der NSDAP (Hg.) (1942–1945): Verfügungen/Anordnungen/Bekanntgaben. 7 Bände. München (o.V.).

Plum, Günter (1988): Deutsche Juden oder Juden in Deutschland? In: Benz, Wolfgang (Hg.): Die Juden in Deutschland 1933–1945. Leben unter nationalsozialistischer Herrschaft. München (C. H. Beck), S. 35–74.

Polkinghorne, Donald E. (1998): Narrative Psychologie und Geschichtsbewusstsein. Beziehungen und Perspektiven. In: Straub, Jürgen (Hg.): Erzählung, Identität und historisches Bewusstsein. Zur psychologischen Konstruktion von Zeit und Geschichte. Erinnerung, Geschichte, Identität 1. Frankfurt/M. (Suhrkamp), S. 12–45.

Prause, Pascal (2006): Juden in »Mischehe« und »jüdische Mischlinge« als Opfer der »Fabrik- Aktion« – zur Notwendigkeit einer Re-Interpretation der Ereignisgeschichte. In: Leugers, Antonia (Hg.): Berlin, Rosenstraße 2–4. Protest in der NS-Diktatur. Neue Forschungen zum Frauenprotest in der Rosenstraße 1943. Annweiler (Plöger Medien), S. 19–46.

Pross, Christian (1988): Wiedergutmachung. Der Kleinkrieg gegen die Opfer. Frankfurt/M. (Athenäum).

Przyborski, Aglaja & Wohlrab-Sahr, Monika (2008): Qualitative Sozialforschung. Ein Arbeitsbuch. München (Oldenbourg).

Przyrembel, Alexandra (2003): »Rassenschande«. Reinheitsmythos und Vernichtungslegitimation im Nationalsozialismus. Göttingen (Vandenhoeck & Ruprecht).

Radebold, Hartmut & Heuft, Gereon (2006): Bleiben (Kriegs-)Traumata potentiell lebenslang ein Risikofaktor? Wir haben eine Geschichte, wir sind Geschichte und wir verkörpern Geschichte. ZPPM (4)3, 39–52.

Radebold, Hartmut; Bohleber, Werner & Zinnecker, Jürgen (Hg.) (2008): Transgenerationale Weitergabe kriegsbelasteter Kindheiten. Interdisziplinäre Studien zur Nachhaltigkeit historischer Erfahrungen über vier Generationen. Weinheim u. München (Juventa).

Reichsministerium des Innern: Reichsgesetzblatt I und II.

Reinfelder, Georg (2002): MS »St. Louis«. Die Irrfahrt nach Kuba – Frühjahr 1939. Kapitän Gustav Schröder rettet 906 Juden vor dem Zugriff der Nazis. Berlin (Hentrich u. Hentrich).

Repgen, Konrad (1988): Die Erfahrung des Dritten Reiches und das Selbstverständnis der deutschen Katholiken nach 1945. In: Conzemius, Victor; Greschat, Martin & Kocher, Hermann (Hg.): Die Zeit nach 1945 als Thema kirchlicher Zeitgeschichte. Göttingen (Vandenhoeck & Ruprecht), S. 127–179.

Riegel, Christine & Geisen, Thomas (2010) (Hg.): Jugend, Zugehörigkeit und Migration. Subjektpositionierung im Kontext von Jugendkultur, Ethnizitäts- und Geschlechterkonstruktionen. Wiesbaden (VS Verlag für Sozialwissenschaften).

Rigg, Bryan Mark (2003): Hitlers jüdische Soldaten. Paderborn (Schöningh).

Riklin, F. (1910/1911): Mitteilungen. Vortrag von Prof. Bleuler über Ambivalenz. Psychiatrisch-Neurologische Wochenschrift 43, 405–407.

Röhm, Eberhard & Thierfelder, Jörg (1990): Juden – Christen – Deutsche. Bd. 1. 1933–1935. Ausgegrenzt. Stuttgart (Calwer).

Röhm, Eberhard & Thierfelder, Jörg (1992): Juden – Christen – Deutsche. Bd. 2/I und II. 1935–1938. Entrechtet. Stuttgart (Calwer).

Röhm, Eberhard & Thierfelder, Jörg (1995): Juden – Christen – Deutsche. Bd. 3/I und II. 1938–1941. Ausgestoßen. Stuttgart (Calwer).

Röhm, Eberhard & Thierfelder, Jörg (2006): Juden – Christen – Deutsche. Bd. 4/I und II. 1941–1945. Vernichtet. Stuttgart (Calwer).

Rogers, Carl (1972/2005): Die klientenzentrierte Gesprächspsychotherapie. Client-Centered Therapy. Frankfurt/M (Fischer).

Roseman, Mark (2002): Die Wannsee-Konferenz. Wie die NS-Bürokratie den Holocaust organisierte. Berlin (Ullstein).

Rosenthal, Gabriele (1995a): Erlebte und erzählte Lebensgeschichte. Gestalt und Struktur biographischer Selbstbeschreibungen. Frankfurt/M. u. New York (Campus).

Rosenthal, Gabriele (1995b): Überlebende der Shoah: Zerstörte Lebenszusammenhänge – Fragmentierte Lebenserzählungen. In: Fischer-Rosenthal, Wolfram & Alheit, Peter (Hg.): Biographien in Deutschland. Soziologische Rekonstruktionen gelebter Gesellschaftsgeschichte. Opladen (Westdeutscher Verlag).

Rosenthal, Gabriele (2001): Transgenerationale Folgen von Verfolgung und von Täterschaft. Familien von Shoah-Überlebenden und von Nazi-Tätern. In: Streek-Fischer,

Annette; Sachsse, Ulrich & Özkan, Ibrahim (Hg.): Körper, Seele, Trauma. Biologie, Klinik und Praxis. Göttingen (Vandenhoeck & Ruprecht).

Rosenthal, Gabriele (2002): Biographisch-narrative Gesprächsführung: Zu den Bedingungen heilsamen Erzählens im Forschungs- und Beratungskontext. Psychother. Soz. 4(3), 204–227.

Rosenthal, Gabriele (2005): Interpretative Sozialforschung. Eine Einführung. Weinheim u. München (Juventa).

Rüthers, Bernd (1968): Die unbegrenzte Auslegung. Zum Wandel der Privatrechtsordnung im Nationalsozialismus. Tübingen (Mohr).

Saar, Stefan Chr. (1995): Familienrecht im NS-Staat. In: Sälje, Peter (Hg.): Recht und Unrecht im Nationalsozialismus. Münster (Wissenschaftliche Verlagsgesellschaft Regensberg & Biermann), S. 80–109.

Sartre, Jean-Paul (1954/1994): Überlegungen zur Judenfrage. Reinbek (Rowohlt).

Sauer, Paul (1966): Dokumente. Über die Verfolgung der jüdischen Bürger in Baden-Württemberg durch das nationalsozialistische Regime 1933–1945. Bd. 1 u. 2. Stuttgart (Kohlhammer).

Schmidt, Herbert (2003) »Rassenschande« vor Düsseldorfer Gerichten 1935 bis 1944. Eine Dokumentation. Essen (Klartext).

Schmiechen-Ackermann, Detlef (2012): »Volksgemeinschaft«: Mythos der NS-Propaganda, wirkungsmächtige soziale Verheißung oder soziale Realität im »Dritten Reich«? – Einführung. In: Schmiechen-Ackermann, Detlef (Hg.): »Volksgemeinschaft«: Mythos, wirkungsmächtige soziale Verheißung oder soziale Realität im »Dritten Reich«? Zwischenbilanz einer kontroversen Debatte. Paderborn (Schöningh), S. 13–53.

Schmitz-Berning, Cornelia (1998/2007): Vokabular des Nationalsozialismus. Berlin (de Gruyter).

Schrobsdorff, Angelika (1992): »Du bist nicht so wie andre Mütter«. Hamburg (Hoffmann und Campe).

Schroer, Markus (2007): Von Fremden und Überflüssigen. In: Junge, Matthias & Kron, Thomas (Hg.): Zygmunt Bauman. Soziologie zwischen Ethik und Gegenwartsdiagnose. Wiesbaden (VS Verlag für Sozialwissenschaften), S. 427–446.

Schubert, Günter (1998): Hitlers »jüdische« Soldaten. Ein Defizit der Holocaustforschung oder nur ein Medienereignis? In: Benz, Wolfgang (Hg.): Jahrbuch für Antisemitismusforschung. Frankfurt/M. (Campus), S. 307–321.

Schütze, Fritz (1983): Biographieforschung und narratives Interview. Neue Praxis 13(3), 283–293.

Sebald, Gerd (2010): Die familiale Tradierung von nationalsozialistischen Identitätszuschreibungen. Eine Fallrekonstruktion. In: Gensch, Brigitte & Grabowsky, Sonja (Hg.): Der halbe Stern. Verfolgungsgeschichte und Identitätsproblematik von Personen und Familien teiljüdischer Herkunft. Gießen (Psychosozial), S. 181–204.

Seidler, Fritz W. (1987): Die Organisation Todt. Bauen für Staat und Wehrmacht. Koblenz (Bernard & Graefe).

Simmel, Georg (1903/1992): Soziologie der Konkurrenz. In: Dahme, Heinz-Jürgen & Rammstedt, Otthein (Hg.): Georg Simmel. Schriften zur Soziologie. Frankfurt/M. (Suhrkamp), S. 173–193.

Smelser, Neil J. (1998): The Rational and the Ambivalent in Social Sciences. American Sociological Review 63(1), 1–15.

Smelser, Neil J. (2004): Psychological Trauma and Cultural Trauma. In: Alexander, Jeffrey C.; Eyerman, Ron; Giesen, Bernhard; Smelser, Neil J. & Sztompka, Piotr (Hg.): Cultural Trauma and Collective Identity. Berkeley (University of California Press), S. 31–59.

Soeffner, Hans-Georg: Sozialwissenschaftliche Hermeneutik. In: Flick, Uwe; Kardoff, Ernst von & Steinke, Iris (Hg.) (2005): Qualitative Forschung. Ein Handbuch. Reinbek (Rowohlt), S. 164–175.

Spivak, Gayatri Chakravorty (1985): The Rani of Sirmur. An Essay in Reading the Archives. In: History and Theory 24(3), 247–272.

Statistisches Reichsamt (Hg.) (1940): Wirtschaft und Statistik. Die Wohnbevölkerung des Reichs und der Reichsteile, der größeren und kleineren Verwaltungsbezirke und der Gemeinden mit 10.000 und mehr Einwohnern. Vorläufiges Ergebnis der Volkszählung vom 17. Mai 1939. Berlin (o.V.).

Statistisches Reichsamt (Hg.) (1944): Volkszählung. Die Bevölkerung des Deutschen Reichs nach den Ergebnissen der Volkszählung 1939. Statistik des Deutschen Reichs. Bd. 552. Heft 4: Die Juden und jüdischen Mischlinge im Deutschen Reich. Berlin (o.V.).

Steiner, John M., & Cornberg, Freiherr von Jobst (1998): Willkür in der Willkür. Befreiungen von den antisemitischen Nürnberger Gesetzen. VfZ 46(2), 143–187.

Steinke, Ines (2005): Gütekriterien qualitativer Forschung. In: Flick, Uwe; Kardorff, Ernst von & Steinke, Ines: Qualitative Forschung. Ein Handbuch. Reinbek (Rowohlt), S. 319–331.

Stoltzfus, Nathan (1999): Widerstand des Herzens. Der Aufstand der Berliner Frauen in der Rosenstraße – 1943. München u. Wien (Hanser).

Stotz-Ingenlath, Gabriele (2000): Epistemological aspects of Eugen Bleuler's conception of schizophrenia in 1911. Medicine, Health Care and Philosophy 3(2), 153–159.

Strassberg, Daniel (2009): Moral oder Objektivität? Oder: Wie richtig über das Trauma sprechen? In: Karger, André (Hg.): Trauma und Wissenschaft. Pychoanalytische Blätter 29. Göttingen (Vandenhoeck & Ruprecht), S. 92–116.

Strauss, Anselm & Corbin, Juliet (1996): Grounded Theory: Grundlagen Qualitativer Sozialforschung. Weinheim (Psychologie Verlags Union).

Strauss, Herbert A. (1980): Jewish Emigration from Germany. Nazi Policies and Jewish Responses. In: Leo Baeck Institute Year Book XXV. Tübingen (Niemeyer), S. 313–361.

Strauss, Herbert A. (1997): Über dem Abgrund. Eine jüdische Jugend in Deutschland 1918–1943. Frankfurt/M. (Campus).

Süß, Dietmar & Süß, Winfried (2008): »Volksgemeinschaft« und Vernichtungskrieg. Gesellschaft im nationalsozialistischen Deutschland. In: Süß, Dietmar & Süß, Winfried (Hg.): Das »dritte Reich«. Eine Einführung. München (Pantheon), S. 79–100.

Tent, James F. (2007): Im Schatten des Holocaust. Schicksale deutsch-jüdischer »Mischlinge« im Dritten Reich. Köln (Böhlau).

Uhlendorff, Uwe (2010): Typenbildende Verfahren. In: Bock, Karin & Miethe, Ingrid (Hg.): Handbuch Qualitative Methoden in der Sozialen Arbeit. Opladen u. Farmington Hills (Barbara Budrich), S. 314–323.

Vester, Heinz-Günter: Ambivalenzen der postmodernen Geschichte. In: Luthe, Heinz O. & Wiedenmann, Rainer E.: Ambivalenz. Studien zum kulturtheoretischen und empirischen Gehalt einer Kategorie der Erschließung des Unbestimmten. Opladen (Leske u. Budrich), S. 123–147.

Vogel, Angela (1997): Das Pflichtjahr für Mädchen. Nationalsozialistische Arbeitseinsatzpolitik im Zeichen der Kriegswirtschaft. Frankfurt/M. (Lang).

Vuletić, Aleksandar-Saša (1999): Christen jüdischer Herkunft im Dritten Reich: Verfolgung und organisierte Selbsthilfe 1933–1939. Mainz (von Zabern).

Walk, Joseph (Hg.) (1981/1996): Das Sonderrecht für die Juden im NS-Staat. Eine Sammlung der gesetzlichen Maßnahmen und Richtlinien – Inhalt und Bedeutung. Heidelberg (C.F. Müller).

Wrobel, Hans (1983): Die Anfechtung der Rassenmischehe. Diskriminierung und Entrechtung der Juden in den Jahren 1933–1935. In: Kritische Justiz 16(4), 349–374.

Zielinski, Andrea (2002): Die anderen Juden. Identitätsbildung von Menschen jüdischer Herkunft im Nachkriegsdeutschland. Hamburg (LIT).

Verzeichnisse

Tabellen

Abbildungen

Abkürzungen

BEG	Bundesentschädigungsgesetz
BGB	Bürgerliches Gesetzbuch
BK	Bekennende Kirche
BRD	Bundesrepublik Deutschland
DC	Deutsche Christen
DDR	Deutsche Demokratische Republik
EheG	Ehegesetz
Gestapo	Geheime Staatspolizei
HJ	Hitlerjugend
JOINT	Jewish Joint Distribution Committee
KZ	Konzentrationslager
NS	Nationalsozialismus
NSDAP	Nationalsozialistische Partei Deutschlands
NSFK	Nationalsozialistisches Fliegerkorps

OKH	Oberkommando des Heeres
OKW	Oberkommando der Wehrmacht
OT	Organisation Todt
RAD	Reichsarbeitsdienst
REM	Reichserziehungsminister
RGBl	Reichsgesetzblatt
RMI	Reichsministerium des Innern
RSHA	Reichssicherheitshauptamt
SD	Sicherheitsdienst der SS
Sipo	Sicherheitspolizei
SS	Schutzstaffel der NSDAP
VO	Verordnung

Anhang

Anhang 1: Transkriptionszeichen

(........)	unverständliche Äußerung, entspricht Länge der Klammer
<u>wahnsinnig</u>	betont
wahnsinnig	lauter (als übliche Lautstärke)
KAPITÄLCHEN	leiser (als übliche Lautstärke)
jaaa	(Länge der) Dehnung
(.)	kurzes Absetzen
(2)	Pause in Sek.
Beginn zweier Zeilen in gleicher Höhe	gleichzeitiges Sprechen
((Lachen))	Ergänzende sprachliche und nichtsprachliche Phänomene
Ich @habe@ so	lachend zwischen zwei @-Zeichen
»…?«	wörtliche Rede im Text
Ich kam dann …	abgebrochener Satz
Gem…	abgebrochenes Wort am Satzende
viel-	abgebrochenes Wort innerhalb eines Satzes
mhm	kurze Äußerungen innerhalb der Erzählungen und Fragen der Interviewerin

Anhang 2: Tabelle Interviewpersonen

Name	Geb.-jahr	Geb.-ort	Jüd. Eltern.	Heut. Wohnort	Tod der Eltern	OT	Emigration	Konfession
Barenfeld, Moshe	1932	Hannover	Vater	Beit Shemesh			1937 Palästina	NS: jüd. Heute: jüd.
Becker, Hanna	1926	Berlin	Vater	Berlin				NS: kath. Heute: kath.
Blau, Max	1926	Leverkusen	Vater	Leverkusen	Mutter: 1935 Vater: Auschwitz, 08.05.45			NS: keine Heute: keine
Erhardt, Bruno	1929	Düsseldorf	Vater	Düsseldorf				NS: kath. Heute: keine
Fink, Elise	1927	Köln	Mutter	Bergheim	Mutter: Chełmno, 26.06.44			NS: kath. Heute: kath.
Förster, Anna	1920	Dortmund	Vater	Dortmund				NS: ev. Heute: ev.

Name	Goldschmidt, Ludwig	Heinrich, Erika	Kirschbaum, Franz	Kolle, Charlotte	Levi-Cramer, Waltraud	Lilienthal, Gerhard	Müller, Ingeborg
Geb-jahr	1928	1928	1921	1925	1918	1924	1934
Geb-ort	Mainz	Berlin	Berlin	Konstanz	Berlin	Berlin	Berlin
Jüd. Eltern.	Vater	Vater	Vater	Mutter	Vater	Vater	Vater
Heut. Wohnort	Wiesbaden	Berlin	Berlin	Böhl-Iggelheim	Berlin	San Francisco	Gießen
Tod der Eltern		Vater: Shanghai, 1944					
OT	ja					ja	
Emigration						1946 USA	
Konfession	NS: jüd. Heute: keine	NS: keine Heute: kath.	NS: unbek. Heute: ev.	NS: ev. Heute: ev.	NS: ev. Heute: ev.	NS: ev. Heute: unbek.	NS: ev. Heute: ev.

	Oppermann, Bernhard	Schmidt-Rademacher, Alma	Stein, Frank
Name	Oppermann, Bernhard	Schmidt-Rademacher, Alma	Stein, Frank
Geb.-jahr	1935	1920	1935
Geb.-ort	Hamburg	Tübingen	Berlin
Jüd. Elternt.	Mutter	Mutter	Vater
Heut. Wohnort	Kiel	Freiburg	Hanau
Tod der Eltern		Mutter: 1944, Suizid	
OT			
Emigration			1939 Südamerika/ USA bis 1950
Konfession	NS: ev. Heute: ev.	NS: unbek. Heute: unbek.	NS: keine Heute: keine

Psychosozial-Verlag

Oliver Decker, Johannes Kiess, Elmar Brähler
Rechtsextremismus der Mitte
Eine sozialpsychologische Gegenwartsdiagnose

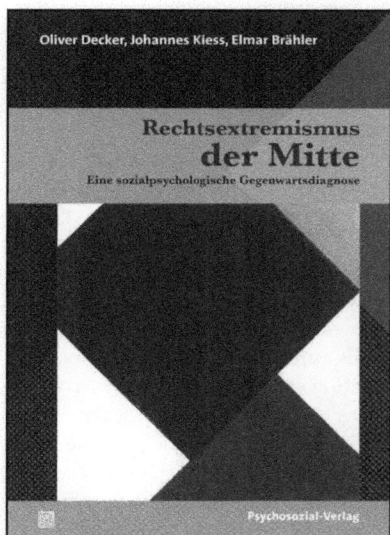

2013 · 227 Seiten · Broschur
ISBN 978-3-8379-2294-3

Es werden Daten aus zehn Jahren Rechtsextremismusforschung vorgestellt und mit einer tiefgehenden Analyse der Gegenwartsgesellschaft verbunden.

Seit 2002 untersucht die Leipziger Arbeitsgruppe um Elmar Brähler und Oliver Decker die rechtsextreme Einstel-lung in Deutschland. Im Rahmen dieser bekannten »Mitte«-Studien werden im Zwei-Jahres-Rhythmus repräsentative Erhebungen durchgeführt.

Der vorliegende Band präsentiert Ergebnisse aus den letzten zehn Jahren. Getrennt nach Altersgruppen werden so Entwicklungstendenzen sichtbar, die für die demokratische Gesellschaft von höchster Relevanz sind. Von zentraler Bedeutung ist dabei der Strukturwandel der Öffentlichkeit: Wo befindet sich heute der Ort demokratischer Auseinandersetzung? Mehr und mehr im virtuellen Raum des Internets? Welche Konsequenzen hat das für die gesellschaftliche Partizipation?

Darüber hinaus wird eine Theorie der Gesellschaft vorgestellt, die aktuelle Diskurse der Sozialpsychologie mit einer Gegenwartsdiagnose verbindet und Herausforderungen für die Demokratie im 21. Jahrhundert formuliert.

Unter Mitarbeit von Janine Deppe, Immo Fritsche, Norman Geißler, Andreas Hinz und Roland Imhoff

Walltorstr. 10 · 35390 Gießen · Tel. 0641-969978-18 · Fax 0641-969978-19
bestellung@psychosozial-verlag.de · www.psychosozial-verlag.de

Markus Zöchmeister

Vom Leben danach

Eine transgenerationelle Studie über die Shoah

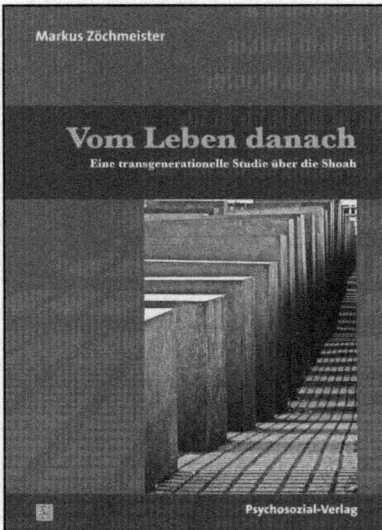

2013 · 532 Seiten · Broschur
ISBN 978-3-8379-2281-3

Die Verbindung von singulären Schicksalen zu einer Komposition der Stimmen eröffnet neue Einblicke in Prozesse der Traumatradierung.

Das Trauma der Shoah wirkt sich bis heute auf die Überlebenden und ihre Familien aus. Anhand von Interviews mit Angehörigen der ersten, zweiten und dritten Generation geht der Autor seiner zentralen Forschungsfrage nach: Gibt es bestimmte Mechanismen, die die Transposition des Traumas von einer Generation auf die nächste befördern?

Der zentrale Angelpunkt scheint dabei in einem Phänomen zu liegen, das Markus Zöchmeister als die Nähe zum Tod beschreibt. Der Tod des anderen, der ebenso gut der eigene hätte sein können, prägt das Leben über Generationen hinweg. Durch die Komposition der Stimmen gelingt es, den Weg der Tradierung nachzuzeichnen und der Theorie der Transposition neue Erkenntnisse hinzuzufügen.

Walltorstr. 10 · 35390 Gießen · Tel. 0641-9699 78-18 · Fax 0641-9699 78-19
bestellung@psychosozial-verlag.de · www.psychosozial-verlag.de

www.ingramcontent.com/pod-product-compliance
Lightning Source LLC
Chambersburg PA
CBHW030645270326
41929CB00007B/219